# 독일의 일반평등대우법(AGG)과 차별금지 판결

홍관표·차원일

Antidiskriminierungsstelle
des Bundes

본서의 제5장 '독일 일반평등대우법을 적용한 판결' 부분은 독일 연방반차별국(Antidiskriminierungsstelle des Bundes)이 2014년 3월 31일에 발간하고 저작권을 보유한 독일어 자료인 『Ausgewählte Entscheidungen deutscher Gerichte zum Antidiskriminierungsrecht』를 독일 연방반차별국의 동의를 얻어 번역한 것이다. 번역상의 책임은 전적으로 역자에게 있다. 독일 연방반차별국은 그 웹사이트(http://www.antidiskriminierungsstelle.de)의 발간자료(Publikationen) 메뉴를 통해 위 자료를 지속적으로 업데이트하여 제공하고 있다.

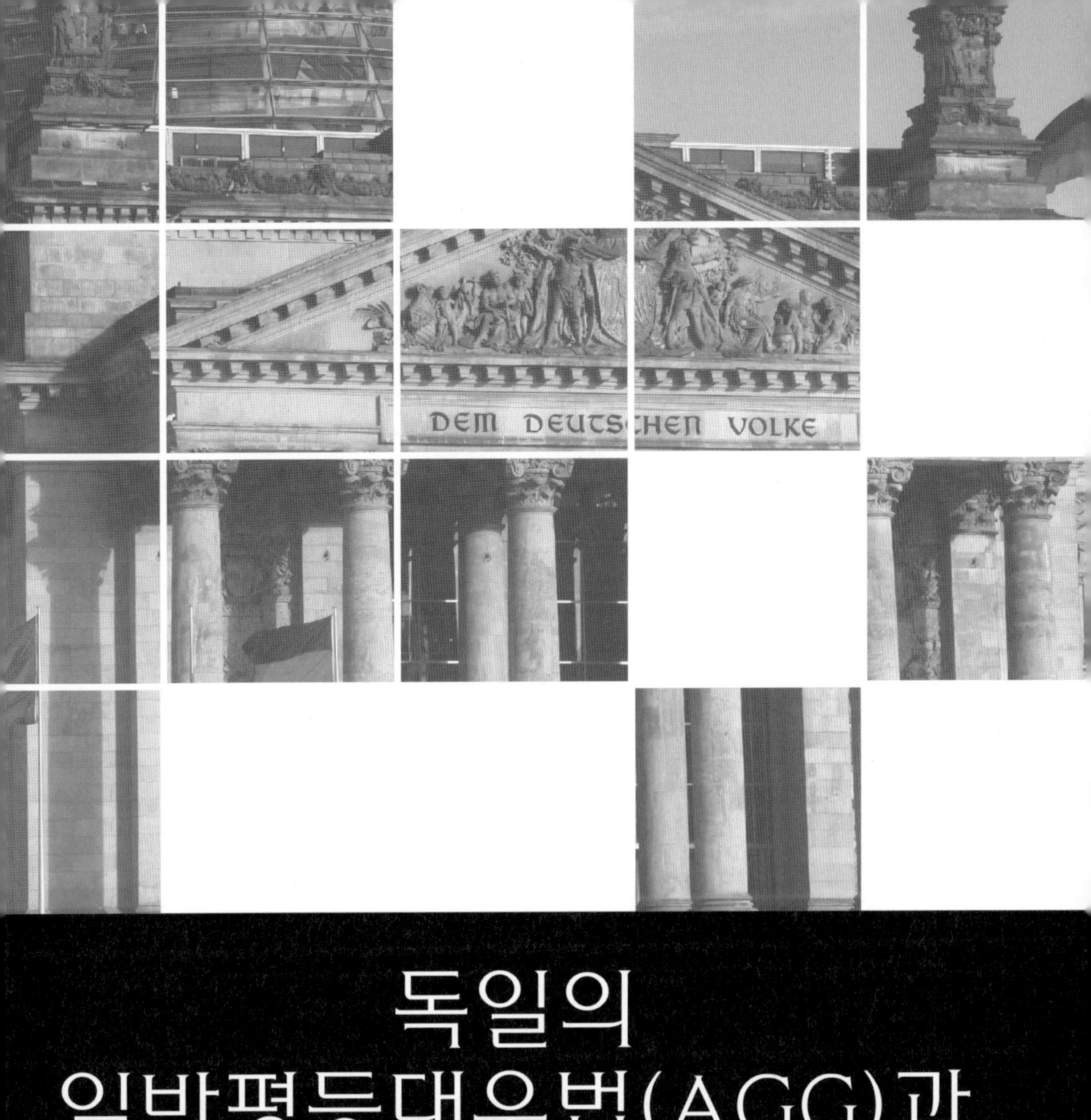


# 독일의 일반평등대우법(AGG)과 차별금지 판결

홍관표 · 차원일

전남대학교출판부

# ■ 머리말

독일의 일반평등대우법에 관해 관심을 갖기 시작한 것은 국가인권위원회에서 법무부로 옮겨 근무한 지 2년차가 되던 2008년초였습니다. 이미 2007년 12월에 정부안으로 차별금지법안을 국회에 제출해 둔 상태였지만 제17대 국회는 임기가 얼마 남지 않은 상황이라 국회 통과를 장담하기 어려운 상황이었습니다. 관련 입법례에 대한 추가 연구계획을 준비하던 와중에 대륙법계인 독일에서도 차별금지법이 제정되어 시행 중임을 확인하고부터 일종의 소명의식으로 관련 법무자료를 발간하기 위해 지속적으로 노력했습니다. 전북대학교 법학전문대학원 조기영 교수님의 도움을 얻어 『각국의 차별금지법』 1권(2008년 10월)과 『독일 평등대우법의 제정과정에 관한 연구』(2008년 12월)를, 고려대학교 하경효 교수님의 도움을 얻어 『독일 일반평등대우법에 대한 평가와 시사점』(2009년 12월)을 법무부 자료로 발간하여, 독일 일반평등대우법을 국내에 소개했었습니다.

2013년 2월 학교로 다시 자리를 옮긴 이후에 법무부에 근무하면서 시시각각 처리할 당면 현안을 핑계로 꼼꼼히 살펴보지 못했던 독일 일반평등대우법을 정리하고픈 욕구가 있었지만, 독일 자료를 보기에 턱 없이 부족한 독일어 실력이 자꾸 이를 주저하게 만들었습니다. 그러다가 2010년 12월 독일 인권기구와 독일 연방반차별국에 대한 출장 당시에 통역을 담당해주었던 차원일 박사님이 2014년 국내에 입국했다는 소식을 듣고 차원일 박사님을 부추겨 무리한 일을 추진하기에 이르렀습니다.

원래는 독일 연방반차별국에서 2014년 3월에 발간한 『Ausgewählte Entscheidungen deutscher Gerichte zum Antidiskriminierungsrecht』를 '차별금지법에 관한 독일 법원의 판례선' 정도로 번역한 책자를 내고자 했었는데, 독일 법원의 판례를 이해하기 위해서는 독일 일반평등대우법의 내용은 물론 독일 일반평등대우법 제정의 배경이 된 유럽연합 4개 지침의 내용에 대한 이해가 전제가 되어야 하겠기에 이를 함께 포함시켜 『독일 일반평등대우법(AGG)과 차별금지 판결』이라는 제목으로 책을 발간하게 되었습니다.

책의 구성 상 유럽연합 4개 지침의 내용을 비교 · 분석하고, 이를 수용한 독일 일반평등대우법의 내용을 조문에 근거하여 체계적으로 정리한 후, 차별 관련 국내 법률과의 비교 검토를 통해 그 특징을 보다 더 잘 이해할 수 있도록 하고, 『Ausgewählte Entscheidungen deutscher Gerichte zum Antidiskriminierungsrecht』의 번역을 통해 독일 법원의 입장을 확인하는 순서를 택했습니다. 부록으로는 독일 일반평등대우법과 유럽연합 4개 지침의 원문과 번역문을 함께 실어 참고할 수 있도록 했습니다.

아직 학문적 깊이가 일천한 저자가 내놓는 부족한 책이지만, 이 책을 통해 국내적으로 독일 일반평등대우법에 대한 관심이 더 확산되고 이를 기반으로 향후 일반법 형식의 차별금지법이 차별 방지 및 구제를 위해 충실하게 제정되는데 미력이나마 기여할 수 있기를 소망합니다.

이 책은 공동저자인 차원일 박사님이 없었다면 기획 자체가 불가능했습니다. 많은 양의 독일어 번역을 기꺼이 감당해주신 차원일 박사님께 감사드립니다. 2008년 『각국의 차별금지법』 제1권~제3권을 발간할 당시 인권정책과장으로 계시며 지도 · 편달을 아끼지 않으셨던 김호철 법무실장님께도 깊이 감사드립니다. 그리고 오늘의 제가 있도록 키워주신 부모님과 항상 삶의 힘이 되어주는 아내와 개구쟁이 아이들에게 감사함과 고마움의 마음을 전합니다. 마지막으로 도서출판을 지원해 준 전남대학교와 책이 발간되기까지 성심으로 함께 노력해주신 전남대학교출판부의 송미숙 과장님, 배민숙 선생님, 곽수렴 선생님께도 감사드립니다.

2016년 2월 전남대학교 난파언덕 연구실에서

홍 관 표

# 머리말

이 책에 실린 독일 법원의 판례는 독일 연방반차별국이 2014년 3월에 발간한 『Ausgewählte Entscheidungen deutscher Gerichte zum Antidiskriminierungsrecht』를 바탕으로 하고 있으며, 이에 대한 번역은 연방반차별국과의 협조를 통하여 이뤄졌습니다. 비록 간략한 판결요지가 주를 이루고 있으나, 유럽연합 사법재판소부터 독일의 지방법원에 이르기까지 다양한 판례를 담고 있는 만큼, 이 분야에 대해서 관심을 갖고 계시는 분들에게 조금이나마 도움이 되었으면 하는 바람입니다.

독일에서 갓 귀국한 저에게 선뜻 제안을 해주시고, 관련 자료들을 번역하였던 1년여의 시간 동안 항상 조언을 아끼지 않으신 홍관표 교수님께 먼저 깊이 감사드립니다. 또한 번역권을 승인하고, 이후에도 편찬 과정에 대하여 관심을 표명한 연방반차별국, 여러 차례에 걸쳐 필요한 자료를 제공해준 Karl Moehl 공보관에게 감사의 인사를 드립니다. 마지막으로 사랑하는 부모님께 감사드립니다.

2016년 2월 광화문에서

차 원 일

# 목차

## 부록

# 제1장

# 들어가며

모든 사람이 차별받지 않고 정치·경제·사회·문화의 모든 영역에서 균등한 기회를 제공받아 자신의 능력을 최고도로 발휘할 수 있는 나라로 대한민국을 만들겠다는 다짐은 유진오 헌법초안의 전문(前文)에 제시된 이래 현행 「대한민국헌법」의 전문에 이르기까지 굳건히 유지되고 있는[1] 헌법적 이념이다. 이 헌법 전문의 문구와 법 앞의 평등을 규정한 제11조 제1항을 아울러, 헌법재판소는 "헌법은 …… 기회균등 또는 평등의 원칙을 선언하고 있는바, 평등의 원칙은 국민의 기본권 보장에 관한 우리 헌법의 최고원리로서 국가가 입법을 하거나 법을 해석 및 집행함에 있어 따라야할 기준인 동시에, 국가에 대하여 합리적 이유 없이 불평등한 대우를 하지 말 것과, 평등한 대우를 요구할 수 있는 모든 국민의 권리로서, 국민의 기본권중의 기본권인 것이다"라고 결정한 바 있다.[2]

이러한 헌법상 평등의 원칙을 법률 단위에서 구체화함에 있어서는 차별금지 사유나 차별금지 영역별로 개별법을 제정하는 방식을 택할 수도 있고 일반법적 성격의 차별금지법을 제정하는 방식을 택할 수도 있다. 국내적으로 장애를 이유로 한 차별을 모든 생활영역에 걸쳐 금지하는 법률이 제정되어 있고, 성별, 연령을 이유로 한 차별금지에 관한 개별법이 특히 고용 분야에 존재하고 있지만, 일반법적 성격의 차

1) 1962년 헌법(1962년 12월 26일 전부개정되어 1963년 12월 17일 시행)과 1969년 헌법(1969년 10월 21일 일부개정되어 같은 날 시행)의 전문에서는 "정치·경제·사회·문화의 모든 영역에 있어서 각인의 기회를 균등히 하고"라고만 규정하고 "능력을 최고도로 발휘케 하며"라는 문구가 삭제되었었으나, 이후 1972년 헌법(1972년 12월 27일 전부개정되어 같은 날 시행) 전문에서 다시 회복되었다.

2) 헌법재판소 1989. 1. 25. 선고, 88헌가7 결정.

별금지법은 아직 제정되지 못하고 있다. 일반적인 차별금지법을 제정하고자 하는 국가기관 차원의 최초의 시도는 국가인권위원회가 2003년 1월부터 2006년 7월까지 약 3년 6개월 동안 준비한 끝에 2006년 7월 25일 국무총리에게 차별금지법 권고법안을 권고한 것이었다. 이후 17대 국회에서 제19대 국회에 이르기까지 정부의 법안 제출 1건, 국회의원의 법안 발의 6건(이 중 2건은 철회되었다)이 이어졌으나 아직까지 그 결실을 맺지는 못하고 있는 상황이다.[3]

해외의 입법례로 일반법적 성격의 차별금지법을 제정한 주요 예로는 캐나다의 캐나다인권법(Canadian Human Rights Act), 뉴질랜드의 1993년 인권법(Human Rights Act 1993), 독일의 일반평등대우법(Allgemeines Gleichbehandlungsgesetz), 영국의 2010년 평등법(Equality Act 2010)[4] 등이 있고, 차별금지에 관한 개별법을 제정한 주요 예로는 호주의 1975년 인종차별금지법(Racial Discrimination Act 1975), 1984년 성차별금지법(Sex Discrimination Act 1984), 1992년 장애차별금지법(Disability Discrimination Act 1992), 2004년 연령차별금지법(Age Discrimination Act 2004)과 미국의 1963년 평등임금법(Equal Pay Act of 1963), 1964년 민권법(Civil Rights Act of 1964), 1967년 고용상 연령차별금지법(Age Discrimination in Employment Act of 1967), 장애인법(Americans with Disabilities Act) 등을 들 수 있다.[5]

차별금지에 관한 입법례가 주로 영미법계 국가의 것인데 반하여, 독일의 일반평등대우법은 대륙법계 국가가 제정한 차별금지에 관한 일반법이어서 그 입법 형식이나 내용과 관련하여 우리나라가 일반적인 차별금지법을 제정하고자 할 때에 참고할 수 있는 주요한 사항들을 담고 있다고 평가된다.

독일의 일반평등대우법에 관하여는 법무부가 2008년 10월에 발간한 「각국의 차별금지법」 제1권에 법률 원문과 번역본이 실려 있고, 같은 해 12월에 발간한 「독일평등대우법의 제정과정에 관한 연구」에 독일연방정부가 독일연방의회에 제출한

---

3) 차별금지법의 추진 경과에 관하여는 홍관표, "차별금지법 제정 추진상 쟁점 및 과제", 저스티스(통권 제139호), 한국법학원, 2013, 311~313면 참조.

4) 영국의 2010년 평등법은 2010년 4월 8일에 기존의 1970년 평등임금법(Equal Pay Act), 1975년 성차별금지법(Sex Discrimination Act 1975), 1976년 인종관계법(Race Relations Act 1976), 1986년 성차별금지법(Sex Discrimination Act 1986), 1995년 장애차별금지법(Disability Discrimination Act 1995), 2006년 평등법(Equality Act 2006)을 단일법으로 통합한 것이다.

5) 캐나다의 캐나다인권법, 독일의 일반평등대우법, 미국의 1963년 평등임금법, 1964년 민권법 제7장, 1967년 고용상 연령차별금지법, 장애인법에 관하여는 법무부가 2008년 10월에 발간한 「각국의 차별금지법」 제1권 및 제2권에 원문과 번역본이 함께 소개되어 있다.

「평등대우의 원칙의 실현을 위한 유럽 지침의 이행을 위한 법률안」(Entwurf eines Gesetzes zur Umsetzung europäischer Richtlinien zur Verwirklichung des Grundsatzes der Gleichbehandlung)과 '독일연방의회 법제사법위원회의 권고결의 및 보고'(Beschlussempfehlung und Bericht des Rechtsausschusses)에 대한 번역본[6]이 별첨으로 포함되어 소개된 바 있다. 그렇지만 독일 일반평등대우법의 제정 배경이 된 유럽연합의 평등대우의 원칙에 관한 4개 지침 및 독일 일반평등대우법의 내용과 그 상호관계를 체계적으로 분석하는 연구는 아직 충분하지 않은 상황이다.

한편, 법률에 대한 이해를 위해서는 법률의 형식적인 체계나 문언뿐만 아니라 구체적인 실제 사건에 있어서 해당 법률이 어떻게 적용되는지를 살피는 것이 필요하고, 독일 일반평등대우법의 이해를 위해서도 이를 적용한 독일 법원의 판결들을 검토하는 것은 중요한 의미를 갖는다고 하겠다. 독일 연방법원과 각 주 법원이 일반평등대우법을 적용한 판결들을 확인하는 것은 용이하지 않는 작업인데, 마침 독일 연방평등대우법 제25조에 따라 연방가족·고령자·여성·청소년부(Bundesministerium für Familie, Senioren, Frauen und Jugend, BMFSFJ)에 설치된 연방반차별국(Antidiskriminierungsstelle des Bundes)에서 2014년 3월 31일에 『Ausgewählte Entscheidungen deutscher Gerichte zum Antidiskriminierungsrecht』[7]라는 제목으로 차별금지와 관련된 독일 법원의 판결을 노동법 분야와 사법 분야로 나누어 차별금지 사유별로 선별하여 정리한 자료를 발간했다.[8]

본서에서는 이러한 사정을 토대로, 제2장에서 독일 일반평등대우법의 제정 배경이 된 유럽연합의 평등대우의 원칙에 관한 4개 지침의 내용과 해당 지침들이 독일 일반평등대우법으로 수용된 내용을 종합적으로 살펴보고, 제3장에서 독일 일반평등대우법의 내용을 차별금지법에 관한 일반적 분석 틀이라고 할 수 있는 차별금지의 사유, 유형, 영역, 예외, 구제조치(법률적 보호)로 나누어 분석해 본다. 독일 일반평등대우법은 특히 근로자에 대한 보호와 사법상 거래에서의 보호를 나누어 규율하고 있으므로 내용 분석에 있어서도 이를 반영한다. 제4장에서는 독일 일반평등대우법과 국내의 주요 차별금지 관련 법률들을 비교함으로써 독일 일반평등대우법과 같은 일반적

6) 번역자는 조기영 교수(현 전북대학교 법학전문대학원)이다.

7) "차별금지법에 관한 독일 법원의 판례선"으로 번역될 수 있겠다.

8) 이 자료는 지속적으로 업데이트되고 있으나, 본서는 2014년 3월 31일에 발간된 자료를 기준으로 준비되었다.

차별금지법의 제정에 따른 법적 규율의 차이를 가늠해 본다. 제5장에서는 일반평등대우법을 적용한 독일 법원의 판결을 앞서 언급한 연방반차별국의 『Ausgewählte Entscheidungen deutscher Gerichte zum Antidiskriminierungsrecht』의 번역을 통해 확인하고, 마지막으로 제6장에서 이를 통해 확인한 시사점을 정리해보도록 한다.

# 제2장

# 독일 일반평등대우법의 제정 배경

독일연방의회(Bundestag)는 2006년 8월 14일 「평등대우의 원칙의 실현을 위한 유럽 지침의 이행을 위한 법률」(Gesetz zur Umsetzung europäischer Richtlinien zur Verwirklichung des Grundsatzes der Gleichbehandlung)을 의결했는데, 독일 일반평등대우법은 이 법률의 제1장에 포함되어 있었다. 이 법률은 제1장 일반평등대우법(Allgemeines Gleichbehandlungsgesetz, AGG), 제2장 군인의 평등대우에 관한 법률(Gesetz über die Gleichbehandlung der Soldatinnen und Soldaten, SoldGG), 제3장 다른 법률의 개정, 제4장 시행·폐지로 구성되어 있었다.

그 명칭에서도 나타나듯이, 「평등대우의 원칙의 실현을 위한 유럽 지침의 이행을 위한 법률」은 평등대우의 원칙에 관한 유럽연합의 4개 지침(directive, Richtlinie)을 독일 국내적으로 수용하는 이행입법의 성격을 띠고 있었다. 물론 「평등대우의 원칙의 실현을 위한 유럽 지침의 이행을 위한 법률」이 오로지 이와 같은 유럽연합 지침의 국내적 수용만을 목적으로 하는 것은 아니다. 「독일연방공화국 기본법」(Grundgesetz für die Bundesrepublik Deutschland, GG) 제3조는 '모든 사람의 법 앞의 평등', '남녀의 동등한 권리'와 함께 '성별, 혈통, 인종, 언어, 고향 및 출신, 신앙, 종교적·정치적 견해를 이유로 한 불이익이나 특혜의 금지', '장애를 이유로 한 불이익 금지'를 규정하고 있는데, 「평등대우의 원칙의 실현을 위한 유럽 지침의 이행을 위한 법률」은 이러한 「독일연방공화국 기본법」 제3조를 구체화하는 의미도 갖고 있었다. 또한 독일이 가입·비준한 「모든 형태의 인종차별 철폐에 관한 국제협약」(International Convention on the Elimination of All Forms of Racial Discrimination, ICERD), 「시민적 및 정치적 권리에 관한 국제규약」(International Covenant on Civil and Political

Rights, ICCPR), 「경제적, 사회적 및 문화적 권리에 관한 국제규약」(International Covenant on Economic, Social and Cultural Rights, ICESCR), 「여성에 대한 모든 형태의 차별 철폐에 관한 협약」(Convention on the Elimination of All Forms of Discrimination against Women, CEDAW), 「아동의 권리에 관한 협약」(Convention on the Rights of the Child, CRC)과 같은 국제인권조약은 물론 「인권 및 기본적 자유의 보호를 위한 유럽협약」(European Convention for the Protection of Human Rights and Fundamental Freedoms, ECHR), 「소수민족의 보호를 위한 기본협약」(Framework Convention for the Protection of National Minorities, FCNM)과 같은 지역인권조약 내에 포함된 차별금지 의무를 국내적으로 이행하는 의미도 담고 있었다. 그렇다고 하더라도 「평등대우의 원칙의 실현을 위한 유럽 지침의 이행을 위한 법률」을 제정하게 된 직접적이고도 주된 배경이자 목적은 역시 평등대우의 원칙에 관한 유럽연합의 4개 지침을 국내적으로 수용하기 위한 것이었다고 할 수 있다. 「평등대우의 원칙의 실현을 위한 유럽 지침의 이행을 위한 법률」의 제정 배경에 관한 이상의 기술은 그 중 제1장에 해당하는 일반평등대우법에 대하여도 그대로 적용될 수 있다.

일반평등대우법의 제정 배경이 된 평등대우의 원칙에 관한 유럽연합의 4개 지침은 '사람들 사이의 인종적 또는 민족적 출신과 관계없는 평등대우의 원칙을 이행하는 2000년 6월 29일자 이사회 지침 2000/43/EC'(이하, "이사회 지침 2000/43/EC"라고 한다), '고용 및 직업에 있어서 평등대우를 위한 일반 체계를 수립하는 2000년 11월 27일자 이사회 지침 2000/78/EC'(이하, "이사회 지침 2000/78/EC"라고 한다), '고용, 직업훈련 및 승진에 대한 접근 그리고 근로조건에 관한 남녀의 평등대우의 원칙의 이행에 관한 이사회 지침 76/207/EEC를 수정하는 2002년 9월 23일자 유럽의회 및 이사회의 지침 2002/73/EC'(이하, "유럽의회 및 이사회 지침 2002/73/EC"라고 한다), '재화와 용역에의 접근 및 그 공급에 있어서의 남녀 간의 평등대우의 원칙을 이행하는 2004년 12월 12일자 이사회 지침 2004/113/EC'(이하, "이사회 지침 2004/113/EC"라고 한다)이다.[1)]

이하에서는 일반평등대우법의 제정 배경이 된 평등대우의 원칙에 관한 유럽연합의

---

1) 일반평등대우법의 제정 배경이 된 평등대우의 원칙에 관한 유럽연합의 4개 지침 중 유럽의회 및 이사회 지침 2002/73/EC를 제외한 이사회 지침 2000/43/EC, 2000/79/EC 및 2004/113/EC는 법무부가 2008년 10월에 발간한 「각국의 차별금지법」 제1권에 원문과 번역본이 함께 소개되어 있다. 본서는 부록에서 이 4개 지침 모두에 대하여 원문과 번역문을 함께 수록하고 있다.

4개 지침의 내용을 ① 차별금지 사유, ② 차별금지 유형, ③ 차별금지 영역, ④ 차별금지의 예외, ⑤ 구제조치, ⑥ 평등대우의 증진을 위한 기구, ⑦ 평등대우의 원칙 보장을 위한 조치를 중심으로 확인하고, 이를 상호 비교하여 종합 정리한 다음, 독일 일반평등대우법에 그 내용이 어떻게 수용되었는지를 개괄적으로 살펴본다.[2)]

## 1. 평등대우의 원칙에 관한 유럽연합의 4개 지침

「유럽공동체설립조약」(Treaty establishing the European Community, TEC) 제13조[3)]는 이사회(Council)가 성별, 인종적 또는 민족적 출신, 종교나 신념, 장애, 연령 또는 성적 지향에 근거한 차별과 투쟁하기 위한 적절한 결정을 할 수 있다고 규정하고 있고, 이에 근거하여 유럽연합의 이사회는 이사회 지침 2000/43/EC, 2000/78/EC, 2004/113/EC의 3개 지침을 채택했다.

한편 「유럽공동체설립조약」 제141조 제3항[4)]은 이사회가 「유럽공동체설립조약」 제251조[5)]에 언급된 절차에 따라 동일 노동이나 동일가치의 노동에 대한 동일 임금의 원칙을 포함한 고용 및 직업 문제에 있어서의 평등기회 및 평등대우의 원칙의 적용을 보장하기 위한 조치를 취할 수 있다고 규정하고 있고, 이에 근거하여 유럽연합의 유럽의회 및 이사회는 유럽의회 및 이사회 지침 2002/73/EC를 채택했다.

이와 같은 유럽연합의 지침은 유럽연합의 기관들이 유럽연합법의 1차적 법원(legal sources)에 해당하는 법규인 유럽연합설립조약들에 따라 부여된 자신의 권한을 행사하여 제정한 2차적 법원에 해당하는 법규 중 하나이다.[6)] 유럽연합의 지침은 대상으로 하는 각 회원국에 대하여 구속력이 있지만, 그 구속력은 어디까지나 달성될 결과에 관한 것이기 때문에, 이를 달성하기 위한 형식이나 방법에 관하여는 회원국의 국가기관에 선택권이 부여된다. 유럽연합의 지침은 그 자체로 국내법과 동일하게 유럽

2) 평등대우의 원칙에 관한 유럽연합의 4개 지침이 독일 일반평등대우법으로 수용된 구체적인 내용은 '제3장 독일 일반평등대우법의 내용'에서 독일 일반평등대우법의 개별 조문과 관련하여 보다 상세히 언급하기로 한다.

3) 「유럽연합의 기능에 관한 조약」(Treaty on the Functioning of the European Union, TEFU) 제19조에 해당한다.

4) 「유럽연합의 기능에 관한 조약」 제157조 제3항에 해당한다.

5) 「유럽연합의 기능에 관한 조약」 제294조에 해당한다.

6) 「유럽연합의 기능에 관한 조약」 제289조 제3항에 규정된 입법절차에 따른 법규(legislative acts)에 속한다.

연합의 시민들에게 권리를 부여하거나 의무를 부과하는 것은 아니고, 이를 위해서는 국내 법·제도로의 편입을 위한 이행입법절차(제·개정이나 폐지 등)가 필요하다.

### 가. 이사회 지침 2000/43/EC

이사회 지침 2000/43/EC는 유럽연합의 이사회가 2000년 6월 29일에 채택한 지침으로 사람들 사이의 인종적 또는 민족적 출신과 관계없는 평등대우의 원칙을 회원국들 내에 이행하기 위해 인종적 또는 민족적 출신에 근거한 차별과 투쟁하기 위한 체제를 마련하는 것을 목적으로 한다.[7] 이사회 지침 2000/43/EC가 제시하는 기준은 최소한의 요건으로, 회원국들은 이 지침의 내용 보다 평등대우의 원칙 보호에 더 유리한 규정을 도입하거나 유지할 수 있다.[8]

#### (1) 차별금지 사유

이사회 지침 2000/43/EC의 차별금지 사유는 '인종적 또는 민족적 출신'(racial or ethnic origin)이다.[9]

#### (2) 차별금지 유형

이사회 지침 2000/43/EC에서 대상으로 하는 차별 유형은 직접차별(direct discrimination), 간접차별(indirect discrimination), 괴롭힘(harassment), 차별의 지시(instruction)이다. 이사회 지침 2000/43/EC는 평등대우의 원칙이 인종적 또는 민족적 출신에 근거한 어떠한 직접 혹은 간접 차별도 없는 것을 의미한다고 하면서, 인종적 또는 민족적 출신과 관련된 괴롭힘과 인종적 또는 민족적 출신에 근거하여 사람들을 차별하도록 하는 지시를 차별로 간주하고 있다.[10]

이사회 지침 2000/43/EC에서 '직접차별'은 인종적 또는 민족적 출신에 근거하여 어떤 한 사람이 비교가능한(comparable) 상황에서 다른 사람이 대우받거나 받았거나 받았을 것 보다 덜 유리하게(less favourably) 대우받은 경우에 발생하는 것으로 이해된다.[11] '간접차별'은 외관상 중립적인 규정이나 기준 또는 관행이 어떤 인종적 또는 민족적 출신에 속한 사람들을 다른 사람들과 비교하여 특정한 불이익에 처하게 하는

7) 이사회 지침 2000/43/EC 제1조.
8) 이사회 지침 2000/78/EC 제6조 제1항.
9) 이사회 지침 2000/43/EC 제2조 제1항.
10) 이사회 지침 2000/43/EC 제2조 제3항 및 제4항.
11) 이사회 지침 2000/43/EC 제2조 제2항 (a)호.

데, 그러한 규정·기준·관행이 합법적인 목적(legitimate aim)에 의해 객관적으로 정당화되며 그 목적을 달성하기 위한 수단이 적절하고 필요한 경우가 아니라면 발생하는 것으로 이해된다.[12] '괴롭힘'은 인종적 또는 민족적 출신과 관련하여 어떤 사람의 존엄성을 침해하고 위협적·적대적·모욕적·굴욕적 혹은 공격적 환경을 조성할 목적으로 이루어진 원치 않는(unwanted) 행위나 그러한 결과를 초래하는 원치 않는 행위를 말하는데, 그 구체적인 개념은 회원국들이 국내법과 관행으로 정의할 수 있도록 하고 있다.[13] '차별의 지시'는 인종적 또는 민족적 출신에 근거하여 사람들을 차별하도록 하는 지시를 의미하고, 그 지시 자체로 차별로 간주된다.[14]

### (3) 차별금지 영역

이사회 지침 2000/43/EC에서 차별금지의 대상으로 삼는 영역은 고용관계를 넘어서 공적 영역과 사적 영역까지 미친다. 구체적으로는 ① 고용, 자영(self-employment) 및 직업(occupation)에의 접근을 위한 조건(승진을 포함한 선발기준과 채용조건 등), ② 직업안내(vocational guidance), 직업훈련, 고등 직업훈련, 재교육(실무경험 포함)에의 접근, ③ 고용 및 근로조건(해고 및 임금 등), ④ 근로자단체, 사용자단체, 특정 직업단체의 회원자격과 그에 대한 참여(단체에서 제공되는 이익 등), ⑤ 사회적 보호(social protection, 사회보장 및 의료보장 등), ⑥ 사회적 혜택(social advantages), ⑦ 교육, ⑧ 공중(公衆)이 이용 가능한(available to the public) 재화·용역(주거 포함)에의 접근 및 그 공급이 이사회 지침 2000/43/EC가 적용되는 차별금지 영역으로 열거되어 있다.[15]

### (4) 차별금지의 예외

이사회 지침 2000/43/EC는 인종적 또는 민족적 출신을 이유로 당해 지침이 정하고 있는 차별금지 영역에서 이루어진 상이한 대우(difference of treatment)가 차별에 해당하지 않는 예외에 관하여도 규정을 두고 있다.

'국적'을 이유로 한 상이한 대우는 이사회 지침 2000/43/EC의 적용대상이 아니다. 회원국들의 영역 내에서 제3국 국민과 무국적자의 입국 및 거주 그리고 이들의 법적

12) 이사회 지침 2000/43/EC 제2조 제2항 (b)호.
13) 이사회 지침 2000/43/EC 제2조 제3항.
14) 이사회 지침 2000/43/EC 제2조 제4항.
15) 이사회 지침 2000/43/EC 제3조 제1항.

지위로부터 야기된 대우에 관한 사항은 이사회 지침 2000/43/EC에 따라 영향을 받지 않는다.[16)]

'진정하고 결정적인 직업자격'(genuine and determining occupational requirements)이 일정한 경우 직접차별 및 간접차별의 예외에 해당할 수 있다. 회원국들은 관련된 특정 직업활동의 성격이나 그 직업활동이 수행되는 영역의 성격 때문에 인종적 또는 민족적 출신과 관련된 특성이 그 직업을 위한 진정하고 결정적인 자격에 해당하는 경우로 그 목적이 합법적이고 자격이 비례적일 것을 전제로 그와 같은 인종적 또는 민족적 출신과 관련된 특성에 근거한 상이한 대우가 차별에 해당하지 않는다고 규정할 수 있다.[17)]

'적극적 조치' 즉 완전한 평등을 실질적으로 보장하기 위하여 인종적 또는 민족적 출신과 관련된 불이익을 방지하거나 그에 대하여 보상하기 위한 특별한 조치를 유지하거나 채택하는 것은 이사회 지침 2000/43/EC에 따라 금지되지 않는다.[18)]

### (5) 구제조치

이사회 지침 2000/43/EC는 인종적 또는 민족적 출신을 이유로 한 차별에 대한 구제조치로 ① 사법적·행정적 구제절차(적절한 경우 조정 절차 포함)의 이용 보장, ② 정당한 이해관계(legitimate interest)가 있는 단체 등의 절차 참여 보장, ③ 증명책임의 완화(일응의 추정)을 규정하면서, 이와 함께 구제조치의 이용에 따른 ④ 불이익조치의 금지도 규정하고 있다.

평등대우의 원칙이 적용되지 않아 부당한 대우를 받았다고 생각하는 사람들은 차별이 발생한 관계가 계속 중인 경우는 물론 관계가 종료된 이후에라도 사법적·행정적 절차 그리고 적절한 경우에는 조정절차를 이용할 수 있도록 보장된다.[19)]

이사회 지침 2000/43/EC가 준수되도록 보장하는데 정당한 이해관계를 갖는 단체, 조직 또는 기타 법적 주체는 원고의 동의를 전제로 원고를 대리하거나 지원함으로써 사법적·행정적 절차에 관여할 수 있도록 보장된다.[20)]

차별의 증명과 관련하여, 평등대우의 원칙이 적용되지 않아 부당한 대우를 받았다

---

16) 이사회 지침 2000/43/EC 제3조 제2항.
17) 이사회 지침 2000/43/EC 제4조.
18) 이사회 지침 2000/43/EC 제5조.
19) 이사회 지침 2000/43/EC 제7조 제1항.
20) 이사회 지침 2000/43/EC 제7조 제2항.

고 생각하는 사람들이 법원이나 기타 권한이 있는 기관 앞에서 직접차별이나 간접차별이 있었음을 증명함에 있어서는 그 증명책임을 완화하여 직접차별이나 간접차별이 있었음이 추정될 수 있는 사실만 증명하면, 상대방에게 평등대우의 원칙 위반이 없었음을 증명할 책임이 부과되도록 보장된다.[21] 다만, 이와 같은 증명책임 완화는 형사절차에는 적용되지 않고,[22] 직권조사절차에 대해서는 적용되지 않을 수도 있다.[23]

이사회 지침 2000/43/EC는 불이익조치와 관련하여 평등대우의 원칙을 집행하기 위한 진정이나 소송에 따라 불리한 대우나 불리한 결과를 받는 것으로부터 개인을 보호하기 위해 필요한 조치를 국내 법체계 내에 도입하도록 규정하고 있다.[24]

### (6) 평등대우의 증진을 위한 기구

이사회 지침 2000/43/EC는 회원국들로 하여금 인종적 또는 민족적 출신에 근거한 차별이 없는 모든 사람의 평등대우의 증진을 위한 기구 혹은 기구들을 지정하고,[25] 그 기구들이 차별 피해자의 차별에 관한 진정(complaints) 제기에 대한 지원, 차별에 관한 독립적인 조사 실시, 독립적인 보고서 발간, 인종적 또는 민족적 출신을 이유로 한 차별과 관련된 문제에 대한 권고 등의 권한을 갖도록 보장할 것을 규정하고 있다.[26]

### (7) 평등대우의 원칙 보장을 위한 조치

이사회 지침 2000/43/EC는 당해 지침에서 정한 평등대우의 원칙을 보장하기 위해 회원국들에게 평등대우의 원칙에 반하는 법률, 계약 등에 대한 조치와 당해 지침에 따라 채택된 국내 규정 위반에 대한 제재 규정 마련에 대해서도 규정하고 있다.

회원국들은 평등대우의 원칙에 반하는 법률, 규정(regulations) 및 행정규정(administrative provisions)이 폐지되도록 보장하기 위해 필요한 조치를 취한다.[27]

회원국들은 계약이나 단체협약, 업무에 관한 내부 규정, 영리·비영리 단체를 규율하는 규정, 근로자단체·사용자단체 및 특정 직업단체를 규율하는 규정에 포함된 평

---

21) 이사회 지침 2000/43/EC 제8조 제1항.
22) 이사회 지침 2000/43/EC 제8조 제3항.
23) 이사회 지침 2000/43/EC 제8조 제5항.
24) 이사회 지침 2000/43/EC 제9조.
25) 이사회 지침 2000/43/EC 제13조 제1항.
26) 이사회 지침 2000/43/EC 제13조 제2항.
27) 이사회 지침 2000/43/EC 제14조 (a)호.

등대우의 원칙에 반하는 조항이 무효로 선언되거나 개정되도록 보장하기 위해 필요한 조치를 취한다.[28)]

회원국들은 당해 지침에 따라 채택된 국내 규정의 위반에 적용될 수 있는 제재에 관한 규정들을 마련하고 그 적용을 보장하기 위해 필요한 모든 조치를 취하되, 피해자에 대한 보상(배상)금의 지불을 포함할 수 있는 제재는 효과적·비례적·억제적이어야 한다.[29)]

### 나. 이사회 지침 2000/78/EC

이사회 지침 2000/78/EC는 유럽연합의 이사회가 2000년 11월 27일에 채택한 지침으로 회원국들 내에 평등대우의 원칙을 실행하기 위하여 고용 및 직업과 관련된 종교나 신념, 장애, 연령 또는 성적 지향(sexual orientation)에 근거한 차별과 투쟁하기 위한 체계를 마련하는 것을 목적으로 한다.[30)] 이사회 지침 2000/78/EC가 제시하는 기준은 최소한의 요건으로, 회원국들은 이 지침의 내용 보다 평등대우의 원칙 보호에 더 유리한 규정을 도입하거나 유지할 수 있다.[31)]

#### (1) 차별금지 사유

이사회 지침 2000/78/EC의 차별금지 사유는 '종교나 신념, 장애, 연령, 또는 성적 지향'이다.[32)]

#### (2) 차별금지 유형

이사회 지침 2000/78/EC에서 대상으로 하는 차별 유형은 지침 2000/43/EC와 동일하게 직접차별, 간접차별, 괴롭힘, 차별의 지시이다. 이사회 지침 2000/78/EC는 평등대우의 원칙이 종교나 신념, 장애, 연령 또는 성적 지향에 근거한 어떠한 직접 혹은 간접 차별도 없는 것을 의미한다고 하면서, 이러한 사유 중 어느 것과 관련된 괴롭힘과 이러한 사유 중 어느 것에 근거하여 사람들을 차별하도록 하는 지시를 차별로 간주하고 있다.[33)]

---

28) 이사회 지침 2000/43/EC 제14조 (b)호.
29) 이사회 지침 2000/43/EC 제15조.
30) 이사회 지침 2000/78/EC 제1조.
31) 이사회 지침 2000/78/EC 제8조 제1항.
32) 이사회 지침 2000/78/EC 제2조 제1항, 제1조.
33) 이사회 지침 2000/78/EC 제2조 제3항 및 제4항.

이사회 지침 2000/78/EC에서 '직접차별'은 종교나 신념, 장애, 연령 또는 성적 지향에 근거하여 어떤 한 사람이 비교가능한 상황에서 다른 사람이 대우받거나 받았거나 받았을 것 보다 덜 유리하게 대우받은 경우에 발생하는 것으로 이해된다.[34] '간접차별'은 외관상 중립적인 규정이나 기준 또는 관행이 특정 종교 기타 신념, 특정 장애, 특정 연령 또는 특정 성적 지향을 지는 사람들을 다른 사람들과 비교하여 특정한 불이익에 처하게 하는 경우에 발생하는 것으로 이해되지만, 그러한 규정·기준·관행이 합법적인 목적(legitimate aim)에 의해 객관적으로 정당화되며 그 목적을 달성하기 위한 수단이 적절하고 필요한 경우이거나 특정 장애를 지닌 사람들과 관련하여 고용주 등이 그러한 규정이나 기준 또는 관행에 따른 불이익을 철폐하기 위하여 제5조의 합리적인 편의를 제공할 의무가 국내 법률에 따라 인정되는 경우에는 그러하지 아니하다.[35] '괴롭힘'은 종교나 신념, 장애, 연령, 성적 지향 중 어느 것과 관련하여 어떤 사람의 존엄성을 침해하고 위협적·적대적·모욕적·굴욕적 혹은 공격적 환경을 조성할 목적으로 이루어진 원치 않는(unwanted) 행위나 그러한 결과를 초래하는 원치 않는 행위를 말하는데, 그 구체적인 개념은 회원국들이 국내법과 관행으로 정의할 수 있도록 하고 있다.[36] '차별의 지시'는 종교나 신념, 장애, 연령, 성적 지향 중 어느 것에 근거하여 사람들을 차별하도록 하는 지시를 의미하고, 그 지시 자체로 차별로 간주된다.[37]

### (3) 차별금지 영역

이사회 지침 2000/78/EC에서 차별금지의 대상으로 삼는 영역은 고용 및 직업과 관련된 공적 및 사적 영역에 미친다. 구체적으로는 ① 고용, 자영(self-employment) 및 직업(occupation)에의 접근을 위한 조건(승진을 포함한 선발기준과 채용조건 등), ② 직업안내(vocational guidance), 직업훈련, 고등 직업훈련, 재교육(실무경험 포함)에의 접근, ③ 고용 및 근로조건(해고 및 임금 등), ④ 근로자단체, 사용자단체, 특정 직업단체의 회원자격과 그에 대한 참여(단체에서 제공되는 이익 등)가 이사회 지침 2000/78/EC가 적용되는 차별금지 영역으로 열거되어 있다.[38] 이사회 지침 2000/43/EC

34) 이사회 지침 2000/78/EC 제2조 제2항 (a)호.
35) 이사회 지침 2000/78/EC 제2조 제2항 (b)호.
36) 이사회 지침 2000/78/EC 제2조 제3항.
37) 이사회 지침 2000/78/EC 제2조 제4항.
38) 이사회 지침 2000/78/EC 제3조 제1항.

가 적용되는 차별금지 영역 중 '사회적 보호', '사회적 혜택', '교육', '공중이 이용 가능한 재화·용역에의 접근 및 그 공급'은 이사회 지침 2000/78/EC의 적용대상이 아니다.

#### (4) 차별금지의 예외

이사회 지침 2000/78/EC도 종교나 신념, 장애, 연령 또는 성적 지향을 이유로 당해 지침이 정하고 있는 차별금지 영역에서 이루어진 상이한 대우가 차별에 해당하지 않는 예외에 관하여 규정을 두고 있다.

민주 사회 내에서 '공공의 안전, 공공질서의 유지 및 범죄의 예방, 건강의 보호, 타인의 권리 및 자유의 보호를 위해 필요한 국내법으로 마련된 조치'는 이사회 지침 2000/78/EC에 의하여 영향을 받지 않는다.[39] 이사회 지침 2000/43/EC에는 이와 유사한 규정이 없다.

'국적'을 이유로 한 상이한 대우는 이사회 지침 2000/78/EC의 적용대상이 아니다. 회원국들의 영역 내에서 제3국 국민과 무국적자의 입국 및 거주 그리고 이들의 법적 지위로부터 야기된 대우에 관한 사항은 이사회 지침 2000/78/EC에 따라 영향을 받지 않는다.[40]

'국가적 사회보장 또는 국가적 계획(사회적 보호 계획 등)에 의해 이루어지는 금전 지급(payments)'은 이사회 지침 2000/78/EC의 적용대상이 아니다.[41]

'군대'에 대해서는 장애 및 연령에 근거한 차별과 관련된 범위 내에서 이사회 지침 2000/78/EC를 적용하지 않을 수 있다.[42]

'진정하고 결정적인 직업자격'(genuine and determining occupational requirements)이 일정한 경우 직접차별 및 간접차별의 예외에 해당할 수 있다. 회원국들은 관련된 특정 직업활동의 성격이나 그 직업활동이 수행되는 영역의 성격 때문에 종교나 신념, 장애, 연령 또는 성적 지향과 관련된 특성이 그 직업을 위한 진정하고 결정적인 자격에 해당하는 경우로 그 목적이 합법적이고 자격이 비례적일 것을 전제로 그와 같은 종교나 신념, 장애, 연령 또는 성적 지향과 관련된 특성에 근거한 상이한 대우가 차별에 해당하지 않는다고 규정할 수 있다.[43]

39) 이사회 지침 2000/78/EC 제2조 제5항.
40) 이사회 지침 2000/78/EC 제3조 제2항.
41) 이사회 지침 2000/78/EC 제3조 제3항.
42) 이사회 지침 2000/78/EC 제3조 제4항.
43) 이사회 지침 2000/43/EC 제4조 제1항.

특히 '교회와 그 기풍(ethos)이 종교나 신념을 기반으로 한 공·사 단체 내에서의 직업 활동'에 있어서 그 직업활동의 성격이나 그 직업활동이 수행되는 영역의 성격 때문에 그 단체의 기풍을 고려하여 어떤 사람의 종교나 신념이 '진정하고 합법적이면서 정당한 직업자격'(genuine, legitimate and justified occupational requirement)에 해당하는 경우에는 그 종교나 신념에 근거한 상이한 대우가 차별에 해당하지 않는다고 한다.[44)]

한편 '연령'에 근거한 상이한 대우는 정당한 고용정책, 노동시장 및 직업훈련 목적을 포함한 합법적인 목적에 의하여 객관적이고 합리적으로 정당화되고 그러한 목적을 달성하기 위한 수단이 적절하고 필요하다면 차별에 해당하지 않는다고 국내법에서 규정할 수 있다.[45)] 이러한 상이한 대우에는 ① 청년, 고령근로자 및 부양의무자의 직업적 통합을 증진하거나 그들을 보호하기 위해 고용 및 직업훈련에의 접근 그리고 고용 및 직업에 관하여 특별한 조건을 설정하는 것,[46)] ② 고용이나 고용과 연계된 일정한 이익에의 접근을 위한 서비스에 있어서 최소한의 연령, 직업적 경험이나 연공(seniority)에 관한 조건을 결정하는 것,[47)] ③ 당해 직위의 훈련요건이나 퇴직 전 합리적 고용기간의 필요성에 근거하여 채용 연령의 상한을 결정하는 것[48)] 등이 포함될 수 있다.

또한 '연령'과 관련하여 '직업적 사회보장계획'(occupational social security schemes)에 있어서는 근로자 또는 근로자 집단이나 범주에 대한 상이한 연령 결정, 퇴직급여나 질병급여 승인이나 권한부여를 위한 연령 결정, 계획 내 보험통계적 계산에 있어서의 연령기준의 사용을 연령에 근거한 차별에 해당하지 않는다고 규정할 수 있다.[49)]

'장애'와 관련하여 직장에서의 건강과 안전 보호에 관한 규정의 유지·채택, 안전을 위한 규정·시설의 고안이나 유지, 장애인의 근로환경 내로의 통합 증진을 목표로 한 조치는 평등대우의 원칙에 의해 영향을 받지 않는다.[50)]

'적극적 조치' 즉 완전한 평등을 실질적으로 보장하기 위하여 종교나 신념, 장애, 연령 또는 성적 지향과 관련된 불이익을 방지하거나 그에 대하여 보상하기 위한 특

44) 이사회 지침 2004/78/EC 제4조 제2항.
45) 이사회 지침 2004/78/EC 제6조 제1항.
46) 이사회 지침 2004/78/EC 제6조 제1항 (a)호.
47) 이사회 지침 2004/78/EC 제6조 제1항 (b)호.
48) 이사회 지침 2004/78/EC 제6조 제1항 (c)호.
49) 이사회 지침 2004/78/EC 제6조 제2항.
50) 이사회 지침 2004/78/EC 제7조 제2항.

별한 조치를 유지하거나 채택하는 것은 이사회 지침 2000/78/EC에 따라 금지되지 않는다.[51)]

### (5) 장애인을 위한 합리적인 편의 제공

장애인에 관한 평등대우의 원칙의 준수를 보장하기 위해서는 차별을 하지 않는 것뿐만 아니라 장애인에게 합리적인 편의가 제공되어야 한다. 합리적 편의 제공이란 고용주가 불균형적인(disproportionate) 부담을 부담하지 않는 한, 특정 사건에서 필요한 경우에 고용주가 장애인이 고용에 접근·참여하거나 승진하거나 훈련을 받을 수 있도록 적절한 조치를 취한다는 것을 의미하는데, 이사회 지침 2000/78/EC는 회원국이 장애정책상의 조치로 고용주의 부담에 대해 충분히 보상하는 경우에는 불균형적인 부담이 아니라고 규정하고 있다.[52)]

### (6) 구제조치

이사회 지침 2000/78/EC는 종교나 신념, 장애, 연령 또는 성적 지향을 이유로 한 차별에 대한 구제조치로 ① 사법적·행정적 구제절차(적절한 경우 조정 절차 포함)의 이용 보장, ② 정당한 이해관계(legitimate interest)가 있는 단체 등의 절차 참여 보장, ③ 증명책임의 완화(일응의 추정)을 규정하면서, 이와 함께 구제조치의 이용에 따른 ④ 불이익조치의 금지도 규정하고 있다. 이러한 구제조치의 내용은 이사회 지침 2000/43/EC와 동일하다.

평등대우의 원칙이 적용되지 않아 부당한 대우를 받았다고 생각하는 사람들은 차별이 발생한 관계가 계속 중인 경우는 물론 관계가 종료된 이후에라도 사법적·행정적 절차 그리고 적절한 경우에는 조정절차를 이용할 수 있도록 보장된다.[53)]

이사회 지침 2000/78/EC가 준수되도록 보장하는데 정당한 이해관계를 갖는 단체, 조직 또는 기타 법적 주체는 원고의 동의를 전제로 원고를 대리하거나 지원함으로써 사법적·행정적 절차에 관여할 수 있도록 보장된다.[54)]

차별의 증명과 관련하여, 평등대우의 원칙이 적용되지 않아 부당한 대우를 받았다고 생각하는 사람들이 법원이나 기타 권한이 있는 기관 앞에서 직접차별이나 간접차

51) 이사회 지침 2000/78/EC 제7조 제1항.
52) 이사회 지침 2000/78/EC 제5조.
53) 이사회 지침 2000/78/EC 제9조 제1항.
54) 이사회 지침 2000/78/EC 제9조 제2항.

별이 있었음을 증명함에 있어서는 그 증명책임을 완화하여 직접차별이나 간접차별이 있었음이 추정될 수 있는 사실만 증명하면, 상대방에게 평등대우의 원칙 위반이 없었음을 증명할 책임이 부과되도록 보장된다.[55] 다만, 이와 같은 증명책임 완화는 형사절차에는 적용되지 않고[56] 직권조사절차에 대해서는 적용되지 않을 수도 있다.[57]

이사회 지침 2000/78/EC는 불이익조치와 관련하여 평등대우의 원칙을 집행하기 위한 사업(undertaking) 내 진정이나 소송절차에 따라 해고 기타 불리한 대우를 받는 것으로부터 근로자를 보호하기 위해 필요한 조치를 국내 법체계 내에 도입하도록 규정하고 있다.[58]

#### (7) 평등대우의 증진을 위한 기구

이사회 지침 2000/78/EC는 이사회 지침 2000/43/EC와 달리 평등대우의 증진을 위한 기구에 관하여 별도의 규정을 두고 있지 않다.

#### (8) 평등대우의 원칙 보장을 위한 조치

이사회 지침 2000/78/EC도 당해 지침에서 정한 평등대우의 원칙을 보장하기 위해 회원국들에게 평등대우의 원칙에 반하는 법률, 계약 등에 대한 조치와 당해 지침에 따라 채택된 국내 규정 위반에 대한 제재 규정 마련에 대해서 규정하고 있다.

회원국들은 평등대우의 원칙에 반하는 법률, 규정(regulations) 및 행정규정(administrative provisions)이 폐지되도록 보장하기 위해 필요한 조치를 취한다.[59]

회원국들은 계약이나 단체협약, 업무에 관한 내부 규정, 근로자단체·사용자단체 및 특정 직업단체를 규율하는 규정에 포함된 평등대우의 원칙에 반하는 조항이 무효로 선언되거나 개정되도록 보장하기 위해 필요한 조치를 취한다.[60]

회원국들은 당해 지침에 따라 채택된 국내 규정의 위반에 적용될 수 있는 제재에 관한 규정들을 마련하고 그 적용을 보장하기 위해 필요한 모든 조치를 취하되, 피해자에 대한 보상(배상)금의 지불을 포함할 수 있는 제재는 효과적·비례적·억제적이어야 한다.[61]

---

55) 이사회 지침 2000/78/EC 제10조 제1항.
56) 이사회 지침 2000/78/EC 제10조 제3항.
57) 이사회 지침 2000/78/EC 제10조 제5항.
58) 이사회 지침 2000/78/EC 제11조.
59) 이사회 지침 2000/78/EC 제16조 (a)호.
60) 이사회 지침 2000/78/EC 제16조 (b)호.

### 다. 유럽의회 및 이사회 지침 2002/73/EC

유럽의회 및 이사회 지침 2002/73/EC는 유럽의회와 이사회가 2002년 9월 23일에 채택한 지침으로, 기존의 '고용, 직업훈련 및 승진에 대한 접근 그리고 근로조건에 관한 남녀의 평등대우의 원칙의 이행에 관한 이사회 지침 76/207/EEC'를 수정하는 것을 목적으로 한다. 회원국들은 이 지침에 마련된 규정들 보다 평등대우의 원칙의 보호에 더 유리한 규정을 도입하거나 유지할 수 있다.[62]

#### (1) 차별금지 사유

유럽의회 및 이사회 지침 2002/73/EC의 차별금지 사유는 '성별'이다.[63]

#### (2) 차별금지 유형

유럽의회 및 이사회 지침 2002/73/EC에서 대상으로 하는 차별 유형은 직접차별, 간접차별, 괴롭힘, 성적 괴롭힘(sexual harassment), 차별의 지시이다. 이사회 지침 2000/43/EC나 2000/78/EC에서 대상으로 하는 차별 유형에 성적 괴롭힘이 추가되어 있다. 유럽의회 및 이사회 지침 2002/73/EC은 평등대우의 원칙이 직접적이거나 간접적으로 특히 결혼여부(marital status)나 가족상황(family status)와 관련하여 성별을 이유로 한 어떠한 차별도 없는 것을 의미한다고 하면서, 성별과 관련된 괴롭힘과 성적 괴롭힘 그리고 성별을 이유로 사람들을 차별하도록 하는 지시를 차별로 간주하고 있다.[64]

유럽의회 및 이사회 지침 2002/73/EC에 따라 '직접차별'은 성별에 근거하여 어떤 한 사람이 비교가능한 상황에서 다른 사람이 대우받거나 받았거나 받았을 것 보다 덜 유리하게 대우받은 경우이다.[65] '간접차별'은 외관상 중립적인 규정이나 기준 또는 관행이 한 성별에 속한 사람들을 다른 성별에 속하는 사람들과 비교하여 특정한 불이익에 처하게 하는데, 그러한 규정·기준·관행이 합법적인 목적(legitimate aim)에 의해 객관적으로 정당화되며 그 목적을 달성하기 위한 수단이 적절하고 필요한 경우가 아닌 경우이다.[66] '괴롭힘'은 어떤 사람의 성별과 관련하여 어떤 사람의 존엄성을

---

61) 이사회 지침 2000/78/EC 第17조.

62) 유럽의회 및 이사회 지침 2002/73/EC에 의해 수정된 76/207/EEC 제8조의e 제1항.

63) 유럽의회 및 이사회 지침 2002/73/EC에 의해 수정된 76/207/EEC 제2조 제1항.

64) 유럽의회 및 이사회 지침 2002/73/EC에 의해 수정된 76/207/EEC 제2조 제3항 및 제4항.

65) 유럽의회 및 이사회 지침 2002/73/EC에 의해 수정된 76/207/EEC 제2조 제2항.

침해하고 위협적·적대적·모욕적·굴욕적 혹은 공격적 환경을 조성할 목적으로 이루어진 원치 않는(unwanted) 행위나 그러한 결과를 초래하는 원치 않는 행위가 이루어진 경우이다.[67] '성적 괴롭힘'은 성적 성격(sexual nature)의 원치 않는 언어적·비언어적·신체적 행위 유형이 어떤 사람의 존엄성을 침해할 목적으로 이루어지거나 그러한 결과를 초래하여 이루어진 경우로, 특히 위협적·적대적·모욕적·굴욕적 혹은 공격적 환경을 조성한 경우가 성적 괴롭힘에 해당한다.[68] 유럽의회 및 이사회 지침 2002/73/EC는 '괴롭힘'과 별도로 '성적 괴롭힘'을 정의하고 있는데, '성적 괴롭힘'은 행위 유형이 언어적·비언어적·신체적으로 다양하게 규정되어 있고 요건 측면에서도 위협적·적대적·모욕적·굴욕적 혹은 공격적 환경을 조성할 목적이나 그러한 결과의 초래를 반드시 필요로 하지 않는다는 점에서 더 완화되어 있다고 하겠다. 괴롭힘과 성적 괴롭힘은 성별을 이유로 한 차별로 간주되며, 어떤 사람이 이러한 행위에 대해 거절했는지 굴복했는지는 그에게 영향을 미치는 결정의 기초로 사용되어서는 안 된다.[69] '차별의 지시'는 성별을 이유로 사람들을 차별하도록 하는 지시를 의미하고, 그 지시 자체로 차별로 간주된다.[70]

### (3) 차별금지 영역

유럽의회 및 이사회 지침 2002/73/EC에서 차별금지의 대상으로 삼는 영역은 고용 및 직업과 관련된 공적 및 사적 영역에 미친다. 구체적으로는 ① 고용, 자영(self-employment) 및 직업(occupation)에의 접근을 위한 조건(승진을 포함한 선발기준과 채용조건 등), ② 직업안내(vocational guidance), 직업훈련, 고등 직업훈련, 재교육(실무경험 포함)에의 접근, ③ 고용 및 근로조건(해고 및 임금 등), ④ 근로자단체, 사용자단체, 특정 직업단체의 회원자격과 그에 대한 참여(단체에서 제공되는 이익 등)가 유럽의회 및 이사회 지침 2002/73/EC가 적용되는 차별금지 영역으로 열거되어 있다.[71] 이사회 지침 2000/78/EC가 적용되는 차별금지 영역과 동일하고, 이사회 지침 2000/43/EC의 차별금지 영역 중 '사회적 보호', '사회적 혜택', '교육', '공중이

66) 유럽의회 및 이사회 지침 2002/73/EC에 의해 수정된 76/207/EEC 제2조 제2항.
67) 유럽의회 및 이사회 지침 2002/73/EC에 의해 수정된 76/207/EEC 제2조 제2항.
68) 유럽의회 및 이사회 지침 2002/73/EC에 의해 수정된 76/207/EEC 제2조 제2항.
69) 유럽의회 및 이사회 지침 2002/73/EC에 의해 수정된 76/207/EEC 제2조 제3항.
70) 유럽의회 및 이사회 지침 2002/73/EC에 의해 수정된 76/207/EEC 제2조 제4항.
71) 유럽의회 및 이사회 지침 2002/73/EC에 의해 수정된 76/207/EEC 제3조 제1항.

이용 가능한 재화·용역에의 접근 및 그 공급'은 그 적용대상이 아니다.

#### (4) 차별금지의 예외

유럽의회 및 이사회 지침 2002/73/EC도 성별을 이유로 당해 지침이 정하고 있는 차별금지 영역에서 이루어진 상이한 대우(difference of treatment)가 차별에 해당하지 않는 예외에 관하여 규정하고 있다.

'진정하고 결정적인 직업자격'(genuine and determining occupational requirements)이 일정한 경우 직접차별 및 간접차별의 예외에 해당할 수 있다. 회원국들은 관련된 특정 직업활동의 성격이나 그 직업활동이 수행되는 영역의 성격 때문에 성별과 관련된 특성이 진정하고 결정적인 직업자격에 해당하는 경우로 그 목적이 합법적이고 자격이 비례적일 것을 전제로 그와 같은 성별과 관련된 특성에 근거한 상이한 대우가 차별에 해당하지 않는다고 규정할 수 있다.72)

'여성 특히 임신 및 출산과 관련된 보호에 관한 규정'은 유럽의회 및 이사회 지침 2002/73/EC에 의해 영향을 받지 않는다. 오히려 '임신한 근로자들과 최근에 출산했거나 모유수유 중인 근로자들의 직장에서의 안전과 건강의 개선을 장려하기 위한 조치의 도입에 관한 1992년 10월 19일자 이사회 지침 92/85/EEC'의 의미 내에서의 임신휴가(pregnancy leave)나 출산휴가(maternity leave)와 관련된 여성에 대한 덜 유리한(less favourable) 대우가 유럽의회 및 이사회 지침 2002/73/EC에 따른 차별에 해당한다.73)

'남녀 간의 완전한 평등을 실질적으로 보장하기 위한 유럽공동체설립조약 제141조 제4항의 의미 내에서의 조치'(대표성이 약한(underrepresented) 성별이 직업활동을 구하는 것을 용이하게 하거나 전문직 경력에 있어서의 불이익을 방지하거나 이를 보상하기 위해서 특별한 혜택을 제공하는 조치) 즉 적극적 조치를 유지하거나 채택할 수 있다.74)

#### (5) 구제조치

유럽의회 및 이사회 지침 2002/73/EC는 성별을 이유로 한 차별에 대한 구제조치로 ① 사법적·행정적 구제절차(적절한 경우 조정 절차 포함)의 이용 보장, ② 차별로

72) 유럽의회 및 이사회 지침 2002/73/EC에 의해 수정된 76/207/EEC 제2조 제6항.
73) 유럽의회 및 이사회 지침 2002/73/EC에 의해 수정된 76/207/EEC 제2조 제7항.
74) 유럽의회 및 이사회 지침 2002/73/EC에 의해 수정된 76/207/EEC 제2조 제8항.

인한 손실·손해에 대한 진정하고 효과적인 보상·배상 보장, ③ 정당한 이해관계(legitimate interest)가 있는 단체 등의 절차 참여 보장을 규정하면서, 이와 함께 구제조치의 이용에 따른 ④ 불이익조치의 금지도 규정하고 있다. 유럽의회 및 이사회 지침 2002/73/EC에는 이사회 지침 2000/43/EC나 2000/78/EC의 구제조치 중 증명책임의 완화에 관한 규정은 포함되지 않았고,[75] 진정하고 효과적인 보상·배상 보장에 관한 규정이 추가되었다.

평등대우의 원칙이 적용되지 않아 부당한 대우를 받았다고 생각하는 사람들은 차별이 발생한 관계가 계속 중인 경우는 물론 관계가 종료된 이후에라도 사법적·행정적 절차 그리고 적절한 경우에는 조정절차를 이용할 수 있도록 보장된다.[76]

회원국들은 유럽의회 및 이사회 지침 2002/73/EC에서 정한 차별금지 영역에서의 성별을 이유로 한 차별의 결과로 피해를 입은 사람이 입은 손실·손해에 관하여 입은 손해에 대한 억제적이고 비례적인 방식으로 진정하고 효과적인 보상이나 배상을 보장하기 위해 필요한 조치를 국내 법제도에 도입한다.[77] 다만, 차별의 결과 지원자가 입은 유일한 손해가 그 구직신청에 대한 심사 거절이었다고 고용주가 증명할 수 있는 경우에는 보상·배상의 최대한도를 제한할 수 있도록 허용했다.[78]

유럽의회 및 이사회 지침 2002/73/EC가 준수되도록 보장하는데 정당한 이해관계를 갖는 단체, 조직 또는 기타 법적 주체는 원고의 동의를 전제로 원고를 대리하거나 지원함으로써 사법적·행정적 절차에 관여할 수 있도록 보장된다.[79]

유럽의회 및 이사회 지침 2002/73/EC는 불이익조치와 관련하여 평등대우의 원칙을 집행하기 위한 사업 내 진정이나 소송에 따라 고용주에 의한 해고 기타 불리한 대우를 받는 것으로부터 근로자들을 보호하기 위해 필요한 조치를 국내 법체계 내에 도입하도록 규정하고 있다.[80]

### (6) 평등대우의 증진 등을 위한 기구

유럽의회 및 이사회 지침 2002/73/EC은 이사회 지침 2000/43/EC와 유사하게 회원

---

75) '성별에 근거한 차별 사건에 있어서 증명책임에 관한 1997년 12월 15일자 이사회 지침 97/80/EC' 제3조 및 제4조에 증명책임 완화(일응의 추정)에 관한 규정이 별도로 존재하고 있었다.
76) 유럽의회 및 이사회 지침 2002/73/EC에 의해 수정된 76/207/EEC 제6조 제1항.
77) 유럽의회 및 이사회 지침 2002/73/EC에 의해 수정된 76/207/EEC 제6조 제2항.
78) 유럽의회 및 이사회 지침 2002/73/EC에 의해 수정된 76/207/EEC 제6조 제2항.
79) 유럽의회 및 이사회 지침 2002/73/EC에 의해 수정된 76/207/EEC 제6조 제3항.
80) 유럽의회 및 이사회 지침 2002/73/EC에 의해 수정된 76/207/EEC 제7조.

국들로 하여금 모든 사람들의 성별을 이유로 한 차별이 없는 평등대우의 증진·분석·감시 및 지원을 위한 기구 혹은 기구들을 지정하고,[81] 그 기구들이 차별 피해자의 차별에 관한 진정(complaints) 제기에 대한 지원, 차별에 관한 독립적인 조사 실시, 독립적인 보고서 발간, 성별을 이유로 한 차별과 관련된 문제에 대한 권고 등의 권한을 갖도록 보장할 것을 규정하고 있다.[82]

#### (7) 평등대우의 원칙 보장을 위한 조치

유럽의회 및 이사회 지침 2002/73/EC도 이사회 지침 2000/43/EC나 2000/78/EC와 마찬가지로 당해 지침에서 정한 평등대우의 원칙을 보장하기 위해 회원국들에게 평등대우의 원칙에 반하는 법률, 계약 등에 대한 조치와 당해 지침에 따라 채택된 국내 규정 위반에 대한 제재 규정 마련에 대해서 규정하고 있다.

회원국들은 평등대우의 원칙에 반하는 법률, 규정(regulations) 및 행정규정(administrative provisions)이 폐지되도록 보장하기 위해 필요한 조치를 취한다.[83]

회원국들은 계약이나 단체협약, 업무에 관한 내부 규정, 근로자단체·사용자단체 및 특정 직업단체를 규율하는 규정에 포함된 평등대우의 원칙에 반하는 조항이 무효로 선언되거나 개정되도록 보장하기 위해 필요한 조치를 취한다.[84]

회원국들은 당해 지침에 따라 채택된 국내 규정의 위반에 적용될 수 있는 제재에 관한 규정들을 마련하고 그 적용을 보장하기 위해 필요한 모든 조치를 취하며, 피해자에 대한 보상(배상)금의 지불을 포함할 수 있는 제재는 효과적·비례적·억제적이어야 한다.[85]

### 라. 이사회 지침 2004/113/EC

이사회 지침 2004/113/EC는 유럽연합의 이사회가 2004년 12월 13일에 채택한 지침으로 사람들 사이의 남녀 간의 평등대우의 원칙을 회원국들 내에 실행하기 위해 재화·용역에의 접근 및 그 공급에 있어서의 성별에 근거한 차별과 투쟁하기 위한 일반 체제를 마련하는 것을 목적으로 한다.[86] 이사회 지침 2004/113/EC가 제시하는

---

81) 유럽의회 및 이사회 지침 2002/73/EC에 의해 수정된 76/207/EEC 제8조의a 제1항.
82) 유럽의회 및 이사회 지침 2002/73/EC에 의해 수정된 76/207/EEC 제8조의a 제2항.
83) 유럽의회 및 이사회 지침 2002/73/EC에 의해 수정된 76/207/EEC 제3조 제2항 (a)호.
84) 유럽의회 및 이사회 지침 2002/73/EC에 의해 수정된 76/207/EEC 제3조 제2항 (b)호.
85) 유럽의회 및 이사회 지침 2002/73/EC에 의해 수정된 76/207/EEC 제8조의d.

기준은 최소한의 요건으로 회원국들은 이 지침에 마련된 규정들보다 남녀 간의 평등대우의 원칙의 보호에 더 유리한 규정을 도입하거나 유지할 수 있다.[87]

### (1) 차별금지 사유

이사회 지침 2004/113/EC의 차별금지 사유는 '성별'이다.[88]

### (2) 차별금지 유형

이사회 지침 2004/113/EC에서 대상으로 하는 차별 유형은 직접차별, 간접차별, 괴롭힘, 성적 괴롭힘, 차별의 지시(instruction)이다. 유럽의회 및 이사회 지침 2002/73/EC와 거의 동일하다. 이사회 지침 2004/113/EC은 평등대우의 원칙이 임신 및 출산을 이유로 한 여성에 대한 덜 유리한 대우를 포함하여 성별에 근거한 어떠한 직접차별 혹은 간접차별도 존재하지 않는 것을 의미한다고 하면서,[89] 성별과 관련된 괴롭힘과 성적 괴롭힘 또는 성별을 이유로 한 직접·간접 차별에 대한 지시를 차별로 간주하고 있다.[90]

이사회 지침 2004/113/EC에서 '직접차별'은 성별을 이유로 어떤 한 사람이 비교가능한 상황에서 다른 사람이 대우받거나 받았거나 받았을 것 보다 덜 유리하게 대우받은 경우이다.[91] '간접차별'은 외관상 중립적인 규정이나 기준 또는 관행이 한 성별에 속한 사람들을 다른 성별의 사람들과 비교하여 특정한 불이익에 처하게 하는데, 그러한 규정·기준·관행이 합법적인 목적에 의해 객관적으로 정당화되며 그 목적을 달성하기 위한 수단이 적절하고 필요한 경우가 아닌 경우이다.[92] '괴롭힘'은 어떤 사람의 성별과 관련하여 어떤 사람의 존엄성을 침해하고 위협적·적대적·모욕적·굴욕적 혹은 공격적 환경을 조성할 목적으로 이루어진 원치 않는(unwanted) 행위나 그러한 결과를 초래하는 원치 않는 행위가 이루어진 경우이다.[93] '성적 괴롭힘'은 성적 성격의 원치 않는 물리적·언어적·비언어적·신체적 행위 유형이 어떤 사람의 존엄성을 침해할 목적으로 이루어지거나 그러한 결과를 초래하여 이루어진 경우로, 특히

---

86) 이사회 지침 2004/113/EC 제1조.
87) 이사회 지침 2004/113/EC 제7조 제1항.
88) 이사회 지침 2004/113/EC 제4조 제1항.
89) 이사회 지침 2004/113/EC 제4조 제1항.
90) 이사회 지침 2004/113/EC 제4조 제3항 및 제4항.
91) 이사회 지침 2004/113/EC 제2조 (a)호.
92) 이사회 지침 2004/113/EC 제2조 (b)호.
93) 이사회 지침 2004/113/EC 제2조 (c)호.

위협적·적대적·모욕적·굴욕적 혹은 공격적 환경을 조성한 경우가 성적 괴롭힘에 해당한다.[94] 괴롭힘과 성적 괴롭힘은 성별을 이유로 한 차별로 간주되며, 어떤 사람이 이러한 행위에 대해 거절했는지 굴복했는지는 그에게 영향을 미치는 결정의 기초로 사용되어서는 안 된다.[95] '차별의 지시'는 성별을 이유로 한 직접 혹은 간접 차별에 대한 지시로, 그 지시 자체로 차별로 간주된다.[96]

### (3) 차별금지 영역

이사회 지침 2004/113/EC에서 차별금지의 대상으로 삼는 영역은 공적 영역과 사적 영역 모두에 관하여 관련된 사람과 관계없이 '공중이 이용할 수 있으며 사생활 및 가족생활의 영역 밖에서 제공되는 재화·용역을 공급하는 모든 사람들과 이러한 범위 내에서 이루어지는 거래'이다.[97] 이사회 지침 2000/43/EC가 적용되는 차별금지 영역 중 하나인 '공중이 이용 가능한 재화·용역에의 접근 및 그 공급'과 유사하다.

### (4) 차별금지의 예외

이사회 지침 2004/113/EC도 성별을 이유로 당해 지침이 정하고 있는 차별금지 영역에서 이루어진 상이한 대우(difference of treatment)가 차별에 해당하지 않는 예외에 관하여도 규정을 두고 있다.

'임신 및 출산에 관한 여성의 보호와 관련된 더 유리한 규정'은 이사회 지침 2004/113/EC에 따라 영향을 받지 않는다.[98]

'합법적인 목적에 의해 정당화되고 그 목적을 달성하기 위한 수단이 적절하고 필요한 경우'라면 한 성별의 구성원에 대한 배타적이거나 우선적인 재화·용역의 제공은 허용된다.[99]

2007년 12월 21일 이후에 체결된 모든 계약에 있어서 보험 및 관련 금융 서비스를 위한 보험금과 보험급여의 계산 요소로서 성별을 사용하여 개인의 보험금 및 보험급여에 차이가 나타나지 않도록 보장하는 것이 원칙이지만,[100] '관련이 있고 정확한 보

---

94) 이사회 지침 2004/113/EC 제2조 (d)호.
95) 이사회 지침 2004/113/EC 제4조 제3항.
96) 이사회 지침 2004/113/EC 제4조 제4항.
97) 이사회 지침 2004/113/EC 제3조 제1항.
98) 이사회 지침 2004/113/EC 제4조 제2항.
99) 이사회 지침 2004/113/EC 제4조 제5항.
100) 이사회 지침 2004/113/EC 제5조 제1항.

험통계적 및 통계적 자료에 기초한 위험 평가에 있어서 결정적 요소로 성별이 사용된 경우'에는 회원국들이 2007년 12월 21일 이전에 개인들의 보험료 및 보험급여에 비례적인 차이(proportionate differences)를 허용하도록 결정할 수 있다.[101] 다만, 회원국들의 이러한 결정을 2007년 12월 21일부터 5년 후에 재검토된다.[102] 한편 늦어도 2007년 12월 21일 이후 2년 이내에 임신 및 출산과 관련된 비용이 어떠한 경우에도 개인의 보험금과 보험급여의 차이로 이어지지 않도록 필요한 조치를 이행해야 한다.[103]

'적극적 조치' 즉 남녀 간의 완전한 평등을 실질적으로 보장하기 위하여 성별과 관련된 불이익을 방지하거나 그에 대하여 보상하기 위한 특별한 조치를 유지하거나 채택하는 것은 이사회 지침 2000/43/EC에 따라 금지되지 않는다.[104]

#### (5) 구제조치

이사회 지침 2004/113/EC는 성별을 이유로 한 차별에 대한 구제조치로 ① 사법적·행정적 구제절차(적절한 경우 조정 절차 포함)의 이용 보장, ② 차별로 인한 손실·손해에 대한 진정하고 효과적인 보상·배상 보장, ③ 정당한 이해관계가 있는 단체 등의 절차 참여 보장, ④ 증명책임의 완화(일응의 추정)을 규정하면서, 이와 함께 구제조치의 이용에 따른 ⑤ 불이익조치의 금지도 규정하고 있다.

평등대우의 원칙이 적용되지 않아 부당한 대우를 받았다고 생각하는 사람들은 차별이 발생한 관계가 계속 중인 경우는 물론 관계가 종료된 이후에라도 사법적·행정적 절차 그리고 적절한 경우에는 조정절차를 이용할 수 있도록 보장된다.[105]

회원국들은 이사회 지침 2004/113/EC에서 정한 차별의 결과로 피해를 입은 사람이 입은 손실·손해에 관하여 입은 손해에 대한 억제적이고 비례적인 방식으로 진정하고 효과적인 보상이나 배상을 보장하기 위해 필요한 조치를 국내 법제도에 도입한다.[106]

이사회 지침 2004/113/EC가 준수되도록 보장하는데 정당한 이해관계를 갖는 단체, 조직 또는 기타 법적 주체는 원고의 동의를 전제로 원고를 대리하거나 지원함으로써

---

101) 이사회 지침 2004/113/EC 제5조 제2항.
102) 이사회 지침 2004/113/EC 제5조 제2항.
103) 이사회 지침 2004/113/EC 제5조 제3항.
104) 이사회 지침 2004/113/EC 제6조.
105) 이사회 지침 2004/113/EC 제8조 제1항.
106) 이사회 지침 2004/113/EC 제8조 제2항.

사법적·행정적 절차에 관여할 수 있도록 보장된다.107)

차별의 증명과 관련하여, 평등대우의 원칙이 적용되지 않아 부당한 대우를 받았다고 생각하는 사람들이 법원이나 기타 권한이 있는 기관 앞에서 직접차별이나 간접차별이 있었음을 증명함에 있어서는 그 증명책임을 완화하여 직접차별이나 간접차별이 있었음이 추정될 수 있는 사실만 증명하면, 상대방에게 평등대우의 원칙 위반이 없었음을 증명할 책임이 부과되도록 보장된다.108) 다만, 이와 같은 증명책임 완화는 형사절차에는 적용되지 않고,109) 직권조사절차에 대해서는 적용되지 않을 수도 있다.110)

이사회 지침 2004/113/EC는 불이익조치와 관련하여 평등대우의 원칙을 집행하기 위한 진정이나 소송에 따라 불리한 대우나 불리한 결과를 받는 것으로부터 개인을 보호하기 위해 필요한 조치를 국내 법체계 내에 도입하도록 규정하고 있다.111)

### (6) 평등대우의 증진을 위한 기구

이사회 지침 2004/113/EC은 회원국들로 하여금 모든 사람의 성별을 이유로 한 차별이 없는 평등대우의 증진을 위한 기구 혹은 기구들을 지정하고,112) 그 기구들이 차별 피해자의 차별에 관한 진정 제기에 대한 지원, 차별에 관한 독립적인 조사 실시, 독립적인 보고서 발간, 성별을 이유로 한 차별과 관련된 문제에 대한 권고 등의 권한을 갖도록 보장할 것을 규정하고 있다.113)

### (7) 평등대우의 원칙 보장을 위한 조치

이사회 지침 2004/113/EC도 당해 지침에서 정한 평등대우의 원칙을 보장하기 위해 회원국들에게 평등대우의 원칙에 반하는 법률, 계약 등에 대한 조치와 당해 지침에 따라 채택된 국내 규정 위반에 대한 벌칙(penalties) 규정 마련에 대해서 규정하고 있다. 이사회 지침 2000/43/EC, 2000/78/EC와 유럽의회 및 이사회 지침 2002/73/EC에서는 국내 규정 위반에 대한 제재(sanctions)로 규정하고 있음에 반하여, 이사회 지침 2004/113/EC는 벌칙으로 규정하고 있다.

---

107) 이사회 지침 2004/113/EC 제8조 제3항.
108) 이사회 지침 2004/113/EC 제9조 제1항.
109) 이사회 지침 2004/113/EC 제9조 제3항.
110) 이사회 지침 2004/113/EC 제9조 제5항.
111) 이사회 지침 2004/113/EC 제10조.
112) 이사회 지침 2004/113/EC 제12조 제1항.
113) 이사회 지침 2004/113/EC 제12조 제2항.

회원국들은 재화·용역에의 접근 및 그 공급과 관련하여 평등대우의 원칙에 반하는 법률, 규정(regulations) 및 행정규정(administrative provisions)이 폐지되도록 보장하기 위해 필요한 조치를 취한다.114)

회원국들은 재화·용역에의 접근 및 그 공급과 관련하여 평등대우의 원칙에 반하는 계약 조항, 업무에 관한 내부 규정, 영리·비영리 단체를 규율하는 규정이 무효로 선언되거나 개정되도록 보장하기 위해 필요한 조치를 취한다.115)

회원국들은 당해 지침에 따라 채택된 국내 규정의 위반에 적용될 수 있는 벌칙에 관한 규정들을 마련하고 그 적용을 보장하기 위해 필요한 모든 조치를 취하되, 피해자에 대한 보상(배상)금의 지불을 포함할 수 있는 벌칙은 효과적·비례적·억제적이어야 한다.116)

## 2. 유럽연합의 4개 지침의 종합 정리

### 가. 차별금지 사유-영역-유형

앞서 살펴본 유럽연합의 4개 지침을 차별금지 사유, 차별금지 유형, 차별금지 영역을 기준으로 종합적으로 비교 정리하면 다음 표와 같다.

| | 성별 | 인종적 또는 민족적 출신 | 종교나 신념 | 장애 | 연령 | 성적 지향 |
|---|---|---|---|---|---|---|
| 고용 등에의 접근을 위한 조건 | 〈2002/73/EC〉<br>직접차별<br>간접차별<br>괴롭힘<br>성적 괴롭힘<br>차별의 지시 | 〈2000/43/EC〉<br>직접차별<br>간접차별<br>괴롭힘<br>차별의 지시 | 〈2000/78/EC〉<br>직접차별<br>간접차별<br>괴롭힘<br>차별의 지시 | 〈2000/78/EC〉<br>직접차별<br>간접차별<br>괴롭힘<br>차별의 지시<br>합리적 편의 | 〈2000/78/EC〉<br>직접차별<br>간접차별<br>괴롭힘<br>차별의 지시 | 〈2000/78/EC〉<br>직접차별<br>간접차별<br>괴롭힘<br>차별의 지시 |
| 직업훈련 등에의 접근 | 〈2002/73/EC〉<br>직접차별<br>간접차별<br>괴롭힘<br>성적 괴롭힘<br>차별의 지시 | 〈2000/43/EC〉<br>직접차별<br>간접차별<br>괴롭힘<br>차별의 지시 | 〈2000/78/EC〉<br>직접차별<br>간접차별<br>괴롭힘<br>차별의 지시 | 〈2000/78/EC〉<br>직접차별<br>간접차별<br>괴롭힘<br>차별의 지시<br>합리적 편의 | 〈2000/78/EC〉<br>직접차별<br>간접차별<br>괴롭힘<br>차별의 지시 | 〈2000/78/EC〉<br>직접차별<br>간접차별<br>괴롭힘<br>차별의 지시 |

114) 이사회 지침 2004/113/EC 제13조 (a)호.
115) 이사회 지침 2004/113/EC 제13조 (b)호.
116) 이사회 지침 2004/113/EC 제14조.

| | 성별 | 인종적 또는 민족적 출신 | 종교나 신념 | 장애 | 연령 | 성적 지향 |
|---|---|---|---|---|---|---|
| 고용 및 근로조건 | 〈2002/73/EC〉<br>직접차별<br>간접차별<br>괴롭힘<br>성적 괴롭힘<br>차별의 지시 | 〈2000/43/EC〉<br>직접차별<br>간접차별<br>괴롭힘<br><br>차별의 지시 | 〈2000/78/EC〉<br>직접차별<br>간접차별<br>괴롭힘<br><br>차별의 지시 | 〈2000/78/EC〉<br>직접차별<br>간접차별<br>괴롭힘<br><br>차별의 지시<br>합리적 편의 | 〈2000/78/EC〉<br>직접차별<br>간접차별<br>괴롭힘<br><br>차별의 지시 | 〈2000/78/EC〉<br>직접차별<br>간접차별<br>괴롭힘<br><br>차별의 지시 |
| 근로자단체 등에 대한 참여 | 〈2002/73/EC〉<br>직접차별<br>간접차별<br>괴롭힘<br>성적 괴롭힘<br>차별의 지시 | 〈2000/43/EC〉<br>직접차별<br>간접차별<br>괴롭힘<br><br>차별의 지시 | 〈2000/78/EC〉<br>직접차별<br>간접차별<br>괴롭힘<br><br>차별의 지시 | 〈2000/78/EC〉<br>직접차별<br>간접차별<br>괴롭힘<br><br>차별의 지시 | 〈2000/78/EC〉<br>직접차별<br>간접차별<br>괴롭힘<br><br>차별의 지시 | 〈2000/78/EC〉<br>직접차별<br>간접차별<br>괴롭힘<br><br>차별의 지시 |
| 사회적 보호 | | 〈2000/43/EC〉<br>직접차별<br>간접차별<br>괴롭힘<br><br>차별의 지시 | | | | |
| 사회적 혜택 | | 〈2000/43/EC〉<br>직접차별<br>간접차별<br>괴롭힘<br><br>차별의 지시 | | | | |
| 교육 | | 〈2000/43/EC〉<br>직접차별<br>간접차별<br>괴롭힘<br><br>차별의 지시 | | | | |
| 공중이 이용 가능한 재화·용역에의 접근 및 그 공급 | 〈2004/113/EC〉<br>직접차별<br>간접차별<br>괴롭힘<br>성적 괴롭힘<br>차별의 지시 | 〈2000/43/EC〉<br>직접차별<br>간접차별<br>괴롭힘<br><br>차별의 지시 | | | | |

고용 및 직업 분야 즉 '① 고용, 자영 및 직업에의 접근을 위한 조건(승진을 포함한 선발기준과 채용조건 등), ② 직업안내, 직업훈련, 고등 직업훈련, 재교육(실무경험 포함)에의 접근, ③ 고용 및 근로조건(해고 및 임금 등), ④ 근로자단체, 사용자단체,

특정 직업단체의 회원자격과 그에 대한 참여(단체에서 제공되는 이익 등)'에 관하여는 유럽연합의 4개 지침에 따라 성별, 인종적 또는 민족적 출신, 종교나 신념, 장애, 연령, 성적 지향을 이유로 한 직접차별, 간접차별, 괴롭힘, 차별의 지시가 공통적으로 적용 대상이 됨에 반하여, 그 이외의 영역 중 '⑤ 사회적 보호(사회보장 및 의료보장 등), ⑥ 사회적 혜택, ⑦ 교육'에 관하여는 이사회 지침 2000/43/EC에 따라 인종적 또는 민족적 출신을 이유로 한 직접차별, 간접차별, 괴롭힘, 차별의 지시만이 적용 대상이 되고, '⑧ 공중이 이용 가능한 재화·용역에의 접근 및 그 공급'에 관하여는 이사회 지침 2000/43/EC 및 2004/113/EC에 따라 성별, 인종적 또는 민족적 출신을 이유로 한 직접차별, 간접차별, 괴롭힘, 차별의 지시와 성적 괴롭힘만이 적용 대상이 된다. 한편, 이사회 지침 2000/78/EC는 장애인에 관한 평등대우의 원칙의 준수를 보장하기 위해서 고용주에게 불균형적인 부담을 부과하기 않는 한 고용주로 하여금 장애인이 고용에 접근하거나 참여하거나 승진하거나 훈련을 받을 수 있도록 합리적인 편의를 제공하도록 규정하고 있다. 다만 이사회 지침 2000/78/EC는 고용주의 합리적인 편의 제공 거부가 차별이 되는지 여부에 대해서 명확히 규정하고 있지는 않다.

### 나. 차별금지 사유 - 영역 - 예외

유럽연합의 4개 지침을 차별금지 사유, 차별금지 영역은 그대로 두고 차별금지의 예외를 기준으로 다시 비교 정리하면 다음 표와 같다.

| | 성별 | 인종적 또는 민족적 출신 | 종교나 신념 | 장애 | 연령 | 성적 지향 |
|---|---|---|---|---|---|---|
| 고용 등에의 접근을 위한 조건 | 〈2002/73/EC〉 | 〈2000/43/EC〉<br>국적 | 〈2000/78/EC〉<br>공공안전 등<br>국적<br>국가적 계획 등 | 〈2000/78/EC〉<br>공공안전 등<br>국적<br>국가적 계획 등<br>군대 | 〈2000/78/EC〉<br>공공안전 등<br>국적<br>국가적 계획 등<br>군대 | 〈2000/78/EC〉<br>공공안전 등<br>국적<br>국가적 계획 등 |
| 직업훈련 등에의 접근 | 진정직업자격 | 진정직업자격 | 진정직업자격<br>종교단체 | 진정직업자격 | 진정직업자격<br>고용정책 등<br>직업적 사회 보장계획 | 진정직업자격 |
| 고용 및 근로조건 | 임신·출산 보호<br>적극적 조치 | 적극적 조치 | 적극적 조치 | 직장내 안전 등<br>적극적 조치<br>불균형적 부담 | 적극적 조치 | 적극적 조치 |

| | 성별 | 인종적 또는 민족적 출신 | 종교나 신념 | 장애 | 연령 | 성적 지향 |
|---|---|---|---|---|---|---|
| 근로자단체 등에 대한 참여 | 〈2002/73/EC〉<br>진정직업자격<br>임신·출산 보호<br>적극적 조치 | 〈2000/43/EC〉<br>국적<br>진정직업자격<br>적극적 조치 | 〈2000/78/EC〉<br>공공안전 등<br>국적<br>국가적 계획 등<br>진정직업자격<br>종교단체<br>적극적 조치 | 〈2000/78/EC〉<br>공공안전 등<br>국적<br>국가적 계획 등<br>군대<br>진정직업자격<br>직장내 안전 등<br>적극적 조치 | 〈2000/78/EC〉<br>공공안전 등<br>국적<br>국가적 계획 등<br>군대<br>진정직업자격<br>고용정책 등<br>직업적 사회보장계획<br>적극적 조치 | 〈2000/78/EC〉<br>공공안전 등<br>국적<br>국가적 계획 등<br>진정직업자격<br>적극적 조치 |
| 사회적 보호 | | 〈2000/43/EC〉<br>국적<br>적극적 조치 | | | | |
| 사회적 혜택 | | 〈2000/43/EC〉<br>국적<br>적극적 조치 | | | | |
| 교육 | | 〈2000/43/EC〉<br>국적<br>적극적 조치 | | | | |
| 공중이 이용 가능한 재화·용역에의 접근 및 그 공급 | 〈2004/113/EC〉<br>합법적 목적과 적절·필요한 수단<br>임신·출산 보호<br>적극적 조치<br>보험위험평가 | 〈2000/43/EC〉<br>국적<br>적극적 조치 | | | | |

고용 및 직업 분야에 관하여는 유럽연합의 4개 지침에 따라 '진정하고 결정적인 직업자격'과 '적극적 조치'가 공통적으로 차별금지의 예외로 인정되고 있다. 고용 및 직업 분야에 있어서, '성별'을 이유로 한 차별에 대해서는 유럽의회 및 이사회 지침 2002/73/EC에 따라 '임신 및 출산과 관련된 보호에 관한 규정'이 차별금지의 예외로 추가되어 있고, '인종적 또는 민족적 출신'을 이유로 한 차별에 대해서는 이사회 지침 2000/43/EC에 따라 '국적'이 차별금지의 예외로 추가되어 있다. 이사회 지침 2000/78/EC는 고용 및 직업 분야에 있어서 '종교나 신념, 장애, 연령, 성적 지향'을 이유로 한 차별에 대한 차별금지의 예외로 '진정하고 결정적인 직업자격' 및 '적극적

조치'와 함께 '공공의 안전, 공공질서의 유지 및 범죄의 예방, 건강의 보호, 타인의 권리 및 자유의 보호를 위해 필요한 국내법으로 마련된 조치', '국적을 이유로 한 상이한 대우', '국가적 사회보장 또는 국가적 계획(사회적 보호 계획 등)에 의해 이루어지는 금전지급'을 공통의 차별금지의 예외로 인정하고 있다. 이사회 지침 2000/78/EC는 여기에 덧붙여 고용 및 직업 분야와 관련하여 '종교나 신념'을 이유로 한 차별에 대해서는 '교회나 그 기풍이 종교나 신념을 기반으로 한 공·사 단체 내에서의 직업활동에 있어서 어떤 사람의 종교나 신념이 진정하고 합법적이면서 정당한 직업자격에 해당하는 경우'를 차별금지의 예외로 규정하고, '장애'를 이유로 한 차별에 대해서는 '군대'를 적용 대상에서 제외할 수 있도록 하면서 '직장에서의 건강과 안전 보호에 관한 규정의 유지·채택, 안전을 위한 규정·시설의 고안이나 유지, 장애인의 근로환경 내로의 통합 증진을 목표로 한 조치'를 차별금지의 예외로 인정한다. 또한 이사회 지침 2000/78/EC는 고용 및 직업 분야와 관련하여 '연령'을 이유로 한 차별에 대해서 '군대'를 적용 대상에서 제외할 수 있도록 하면서 '정당한 고용정책, 노동시장 및 직업훈련 목적을 포함한 합법적인 목적에 의하여 객관적이고 합리적으로 정당화되고 그러한 목적을 달성하기 위한 수단이 적절하고 필요한 경우'와 '직업적 사회보장계획에 있어서의 일정한 연령 결정이나 연령기준 사용'을 차별금지의 예외로 인정하고 있다. 이사회 지침 2000/78/EC에 규정된 고용주의 합리적인 편의 제공에 대해서는 고용주에게 불균형적인 부담이 부과되는 것이 정당화 사유가 된다.

사회적 보호(사회보장 및 의료보장 등), 사회적 혜택 및 교육 분야에 관하여는 이사회 지침 2000/43/EC에 따라 '인종적 또는 민족적 출신'을 이유로 한 차별에 대해서 '국적'과 '적극적 조치'가 차별금지의 예외로 인정되고 있다.

공중이 이용 가능한 재화·용역에의 접근 및 그 공급에 관하여는 이사회 지침 2000/43/EC에 따라 '인종적 또는 민족적 출신'을 이유로 한 차별에 대해서 '국적'과 '적극적 조치'가 차별금지의 예외로 인정되고 있고, 이사회 지침 2004/113/EC에 따라 '성별'을 이유로 한 차별에 대해서 '임신 및 출산에 관한 여성의 보호와 관련된 더 유리한 규정', '합법적인 목적에 의해 정당화되고 그 목적을 달성하기 위한 수단이 적절하고 필요한 경우', '2007년 12월 21일 이전에 회원국들이 관련이 있고 정확한 보험통계적 및 통계적 자료에 기초한 위험 평가에 있어서 결정적 요소로 성별이 사용된 경우로 개인들의 보험료 및 보험급여에 비례적인 차이를 허용하도록 결정한 경우', '적극적 조치'가 차별금지의 예외로 인정되어 있다.

### 다. 차별금지 사유 - 영역 - 구제조치

유럽연합의 4개 지침은 '성별, 인종적 또는 민족적 출신, 종교나 신념, 장애, 연령, 성적 지향'을 이유로 한 고용 및 직업 분야에 있어서의 차별과 '인종적 또는 민족적 출신'을 이유로 한 사회적 보호(사회보장 및 의료보장 등), 사회적 혜택 및 교육 분야에 있어서의 차별 그리고 '성별, 인종적 또는 민족적 출신'을 이유로 한 공중이 이용 가능한 재화·용역에의 접근 및 그 공급에 있어서의 차별 등 4개 지침이 적용되는 차별 전반에 대한 구제조치로 ① 사법적·행정적 구제절차(적절한 경우 조정 절차 포함)의 이용 보장, ② 정당한 이해관계가 있는 단체 등의 절차 참여 보장, ③ 불이익조치의 금지를 공통적으로 인정하고 있다.

증명책임의 완화(일응의 추정)는 이사회 지침 2000/43/EC, 2000/78/EC 및 2004/113/EC에 따라 '인종적 또는 민족적 출신, 종교나 신념, 장애, 연령, 성적 지향'을 이유로 한 고용 및 직업 분야에 있어서의 차별과 '인종적 또는 민족적 출신'을 이유로 한 사회적 보호(사회보장 및 의료보장 등), 사회적 혜택 및 교육 분야에 있어서의 차별 그리고 '성별, 인종적 또는 민족적 출신'을 이유로 한 공중이 이용 가능한 재화·용역에의 접근 및 그 공급에 있어서의 차별에 대한 구제조치로 규정되어 있다. '성별'을 이유로 한 고용 및 직업 분야에 있어서의 차별에 대해서는 연합의회 및 이사회 지침 2002/73/EC에 증명책임의 완화(일응의 추정)에 관한 규정이 포함되어 있지 않다.[117)]

'성별'을 이유로 한 고용 및 직업 분야에 있어서의 차별에 대하여는 연합의회 및 이사회 지침 2002/73/EC에 따라, 그리고 '성별'을 이유로 한 공중이 이용 가능한 재화·용역에의 접근 및 그 공급에 있어서의 차별에 대하여는 이사회 지침 2004/113/EC에 따라 각각 위 구제조치와 함께 '차별의 결과로 피해를 입은 손실·손해에 관하여 입은 손해에 대한 억제적이고 비례적인 방식으로 진정하고 효과적인 보상이나 배상을 보장하기 위해 필요한 조치'를 국내 법·제도에 도입하도록 하고 있다.

한편, 유럽연합의 4개 지침은 위와 같은 차별에 대한 구제조치와 함께 평등대우의

---

117) 고용 및 직업 분야에 있어서의 성별을 이유로 한 차별에 대해서는 '성별에 근거한 차별 사건에 있어서 증명책임에 관한 1997년 12월 15일자 이사회 지침 97/80/EC' 제3조 및 제4조에 증명책임 완화(일응의 추정)에 관한 규정이 별도로 존재하고 있었다. 이사회 지침 97/80/EC는 나중에 '고용 및 직업에 있어서 남녀의 평등기회 및 평등대우의 원칙의 이행에 관한 2006년 7월 5일자 유럽의회 및 이사회 지침 2006/54/EC'에 의해 폐기·재정리되었고, 증명책임 완화(일응의 추정)에 관한 사항은 유럽의회 및 이사회 지침 2006/54/EC 제19조의 내용으로 포함되었다.

원칙 보장을 위한 조치로 회원국들이 ① 평등대우의 원칙에 반하는 법률, 규정(regulations) 및 행정규정(administrative provisions)이 폐지되도록 보장하기 위한 조치, ② 계약, 업무에 관한 내부 규정, 영리·비영리 단체를 규율하는 규정(고용 및 직업 분야에 있어서는 단체협약, 근로자단체·사용자단체 및 특정 직업단체를 규율하는 규정 포함)에 포함된 평등대우의 원칙에 반하는 조항이 무효로 선언되거나 개정되도록 보장하기 위해 필요한 조치, ③ 지침에 따라 채택된 국내 규정의 위반에 적용될 수 있는 제재 혹은 벌칙에 관한 규정을 마련하고 그 적용을 보장하기 위해 필요한 조치를 취하도록 공통적으로 규정하고 있다.

### 라. 평등대우의 증진을 위한 기구

인종적 또는 민족적 출신을 이유로 한 차별에 대한 이사회 지침 2000/43/EC 그리고 성별을 이유로 한 차별에 대한 유럽의회 및 이사회 지침 2002/73/EC와 이사회 지침 2004/113/EC는 회원국들로 하여금 평등대우의 증진을 위한 기구 혹은 기구들을 지정하고, 그 기구들이 차별 피해자의 차별에 관한 진정 제기에 대한 지원, 차별에 관한 독립적 조사 실시, 독립적인 보고서 발간, 차별과 관련된 문제에 대한 권고 등의 권한을 갖도록 보장할 것을 공통적으로 규정하고 있다.

다만, '종교나 신념, 장애, 연령, 성적 지향'을 이유로 한 고용 및 직업 분야에 있어서의 차별에 대한 이사회 지침 2000/78/EC는 평등대우의 증진을 위한 기구에 관하여 별도의 규정을 두고 있지 않다.

### 마. 최소한의 요건

유럽연합의 4개 지침에 마련된 규정들은 모두 최소한의 요건으로 회원국들은 이보다 평등대우의 원칙의 보호에 더 유리한 규정들을 도입하거나 유지할 수 있고, 어떠한 상황에서도 이 지침들의 이행이 이 지침들에 의하여 적용대상이 되는 영역에서 회원국들에 의하여 이미 제공된 차별에 대한 보호 수준의 축소를 위한 근거가 되지는 않는다.

## 3. 유럽연합의 4개 지침의 독일 일반평등대우법으로의 수용

독일은 유럽연합의 4개 지침에서 규정하고 있는 모든 차별금지 사유를 이유로 한 차별에 관하여 「평등대우의 원칙의 실현을 위한 유럽 지침의 이행을 위한 법률」이라는 단일의 법률을 제정하는 방식으로 유럽연합의 4개 지침을 국내적으로 수용하고자 하였다. 이를 통해 차별에 대한 조화로운 보호가 실현된다고 보았다.[118] 일반평등대우법이 「평등대우의 원칙의 실현을 위한 유럽 지침의 이행을 위한 법률」의 제1장으로 포함되었음은 앞서 언급하였다.

고용 및 직업 분야에 있어서는 이사회 지침 2000/43/EC 및 2000/78/EC와 유럽의회 및 이사회 지침 2002/73/EC가 '성별, 인종적 또는 민족적 출신, 종교나 신념, 장애, 연령, 성적 지향'의 차별금지 사유를 이유로 한 고용 및 직업 분야에 있어서의 차별에 대해 유사한 규율 내용을 담고 있기 때문에 이 유럽연합의 3개 지침을 일반평등대우법으로 수용하는데 크게 문제될 사항이 없다. 일반평등대우법은 근로자의 차별로부터의 보호에 관한 제2절에서 '인종, 민족적 출신, 성별, 종교, 세계관, 장애, 연령, 성적 정체성'을 이유로 한 고용 및 직업 분야에 있어서의 차별의 금지, 차별금지의 예외, 사용자의 의무, 근로자의 권리(진정권, 이행거절권, 손해배상), 불이익조치 금지, 단체의 회원자격 등을 규정함으로써 위 3개 지침을 수용하였다. 고용 및 직업 분야는 공·사 영역을 모두 포함하는 것으로 하되, 공법상 복무관계에 대해서는 그 특별한 법적 지위를 고려하여 적용되도록 특례를 두었다.[119]

사회적 보호(사회보장 및 의료보장 등), 사회적 혜택, 교육, 공중이 이용 가능한 재화·용역에의 접근 및 그 공급과 관련하여, 이사회 지침 2000/43/EC는 '인종적 또는 민족적 출신'을 이유로 한 사회적 보호(사회보장 및 의료보장 등), 사회적 혜택, 교육, 공중이 이용 가능한 재화·용역에의 접근 및 그 공급에 있어서의 차별을 규율하고 있고, 이사회 지침 2004/113/EC는 '성별'을 이유로 한 공중이 이용 가능한 재화·용역에의 접근 및 그 공급에 있어서의 차별만을 그 대상으로 하고 있어서, 그 이외의 '종교나 신념, 장애, 연령, 성적 지향'을 이유로 한 이 분야에서의 차별에 대해서는 이를 규율하는 유럽연합의 지침이 별도로 존재하지 않았다. 독일연방의회는 이와 같은 유럽연합 지침의 규율상 공백을 충분히 인식하면서도 '종교나 신념, 장애, 연령, 성적 지향'을 이유로 한 차별을 포함시키지 않으면 법률생활의 중요 부분이 차별 보호에서

---

118) 독일연방의회에 제출된 「평등대우의 원칙의 실현을 위한 유럽 지침의 이행을 위한 법률안」(Entwurf eines Gesetzs zur Umsetzung europäischer Richtlinien zur Verwirklichung des Grundsatzes der Gleichbehandlung) 2006년 6월 8일자 인쇄본(Drucksache) 16/1780(이하, "Drucksache 16/1780"라고 한다), 2면; 법무부, 『독일 평등대우법의 제정과정에 관한 연구』 (2008), 33면 참조.

119) 일반평등대우법 제24조.

배제됨을 이유로,[120] 일반평등대우법을 제정함에 있어 공중이 이용 가능한 재화 및 용역에의 접근 및 그 공급과 관련된 '인종, 민족적 출신, 성별, 종교, 세계관, 장애, 연령, 성적 정체성'을 이유로 한 차별을 그 적용 대상에 포함시켰다. 사회적 보호(사회보장 및 보건서비스 포함), 사회적 혜택, 교육에 관해서는 '인종, 민족적 출신'을 이유로 한 차별만이 일반평등대우법의 적용대상이다. 이사회 지침 2000/43/EC와 2004/113/EC는 공·사 영역 모두를 적용 범위로 포함하지만, 독일 일반평등대우법은 제3절에서 사법상 거래에서의 차별에 한정하여 '인종, 민족적 출신, 성별, 종교, 장애, 연령, 성적 정체성'을 이유로 한 차별의 금지, 차별금지의 예외, 차별을 받은 사람의 청구권(방해배제청구, 중지청구, 손해배상) 등을 규정하였다.

유럽연합의 4개 지침에 포함된 증명책임의 완화, 정당한 이해관계가 있는 단체 등의 절차 참여 보장은 일반평등대우법 제4절에 증명책임 및 반차별단체에 의한 지원 관련 조문으로 포함되어 근로자의 차별로부터의 보호에 관한 제2절과 사법상 거래에서 차별로부터의 보호에 관한 제3절 모두에 적용되도록 규정되었다.

이사회 지침 2004/43/EC, 유럽의회 및 이사회 지침 2002/73/EC, 이사회 지침 2004/113/EC에 포함된 평등대우의 증진을 위한 기구와 관련하여, 독일 일반평등대우법은 제6절에 연방반차별국의 설치, 임무와 권한 등에 관한 사항을 마련함으로써 이를 수용하였다.

120) Drucksache 16/1780, 2면; 법무부, 앞의 책, 33면 참조.

# 제3장

# 독일 일반평등대우법의 내용

## 1. 일반평등대우법의 목적

일반평등대우법은 제1조에서 인종, 민족적 출신, 성별, 종교, 세계관, 장애, 연령 또는 성적 정체성을 이유로 한 차별(Benachteiligungen)을 방지하고 배제하는 것을 목적으로 한다고 규정하고 있다.

일반평등대우법이 유럽연합의 4개 지침을 수용하여 일정한 차별을 방지하고 배제하는 것을 목적으로 한다고 하지만, 「평등대우의 원칙의 실현을 위한 유럽 지침의 이행을 위한 법률안」의 입법이유에 적절하게 기술되어 있는 바와 같이, 차별이 나타나는 사회적 상황은 그러한 상황이 야기된 원인이나 연관관계가 복잡하기 때문에 차별금지 입법만으로 개선되기는 어렵다는 점이 인식되어야 하고, 일반평등대우법은 일정한 집단의 사회 내에서의 소외에 관한 다양한 원인을 다루는 포괄적인 통합정책의 한 구성요소로서 의미가 있다고 하겠다.[1)]

## 2. 차별금지 사유

일반평등대우법 제1조는 ① 인종, ② 민족적 출신, ③ 성별, ④ 종교, ⑤ 세계관, ⑥ 장애, ⑦ 연령, ⑧ 성적 정체성을 차별금지 사유로 규정하고 있다.

이사회 지침 2000/43/EC의 '인종적 또는 민족적 출신', 이사회 지침 2000/78/EC의 '종교나 신념, 장애, 연령, 성적 지향', 유럽의회 및 이사회 지침 2002/73/EC와 이사회 지침 2004/113/EC의 '성별'을 수용한 것이다.

---

1) Drucksache 16/1780, 24~25면; 법무부, 앞의 책, 54면 참조.

일반평등대우법의 차별금지 사유는 열거적이고, 이 이외의 사유를 이유로 한 차별은 일반평등대우법의 적용대상이 아니다.

일반평등대우법은 차별금지 사유에 대하여 별도의 정의 규정을 두고 있지는 않다. 성적 정체성(sexuelle Identität)은 이사회 지침 2000/78/EC의 '성적 지향'(sexual orientation)과 용어의 차이가 있지만, 동일하게 동성애자, 양성애자, 성전환자, 간성(intersex)을 의미하는 것으로 이해된다.[2)]

'임신'이나 '출산'은 고용 및 직업 부문과 관련하여서는 '성별'에 포함된다.[3)] 유럽의회 및 이사회 지침 2002/73/EC에 의해 수정된 '고용, 직업훈련 및 승진에 대한 접근 그리고 근로조건에 관한 남녀의 평등대우의 원칙의 이행에 관한 이사회 지침 76/207/EEC' 제2조 제7항에서 "지침 92/85/EEC[4)]의 의미 내에서의 임신휴가(pregnancy leave)나 출산휴가(maternity leave)와 관련된 여성에 대한 덜 유리한 대우는 이 지침의 의미 내에서의 차별에 해당한다"고 규정한 사항을 수용한 것이다.[5)]

일반평등대우법은 차별금지에 관한 단일의 법률로 제정되었지만 그 내용상 노동법적 규율 대상인 고용 및 직업 분야는 제2절 '근로자의 차별로부터의 보호'로, 민사법적 규율 대상인 사법상 거래 분야는 제3절 '사법상 거래에서 차별로부터의 보호'로 나누어 규율하고 있다. 일반평등대우법 제1조는 일반평등대우법에 따라 규율되는 차별금지 사유를 일반적으로 규정한 것이고, 각 보호 분야에 따라 구체적인 차별금지 사유가 달라질 수 있다.

실제로 앞서 살펴본 바와 같이 유럽연합의 4개 지침은 일반평등대우법 제2조 제1호 내지 제4호에 해당하는 고용 및 직업 분야와 관련해서는 '성별, 인종적 또는 민족적 출신, 종교나 신념, 장애, 연령, 성적 지향'을 모두 차별금지 사유로 하고 있음에 반하여, 일반평등대우법 제2조 제5호 내지 제7호에 해당하는 사회적 보호, 사회적 혜택, 교육 분야와 관련해서는 '인종적 또는 민족적 출신'만을 차별금지 사유로 하고 있고, 일반평등대우법 제2조 제8호에 해당하는 공중이 이용할 수 있는 재화와 용역

2) Drucksache 16/1780, 31면; 법무부, 앞의 책, 77면 참조.

3) 일반평등대우법 제3조 제1항 제2문.

4) '임신한 근로자들과 최근에 출산했거나 모유수유 중인 근로자들의 직장에서의 안전과 건강의 개선을 장려하기 위한 조치의 도입에 관한 1992년 10월 19일자 이사회 지침 92/85/EEC'(Council Directve 92/85/EEC of 19 October 1992 on the introduction of measures to encourage improvements in the safety and health at work of pregnant workers and workers who have recently given birth or are breastfeeding).

5) Drucksache 16/1780, 32면; 법무부, 앞의 책, 84면 참조.

에의 접근 및 그 공급과 관련해서는 '성별'과 '인종적 또는 민족적 출신'만을 차별금지 사유로 하고 있다. 다만, 유럽연합의 4개 지침의 이러한 규정들은 최소한의 요건이므로 회원국들은 이 보다 평등대우의 원칙의 보호에 더 유리한 규정을 도입하거나 유지할 수 있다.

일반평등대우법은 공중이 이용할 수 있는 재화와 용역에의 접근 및 그 공급과 관련해서 이사회 지침 2000/43/EC 및 2004/113/EC를 수용한 '인종, 민족적 출신, 성별' 외에도 '종교, 장애, 연령 또는 성적 정체성'까지 차별금지 사유를 확대하고 있다.[6)]

그렇지만, 사법상의 채권관계의 성립, 이행 및 종료와 관련하여 '세계관'은 차별금지 사유로 인정되지 않는다. 독일연방의회에 제출된 연방정부의 「평등대우의 원칙의 실현을 위한 유럽 지침의 이행을 위한 법률안」 제1장 제19조 제1항은 '세계관'도 사법상 채권관계의 성립, 이행 및 종료와 관련된 차별금지 사유로 규정하고 있었으나,[7)] 독일연방의회 법제사법위원회(Rechtsausschuss)의 심의 단계에서 사법상 거래에서 차별로부터의 보호 분야에 '세계관'을 차별금지 사유로 인정함에 있어서는 그에 따른 위험, 즉 예를 들어 극우적인 사상의 신봉자가 인정할만한 이유로 그에게 불허된 거래에의 접근을 차별금지 규정을 근거로 획득하고자 시도할 위험이 존재한다는 점이 고려되어,[8)] 독일연방의회가 최종적으로 채택한 일반평등대우법 중 사법상 채권관계의 성립, 이행 및 종료와 관련된 제19조 제1항의 차별금지 사유에서는 '세계관'이 제외되었다.

또한 일반평등대우법 제2조 제5호 내지 제7호에 해당하는 사회적 보호, 사회적 혜택, 교육과 관련된 사법상 채권관계의 성립, 이행 및 종료에 관해서는 '인종' 또는 '민족적 출신'만이 차별금지 사유이다.[9)]

## 3. 차별금지 유형

일반평등대우법은 차별금지 유형으로 '직접차별, 간접차별, 괴롭힘, 성적 괴롭힘,

---

6) 일반평등대우법 제19조 제1항.

7) Drucksache 16/1780, 40~41면; 법무부, 앞의 책, 120~121면 참조.

8) 독일연방의회 '법제사법위원회의 권고결의 및 보고'(Beschlussempfehlung und Bericht des Rechtsausschusses) 2006년 6월 28일자 인쇄본(Drucksache) 16/2022(이하 "Drucksache 16/2022"라고 한다), 13면; 법무부, 앞의 책, 222면 참조.

9) 일반평등대우법 제19조 제2항.

차별의 지시'를 규정하고 있다.

이사회 지침 2000/43/EC,[10] 이사회 지침 2000/78/EC,[11] 유럽의회 및 이사회 지침 2002/73/EC,[12] 이사회 지침 2004/113/EC[13]에 포함된 차별금지 유형을 전부 수용하였다. 각 유형에 대한 정의는 표현 상 유럽연합의 4개 지침과 약간의 차이를 나타내기도 한다.

직접차별은 어떤 사람이 '인종, 민족적 출신, 성별, 종교, 세계관, 장애, 연령 또는 성적 정체성'으로 인하여 비교가능한 상황에 있는 다른 사람이 받았거나 받고 있거나 받았을 것 보다 덜 유리한 대우를 받은 경우에 존재한다.[14] 고용 및 직업 부문(일반평등대우법 제2조 제1항 제1호 내지 제4호)과 관련된 '임신이나 출산'을 이유로 한 여성에 대한 불리한 대우는 성별을 이유로 한 직접차별에 해당한다.[15]

간접차별은 외관상 중립적인 규정, 기준 또는 절차가 '인종, 민족적 출신, 성별, 종교, 세계관, 장애, 연령 또는 성적 정체성'으로 인하여 사람들을 다른 사람들에 비하여 특정 방식으로 불리하게 할 수 있는 경우에, 관련된 규정, 기준 또는 절차가 합법적인 목적에 의해 객관적으로 정당화되고 수단이 이러한 목적의 달성을 위해 적절하고 필요한 경우가 아니라면, 존재한다.[16]

괴롭힘은 '인종, 민족적 출신, 성별, 종교, 세계관, 장애, 연령 또는 성적 정체성'과 관련된 원치 않는 행동방식이 관련된 사람의 존엄성을 침해하고 위협적·적대적·굴욕적·명예훼손적·모욕적 특성의 환경이 조성되는 것을 목적으로 하거나 이를 야기하는 경우에 차별이다.[17]

성적 괴롭힘은 고용 및 직업 부문(일반평등대우법 제2조 제1항 제1호 내지 제4호)과 관련하여 원치 않는 일정한 성적인 행위가 관련된 사람의 존엄성을 침해하는 것을 목적으로 하거나 이를 야기하는 경우에 차별이다. 특히 위협적·적대적·굴욕적·명예훼손적·모욕적 특성의 환경을 조성하는 경우에 그러하다. 원치 않는 일정한 성적 행위에는 원치 않는 성적인 행동과 이에 대한 요구, 일정한 성적인 육체적 접촉, 성

10) 이사회 지침 2000/43/EC 제2조 제2항 내지 제4항.
11) 이사회 지침 2000/78/EC 제2조 제2항 내지 제4항.
12) 유럽의회 및 이사회 지침 2002/73/EC에 의해 수정된 76/207/EEC 제2조 제2항 및 제4항.
13) 이사회 지침 2004/113/EC 제2조 및 제4조 제3항.
14) 일반평등대우법 제3조 제1항 제1문.
15) 일반평등대우법 제3조 제1항 제2문.
16) 일반평등대우법 제3조 제2항.
17) 일반평등대우법 제3조 제3항.

적인 내용의 발언, 음란표현물의 원치 않는 제시와 눈에 띌 수 있는 비치가 포함된다.[18)]

'인종, 민족적 출신, 성별, 종교, 세계관, 장애, 연령 또는 성적 정체성'을 이유로 어떤 사람을 차별하도록 하는 지시는 차별로 간주된다. 이러한 지시는 고용 및 직업 부문(일반평등대우법 제2조 제1항 제1호 내지 제4호)와 관련해서는 특히 누군가가 어떤 사람에게 '인종, 민족적 출신, 성별, 종교, 세계관, 장애, 연령 또는 성적 정체성'을 이유로 근로자를 차별하는 행위 또는 차별할 수 있는 행위를 하도록 하게 한 경우에 존재한다.[19)]

## 4. 차별금지 영역(일반평등대우법의 적용범위)

일반평등대우법은 제2조에서 '인종, 민족적 출신, 성별, 종교, 세계관, 장애, 연령 또는 성적 정체성'으로 인한 차별이 일반평등대우법에 따라 금지될 수 있는 영역으로, ① 업무영역 및 직위에 관계없이, 고용 및 자영에의 접근과 직업상 승진을 위한 조건(선발기준과 채용조건을 포함), ② 고용 및 근로조건(임금 및 해고조건을 포함), 특히 고용관계의 이행과 종료 및 직업상 승진에 있어서의 개인적 및 단체법적 합의(협약)와 조치, ③ 모든 형식 및 수준의 직업지도, 직업교육(직업교육, 고등 직업교육, 재교육을 포함) 및 실무경험에의 접근, ④ 근로자단체, 사용자단체 또는 그 회원들이 특정 직업군(群)에 속하는 단체에서의 회원자격과 참여 및 이러한 단체의 급부의 이용, ⑤ 사회적 보호(사회보장과 보건서비스를 포함), ⑥ 사회적 혜택, ⑦ 교육, ⑧ 공중이 이용할 수 있는 재화 및 용역(주거를 포함)에의 접근 및 그 공급을 규정하고 있다.

이는 이사회 지침 2000/43/EC,[20)] 이사회 지침 2000/78/EC,[21)] 유럽의회 및 이사회 지침 2002/73/EC,[22)] 이사회 지침 2004/113/EC[23)]에 포함된 차별금지 영역을 전부 수용한 것이다. 유럽연합의 4개 지침은 각각 차별금지 사유와 차별금지 영역을 달리

---

18) 일반평등대우법 제3조 제4항.

19) 일반평등대우법 제3조 제5항.

20) 이사회 지침 2000/43/EC 제3조 제1항.

21) 이사회 지침 2000/78/EC 제3조 제1항.

22) 유럽의회 및 이사회 지침 2002/73/EC에 의해 수정된 76/207/EEC 제3조 제1항.

23) 이사회 지침 2004/113/EC 제3조 제1항.

규정하고 있으나, 유럽연합의 4개 지침의 규정은 최소한의 요건이므로 회원국들은 이 보다 평등대우의 원칙의 보호에 더 유리한 규정을 도입하거나 유지할 수 있다는 점은 앞서 언급한 바와 같다.

일반평등대우법 제2조는 일반평등대우법에 따라 규율되는 차별금지 영역을 일반적으로 규정한 것이고, 구체적인 차별금지 영역은 일반평등대우법이 구분하고 있는 제2절 '근로자의 차별로부터의 보호' 분야와 제3절 '사법상 거래에서 차별로부터의 보호' 분야에 따라 달라질 수 있다. 한편, 일반평등대우법이 다른 법률의 규정의 적용을 예정한 경우가 있다.

### 가. 근로자의 차별로부터의 보호 분야

일반평등대우법은 근로자가 '인종, 민족적 출신, 성별, 종교, 세계관, 장애, 연령 또는 성적 정체성'을 이유로 차별을 받아서는 안 된다고 규정하고,[24] 단체협약 당사자와 회원들이 특정 직업군(群)에 속하거나 경제적 혹은 사회적 영역에서 우월적 지위를 보유하고 있는 단체의 회원자격 또는 그에 대한 참여에 이 규정이 적용되도록 하고 있다.[25]

일반평등대우법 제2조 제1호 내지 제4호에 해당하는 ① 업무영역 및 직위에 관계없이, 고용 및 자영에의 접근과 직업상 승진을 위한 조건(선발기준과 채용조건을 포함), ② 고용 및 근로조건(임금 및 해고조건을 포함), 특히 고용관계의 이행과 종료 및 직업상 승진에 있어서의 개인적 및 단체법적 합의(협약)와 조치, ③ 모든 형식 및 수준의 직업지도, 직업교육(직업교육, 고등 직업교육, 재교육을 포함) 및 실무경험에의 접근, ④ 근로자단체, 사용자단체 또는 그 회원들이 특정 직업군(群)에 속하는 단체에서의 회원자격과 참여 및 이러한 단체의 급부의 이용은 모두 근로자의 차별로부터의 보호 분야에서 차별금지 영역이 된다고 하겠다.

일반평등대우법은 '인종, 민족적 출신, 성별, 종교, 세계관, 장애, 연령 또는 성적 정체성'을 이유로 한 근로자 차별금지에 위반하는 '일자리 공고'도 금지하고 있다.[26]

---

24) 일반평등대우법 제7조 제1항.

25) 일반평등대우법 제18조 제1항.

26) 일반평등대우법 제11조.

### 나. 사법상 거래에서 차별로부터의 보호 분야

일반평등대우법은 '인종, 민족적 출신, 성별, 종교, 장애, 연령 또는 성적 정체성'을 이유로 한 사법상 채권관계 중 ① 전형적으로 사람에 따른 구별 없이 비교가능한 조건으로 다수 이루어지는 사법상 채권관계(대량거래), ② 채권관계의 종류에 따라 개인의 특성이 부수적인 의미를 갖고 비교가능한 조건으로 다수 이루어지는 사법상 채권관계, ③ 사법상 보험을 대상으로 하는 사법상 채권관계의 성립, 이행 및 종료에 있어서 차별이 허용되지 않는다고 규정하고,[27] '인종 또는 민족적 출신'을 이유로 한 차별은 나아가 그 밖에 일반평등대우법 제2조 제1항 제5호 내지 제8호에 해당하는 '사회적 보호(사회보장과 보건서비스를 포함), 사회적 혜택, 교육, 공중이 이용할 수 있는 재화와 용역(주거를 포함)에의 접근 및 그 공급'과 관련된 사법상 채권관계의 성립, 이행 및 종료에 있어서도 허용되지 않는다고 규정하고 있다.[28]

#### (1) 인종 또는 민족적 출신을 이유로 한 차별

사법상 거래에서 차별로부터의 보호 분야에서 '인종 또는 민족적 출신'을 이유로 하는 차별의 경우에는 근로자의 차별로부터의 보호 분야에 차별금지 영역인 일반평등대우법 제2조 제1항 제1호 내지 제4호를 제외한 같은 항 제5호 내지 제8호 모두와 관련된 사법상 채권관계의 성립, 이행 및 종료가 차별금지 영역이 된다. 인종 또는 민족적 출신을 이유로 하는 사법상 거래에 있어서의 차별에는 대량거래나 개인의 특성이 부수적인 의미를 갖는지, 사법상 보험을 대상으로 하는지 등에 따른 제한이 없다. 이는 이사회 지침 2000/43/EC 제3조 제1항 (e)호 내지 (h)호를 수용하는 의미가 있다. 다만, 이사회 지침 2000/43/EC는 사적 영역은 물론 공적 영역까지 적용 범위에 포함시키고 있음에 반하여,[29] 일반평등대우법 제19조는 공적 영역을 적용 범위에 포함시키지 않고, 사법상 채권관계의 성립, 이행 및 종료에 있어서의 차별만을 적용 범위로 하고 있다. 특히 사회적 보호(사회보장과 보건서비스를 포함), 사회적 혜택, 교육은 대체로 공법적 규율에 해당하지만, 공법적 규율에 해당하는 경우에는 일반평등대우법이 적용되는 차별금지 영역이 아니다.

---

27) 일반평등대우법 제19조 제1항.
28) 일반평등대우법 제19조 제2항.
29) 이사회 지침 2000/43/EC 제3조 제1항.

#### (2) 성별, 종교, 장애, 연령 또는 성적 정체성을 이유로 한 차별

사법상 거래에서 차별로부터의 보호 분야에서 '성별, 종교, 장애, 연령 또는 성적 정체성'을 이유로 하는 차별의 경우에는 일반평등대우법 제2조 제1항 제8호의 공중이 이용할 수 있는 재화와 용역(주거를 포함)에의 접근 및 그 공급과 관련된 사법상 채권관계 중에서도 다시 ① 전형적으로 사람에 따른 구별 없이 비교가능한 조건으로 다수 이루어지는 사법상 채권관계(대량거래)나 ② 채권관계의 종류에 따라 개인의 특성이 부수적인 의미를 갖고 비교가능한 조건으로 다수 이루어지는 사법상 채권관계에 해당하는 경우 또는 개인의 특성이 주요한 의미를 갖더라도 ③ 사법상 보험을 대상을 하는 사법상 채권관계에 해당하는 경우에 한하여, 그러한 사법상 채권관계의 성립, 이행 및 종료가 차별금지 영역이 된다.

일반평등대우법은 일시적 사용에 국한되지 않는 주거에 관한 임대에 있어서 임대인이 합계 50채 이하의 주거를 임대한 경우는 일반적으로 ① 전형적으로 사람에 따른 구별 없이 비교가능한 조건으로 다수 이루어지는 사법상 채권관계(대량거래)나 ② 채권관계의 종류에 따라 개인의 특성이 부수적인 의미를 갖고 비교가능한 조건으로 다수 이루어지는 사법상 채권관계에 해당하지 않는다고 별도로 규정하고 있다.[30)]

일반평등대우법 제19조 제1항 제2호에서 차별금지 영역으로 사법상 보험을 대상으로 하는 사법상 채권관계의 성립, 이행 및 종료를 포함한 이유는 사법상 보험이 기본적인 삶의 위험을 대상으로 하고 있어 차별적인 보험계약 체결의 거절이 차별을 받은 사람에게 심각한 영향을 미칠 수 있기 때문에 사법상 보험의 개별적인 위험평가에 있어서 사회적으로 정당하지 않는 차별을 배제할 필요가 있어서라고 한다.[31)]

#### (3) 세계관을 이유로 한 차별

사법상 거래에서 차별로부터의 보호 분야에서 '세계관'을 이유로 하는 차별은 일반평등대우법에 따른 금지 대상이 아님은 앞서 차별금지 사유와 관련하여 언급한 바와 같다.

### 다. 다른 법률의 규정이 적용되는 경우

일반평등대우법은 일정한 경우에 '인종, 민족적 출신, 성별, 종교, 세계관, 장애, 연

---

30) 일반평등대우법 제19조 제5항 제3문.

31) Drucksache 16/1780, 42면; 법무부, 앞의 책, 125면 참조.

령 또는 성적 정체성'을 이유로 한 차별 사례라고 하더라도 일반평등대우법이 아닌 다른 법률의 규정이 적용되는 경우를 예정하고 있다. 여기에 해당하는 경우에는 일반평등대우법의 적용이 배제된다.

사회법전에 따른 급부에는 사회법전 제1권 제33조의c 및 사회법전 제4권 제19조의a가 적용되고, 기업에서의 노령연금에는 기업연금법이 적용된다.[32]

차별금지 또는 평등대우에 관한 다른 법률의 규정 그리고 특정 인적 집단을 보호하기 위한 공법상 규정의 효력은 일반평등대우법에 따라 영향을 받지 않지 않는다.[33]

해고에는 오직 일반 해고보호 및 특별 해고보호에 관한 규정만이 적용된다.[34]

## 5. 차별금지의 예외

일반평등대우법은 '인종, 민족적 출신, 성별, 종교, 세계관, 장애, 연령 또는 성적 정체성'을 이유로 한 차별이 금지되지 않는 예외를 다양하게 규정하고 있다. 일반평등대우법은 차별금지의 일반적 예외로 적극적 조치를 규정하고, '근로자의 차별로부터의 보호'와 '사법상 거래에서 차별로부터의 보호'의 분야별로 다시 차별금지 사유에 공통되는 예외와 차별금지 사유별 예외를 규정하고 있다.

### 가. 차별금지의 일반적 예외 – 적극적 조치

일반평등대우법은 제5조에서 일반평등대우법의 적용 영역 전반에 걸친 일반적 예외로 적극적 조치를 규정하고 있다.

이사회 지침 2000/43/EC,[35] 이사회 지침 2000/78/EC,[36] 유럽의회 및 이사회 지침 2002/73/EC[37] 그리고 이사회 지침 2004/113/EC[38]에 모두 포함되어 있는 적극적 조치를 수용한 것이다.

'근로자의 차별로부터의 보호'와 관련된 차별금지 예외 사유에 관한 일반평등대우법 제8조 내지 제10조 그리고 '사법상 거래에서 차별로부터의 보호'와 관련된 차별금

32) 일반평등대우법 제2조 제2항.
33) 일반평등대우법 제2조 제3항.
34) 일반평등대우법 제2조 제4항.
35) 이사회 지침 2000/43/EC 제5조.
36) 이사회 지침 2000/78/EC 제7조.
37) 유럽의회 및 이사회 지침 2002/73/EC에 의해 수정된 76/207/EEC 제2조 제8항.
38) 이사회 지침 2004/113/EC 제6조.

지 예외 사유에 관한 일반평등대우법 제20조에 관계없이, 적합하고 적절한 조치를 통해 '인종, 민족적 출신, 성별, 종교, 세계관, 장애, 연령 또는 성적 정체성'을 이유로 한 현재의 불이익을 방지하거나 해소해야 하는 경우에는 차별적 대우도 허용된다.[39]

## 나. 근로자의 차별로부터의 보호 분야에서의 차별금지의 예외

### (1) 본질적이고 결정적인 직업자격 - 공통된 차별금지의 예외

일반평등대우법은 '인종, 민족적 출신, 성별, 종교, 세계관, 장애, 연령 또는 성적 정체성'을 이유로 한 차별적 대우가 수행되는 활동이나 그 수행 조건의 성격 때문에 차별 사유가 본질적이고 결정적인 직업자격에 해당하는 경우에 그 목적이 합법적이면서 자격이 적절하다면, 그러한 차별적 대우가 허용된다고 규정한다.[40] 다만, 이와 같은 정당화 사유는 '인종, 민족적 출신, 성별, 종교, 세계관, 장애, 연령 또는 성적 정체성'을 이유로 한 동일 노동이나 동일 가치의 노동에 대해 더 낮은 보수를 지급하기로 하는 합의(또는 단체협약)를 정당화하지는 않는다.[41]

고용 및 직업 분야에 관한 이사회 지침 2000/43/EC,[42] 이사회 지침 2000/78/EC,[43] 유럽의회 및 이사회 지침 2002/73/EC[44]에 포함된 차별금지 예외 사유인 '진정하고 결정적인 직업자격'을 수용한 것이다.

### (2) 종교나 세계관을 이유로 한 차별금지의 예외

본질적이고 결정적인 직업자격에 관한 일반평등대우법 제8조에 관계없이, 종교공동체, 종교공동체에 부속된 기관 또는 종교나 세계관에 대한 공동의 종사(從事)를 사명으로 하는 단체의 고용에 있어서, 자기결정권의 측면에서 각 종교공동체나 결사의 정체성을 고려하여 혹은 수행되는 활동의 성격에 따라 특정 종교나 세계관이 '정당화되는 직업자격'에 해당하는 경우에 이와 같은 종교나 세계관을 이유로 한 차별적 대우가 허용된다.[45] 차별금지 사유가 본질적이고 결정적인 직업자격에 해당하면서

39) 일반평등대우법 제5조.
40) 일반평등대우법 제5조 제1항.
41) 일반평등대우법 제5조 제2항.
42) 이사회 지침 2000/43/EC 제4조.
43) 이사회 지침 2000/78/EC 제4조 제1항.
44) 유럽의회 및 이사회 지침 2002/73/EC에 의해 수정된 76/207/EEC 제2조 제6항.
45) 일반평등대우법 제9조 제1항.

목적의 합법성과 자격의 적절성까지 요구하는 일반평등대우법 제8조 제1항에 비해 요건이 완화되어 있다.

또한, 종교나 세계관을 이유로 한 차별적 대우가 금지되어 있다고 하더라도, 종교공동체, 종교공동체에 부속된 기관 또는 종교나 세계관에 대한 공동의 종사를 사명으로 하는 단체가 각각의 자기정체성과 관련하여 그 근로자에게 충실하고 성실한 행위를 요구할 권리는 영향을 받지 않는다.[46]

이러한 종교나 세계관을 이유로 한 차별금지의 예외는 이사회 지침 2000/78/EC 제4조 제2항을 수용한 것이다.

### (3) 연령을 이유로 한 차별금지의 예외

본질적이고 결정적인 직업자격에 관한 일반평등대우법 제8조에 관계없이, 연령을 이유로 한 차별적 대우는 객관적이고 적절하며 합법적인 목적에 의해 정당화되고 이 목적 달성을 위한 수단이 적절하고 필요한 경우에는 허용된다.[47] 연령이 반드시 직업자격에 해당할 것을 요구하지는 않는다. 일반평등대우법은 이에 따라 정당화될 수 있는 연령을 이유로 한 차별적 대우의 예로 6가지 유형을 제시한다.

첫째, 고용 및 직업교육에의 접근을 위한 특별한 조건 그리고 특별한 고용 및 근로조건(근로관계의 이행 및 종료 포함)의 설정이 청년, 고령근로자 및 부양의무가 있는 사람의 직업적 편입을 촉진하거나 그들의 보호를 보장하기 위한 것인 경우이다.[48][49]

둘째, 고용에의 접근을 위한 요건으로 또는 고용에 수반되는 일정한 이익을 위한 요건으로 최저연령, 최소실무경험 혹은 최소재직연한을 설정하는 경우이다.[50][51]

셋째, 특수한 교육상 요구사항을 이유로 하거나 연금생활 개시 이전에 적절한 근로기간이 필요하다는 점을 이유로 하여 고용에 관한 연령 상한을 결정하는 경우이다.[52][53]

넷째, 기업적 사회보장제도에 있어서 노령연금 또는 장해급여의 자격이나 수급을

46) 일반평등대우법 제9조 제2항.
47) 일반평등대우법 제10조.
48) 일반평등대우법 제10조 제1호.
49) 이사회 지침 2000/78/EC 제6조 제1항 (a)호에 상응한다.
50) 일반평등대우법 제10조 제2호.
51) 이사회 지침 2000/78/EC 제6조 제1항 (b)호에 상응한다.
52) 일반평등대우법 제10조 제3호.
53) 이사회 지침 2000/78/EC 제6조 제1항 (c)호에 상응한다.

위한 전제조건으로 연령제한을 결정하는 경우(일정한 근로자나 근로자 집단에 대해 상이한 연령기준을 설정하는 것과 연령을 보험수리적 계산의 기준으로 사용하는 것을 포함)이다.[54)][55)]

다섯째, 근로자가 고령을 이유로 연금을 청구할 수 있는 시점에 해지 없이 근로관계를 종료할 수 있도록 예정하는 합의를 하는 경우이다.[56)]

여섯째, 경영조직법과 관련하여, 연령이나 근속기간에 따라 등급화 된 보상규정을 마련하거나 실업급여를 수급한 후 연금을 받을 자격이 있어 경제적으로 안정된 근로자를 급여에서 배제하는 등 사회적 계획에서의 급여를 세분화하는 경우이다.[57)]

이러한 연령을 이유로 한 차별금지의 예외는 이사회 지침 2000/78/EC 제6조를 수용한 것이다.

### 다. 사법상 거래에서 차별로부터의 보호 분야에서의 차별금지의 예외

#### (1) 공통된 차별금지의 예외

'가족법 및 상속법상 채권관계'에는 사법상 거래에서의 차별로부터의 보호에 관한 일반평등대우법의 규정들이 적용되지 않는다.[58)]

'당사자들이나 그 친족들의 특별한 친밀관계나 신뢰관계가 이루어지는 사법상 채권관계'에 관하여도 사법상 거래에서의 차별로부터의 보호에 관한 일반평등대우법의 규정들이 적용되지 않는다.[59)] 사생활 및 가족생활과 그 영역(관계)에서 이루어지는 거래를 보호하도록 한 이사회 지침 2000/43/EC 전문 (4)항 및 이사회 지침 2004/113/EC 전문 (3)항과 사생활 및 가족생활과 그 영역에서 이루어지는 거래에서 제공되는 재화와 용역을 공급하는 사람들을 지침의 적용범위에서 제외하고 있는 이사회 지침 2004/113/EC 제3조 제1항을 고려한 것이라고 한다.[60)] 일반평등대우법은 '당사자들이나 그 친족들의 특별한 친밀관계나 신뢰관계가 이루어지는 사법상 채권관계'와 관련하여 임대차 관계에 있어서 당사자들이나 그 친족들이 동일한 토지 위

---

54) 일반평등대우법 제10조 제4호.
55) 이사회 지침 2000/78/EC 제6조 제2항에 상응한다.
56) 일반평등대우법 제10조 제5호.
57) 일반평등대우법 제10조 제6호.
58) 일반평등대우법 제19조 제4항.
59) 일반평등대우법 제19조 제5항 제1문.
60) Drucksache 16/1780, 42면; 법무부, 앞의 책, 127~128면 참조.

의 주거를 이용하는 경우를 예시하고 있다.[61]

### (2) 성별, 종교, 장애, 연령 또는 성적 정체성을 이유로 한 차별금지의 예외

'성별, 종교, 장애, 연령 또는 성적 정체성'을 이유로 한 사법상 거래에서의 차별적 대우가 객관적 이유가 있는 경우에는 일반평등대우법 상 차별금지 위반에 해당하지 않는다.[62] 성별과 관련된 이사회 지침 2004/113/EC 제4조 제5항[63]을 종교, 장애, 연령 또는 성적 정체성까지 확대하여 수용한 것이다. '인종이나 민족적 출신'을 이유로 한 차별적 대우에는 이러한 정당화 사유가 인정되지 않는다.

일반평등대우법은 '성별, 종교, 장애, 연령 또는 성적 정체성'을 이유로 한 사법상 거래에서의 차별적 대우가 특히 ① 위험의 방지, 손해의 예방 또는 기타 유사한 성격의 목적에 기여하는 경우,[64] ② 사생활 또는 개인적 안전의 보호에 따른 필요를 고려한 경우,[65] ③ 차별적 대우가 특별한 이익을 주는 반면에 평등대우의 관철에 따른 이익은 없는 경우,[66] ④ 종교와 관련된 것으로 종교의 자유의 행사를 고려하거나 종교공동체, 종교공동체에 부속된 기관 또는 종교나 세계관에 대한 공동의 종사를 사명으로 하는 단체의 자기결정권의 측면에서 각각의 정체성을 고려하여 정당화되는 경우[67]에는 객관적 이유가 있는 경우에 해당한다고 예시하고 있다.

### (3) 주택의 임대와 관련된 차별금지의 예외

주택의 임대에 있어서 사회적으로 안정적인 거주자 구성 및 균형 잡힌 주택단지 구성 그리고 평등화된 경제적·사회적 및 문화적 환경의 조성 및 유지를 고려한 차별적 대우는 허용된다.[68]

---

61) 일반평등대우법 제19조 제5항 제2문.

62) 일반평등대우법 제20조 제1항.

63) 이사회 지침 2004/113/EC 제4조 평등대우의 원칙 5. 이 지침은, 한 성별의 구성원에 대한 배타적이거나 우선적인 재화와 용역의 제공이 합법적인 목적에 의해 정당화되며 그 목적을 달성하기 위한 수단이 적절하고 필요하다면, 상이한 대우를 배제하지 않는다.

64) 일반평등대우법 제20조 제1항 제1호.

65) 일반평등대우법 제20조 제1항 제2호.

66) 일반평등대우법 제20조 제1항 제3호.

67) 일반평등대우법 제20조 제1항 제4호.

68) 일반평등대우법 제19조 제3항.

#### (4) 사법상 보험과 관련된 차별금지의 예외

'종교, 장애, 연령 또는 성적 정체성'을 이유로 한 사법상 보험을 대상으로 하는 사법상 채권관계와 관련된 차별적 대우는 적정위험의 산출에 관한 승인된 원칙 특히 통계조사를 고려하여 보험수리적으로 판명된 위험평가에 근거한 경우에만 허용된다.[69]

'성별'을 이유로 한 사법상 보험을 대상으로 하는 사법상 채권관계와 관련된 차별적 대우는 2012년 12월 21일 이전에 성립된 보험관계에 한하여 보험료 및 보험급여에 관한 상이한 대우로 관련되고 정확한 보험수리적 및 통계학적 자료에 근거한 위험평가에 의한 고려가 결정적 요소인 경우에만 허용된다.[70] 2012년 12월 21일 이후에 성립된 보험관계에 관하여는 이러한 정당화 사유가 인정되지 않는다.

다만, 임신 및 출산과 관련된 비용은 어떠한 경우에도 차별적인 보험료나 보험급여로 이어지도록 허용되지 않는다.[71]

### 라. 중복차별과 차별금지의 예외

일반평등대우법은 '인종, 민족적 출신, 성별, 종교, 세계관, 장애, 연령 또는 성적 정체성' 중 복수의 사유로 인하여 차별적 대우가 이루어진 경우에, 이러한 차별적 대우가 정당화되기 위해서는 차별적 대우가 이루어진 모든 사유에 관한 정당화(근로자의 차별로부터의 보호와 관련해서는 제8조 내지 제10조, 사법상 거래에서 차별로부터의 보호와 관련해서는 제20조에 따른 정당화)가 이루어져야만 한다고 명시하고 있다.[72]

## 6. 근로자의 차별로부터의 보호 분야에 대한 규율

### 가. 근로자에 대한 차별금지

일반평등대우법은 근로자의 차별로부터의 보호 분야에서 차별금지를 근로자가 '인종, 민족적 출신, 성별, 종교, 세계관, 장애, 연령 또는 성적 정체성'을 이유로 차별받

69) 일반평등대우법 제20조 제2항 제2문.

70) 일반평등대우법 제33조 제5항 제1문.

71) 일반평등대우법 제20조 제2항 제1문 및 제33조 제5항 제2문.

72) 일반평등대우법 제4조.

아서는 안 된다는 방식으로 규정한다.[73] 차별(괴롭힘 또는 성적 괴롭힘을 포함)을 하는 사람은 사용자이거나 상사이거나 다른 근로자이거나 제3자일 수도 있다.[74]

일반평등대우법의 적용 대상이 되는 근로자는 ① 근로관계의 지원자, ② 피고용인(Arbeitnehmerinnen und Arbeitnehmer), ③ 직업훈련 목적의 근로자, ④ 근로관계가 종료된 사람, ⑤ 그 경제적 비독립성으로 인하여 피고용인과 유사한 사람으로 간주할 수 있는 사람(가내공업 근로자 및 이에 상응하는 사람 등)이다.[75] 근로에의 접근과 직업상 승진을 위한 조건에 한하여는 자영업자 및 기관의 회원 특히 대표이사 및 이사에게도 근로자의 차별로부터의 보호 분야에 대한 일반평등대우법의 규정들이 준용된다.[76]

근로자에 대한 '인종, 민족적 출신, 성별, 종교, 세계관, 장애, 연령 또는 성적 정체성'을 이유로 한 차별은 실제로 근로자에게 그러한 사유가 존재하는 경우뿐만 아니라, 단지 차별을 하는 사람이 그러한 사유의 존재를 추측한 경우에도 적용된다.[77]

### 나. 차별금지에 위반된 합의(단체협약)의 효력

'인종, 민족적 출신, 성별, 종교, 세계관, 장애, 연령 또는 성적 정체성'을 이유로 한 근로자에 대한 차별금지에 위반된 합의나 단체협약 상의 규정은 무효이다.[78]

평등대우의 원칙에 반하는 계약이나 단체협약 등의 조항들이 무효로 선언되거나 선언될 수 있거나 개정된다고 규정한 이사회 지침 2000/43/EC 제14조 (b)호, 이사회 지침 2000/78/EC 제16조 (b)호, 유럽의회 및 이사회 지침 2002/73/EC에 의해 수정된 76/207/EEC 제3조 제2항 (b)호를 수용한 것이다.

### 다. 차별과 계약상 의무

사용자 또는 근로자의 '인종, 민족적 출신, 성별, 종교, 세계관, 장애, 연령 또는 성적 정체성'을 이유로 한 근로자에 대한 차별은 계약상 의무 위반에 해당한다.[79] 사용자에 의한 차별은 차별을 받은 근로자에 대한 관계에서 계약상 의무 위반이 되고,

---

73) 일반평등대우법 제7조 제1항 제1문.
74) 일반평등대우법 제13조.
75) 일반평등대우법 제6조 제1항.
76) 일반평등대우법 제6조 제3항.
77) 일반평등대우법 제7조 제1항 제2문.
78) 일반평등대우법 제7조 제2항.
79) 일반평등대우법 제7조 제3항.

근로자에 의한 차별은 사용자에 대한 관계에서 계약상 의무 위반이 될 것이다.

### 라. 사용자의 의무

사용자는 일반평등대우법에 따라 ① 차별금지에 위반되는 일자리 공고 금지, ② 차별로부터의 보호에 필요한 조치, ③ 금지된 차별을 한 근로자에 대한 조치, ④ 제3자로부터 차별을 받은 근로자에 대한 조치, ⑤ 일반평등대우법 등에 관한 정보 공고에 대한 의무가 있다.

사용자는 일반평등대우법의 적용 대상이 되는 근로자를 고용한 자연인과 법인 및 권리능력 있는 사단이고, 근로자가 작업을 위해 제3자에게 위탁된 경우에는 고용한 사용자와 함께 위탁받은 제3자도 사용자로 인정되며, 가내공업 근로자 및 이에 상응하는 사람에 대해서는 위임인이나 중개업자가 대신 사용자로 인정된다.[80]

사용자는 '인종, 민족적 출신, 성별, 종교, 세계관, 장애, 연령 또는 성적 정체성'을 이유로 한 근로자 차별금지에 위반하는 '일자리 공고'를 해서는 안 된다.[81]

사용자는 '인종, 민족적 출신, 성별, 종교, 세계관, 장애, 연령 또는 성적 정체성'을 이유로 한 차별로부터의 예방을 포함한 보호에 필요한 조치를 취할 의무가 있고,[82] 특히 직업적 교육 및 계속교육의 영역에서 적합한 방식으로 이러한 차별이 허용되지 않음을 제시하고 이를 중단하도록 영향을 끼쳐야 한다.[83] 사용자가 차별 방지의 목적에 적합한 방식으로 자신의 근로자를 교육시킨 경우에 그 사용자는 차별로부터의 보호에 필요한 조치를 취할 의무를 이행한 것으로 인정된다.[84]

사용자는 근로자가 '인종, 민족적 출신, 성별, 종교, 세계관, 장애, 연령 또는 성적 정체성'을 이유로 근로자에게 금지된 차별을 한 경우에, 차별의 중단을 위해 개별 사례에 적합하고 필요하며 적절한 조치(경고, 전보, 직무전환, 해고 등)를 취해야 한다.[85]

사용자는 근로자가 그 업무를 수행함에 있어서 제3자로부터 '인종, 민족적 출신, 성별, 종교, 세계관, 장애, 연령 또는 성적 정체성'을 이유로 한 금지된 차별을 받은

80) 일반평등대우법 제6조 제2항.
81) 일반평등대우법 제11조.
82) 일반평등대우법 제12조 제1항.
83) 일반평등대우법 제12조 제2항 제1문.
84) 일반평등대우법 제12조 제2항 제2문.
85) 일반평등대우법 제12조 제3항.

경우에, 근로자의 보호를 위해 개별 사례에 적합하고 필요하며 적절한 조치를 취해야 한다.[86)]

일반평등대우법, 노동법원법 제61조의b[87)] 그리고 일반평등대우법 제13조에 따라 진정의 처리 권한이 있는 직책(부서)에 관한 정보는 기업이나 관청에 게시, 전시, 일상적 내부 정보통신기술의 사용 등으로 공고되어야 한다.[88)]

## 마. 근로자의 권리

차별을 받은 근로자는 일반평등대우법에 따라 ① 진정권, ② 손해배상청구권이 인정되고, 특히 괴롭힘이나 성적 괴롭힘을 당한 근로자는 일정한 경우에 ③ 이행거절권이 인정된다. 그러나 이와 달리 다른 법률적 근거가 없는 한 사용자의 차별금지 위반을 이유로 근로관계나 직업교육관계의 성립 또는 직업상 승진에 대한 청구권이 인정되는 것은 아니다.[89)]

### (1) 진정권

근로자는 근로관계와 관련하여 '인종, 민족적 출신, 성별, 종교, 세계관, 장애, 연령 또는 성적 정체성'을 이유로 사용자, 상사, 다른 근로자 또는 제3자로부터 차별을 받은 경우에 회사, 기업 혹은 관청에 권한이 있는 직책(부서)에 진정을 제기할 권리를

---

86) 일반평등대우법 제12조 제4항.

87) 노동법원법 제61조의b 차별을 원인으로 한 소송(Klage wegen Benachteiligung) (1) 일반평등대우법 제15조에 따른 손해배상소송은 청구권이 서면으로 주장된 이후 3개월 이내에 제기되어야 한다.(Eine Klage auf Entschädigung nach § 15 des Allgemeinen Gleichbehandlungsgesetzes muss innerhalb von drei Monaten, nachdem der Anspruch schriftlich geltend gemacht worden ist, erhoben werden.) (2) 여러 지원자가 근로관계의 수립이나 직업적 승진에 있어서의 차별을 원인으로 일반평등대우법 제15조에 따른 손해배상을 재판상 청구한 경우에, 사용자의 신청에 따라 최초의 소송이 제기된 노동법원은 여타의 소송들에 대하여도 배타적인 관할을 갖는다. 분쟁은 공식적으로 이러한 노동법원에 이송될 수 있다; 절차는 동시의 심리 및 판결을 위하여 병합될 수 있다.(Machen mehrere Bewerber wegen Benachteiligung bei der Begründung eines Arbeitsverhältnisses oder beim beruflichen Aufstieg eine Entschädigung nach § 15 des Allgemeinen Gleichbehandlungsgesetzes gerichtlich geltend, so wird auf Antrag des Arbeitgebers das Arbeitsgericht, bei dem die erste Klage erhoben ist, auch für die übrigen Klagen ausschließlich zuständig. Die Rechtsstreitigkeiten sind von Amts wegen an dieses Arbeitsgericht zu verweisen; die Prozesse sind zur gleichzeitigen Verhandlung und Entscheidung zu verbinden.) (3) 변론은 사용자의 신청에 따라 최초의 소송이 제기 때부터 6개월이 경과되기 전에는 개시되지 않는다.(Auf Antrag des Arbeitgebers findet die mündliche Verhandlung nicht vor Ablauf von sechs Monaten seit Erhebung der ersten Klage statt.)

88) 일반평등대우법 제12조 제5항.

89) 일반평등대우법 제15조 제6항.

갖는다.[90] 차별을 받은 근로자가 제기한 진정은 조사되어야 하고, 그 결과는 진정을 제기한 근로자에게 통지되어야 한다.[91]

### (2) 손해배상청구권

차별을 받은 근로자는 차별로 인한 재산적 손해와 비재산적 손해에 관하여 모두 손해배상청구권이 인정될 수 있다.

'인종, 민족적 출신, 성별, 종교, 세계관, 장애, 연령 또는 성적 정체성'을 이유로 근로자에게 금지된 차별이 이루어진 경우에 사용자는 이로 인해 발생한 재산적 손해를 배상할 의무를 진다. 다만 사용자가 의무 위반에 대하여 책임이 없는 경우에는 그러하지 아니하다.[92]

비재산적 손해를 위하여, 근로자는 금전으로 적절한 배상을 청구할 수 있다. 다만 근로자가 차별 없는 선발에 의하더라도 고용되지 않았을 경우에는 불채용으로 인한 배상이 3개월 월급을 넘어서는 안 된다.[93] 이 점은 차별의 결과 지원자가 입은 유일한 손해가 그 구직신청에 대한 심사 거절이었다고 고용주가 증명할 수 있는 경우에는 보상·배상의 최대한도를 제한할 수 있도록 한 유럽의회 및 이사회 지침 2002/73/EC에 의해 수정된 76/207/EEC 제6조 제2항의 취지를 수용한 것으로 보인다.

단체법적 협약이 적용되는 경우에 사용자는 고의 또는 중대한 과실로 행위를 한 때에 한하여 배상할 의무를 진다.[94] 단체법적 협약이 적용되는 경우에는 사용자가 차별에 따른 배상책임을 지는 요건이 더욱 엄격해진다. 단체협약은 사용자가 단독으로 책임을 지는 조치와 달리 높은 정당성 보장이 추정되기 때문에 차별적인 단체협약에 법률효과를 다르게 부여하는 것이 정당화된다고 한다.[95]

차별을 받은 근로자의 손해배상청구권은, 단체협약의 당사자가 달리 합의한 경우가 아닌 한, 채용신청 또는 직업상 승진의 경우에는 그 거부의 접수 시부터, 그 밖의 차별의 경우에는 근로자가 그 차별을 인식한 시점부터 2개월 이내에 서면으로 주장

---

90) 일반평등대우법 제13조 제1항 제1문.

91) 일반평등대우법 제13조 제1항 제2문.

92) 일반평등대우법 제15조 제1항.

93) 일반평등대우법 제15조 제2항.

94) 일반평등대우법 제15조 제3항.

95) Drucksache 16/1780, 38면; 법무부, 앞의 책, 110면 참조.

되어야 한다.[96] 독일연방의회에 제출된 연방정부의 「평등대우의 원칙의 실현을 위한 유럽 지침의 이행을 위한 법률안」 제1장 제15조 제4항에는 3개월로 규정되어 있었으나,[97] 독일연방의회 법제사법위원회의 심의 단계에서 2개월로 단축되어야 한다는 의견이 제시되어,[98] 최종적으로는 2개월로 확정되었다. 노동법원에 대한 일반평등대우법 제15조에 따른 손해배상소송은 청구권이 서면으로 주장된 이후 3개월 이내에 제기되어야 한다.[99]

다른 법률의 규정에 의한 사용자에 대한 청구권은 일반평등대우법 제15조 제1항 및 제2항에 따른 청구권에 의해 영향을 받지 않는다.

#### (3) 이행거절권

근로자가 사업장에서 '인종, 민족적 출신, 성별, 종교, 세계관, 장애, 연령 또는 성적 정체성'을 이유로 한 괴롭힘 또는 성적 괴롭힘을 받은 경우에, 사용자가 그 중단을 위해 ① 아무런 조치를 취하지 않거나 ② 명백하게 부적합한 조치를 취한다면, 관련 근로자는 괴롭힘 또는 성적 괴롭힘으로부터의 보호에 필요한 범위 내에서 임금의 손실 없이 자신을 일을 중단할 권리가 있다.[100] 계속적인 괴롭힘이나 성적 괴롭힘으로부터 근로자를 보호하기 위한 규정이다.[101]

### 바. 증명책임의 완화

근로자의 차별로부터의 보호 분야와 관련된 분쟁에 있어서 일방 당사자가 '인종, 민족적 출신, 성별, 종교, 세계관, 장애, 연령 또는 성적 정체성'을 이유로 한 근로자에 대한 차별대우를 추정케 하는 간접사실을 증명한 경우에, 다른 당사자는 차별대우로부터 보호를 위한 어떠한 위반도 존재하지 않는다는 점에 대하여 증명책임을 부담한다.[102]

고용 및 직업 분야에 있어서 평등대우의 원칙이 적용되지 않아 불이익을 입었다고 생각하는 사람들이 법원 기타 권한이 있는 기관 앞에서 직접·간접 차별이 있었음이

---

96) 일반평등대우법 제15조 제4항.
97) Drucksache 16/1780, 38면; 법무부, 앞의 책, 111면 참조.
98) Drucksache 16/2022, 12면; 법무부, 앞의 책, 220~221면 참조.
99) 노동법원법 제61조의b 제1항.
100) 일반평등대우법 제14조.
101) Drucksache 16/1780, 37면; 법무부, 앞의 책, 108면 참조.
102) 일반평등대우법 제22조.

추정될 수 있는 사실을 증명하는 경우에, 피고가 평등대우의 원칙 위반이 없었음을 증명할 책임이 있도록 보장하기 위해 국내 사법제도에 따라 필요한 조치를 취하도록 한 이사회 지침 97/80/EC 제4조 제1항, 이사회 지침 2000/43/EC 제8조 제1항, 이사회 지침 2000/78/EC 제10조 제1항을 수용한 것이다.

차별을 주장하는 사람은 청구원인사실에 대한 증명책임을 부담하는 것이 원칙이지만, 일반평등대우법은 차별과 관련된 분쟁에 있어서는 주요사실에 대하여 증명책임이 있는 당사자가 주요사실을 추정케 하는 전제가 되는 간접사실을 증명하면 그 추정에 의문이 가는 특단의 사정이 증명되지 않는 한 그대로 추정되는 주요사실이 인정되도록 하여 증명책임을 완화하는 '일응의 추정' 또는 '표현증명'을 도입하고 있다. 간접사실로부터 주요사실이 추정되기 위해서는 법원이 추정되는 주요사실의 존재에 대하여 고도의 개연성(überwiegend wahrscheinlich)을 인정할 수 있으면 충분하다.[103]

원고가 '인종, 민족적 출신, 성별, 종교, 세계관, 장애, 연령 또는 성적 정체성'을 이유로 한 근로자에 대한 차별을 추정케 하는 간접사실을 증명한 경우에, 피고는 차별대우로부터 보호를 위한 위반이 존재하지 않는다는 점에 대한 증명책임을 부담하는데, 특히 일반평등대우법 제8조 내지 제10조에 규정된 차별금지의 예외 사유가 문제될 것이다. 괴롭힘이나 성적 괴롭힘 사례에 있어서는 통상적으로 차별금지 예외사유에 따른 정당화가 고려되지 않는다.[104]

### 사. 반차별단체(Antidiskriminierungsverbände)에 의한 지원

일정한 반차별단체는 정관의 목적 범위 내에서 재판절차에서 차별을 받은 사람의 보조인으로 재판에 출석할 권한이 있고,[105] 차별을 받은 사람의 법률사무의 처리가 허용된다.[106]

고용 및 직업 분야에 있어서 지침의 준수 보장에 정당한 이해관계를 갖는 단체, 조직 또는 기타 법적 주체가 국내법에 의하여 마련된 기준에 따라 원고의 동의를 얻어 원고를 대리하거나 지원함으로써 지침에 따른 의무의 집행을 위해 제공된 사법적·행정적 절차에 관여할 수 있게 보장하도록 한 이사회 지침 2000/43/EC 제7조 제2

103) Drucksache 16/1780, 47면; 법무부, 앞의 책, 146면 참조.

104) Drucksache 16/1780, 47면; 법무부, 앞의 책, 147면 참조.

105) 일반평등대우법 제23조 제2항.

106) 일반평등대우법 제23조 제3항.

항, 이사회 지침 2000/78/EC 제9조 제2항, 유럽의회 및 이사회 지침 2002/73/EC에 의해 수정된 76/207/EEC 제6조 제3항을 수용한 것이다.

일반평등대우법은 반차별단체를 '영업적이거나 일시적이지 않고 정관에 따라서 인종, 민족적 출신, 성별, 종교, 세계관, 장애, 연령 또는 성적 정체성을 이유로 한 차별을 받은 사람이나 집단에 대하여 특별한 관심을 기울이는 인적 자를체'로 정의하고, 최소 75명의 회원을 보유하고 있는 반차별단체나 최소 7개 단체의 연합체로 구성된 반차별단체에 대하여 차별받은 사람의 보조인으로 재판에 출석할 권한과 차별받은 사람의 법률사무를 처리한 권한을 부여하고 있다.[107)]

### 아. 불이익조치의 금지

사용자는 금지된 차별과 관련된 근로자의 권리의 행사나 근로자에 대한 차별금지에 위반되는 지시에 대한 근로자의 이행 거부를 이유로 근로자에게 불이익을 주어서는 안 되며, 이는 근로자를 지원하거나 증인으로 진술한 사람들에게도 동일하게 적용된다.[108)] 관련 근로자의 차별적 행동방식에 대한 거절이나 감수는 이러한 근로자에게 영향을 미치는 결정을 위한 근거로 사용되어서는 안 된다.[109)]

평등대우의 원칙의 준수를 집행하기 위한 목적의 진정이나 소송절차에 대한 반작용으로서의 불이익으로부터 개인(근로자)를 보호하기 위해 필요한 조치를 국내적 법체계 내에 도입하도록 한 이사회 지침 2000/43/EC 제9조 및 2000/78/EC 제11조, 유럽의회 및 이사회 지침 2002/73/EC에 의해 수정된 76/207/EEC 제7조의 취지를 수용한 것이다.

사용자가 불이익조치 금지에 위반한 경우에 증명책임의 완화에 관한 일반평등대우법 제22조를 준용한다.[110)]

### 자. 직업단체 등의 회원자격이나 그에 대한 참여에 있어서의 차별금지

근로자의 차별로부터의 보호 분야에 대한 이상과 같은 일반평등대우법의 규정들은 ① '단체협약의 당사자', ② '그 회원들이 특정 직업군(群)에 속하거나 경제적 혹은 사회적 영역에서 우월적 지위를 보유하고 있는 단체로 회원자격의 획득에 기본적인

---

107) 일반평등대우법 제23조 제1항.
108) 일반평등대우법 제16조 제1항.
109) 일반평등대우법 제16조 제2항.
110) 일반평등대우법 제16조 제3항.

이익이 존재하는 단체', ③ '이들 각각의 결합'의 회원자격이나 그에 대한 참여에 적용된다.[111]

일반평등대우법 제2조 제1항 제4호와 관련된 차별금지 규율에 관한 것으로, 근로자단체나 사용자단체 또는 그 구성원들이 특정한 직업을 수행하는 단체의 회원자격과 그에 대한 참여(그러한 단체에 의해 제공되는 이익을 포함)를 적용대상에 포함시키고 있는 이사회 지침 2000/43/EC 제3조 제1항 (d)호, 이사회 지침 2000/78/EC 제3조 제1항 (d)호, 유럽의회 및 이사회 지침 2002/73/EC에 의해 수정된 76/207/EEC 제3조 제1항 (d)호를 수용한 것이다.

이러한 단체 등의 '인종, 민족적 출신, 성별, 종교, 세계관, 장애, 연령 또는 성적 정체성'을 이유로 한 회원자격이나 참여에 대한 거절이 차별금지 위반에 해당하는 경우에, 그 회원자격이나 그에 대한 참여에 관한 청구권이 존재한다.[112] 근로자의 경우 사용자의 차별금지 위반을 이유로 근로관계나 직업교육관계의 성립 또는 직업상 승진에 대한 청구권이 정당화되지는 않는다고 규정한 일반평등대우법 제15조 제6항과 달리 그에 대한 예외를 인정한 것이다. 이와 같이 예외를 인정한 이유는 직업단체가 직업적 이익을 대표함에 있어서 독점적 지위를 보유하므로, 그 회원자격이나 그에 대한 참여에 있어서의 차별이 통상적으로, 여타 단체법이나 정관상의 전제조건이 충족되는 한, 차별을 받은 사람에게 가입에 대한 청구권이나 정관에 따른 급부의 이용에 대한 청구권을 인정해주는 방식으로만 제거될 수 있기 때문이라고 한다.[113]

### 차. 공법상 복무관계에 관한 특례

일반평등대우법은 일정한 공법상 복무관계에 관한 특례를 인정하여, '연방의 직원, 주의 직원, 지방자치단체의 직원, 지방자치단체연합의 직원, 연방이나 주의 감독 하에 있는 사단법인·영조물·재단법인의 직원, 연방의 법관, 주의 법관, 대체복무자, 대체복무로의 편입과 관련된 범위 내에서 인정된 병역거부자'에 대하여 그 특별한 법적 지위를 고려하여 일반평등대우법의 규정을 적용하도록 하고 있다.[114]

111) 일반평등대우법 제18조 제1항.
112) 일반평등대우법 제18조 제2항.
113) Drucksache 16/1780, 39면; 법무부, 앞의 책, 115~116면 참조.
114) 일반평등대우법 제24조.

## 7. 사법상 거래에서 차별로부터의 보호 분야에 대한 규율

### 가. 사법상 채권관계의 성립, 이행 및 종료에 있어서의 차별금지

일반평등대우법은 사법상 거래에서 차별로부터의 보호 분야에서의 차별금지를 일정한 사법상 채권관계의 성립, 이행 및 종료에 있어서 '인종, 민족적 출신, 성별, 종교, 장애, 연령 또는 성적 정체성'을 이유로 한 차별이 허용되지 않는다는 방식으로 규정한다.[115]

근로자의 차별로부터의 보호 분야와 달리 차별행위를 하는 사람이나 차별을 받는 사람에 대해서는 별도의 규정을 두고 있지 않다. 또한 차별을 하는 사람이 일정한 차별금지 사유의 존재를 추측한 경우에 차별금지에 관한 규정이 적용된다는 규정도 존재하지 않는다.

'인종, 민족적 출신, 성별, 종교, 장애, 연령 또는 성적 정체성'을 이유로 하는 경우에는 전형적으로 사람에 따른 구별 없이 비교가능한 조건으로 다수 이루어지는 사법상 채권관계(대량거래)나 채권관계의 종류에 따라 개인의 특성이 부수적인 의미를 갖고 비교가능한 조건으로 다수 이루어지는 사법상 채권관계 또는 사법상 보험을 대상으로 하는 사법상 채권관계의 성립, 이행 및 종료에 있어서 차별이 허용되지 않는데,[116] '인종 또는 민족적 출신'을 이유로 하는 경우에는 나아가 사회적 보호(사회보장과 보건서비스를 포함), 사회적 혜택, 교육, 공중이 이용할 수 있는 재화와 용역(주거를 포함)에의 접근 및 그 공급과 관련된 사법상 채권관계의 성립, 이행 및 종료에 있어서도 차별이 허용되지 않음[117]은 앞서 일반평등대우법의 차별금지 영역에서 언급한 바와 같다.

### 나. 차별금지에 위반된 합의의 효력

사법상 채권관계의 성립, 이행 및 종료에 있어서 차별행위를 한 사람은 차별금지에 반하는 합의를 원용할 수 없다.[118] 차별을 받은 사람이 차별금지에 반하는 합의를 원용하는 것은 가능하다. 차별금지에 반하는 합의에 대하여 이를 무효로 선언하지 않고, 편면적 원용 금지로 규율하고 있다. 일반평등대우법이 앞서 근로자에 대한 차

115) 일반평등대우법 제19조 제1항 및 제2항.
116) 일반평등대우법 제19조 제1항.
117) 일반평등대우법 제19조 제2항.
118) 일반평등대우법 제21조 제4항.

별금지에 위반된 합의나 단체협약 상의 규정에 대해서는 무효로 규정하고 있는 것과 대비된다.[119)]

사법상 채권관계에 있어서의 차별과 관련하여 차별행위를 한 사람이 차별금지에 반하는 합의를 원용할 수 없도록 하는데 그친 것은 일부무효에 관한 독일민법전 제139조[120)]의 적용을 배제한 것으로, 계약의 무효화가 차별을 받은 사람에게 도움이 되지 않는 경우가 종종 있을 수 있다는 점을 이유로 한다.[121)]

## 다. 차별을 받은 사람의 청구권

사법상 채권관계의 성립, 이행 및 종료에 있어서 차별을 받은 사람은 일반평등대우법에 따라 ① 방해배제청구권, ② 손해배상청구권이 인정되고, 계속적 침해가 우려되는 경우에 ② 중지청구권이 인정된다.

### (1) 방해배제청구권

사법상 채권관계의 성립, 이행 및 종료에 있어서 차별을 받은 사람은 차별금지에 대한 위반이 있는 경우에 여타의 청구권과 관계없이 방해의 배제를 청구할 수 있다.[122)]

### (2) 중지청구권

사법상 채권관계의 성립, 이행 및 종료에 있어서 차별을 받은 사람은 차별금지에 대한 위반이 있고 계속적인 침해가 우려되는 경우에 그 중지를 구하는 소를 제기할 수 있다.[123)]

### (3) 손해배상청구권

사법상 채권관계의 성립, 이행 및 종료에 있어서 차별을 받은 사람은 차별금지에

---

119) 일반평등대우법 제7조 제2항.

120) 독일민법전 제139조 일부무효(Teilnichtigkeit) 법률행위의 일부가 무효인 경우에 무효인 부분이 없더라도 그 법률행위를 했을 것이라고 인정되지 않는 때에는 법률행위 전부가 무효이다.(Ist ein Teil eines Rechtsgeschäfts nichtig, so ist das ganze Rechtsgeschäft nichtig, wenn nicht anzunehmen ist, dass es auch ohne den nichtigen Teil vorgenommen sein würde.) 이 규정은 법률행위의 일부무효에 관한 우리 「민법」 제137조에 상응한다.

121) Drucksache 16/1780, 47면; 법무부, 앞의 책, 143면 참조.

122) 일반평등대우법 제21조 제1항 제1문.

123) 일반평등대우법 제21조 제1항 제2문.

대한 위반이 있는 경우에 재산적 손해와 비재산적 손해에 관하여 모두 손해배상청구권이 인정될 수 있다.

사법상 채권관계의 성립, 이행 및 종료에 있어서 차별금지 위반이 있는 경우에 차별행위를 한 사람은 그로 인하여 발생한 손해를 배상할 의무를 진다.[124] 다만 차별행위를 한 사람이 의무 위반에 대한 책임이 없는 경우에는 그러하지 아니하다.[125]

비재산적 손해를 위하여, 차별을 받은 사람은 금전으로 적절한 배상을 청구할 수 있다.[126] 차별을 받은 근로자에 대한 경우와 같은 비재산적 손해에 대한 배상 최대한도에 관한 규정은 없다.

### (4) 제척기간

차별을 받은 사람은 방해배제청구권, 중지청구권 또는 손해배상청구권을 2개월 이내에 주장해야만 한다. 이 기간이 경과한 이후에는 차별을 받은 사람이 그 책임 없이 기간의 준수를 방해받은 경우에만 청구권을 행사할 수 있다. 이는 법적 안정성(Rechtssicherheit)을 위한 제척기간으로, 기산점에 관하여 이를 명시하고 있지 않은데, 독일연방의회 법제사법위원회는 기간이 최초에 위반을 인식한 때에 개시된다는 의견을 제시한 바 있다.[127] 차별을 받은 근로자의 손해배상청구권과 마찬가지로, 독일연방의회에 제출된 연방정부의 「평등대우의 원칙의 실현을 위한 유럽 지침의 이행을 위한 법률안」 제1장 제21조 제5항은 3개월로 규정하고 있었으나,[128] 독일연방의회 법제사법위원회의 심의 단계에서 2개월로 단축되어야 한다는 의견이 제시되어,[129] 최종적으로 2개월로 확정되었다. 다만, 차별을 받은 근로자의 손해배상청구권과 달리 반드시 서면으로 주장될 것을 요구하지는 않는다.

### (5) 불법행위로 인한 청구권과의 관계

불법행위로 인한 청구권은 일반평등대우법 제21조 제1항 및 제2항에 영향을 받지 않는다.[130] 청구권 경합이 인정되는 것이다. 따라서 사법상 채권관계의 성립, 이행

124) 일반평등대우법 제21조 제2항 제1문.
125) 일반평등대우법 제21조 제2항 제2문.
126) 일반평등대우법 제21조 제2항 제3문.
127) Drucksache 16/2022, 13면; 법무부, 앞의 책, 224면 참조.
128) Drucksache 16/1780, 47면; 법무부, 앞의 책, 144면 참조.
129) Drucksache 16/2022, 13면; 법무부, 앞의 책, 224면 참조.
130) 일반평등대우법 제21조 제3항.

및 종료에 있어서 차별금지 위반이 있고 그러한 차별이 불법행위에도 해당하는 경우에, 차별을 당한 사람은 독일민법전 제823조 이하의 규정에 근거하여 불법행위로 인한 손해배상청구권을 행사할 수도 있고, 일반평등대우법 제21조 제1항 및 제2항에 근거하여 방해배제청구권, 중지청구권 또는 손해배상청구권을 행사할 수도 있다. 일반평등대우법 제21조 제1항 및 제2항에 따른 청구권을 행사하는 경우에 일반평등대우법 제22조에 따라 그 증명책임이 완화될 수 있으나, 2개월이라는 단기 제척기간 내에 주장하도록 제한을 받게 된다.

### 라. 증명책임의 완화

사법상 거래에서 차별로부터의 보호 분야와 관련된 분쟁에 있어서도 일방 당사자가 '인종, 민족적 출신, 성별, 종교, 장애, 연령 또는 성적 정체성'을 이유로 한 사법상 채권관계의 성립, 이행 및 종료에 있어서의 차별대우를 추정케 하는 간접사실을 증명한 경우에, 다른 당사자는 차별대우로부터 보호를 위한 어떠한 위반도 존재하지 않는다는 점에 대하여 증명책임을 부담한다.131)

인종적 또는 민족적 출신을 이유로 한 사회적 보호, 사회적 혜택, 교육 분야 그리고 공중이 이용 가능한 재화·용역에의 접근 및 그 공급에 있어서의 평등대우의 원칙에 관한 이사회 지침 2000/43/EC 제8조 제1항, 성별을 이유로 한 공중이 이용 가능한 재화·용역에의 접근 및 그 공급에 있어서의 평등대우의 원칙에 관한 이사회 지침 2002/114/EC 제9조 제1항을 수용한 것이다.

증명책임을 완화하는 일응의 추정을 도입한 것으로 법원이 고도의 개연성을 인정할 수 있으면 충분하다는 점은 앞서 근로자의 차별로부터의 보호 분야에서 언급한 바와 같다. 사법상 채권관계의 성립, 이행 및 종료에 있어서의 차별에 관한 피고의 증명책임과 관련해서는 특히 일반평등대우법 제20조에 규정된 차별금지의 예외 사유가 문제될 것이다.

### 마. 반차별단체에 의한 지원

사법상 거래에서의 차별로부터의 보호 분야에서도 일정한 반차별단체에게 정관의 목적 범위 내에서 재판절차에서 차별을 받은 사람의 보조인으로 재판에 출석할 권한이 부여되고,132) 차별을 받은 사람의 법률사무 처리가 허용된다.133) 반차별단체의 정

131) 일반평등대우법 제22조.

의 및 재판에 출석할 권한과 차별받은 사람의 법률사무를 처리할 권한을 부여받는 반차별단체의 기준은 앞서 근로자의 차별로부터의 보호 분야에서 언급한 바와 같다.

지침의 준수 보장에 정당한 이해관계를 갖는 단체, 조직 또는 기타 법적 주체의 사법적·행정적 절차 관여를 보장한 이사회 지침 2000/43/EC 제7조 제2항, 이사회 지침 2004/113/EC 제8조 제3항을 수용한 것이다.

### 바. 불이익조치의 금지

이사회 지침 2000/43/EC 제9조와 이사회 지침 2004/113/EC 제10조는 각각 불이익조치의 금지에 관하여 규정하고 있으나, 일반평등대우법은 근로자의 차별로부터의 보호 분야와 달리, 사법상 거래에서 차별로부터의 보호 분야에서는 불이익조치의 금지에 관한 규정을 두고 있지 않다.

## 8. 연방반차별국

일반평등대우법은 '인종, 민족적 출신, 성별, 종교, 세계관, 장애, 연령 또는 성적 정체성'을 이유로 한 차별로부터의 보호를 위해 연방가족·고령자·여성·청소년부에 '연방반차별국'(Antidiskriminierungsstelle)을 설치하도록 하고 있다.[134] 일반평등대우법은 연방반차별국에 그 임무를 수행하기 위해 필요한 직원과 물품을 배정해야 한다고 하고,[135] 연방가족·고령자·여성·청소년부의 예산안 내에 연방반차별국에 관한 별도의 장(章)을 명시하도록 하면서,[136] 연방반차별국장이 법률에 따라 독립하여 그 직무를 수행한다고 규정하여[137] 연방반차별국의 독립성을 보장하고 있다.

연방반차별국의 설치는 평등대우의 증진을 위한 기구를 지정하도록 한 이사회 지침 2000/43/EC 제13조, 유럽의회 및 이사회 지침 2002/73/EC에 의해 수정된 76/207/EEC 제8조의a, 이사회 지침 2004/113/EC 제12조를 수용한 것이다.

'인종, 민족적 출신, 성별, 종교, 세계관, 장애, 연령 또는 성적 정체성'을 이유로

132) 일반평등대우법 제23조 제2항.
133) 일반평등대우법 제23조 제3항.
134) 일반평등대우법 제25조 제1항.
135) 일반평등대우법 제25조 제2항 제1문.
136) 일반평등대우법 제25조 제2항 제2문.
137) 일반평등대우법 제26조 제1항 제3문.

차별을 받았다고 생각하는 사람은 연방반차별국에 문의할 수 있고, 연방반차별국은 문의한 사람에게 차별로부터의 보호에 대한 법률적 정보 제공, 기타의 기관에 대한 상담 중개, 관련 당사자들 사이의 화해를 위한 노력 등의 지원을 독립적인 방식으로 행할 수 있다.[138)][139)] 연방반차별국이 화해를 지원하는 경우에는 문의한 사람이 동의를 표명하는 범위 내에서 관련 당사자들의 의견을 구할 수 있다.[140)]

연방반차별국은 또한 독립적으로 홍보활동,[141)] '인종, 민족적 출신, 성별, 종교, 세계관, 장애, 연령 또는 성적 정체성'을 이유로 한 차별의 방지를 위한 조치, 이러한 차별에 관한 학술적 연구의 실시[142)] 등의 임무를 수행한다.[143)] 연방반차별국은 연방정부·연방의회의 관련 담당관(Beauftragte)[144)]과 공동으로 4년 마다 연방의회에 보고서를 제출하고, '인종, 민족적 출신, 성별, 종교, 세계관, 장애, 연령 또는 성적 정체성'을 이유로 한 차별의 배제 및 방지를 위한 권고를 한다.[145)] 그리고 연방반차별국은 차별에 대한 학술조사를 연방정부·연방의회의 관련 담당관(Beauftragte)과 공동으로 실시할 수도 있다.[146)]

모든 연방당국 및 연방의 영역 내에 있는 기타 공공기관은 연방반차별국이 그 임무를 수행함에 있어 개인정보 보호에 관한 규정에 위배되지 않는 한 이를 지원하고 필요한 정보를 제공할 의무를 부담한다.[147)]

---

138) 일반평등대우법 제27조 제1항 및 제2항.

139) 차별 피해자에 대한 독립적 지원 제공에 관한 이사회 지침 2000/43/EC 제13조 제2항, 유럽의회 및 이사회 지침 2002/73/EC에 의해 수정된 이사회 지침 76/207/EEC 제8조의a 제2항 (a)호, 이사회 지침 2004/113/EC 제12조 제2항 (a)호를 수용한 것이다.

140) 일반평등대우법 제28조 제1항.

141) 정보의 배포에 관한 이사회 지침 2000/43/EC 제10조, 이사회 지침 2000/78/EC, 이사회 지침 76/207/EEC 제8조, 이사회 지침 2004/113/EC 제15조를 수용하는 의미가 있다.

142) 차별에 관한 독립적 조사(survey) 실시에 대한 이사회 지침 2000/43/EC 제13조 제2항, 유럽의회 및 이사회 지침 2002/73/EC에 의해 수정된 이사회 지침 76/207/EEC 제8조의a 제2항 (b)호, 이사회 지침 2004/113/EC 제12조 제2항 (b)호를 수용한 것이다.

143) 일반평등대우법 제27조 제3항.

144) 「연방행정기관과 기업 및 연방법원 내에서의 남녀의 평등에 관한 법률」(Gesetz für die Gleichstellung von Frauen und Männern in der Bundesverwaltung und in den Unternehmen und Gerichten des Bundes, BGleiG) 제19조 내지 36조에 따른 '평등담당관'(Gleichstellungsbeauftragte), 「장애인평등법」(Gesetz zur Gleichstellung behinderter Menschen, BGG) 제14조 및 제15에 따른 '연방정부의 장애인문제담당관' (Beauftragte oder Beauftragter der Bundesregierung für die Belang behinderter Menschen) 등이 여기에 해당한다.

145) 일반평등대우법 제27조 제4항 제1문.

146) 일반평등대우법 제27조 제4항 제2문.

147) 일반평등대우법 제28조 제2항.

연방반차별국 내에는 자문위원회가 설치되는데, 이는 '인종, 민족적 출신, 성별, 종교, 세계관, 장애, 연령 또는 성적 정체성'을 이유로 한 차별로부터의 보호를 목적으로 하고 있는 사회적 집단 및 조직과의 대화를 촉진하기 위한 것이다. 자문위원회는 연방방차별국의 연방의회에 대한 보고서와 권고 제출 시에 자문하고 제안을 할 수 있으며, 차별에 관한 학술적 연구에 대해서도 제안할 수 있다.[148]

일반평등대우법은 연방반차별국이 활동을 함에 있어 '인종, 민족적 출신, 성별, 종교, 세계관, 장애, 연령 또는 성적 정체성'을 이유로 한 차별로부터의 보호를 위해 활동하고 있는 유럽, 독일연방, 주 또는 지역의 비정부기구 및 기타 기관들을 적합한 방식으로 참여시키도록 하고 있다.[149]

'자문위원회 설치'와 '비정부기구와의 협력'에 관한 규정은 차별에 대한 투쟁에 기여하는데 정당한 이해관계를 갖는 비정부기구 또는 관련 이해관계자들과의 대화를 촉진하도록 한 이사회 지침 2000/43/EC 제12조, 이사회 지침 2000/78/EC 제14조, 유럽의회 및 이사회 지침에 의해 수정된 이사회 지침 76/207/EEC 제8조의c, 이사회 지침 2004/113/EC 제11조를 수용한 것이다.

---

148) 일반평등대우법 제30조 제1항.

149) 일반평등대우법 제29조.

# 제4장

# 독일 일반평등대우법과 국내법과의 비교

독일 일반평등대우법은 평등대우의 원칙에 관한 유럽연합의 4개 지침을 국내적으로 수용한 단일법으로, 고용 및 직업 분야와 사법상 거래 분야를 아울러 주요 차별금지사유에 따른 차별을 금지하고 차별 피해자를 위한 구제조치를 마련하는 차별금지에 관한 일반법의 형식을 취하고 있다. 우리나라에는 현재 이와 유사한 형식의 차별금지에 관한 일반법은 존재하지 않는다. 이하에서는 독일 일반평등대우법을 우리나라의 차별금지에 관한 4개 주요 법률(「국가인권위원회법」, 「남녀고용평등과 일·가정 양립 지원에 관한 법률」, 「고용상 연령차별금지 및 고령자고용촉진에 관한 법률」, 「장애인차별금지 및 권리구제 등에 관한 법률」)과 ① 차별금지 사유, ② 차별금지 유형, ③ 차별금지 영역, ④ 차별금지의 예외, ⑤ 구제조치의 측면에서 개괄적으로 비교 검토하여, 독일 일반평등대우법에 의한 규율과 국내법의 규율 상의 차이를 확인해 보고자 한다.

## 1. 「국가인권위원회법」과의 비교

「국가인권위원회법」은 국가인권위원회의 조직법 형식을 취하고 있으나, "평등권 침해의 차별행위"를 정의하고,[1] 차별을 당한 사람이나 그 사실을 알고 있는 사람이나 단체가 그 내용을 국가인권위원회에 진정할 수 있도록 하면서,[2] 이러한 진정에

1) 「국가인권위원회법」 제2조 제3호.
2) 「국가인권위원회법」 제30조 제1항.

대하여 국가인권위원회가 조사하고[3] 구제조치 등을 권고할 수 있도록[4] 규정하고 있는 점에서 일응 차별금지법의 범주에 속한다고 할 수 있다.

### 가. 차별금지 사유

「국가인권위원회법」은 '성별, 종교, 장애, 나이, 사회적 신분, 출신 지역(출생지, 등록기준지, 성년이 되기 전의 주된 거주지 등을 말한다), 출신 국가, 출신 민족, 용모 등 신체 조건, 기혼·미혼·별거·이혼·사별·재혼·사실혼 등 혼인 여부, 임신 또는 출산, 가족 형태 또는 가족 상황, 인종, 피부색, 사상 또는 정치적 의견, 형의 효력이 실효된 전과, 성적 지향, 학력, 병력 등'[5]으로 차별금지 사유를 매우 광범위하게 규정하고 있다. 더구나 이러한 사유는 예시적인 것으로, 여기에 규정되지 않은 사유로 인한 차별이라고 하더라도 그러한 차별을 주장하여 국가인권위원회에 진정할 수 있다.

이는 일반평등대우법이 '인종, 민족적 출신, 성별, 종교, 세계관, 장애, 연령, 성적 정체성'의 8가지 차별금지 사유를 열거적으로 규정하고 있는 점과 상이하다. 차별금지 사유에 있어서는 「국가인권위원회법」의 보호범위가 일반평등대우법 보다 넓다.

### 나. 차별금지 유형

「국가인권위원회법」은 차별행위에 대하여 "……과 관련하여 특정한 사람을 우대·배제·구별하거나 불리하게 대우하는 행위"라고 규정하여 '직접차별'을 규정하고 있으며,[6] '성희롱 행위'를 차별행위에 포함시키고 있다.[7]

일반평등대우법에 규정된 차별금지 유형 중 '간접차별', '괴롭힘', '차별의 지시'에 관하여 「국가인권위원회법」에는 이를 명시한 규정이 없다.

'성희롱'과 관련하여 「국가인권위원회법」은 "공공기관의 종사자, 사용자 또는 근로자"로 성희롱의 주체를 제한하고 있으나, 일반평등대우법은 '성적 괴롭힘'과 관련하여 이와 같은 제한을 두고 있지 않다.[8]

---

3) 「국가인권위원회법」 제36조.

4) 「국가인권위원회법」 제44조.

5) 「국가인권위원회법」 제2조 제3호.

6) 「국가인권위원회법」 제2조 제3호 가목, 나목 및 다목.

7) 「국가인권위원회법」 제2조 제3호 라목.

8) 일반평등대우법 제13조 제1항에 따라 제3자에 의한 괴롭힘이나 성적 괴롭힘에 대해서도 회사, 기업 혹은 관청의 권한 있는 직책(부서)에 진정을 제기할 수 있고, 이에 대해 사용자가 아무런 조치를 취하지 않거나 명백하게 부적합한 조치를 취한 경우에는 일반평등대우법 제14조에 따라 그 보호에 필요한 범

### 다. 차별금지 영역

「국가인권위원회법」은 ① 고용(모집, 채용, 교육, 배치, 승진, 임금 및 임금 외의 금품 지급, 자금의 융자, 정년, 퇴직, 해고 등을 포함한다), ② 재화·용역·교통수단·상업시설·토지·주거시설의 공급이나 이용, ③ 교육시설이나 직업훈련기관에서의 교육·훈련이나 그 이용을 차별금지 영역으로 규정하고 있다.[9] 차별행위의 주체를 '국가기관, 지방자치단체, 각급 학교, 공직유관단체, 구금·보호시설, 법인, 단체 또는 사인'으로 규정하고 있어서[10] 「국가인권위원회법」은 공적 영역과 사적 영역 모두를 대상으로 하고 있다.

일반평등대우법은 고용 및 직업과 관련된 분야에서는 공적·사적 영역을 모두 대상으로 하지만(공법상 복무관계에 대한 특례가 존재한다), 사회적 보호, 사회적 혜택, 교육, 공중이 이용할 수 있는 재화 및 용역(주거 포함)에의 접근 및 공급에 있어서는 사법상 채권관계의 성립·이행·종료만을 대상으로 한다.

### 라. 차별금지의 예외

「국가인권위원회법」은 현존하는 차별을 없애기 위하여 특정한 사람(특정한 사람들의 집단 포함)을 잠정적으로 우대하는 행위와 이를 내용으로 하는 법령의 제정·개정 및 정책의 수립·집행은 평등권 침해의 차별행위로 보지 아니한다고 하여[11] 차별금지의 일반적 예외로 적극적 조치를 규정하고 있다. 그렇지만 차별금지 사유나 영역에 따른 개별적 예외에 관하여는 별도의 규정이 없으며, "합리적인 이유 없이"라는 추상적 표현만을 사용하고 있다.[12]

일반평등대우법은 차별금지의 일반적 예외로 적극적 조치를 규정한 외에 근로자의 차별로부터의 보호 분야에서 본질적이고 결정적인 직업자격, 종교나 세계관을 이유로 한 예외, 연령을 이유로 한 예외를 규정하고, 사법상 거래에서 차별로부터의 보호 분야에서 가족법 및 상속법상 채권관계의 예외, 당사자들이나 친족들의 특별한 친밀관계나 신뢰관계가 이루어지는 사법상 채권관계의 예외, 성별·종교·장애·연령·성적

---

위 내에서 임금의 손실 없이 자신의 일을 중단할 권리가 있다.

9) 「국가인권위원회법」 제2조 제3호 가목, 나목 및 다목.

10) 「국가인권위원회법」 제30조 제1항 제1호 및 제2호.

11) 「국가인권위원회법」 제2조 제3호 단서.

12) 「국가인권위원회법」 제2조 제3호.

정체성을 이유로 한 예외, 주택의 임대와 관련된 예외, 사법상 보험과 관련된 예외 등 여러 예외 사유를 세부적으로 규정하고 있다.

### 마. 구제조치

「국가인권위원회법」에 따라 차별행위를 당한 사람은 물론 그 사실을 알고 있는 사람이나 단체도 국가인권위원회에 그 내용을 진정할 수 있는 진정권을 갖는다.[13] 국가인권위원회에 대한 진정은 원칙적으로는 진정의 원인이 된 사실이 발생한 날부터 1년이지만, 1년이 지나서 진정한 경우에도 일정한 경우 국가인권위원회가 조사하기로 결정할 수 있다.[14] 국가인권위원회는 또한 진정이 없는 경우에도 차별행위가 있다고 믿을만한 상당한 근거가 있고 그 내용이 중대하다고 인정할 때에는 직권으로 조사할 수 있다.[15] 국가인권위원회는 당사자에게 합의를 권고할 수 있고,[16] 그 산하에 설치된 조정위원회의 조정에 회부할 수도 있다.[17] 그러한 이러한 절차에 따라 해결되지 않고 조사 결과 차별행위가 일어났다고 판단될 때에, 국가인권위원회는 피진정인, 그 소속 기관·단체 또는 감독기관의 장에게 ① 차별행위의 중지, ② 원상회복, 손해배상, 그 밖에 필요한 구제조치, ③ 동일하거나 유사한 차별행위의 재발을 방지하기 위하여 필요한 조치를 권고할 수 있고, 법령·제도·정책·관행의 시정 또는 개선을 권고할 수도 있다.[18] 또한 국가인권위원회는 피진정인 또는 인권침해에 책임이 있는 사람을 징계할 것을 그 소속 기관·단체 또는 감독기관의 장에게 권고할 수 있고,[19] 진정의 내용이 범죄행위에 해당하고 형사처벌이 필요하다고 인정하면 검찰총장에게 그 내용을 고발할 수 있다.[20] 국가인권위원회의 권고는 법적인 구속력이 없어 이를 강제할 수 없는 한계가 있다. 한편 「국가인권위원회법」은 국가인권위원회에 진정, 진술, 증언, 자료 등의 제출 또는 답변을 하였다는 이유만으로 해고, 전보, 징계, 부당한 대우, 그 밖에 신분이나 처우와 관련하여 불이익을 받지 아니한다고 하여 불이익조치의 금지를 규정하고 있다.[21] 다만 이를 위반한 경우에 제재수단에 관하여는

13) 「국가인권위원회법」 제30조 제1항.
14) 「국가인권위원회법」 제32조 제4항 단서.
15) 「국가인권위원회법」 제30조 제2항.
16) 「국가인권위원회법」 제40조.
17) 「국가인권위원회법」 제42조.
18) 「국가인권위원회법」 제44조 제1항 제1호 및 제2호.
19) 「국가인권위원회법」 제45조 제2항.
20) 「국가인권위원회법」 제45조 제1항.

규정하고 있지 않다. 국가인권위원회의 조사절차에서는 직권으로 사실 및 증거조사가 이루어지므로 증명책임에 관하여는 별도의 규정이 없다.

일반평등대우법에 따라 근로자의 차별로부터의 보호 분야에서 차별금지에 위반된 합의나 단체협약의 조항들은 무효이고 차별은 계약상 의무 위반에 해당하게 된다. 차별을 받은 근로자는 ① 진정권, ② 손해배상청구권을 갖고, 괴롭힘이나 성적 괴롭힘을 당한 근로자에게는 일정한 경우에 ③ 이행거절권이 인정된다. 사법상 거래에서 차별로부터의 보호 분야에서는 차별금지에 반하는 합의를 차별행위를 한 사람이 원용할 수 없도록 하고 있고, 차별을 받은 사람에게는 ① 방해배제청구권, ② 손해배상청구권이 인정되며 계속적 침해가 우려되는 경우에는 ③ 중지청구권을 행사할 수도 있다. 차별을 받은 근로자나 사법상 법률관계의 당사자는 그 증명책임이 완화되고, 반차별단체의 지원을 받을 수 있다. 불이익조치의 금지는 근로자의 차별로부터의 보호 분야에만 규정이 있다. 방해배제청구권, 손해배상청구권, 중지청구권은 2개월 내에 주장되어야 하는 기간 상의 제한이 있다.

구제조치는 「국가인권위원회법」과 일반평등대우법의 가장 큰 차이라고 할 수 있다. 「국가인권위원회법」에 따르면 차별을 받은 사람이 국가인권위원회에 진정한 후 조사과정을 거쳐 차별행위가 있었다는 판단을 받고 국가인권위원회의 권고 결정이 내려지더라도 결국 그 이행은 권고를 받은 피진정이나 그 감독기관 등의 자발적 이행 의지에 기댈 수밖에 없는 권리구제의 실효성 확보 측면에서 치명적인 약점이 있다. 「국가인권위원회법」에서 규정한 평등권 침해의 차별행위에 해당한다는 것만으로는 법원에 차별금지에 반하는 합의의 무효, 차별행위의 배제나 중지, 손해배상 등을 청구하기 어렵고, 별도의 다른 법률적 근거가 필요하다.[22)23)] 「국가인권위원회법」에 따른 차별금지 사유와 영역이 광범위함에도 국내에 일반법적 성격이 차별금지법이 아직 제정되어 있지 않다고 보는 이유이다.

## 2. 「남녀고용평등과 일·가정 양립 지원에 관한 법률」과의 비교

「남녀고용평등과 일·가정 양립 지원에 관한 법률」(이하 "남녀고용평등법"이라고

21) 「국가인권위원회법」 제55조 제1항.

22) 엄밀하게 보자면, 「국가인권위원회법」은 평등권 침해의 차별행위가 국가인권위원회에 대한 진정 대상임은 규정하고 있지만, 평등권 침해의 차별행위를 금지하고 위법임을 선언하는 규정을 두고 있지는 않다.

23) 「민법」 상 구제조치나 「근로기준법」 상 구제조치에 관하여는 홍관표, 앞의 논문, 316~320면 참조.

한다)은 고용 영역에 있어서 남녀의 평등한 기회와 대우를 보장하고 모성 보호와 여성 고용을 촉진하여 남녀고용평등을 실현하는 것을 그 주요 목적으로 하고 있다. 남녀고용평등법은 특정 영역에서 특정 사유를 이유로 한 차별을 대상으로 하는 개별적 차별금지법이라고 하겠다.

### 가. 차별금지 사유

남녀고용평등법은 '성별, 혼인, 가족 안에서의 지위, 임신 또는 출산 등'을 차별금지 사유로 규정하고 있다.[24] '육아휴직'[25]이나 '육아기 근로시간 단축',[26] '가족돌봄휴직'[27]을 이유로 근로자에게 불리한 처우를 하는 것도 금지한다.

일반평등대우법은 '성별'을 차별금지 사유 중 하나로 규정하면서, '임신이나 출산'을 이유로 한 불리한 대우도 고용 및 직업 분야에서는 직접차별에 해당하는 것으로 인정하고 있다.[28] '혼인', '가족 안에서의 지위'는 일반평등대우법에 따른 차별금지 사유가 아니다.

### 나. 차별금지 유형

남녀고용평등법은 "채용 또는 근로조건을 다르게 하거나 그 밖의 불리한 조치를 하는 경우[사업주가 채용조건이나 근로조건은 동일하게 적용하더라도 그 조건을 충족할 수 있는 남성 또는 여성이 다른 한 성(性)에 비하여 현저히 적고 그에 따라 특정 성에게 불리한 결과를 초래하며 그 조건이 정당한 것임을 증명할 수 없는 경우를 포함한다]"고 규정하여,[29] '직접차별'뿐만 아니라 '간접차별'도 적용 대상임을 명시하고 있으며, '직장 내 성희롱'도 금지하고 있다.[30] '직장 내 성희롱'의 주체를 '사업주, 상급자 또는 근로자'로 제한하고 있으나, 고객 등에 의한 성희롱 방지에 관하여도 규정하고 있다.[31] 일반평등대우법이 제3자에 의한 괴롭힘이나 성적 괴롭힘도 규율 대상으로 하고 있음은 앞서 「국가인권위원회법」과의 비교에서 언급한 바와 같다.

---

24) 남녀고용평등법 제2조 제1호.
25) 남녀고용평등법 제19조 제3항.
26) 남녀고용평등법 제19조의2 제5항 및 제19조의3 제1항.
27) 남녀고용평등법 제22조의2 제4항.
28) 일반평등대우법 제3조 제1항 제2문.
29) 남녀고용평등법 제2조 제1호.
30) 남녀고용평등법 제2조 제2호 및 제12조.
31) 남녀고용평등법 제14조의2.

일반평등대우법에 규정된 차별금지 유형 중 '괴롭힘', '차별의 지시'에 관하여는 남녀고용평등법에 규정이 없다.

### 다. 차별금지 영역

남녀고용평등법은 '모집·채용,[32] 임금,[33] 임금 외에 근로자의 생활을 보조하기 위한 금품의 지급 또는 자금의 융자 등 복리후생,[34] 교육·배치 및 승진,[35] 정년·퇴직 및 해고'[36]에 있어서의 남녀 차별을 금지하고 있다. 다만, 동거하는 친족만으로 이루어지는 사업 또는 사업장과 가사사용인에 대해서는 전부 적용되지 않고,[37] 상시 5인 미만의 근로자를 고용하는 사업에 대하여는 모집·채용에 있어서의 남녀 차별과 여성 근로자의 혼인, 임신 또는 출산을 퇴직 사유로 예정하는 근로계약 체결 금지만 적용된다.[38]

근로자의 차별로부터의 보호 분야에 관한 일반평등대우법의 적용영역 중 '고용 및 자영에의 접근과 직업상 승진을 위한 조건(선발조건과 채용조건을 포함), 고용 및 근로조건(임금 및 해고조건을 포함), 직업지도 및 직업교육(직업교육, 고등 직업교육, 재교육을 포함) 및 실무경험에의 접근'은 남녀고용평등법과 거의 유사하다. 다만, 일반평등대우법은 소규모 사업 등을 적용 대상에서 제외하는 규정은 두고 있지 않다. 또한 일반평등대우법은 '근로자단체·사용자단체 및 특정 직업단체에서의 회원자격과 참여 및 이러한 단체의 급부의 이용'도 차별금지 영역에 포함시키고 있으나, 이는 남녀고용평등법의 적용 대상이 아니다.

### 라. 차별금지의 예외

남녀고용평등법은 ① 직무의 성격에 비추어 특정 성이 불가피하게 요구되는 경우, ② 여성 근로자의 임신·출산·수유 등 모성보호를 위한 조치를 하는 경우, ③ 그 밖에 이 법 또는 다른 법률에 따라 적극적 고용개선조치를 하는 경우를 차별금지의 예외로 규정하고 있다.[39]

---

32) 남녀고용평등법 제7조.
33) 남녀고용평등법 제8조.
34) 남녀고용평등법 제9조.
35) 남녀고용평등법 제10조.
36) 남녀고용평등법 제11조.
37) 남녀고용평등법 제3조 제1항 단서, 같은 법 시행령 제2조 제1항.
38) 남녀고용평등법 제3조 제1항 단서, 같은 법 시행령 제2조 제2항.

일반평등대우법은 근로자의 차별로부터의 보호 분야에서 성별을 이유로 한 차별금지에 대한 예외로 '적극적 조치'와 '본질적이고 결정적인 직업자격'을 인정하고 있는데 이는 남녀고용평등법의 예외 사유와 일맥상통한다.

### 마. 구제조치

남녀고용평등법이 2005년 12월 30일 법률 제7822호로 일부개정되기 이전에는 원래 고용평등위원회의 설치 및 구성, 고용평등위원회에 대한 조정 신청과 고용평등위원회의 조정절차에 관한 규정들이 있었으나,[40] 차별시정기구를 국가인권위원회로 일원화하기로 결정한 정부 방침에 따라 삭제되었다. 이에 따라 현재의 남녀고용평등법에는 근로자가 차별이나 직장 내 성희롱에 관하여 고충을 신고하였을 때 사업주가 노사협의회에 고충 처리를 위임하는 등 자율적 해결을 위해 노력하여야 한다는[41] 규정과 남녀고용평등법과 관련한 분쟁해결에서의 입증책임은 사업주가 부담한다는[42] 규정(입증책임의 전환)만 남아 있다. 남녀고용평등법은 금지하고 있는 남녀차별이나 육아휴직 등으로 인한 불리한 처우가 있는 경우에 형사처벌하도록 하고 있다.[43] 한편 직장 내 성희롱 발생이 확인된 경우에 사업주가 지체 없이 행위자에 대하여 징계 등 조치를 하도록 하고,[44] 고객 등에 의한 성희롱으로 인한 근로자의 고충 해소 요청이 있을 경우에 사업자가 근무장소 변경이나 배치전환 등 조치를 취하기 위해 노력하도록 하면서,[45] 불리한 조치의 금지를 함께 규정하고 있는데,[46] 직장 내 성희롱 피해 근로자나 피해 발생 주장 근로자에 대한 불리한 조치에 대해서는 형사처벌[47]이, 그 외 사업주의 직장 내 성희롱 행위나 직장 내 성희롱 행위자에 대한 조치 미이행 등에 대해서는 과태료[48]가 각각 규정되어 있다.

일반평등대우법에 따라 근로자의 차별로부터의 보호 분야에서 성별을 이유로 한

---

39) 남녀고용평등법 제2조 제1호 가목 내지 다목.

40) 구 남녀고용평등법(2005년 12월 30일 법률 제7822호로 개정되기 전의 것) 제26조 내지 제29조.

41) 남녀고용평등법 제25조.

42) 남녀고용평등법 제30조.

43) 남녀고용평등법 제37조 제1항, 제2항 제1호 및 제3호 내지 제6호, 제4항 제1호 내지 제3호.

44) 남녀고용평등법 제14조 제1항.

45) 남녀고용평등법 제14조의2 제1항.

46) 남녀고용평등법 제14조 제2항 및 제14조의2 제2항.

47) 남녀고용평등법 제37조 제2항 제2호.

48) 남녀고용평등법 제39조 제1항, 제2항 제1호 및 제2호.

차별금지에 위반된 합의나 단체협약의 조항들을 무효이고, 차별을 받은 근로자는 ① 진정권, ② 손해배상청구권을 행사할 수 있으며, 괴롭힘이나 성적 괴롭힘을 당한 근로자에게는 일정한 경우에 ③ 이행거절권까지 인정된다. 증명책임은 일응의 추정으로 완화되고, 불이익조치는 금지되며, 반차별단체의 지원을 받을 수 있다. 손해배상청구권은 2개월 내에 서면으로 주장되어야 하는 기간 상의 제한이 있다.

성별을 이유로 한 고용 분야에서의 차별로 한정하여 볼 때, 남녀고용평등법과 일반평등대우법의 가장 큰 차이점도 구제조치에 있다. 남녀고용평등법은 자율적 해결노력과 입증책임 전환을 제외하고 구제조치로 형사처벌과 과태료만을 규정하고 있다. 이는 강력한 차별금지 수단이 될 수 있을지는 모르지만, 차별의 피해자가 받은 피해를 구제받을 수 있는 수단은 아니다. 일반평등대우법에서 정하고 있는 차별금지에 반하는 근로계약이나 단체협약의 무효 또는 손해배상을 위해서는 「근로기준법」이나 「민법」과 같은 다른 법률적 근거의 뒷받침이 필요하다. 성적 괴롭힘을 당한 근로자의 이행거절권은 남녀고용평등법에서 인정되지 않는다.

## 3. 「고용상 연령차별금지 및 고령자고용촉진에 관한 법률」과의 비교

「고용상 연령차별금지 및 고령자고용촉진에 관한 법률」(이하 "고용상 연령차별금지법"이라고 한다)은 합리적인 이유 없이 연령을 이유로 하는 고용차별을 금지하는 것을 그 주요 목적으로 하고 있다. 남녀고용평등법과 마찬가지로 특정 영역에서 특정 사유를 이유로 한 차별을 대상으로 하는 개별적 차별금지법이라고 하겠다.

### 가. 차별금지 사유

고용상 연령차별금지법은 '연령'을 차별금지 사유로 규정하고 있다.[49]
일반평등대우법도 '연령'을 차별금지 사유 중 하나로 규정하고 있다.

### 나. 차별금지 유형

고용상 연령차별금지법은 "합리적인 이유 없이 연령 외의 기준을 적용하여 특정 연령집단에 특히 불리한 결과를 초래하는 경우에는 연령차별로 본다"고 규정하여[50]

49) 고용상 연령차별금지법 제4조의2 제1항.
50) 고용상 연령차별금지법 제4조의2 제2항.

'직접차별'과 함께 '간접차별'도 차별금지 유형으로 명시하고 있다.

일반평등대우법에 규정된 연령과 관련된 차별금지 유형 중 '괴롭힘', '차별의 지시'에 관하여는 고용상 연령차별금지법에 규정이 없다.

### 다. 차별금지 영역

고용상 연령차별금지법은 연령을 이유로 한 차별금지 영역으로 '모집·채용, 임금, 임금 외의 금품 지급 및 복리후생, 교육·훈련, 배치·전보·승진, 퇴직·해고'를 규정하고 있다.[51] 앞서 살펴본 남녀고용평등법과 거의 동일하지만 '정년'은 제외되었다.

근로자의 차별로부터의 보호 분야에 관한 일반평등대우법의 적용 영역 중 '근로자단체·사용자단체 및 특정 직업단체에서의 회원자격과 참여 및 이러한 단체의 급부의 이용'을 제외하고는 고용상 연령차별금지법의 차별금지 영역과 거의 유사하다.

### 라. 차별금지의 예외

고용상 연령차별금지법은 ① 직무의 성격에 비추어 특정 연령기준이 불가피하게 요구되는 경우, ② 근속기간의 차이를 고려하여 임금이나 임금 외의 금품과 복리후생에서 합리적인 차등을 두는 경우, ③ 이 법이나 다른 법률에 따라 근로계약, 취업규칙, 단체협약 등에서 정년을 설정하는 경우, ④ 이 법이나 다른 법률에 따라 특정 연령집단의 고용유지·촉진을 위한 지원조치를 하는 경우에는 연령차별로 보지 않는다고 예외를 인정했다.[52] 연공급제와 정년제는 연령차별금지에 예외로 규정되었다.

일반평등대우법은 차별금지의 일반적 예외로 적극적 조치를 규정하고 있고, 근로자의 차별로부터의 보호 분야에 공통된 차별금지의 예외로 본질적이고 결정적인 직업자격을 인정하고 있다. 한편 근로자의 차별로부터의 보호 분야에서 연령을 이유로 한 차별금지에 고유한 예외 사유로 6가지 유형을 규정하고 있는데, ① 고용유지·촉진을 위한 예외는 '청년, 고령근로자 및 부양의무가 있는 사람'을 대상자로 한정하고 있고, ② 해지 없는 근로관계 종료 예정 합의는 근로자가 고령을 이유로 연금을 청구할 수 있는 시점을 전제로 하고 있으며, ③ 고용에의 접근을 위한 최저 연령, 최소실무경험, 최고 연령을 설정하는 것도 일정한 요건이나 이유를 전제로 예외 사유로 인정하고 있고, ④ 기업적 사회보장제도에서 노령연금이나 장해급여의 자격이나 수급

---

51) 고용상 연령차별금지법 제4조의2 제1항 제1호 내지 제5호.

52) 고용상 연령차별금지법 제4조의5 제1호 내지 제4호.

을 위한 전제조건으로 연령제한을 결정하는 것을 예외 사유에 포함시키고 있는 점 등에서 고용상 연령차별금지법과 차이가 있다.

### 마. 구제조치

고용상 연령차별금지법에 따라 연령차별을 당한 사람은 국가인권위원회에 그 내용을 진정할 수 있는 진정권을 갖는다.[53) 「국가인권위원회법」에 따른 구제조치와의 차이점은 국가인권위원회가 구제조치 등의 권고를 하였는데 사업주가 이를 정당한 사유 없이 이행하지 않는 경우이다. 고용상 연령차별금지법은 이러한 경우에 고용노동부장관의 시정명령과 시정명령 불이행에 대한 과태료를 규정하고 있다. 사업주가 정당한 사유 없이 국가인권위원회의 권고를 이행하지 않고 ① 피해자가 다수인인 연령차별행위에 대한 권고 불이행, ② 반복적 연령차별행위에 대한 권고 불이행, ③ 피해자에게 불이익을 주기 위한 고의적 권고 불이행 중 어느 하나에 해당하여 그 피해의 정도가 심각하다고 인정되면 고용노동부장관[54)]은 피해자의 신청에 의하거나 직권으로 연령차별행위의 중지, 피해의 원상회복, 재발방지 조치를 포함한 시정명령을 할 수 있다.[55)] 시정명령의 정당한 사유 없는 불이행에는 3천만원 이하의 과태료가 부과된다.[56)] 차별금지 영역 중 특히 모집·채용에서의 연령차별에 대해서는 500만원 이하의 벌금에 처하도록 하고 있다.[57)] 금지된 연령차별행위에 대한 진정 등을 이유로 한 근로자에 대한 해고 등 불리한 처우는 금지되며,[58)] 이를 위반한 경우에는 2년 이하의 징역 또는 1천만원 이하의 벌금에 처한다.[59)]

일반평등대우법에 따라 근로자의 차별로부터의 보호 분야에서 연령을 이유로 한 차별금지에 위반된 합의나 단체협약의 조항들은 무효이고, 차별을 받은 근로자는 ① 진정권, ② 손해배상청구권을 행사할 수 있다. 연령을 이유로 한 괴롭힘을 당한 근로자에게는 일정한 경우에 ③ 이행거절권까지 인정된다. 증명책임은 일응의 추정으로 완화되고, 불이익조치는 금지되며, 반차별단체의 지원을 받을 수 있다. 손해배상청구

---

53) 고용상 연령차별금지법 제4조의6 제1항.

54) 고용상 연령차별금지법 시행령 제15조 제2항에 따라 고용노동부장관의 시정명령 권한은 지방고용노동청장에게 위임되어 있다.

55) 고용상 연령차별금지법 제4조의7 제1항.

56) 고용상 연령차별금지법 제24조 제1항

57) 고용상 연령차별금지법 제23조의3 제2항.

58) 고용상 연령차별금지법 제4조의9.

59) 고용상 연령차별금지법 제23조의3 제1항.

권은 2개월 내에 서면으로 주장되어야 하는 기간 상의 제한이 있다.

고용상 연령차별금지법에서 고용노동부장관의 시정명령을 도입함에 따라 「국가인권위원회법」에 비하여 구제조치의 실효성이 강화되었다고 할 수 있다. 그렇지만 국가인권위원회에 대한 진정과 국가인권위원회의 권고를 거치지 않고는 직접 고용노동부장관의 시정명령의 구할 수 없고, 시정명령이 발해진 경우에도 사업주가 행정소송으로 불복하는 경우에는 결국 법원의 최종적인 판단을 받아야 한다. 일반평등대우법에서 정하는 근로계약이나 단체협약의 무효, 손해배상의 구제조치를 차별을 받은 근로자가 법원에 직접 구할 수 있는 근거는 마련되어 있지 않고, 연령을 이유로 한 괴롭힘을 당한 근로자의 이행거절권은 인정되지 않는다.

## 4. 「장애인차별금지 및 권리구제 등에 관한 법률」과의 비교

「장애인차별금지 및 권리구제 등에 관한 법률」(이하 "장애인차별금지법"이라고 한다)은 모든 생활영역에서 장애를 이유로 한 차별을 금지하고 장애를 이유로 차별받은 사람의 권익을 효과적으로 구제함으로써 장애인의 완전한 사회참여와 평등권 실현을 통하여 인간으로서의 존엄과 가치를 구현함을 목적으로 한다. 특정 사유를 이유로 한 생활영역 전반에 걸친 차별을 대상으로 하는 개별적 차별금지법이라고 하겠다.

### 가. 차별금지 사유

장애인차별금지법의 차별금지 사유는 '장애'[60]이다. 장애인차별금지법은 '과거의 장애경력' 또는 '장애가 있다고 추측됨'을 이유로 한 차별도 금지하고 있다.[61]

일반평등대우법은 '장애'를 차별금지 사유 중 하나로 규정하고 있다. 근로자의 차별로부터의 보호 분야에서 근로자에 대한 장애를 이유로 한 차별은 차별을 하는 사람이 장애의 존재를 추측한 경우에도 적용된다.[62]

### 나. 차별금지 유형

장애인차별금지법은 장애을 이유로 한 직접차별, 간접차별과 함께 '정당한 편의 제

---

60) 장애인차별금지법 제2조 제1항은 '장애'를 "신체적·정신적 손상 또는 기능상실이 장기간에 걸쳐 개인의 일상 또는 사회생활에 상당한 제약을 초래하는 상태"라고 정의하고 있다.

61) 장애인차별금지법 제6조.

62) 일반평등대우법 제7조 제1항 제2문.

공 거부', '차별 표시·조장 광고', '보조견 또는 장애인보조기구 등의 정당한 사용 방해'도 차별금지 유형에 포함시키고 있다. '괴롭힘'은 장애인차별금지법상 차별의 정의 규정에는 포함되어 있지 않으나, 장애인차별금지법에서 장애를 이유로 한 집단따돌림, 모욕감을 주거나 비하를 유발하는 언어적 표현이나 행동, 유기, 학대, 금전적 착취, 성적 자기결정권을 침해하거나 수치심을 자극하는 언어표현, 희롱, 장애 상태를 이용한 추행 및 강간 등을 금지하는 규정을 두고 있다.[63]

일반평등대우법에 규정된 차별금지 유형 중 '차별의 지시'에 관하여는 장애인차별금지법에 규정이 없다. '정당한 편의 제공 거부', '차별 표시·조장 광고', '보조견 또는 장애인보조기구 등의 정당한 사용 방해'는 일반평등대우법의 차별금지 유형이 아니다. 다만, 일반평등대우법은 '일자리 공고'에 한하여 사용자는 장애를 이유로 한 근로자 차별금지에 위반하는 '일자리 공고'를 해서는 안 된다는 규정을 두고 있다.

특히 일반평등대우법이 '정당한 편의(또는 합리적인 편의) 제공 거부'를 차별금지 유형에 포함시키지 않고 있는 점은 장애를 이유로 한 차별금지와 관련해서는 중요한 차이점이다.[64][65]

### 다. 차별금지 영역

장애인차별금지법은 ① 고용, ② 교육, ③ 재화와 용역의 제공 및 이용, ④ 사법·행정절차 및 서비스와 참정권, ⑤ 모·부성권 및 성 등, ⑥ 가족·가정·복지시설, 건강권 등 공적 및 사적 생활 영역 전반을 그 대상으로 하고 있다.

일반평등대우법은 고용 및 직업과 관련된 분야에서는 공적·사적 영역을 모두 대상으로 하지만(공법상 복무관계에 대한 특례가 존재한다), 사법상 거래와 관련된 분야에서는 장애를 이유로 한 차별의 경우에 전형적으로 사람에 따른 구별 없이 비교가능한 조건으로 다수 이루어지는 사법상 채권관계(대량거래)나 채권관계의 종류에 따라 개인의 특성이 부수적인 의미를 갖고 비교가능한 조건으로 다수 이루어지는 사법상 채권관계 또는 사법상 보험을 대상으로 하는 사법상 채권관계의 성립·이행·종료

63) 장애인차별금지법 제32조 제3항 내지 제5항.

64) 「장애인평등법」(Gesetz zur Gleichstellung behinderter Menschen, BGG)에서 장애물 없는 생활환경(Barrierefreiheit)이나 수화 기타 의사소통 보조수단의 사용에 대한 권리(Recht auf Verwendung von Gebärdensprache und anderen Kommunikationshilfen) 문제로 다루어지고 있기는 하다.

65) 이사회 지침 2000/78/EC 제5조는 장애인을 위한 합리적인 편의를 규정하고 있으나 합리적인 편의 제공 거부가 차별인지에 대하여는 명확히 규정하지 않았다. 반면에 일반평등대우법은 합리적인 편의 제공에 관한 규정조차 두고 있지 않다.

만을 대상으로 한다. 장애를 이유로 한 차별에 한정하여 볼 때, 장애인차별금지법에 비하면 일반평등대우법은 그 대상 영역의 폭이 훨씬 좁다.

### 라. 차별금지의 예외

장애인차별금지법은 차별행위를 하지 않음에 있어서 '과도한 부담이나 현저히 곤란한 사정 등이 있는 경우'[66]와 금지된 차별행위가 '특정 직무나 사업수행의 성질상 불가피한 경우'[67]를 차별금지의 예외로 규정하고 있다. 또한 장애인의 실질적 평등권을 실현하고 장애인에 대한 차별을 시정하기 위하여 이 법 또는 다른 법령 등에서 취하는 '적극적 조치'도 장애인차별금지법에 따른 차별로 보지 않는다.[68] 정당한 편의제공 의무와 관련하여 차별금지 영역별로 그 적용기준이나 적용대상의 단계적 범위를 다양하게 정하고 있는데,[69] 이에 따라 적용에서 제외되는 경우는 차별금지의 예외에 해당할 수 있다.

일반평등대우법은 차별금지의 일반적 예외로 적극적 조치를 규정한 외에 장애를 이유로 한 차별과 관련하여 근로자의 차별로부터의 보호 분야에서는 본질적이고 결정적인 직업자격을 이유로 한 예외를 규정하고, 사법상 거래에서 차별로부터의 보호 분야에서는 가족법 및 상속법상 채권관계의 예외, 당사자들이나 친족들의 특별한 친밀관계나 신뢰관계가 이루어지는 사법상 채권관계의 예외, 장애 등을 이유로 한 예외(①위험의 방지, 손해의 예방 또는 기타 유사한 성격의 목적에 기여하는 경우, ② 사생활 또는 개인적 안전의 보호에 따른 필요를 고려한 경우, ③ 차별적 대우가 특별

---

66) 장애인차별금지법 제4조 제3항 제1호.

67) 장애인차별금지법 제4조 제3항 제2호.

68) 장애인차별금지법 제4조 제4항.

69) '고용'에서 사업장의 단계적 범위에 관한 장애인차별금지법 제11조 제3항 및 장애인차별금지법 시행령 제6조, [별표 1], '교육'에서 교육기관의 단계적 범위에 관한 장애인차별금지법 제14조 제3항, 장애인차별금지법 시행령 제9조, [별표 2], '재화와 용역의 제공 및 이용'에서 시설물의 대상과 단계적 범위 그리고 시설물 관련 정당한 편의의 내용 및 설치기준에 관한 장애인차별금지법 제18조 제4항, 장애인차별금지법 시행령 제11조 및 제12조, 「장애인·노인·임산부 등의 편의증진보장에 관한 법률 시행령」 [별표 2], 이동·교통수단 등의 정당한 편의제공 대상 및 내용에관한 장애인차별금지법 제19조 제8항, 장애인차별금지법 시행령 제1항 및 제2항, 「교통약자의 이동편의 증진법 시행령」 [별표 1], [별표 2], 정보통신·의사소통에서의 정당한 편의제공 행위자 등의 단계적 범위에 관한 장애인차별금지법 제21조 제6항, 장애인차별금지법 시행령 제14조 제1항 및 제7항, [별표 3], [별표 3의2], 문화·예술사업자의 단계적 범위에 관한 장애인차별금지법 제24조 제4항, 장애인차별금지법 시행령 제15조 제1항, [별표 4], 장애인 체육활동에 필요한 시설의 종류 및 설치의무 적용 시기에 관한 장애인차별금지법 제25조 제4항, 장애인차별금지법 시행령 제16조 제2항, [별표 5] 등이 여기에 해당한다.

한 이익을 주는 반면에 평등대우의 관철에 따른 이익이 없는 경우), 주택의 임대와 관련된 예외, 사법상 보험과 관련된 예외(적정위험의 산출에 관한 승인된 원칙 특히 통계조사를 고려하여 보험수리적으로 판명된 위험평가에 근거한 사법상 보험 관련 차별) 등을 예외 사유로 규정하고 있다.

정당한 편의 제공과 관련된 예외를 제외한다면, 장애인차별금지법은 일반평등대우법과 비교할 때 그 광범위한 적용 영역에 비추어 명시된 차별금지 예외의 폭이 좁고 엄격하다. 장애인차별금지법의 적용에 있어서 합리성을 담보하기 위해서는 차별의 정의에 사용하고 있는 "정당한 사유 없이"라는 추상적 표현의 해석에 의존할 수밖에 없는 문제가 있다. 반면에 일반평등대우법은 가족법 및 상속법상 채권관계나 당사자들이나 친족들의 특별한 친밀관계나 신뢰관계가 이루어지는 사법상 채권관계는 차별금지의 예외로 인정하고 있는데, 이는 장애인차별금지법이 장애인에 대한 차별이 가족관계나 복지시설 내에서도 중요한 문제가 된다는 인식을 바탕에 두고 이를 특히 규율 대상에 포함시킨 점과 차이가 있다.

### 마. 구제조치

장애인차별금지법에서 금지하는 차별행위로 피해를 입은 사람 또는 그 사실을 알고 있는 사람이나 단체는 국가인권위원회에 그 내용을 진정할 수 있다.[70] 장애인차별금지법은 고용상 연령차별금지법과 유사하게 국가인권위원회의 권고 결정이 정당한 사유 없이 이행되지 않은 경우에 일정한 요건[71] 하에서 법무부장관이 시정명령을 할 수 있도록 하고,[72] 확정된 시정명령에 대한 정당한 사유 없는 불이행에는 3천만원 이하의 과태료를 부과·징수하도록 규정하고 있다.[73] 다만, 진정, 진술 등을 이유로 한 불이익조치의 금지에 관하여는 따로 규정이 없다.

법원을 통한 구제조치와 관련해서도 장애인차별금지법은 손해배상책임을 명시하고[74], 손해배상에서 고의·과실에 대한 입증책임 전환,[75] 재산상 손해액의 추정,[76]

---

70) 장애인차별금지법 제38조.

71) 장애인차별금지법 제43조 제1항에 따르면, ① 피해자가 다수인 차별행위에 대한 권고 불이행, ② 반복적 차별행위에 대한 권고 불이행, ③ 피해자에게 불이익을 주기 위한 고의적 불이행, ④ 그 밖에 시정명령이 필요한 경우 중 어느 하나에 해당하는 경우로서 그 피해의 정도가 심각하고 공익에 미치는 영향이 중대하다고 인정되는 경우이다.

72) 장애인차별금지법 제43조 제1항.

73) 장애인차별금지법 제50조.

74) 장애인차별금지법 제46조 제1항 본문.

변론의 전 취지와 증거조사 결과에 기초한 상당한 손해액 인정[77]을 함께 규정하고 있다. 장애를 이유로 한 차별의 입증에 있어서도 차별행위가 있었다는 사실은 차별행위를 당했다고 주장하는 자가 입증하고, 장애를 이유로 한 차별이 아니라거나 정당한 사유가 있었다는 점은 상대방이 입증하도록 입증책임을 배분하고 있다.[78] 또한 법원의 구제조치로 ① 소송 제기 전이나 소송 제기 중의 차별행위 중지 등 임시조치,[79] ② 차별행위 중지 등 적극적 조치 판결[80]도 포함시키고 있다. 여기에 더하여 장애인차별금지법에서 금지한 차별행위가 악의적인 것으로 인정되면 3년 이하의 징역 또는 3천만원 이하의 벌금에 처하도록 하고 있다.[81]

일반평등대우법에 따라 근로자의 차별로부터의 보호 분야에서 차별금지에 위반된 합의나 단체협약의 조항들은 무효이고 차별은 계약상 의무 위반에 해당하게 되며, 차별을 받은 근로자에게는 ① 진정권, ② 손해배상청구권, 그리고 괴롭힘이나 성적 괴롭힘이 있는 일정한 경우에 ③ 이행거절권이 인정된다. 사법상 거래에서 차별로부터의 보호 분야에서는 차별금지에 반하는 합의는 차별행위를 한 사람이 원용할 수 없고, 차별을 받은 사람은 ① 방해배제청구권, ② 손해배상청구권, 그리고 계속적 침해가 우려되는 경우에 ③ 중지청구권이 인정된다. 증명책임은 일응의 추정 수준으로 완화되고, 반차별단체의 지원을 받을 수 있다. 불이익조치의 금지는 근로자의 차별로부터의 보호 분야에만 규정이 있다. 방해배제청구권, 손해배상청구권, 중지청구권은 2개월 내에 주장되어야 하는 기간 상의 제한이 있다.

장애인차별금지법은 구제조치의 측면에 있어서 일반평등대우법에 따른 구제조치 중 차별금지에 위반된 합의(단체협약)의 무효(또는 차별행위자의 원용 금지), 괴롭힘이나 성적 괴롭힘과 관련된 이행거절권, 불이익조치의 금지를 포함하고 있지는 않으나, 장애를 이유로 한 공적 및 사적 생활에 걸친 차별 전반에 대하여 손해배상과 법원의 임시조치 및 적극적 조치 판결을 인정하고, 일응의 추정 보다 차별 피해자의 입증책임을 낮춘 입증책임 배분 방식을 취하면서, 청구권의 행사 기간도 단기로 제

---

75) 장애인차별금지법 제46조 제1항 단서.

76) 장애인차별금지법 제46조 제2항.

77) 장애인차별금지법 제46조 제3항.

78) 장애인차별금지법 제47조.

79) 장애인차별금지법 제48조 제1항.

80) 장애인차별금지법 제48조 제2항.

81) 장애인차별금지법 제49조 제1항. 당해 조문에서 "…… 처할 수 있다."는 표현은 입법기술상의 오류로 보인다.

한하지 않고, 국가인권위원회에 대한 진정 및 국가인권위원회의 권고와 연계된 법무부장관의 시정명령 그리고 악의적 차별행위에 대한 형사처벌까지 구제조치로 포함시키고 있어, 일반평등대우법 보다도 장애 차별로 인한 피해자의 권리 구제 수단을 더 충실히 갖추고 있다고 하겠다.

# 제5장

# 독일 일반평등대우법을 적용한 판결

독일 일반평등대우법을 구체적인 사건에 적용하여 판단한 독일 법원의 판결과 관련하여, 이하에서는 연방반차별국이 2014년 3월 31일에 『Ausgewählte Entscheidungen deutscher Gerichte zum Antidiskriminierungsrecht』 라는 제목으로 발간한 자료를 번역하여 소개한다.

## 1. 노동법 분야

### 가. 민족적 출신을 이유로 한 고용상 차별에 관한 판결

#### (1) 고용에의 접근

**함(Hamm) 주노동법원 2014. 2. 4.자 판결 (7 Sa 1026/13)**

"차별을 이유로 한 손해배상 - 채용의 포기"

판결요지:

1. 고용주가 공모(Stellenausschreibung)가 아직 진행 중인 동안에 채용을 하지 않기로 결정했고, 그 결과로 어떤 지원자도 면접에 초대되거나 참여하지 않았던 경우에는, 일반평등대우법 제7조 제1항, 제3조 제1항 및 제2항에서의 차별이 존재하지 않는다.
2. 요구사항 중 "유창한 독일어", "출장가능성" "역동적인 팀" 등이 일반평등대우법 제3조 제2항에 따른 차별에 해당하는지 여부

전심판결: 보콜트(Bocholt) 노동법원 2013. 4. 11.자 판결 (3 Ca 1560/12)
연방노동법원에 계속 중 (사건번호 : 8 AZA 15/14 및 8 AZN 325/14)

## 연방노동법원 2012. 6. 21.자 판결 (8 AZR 364/11)

"사용자의 부정확한 내지는 모순된 안내 등이 차별의 간접사실이 되는지 여부"

**판결요지:**

1. 사업장에 독일 출신이 아닌 근로자가 없더라도, 기업 전체에 총 13개국 출신의 근로자가 근무한다면, 이는 이 사업장이 독일출신이 아닌 근로자를 차별한다는 설득력 있는 간접사실이 되지 못한다.
2. 불이익한 조치에 대한 이유를 들었더라도, 이것이 잘못되었거나, 계속해서 바뀌거나 그 자체로 모순된 경우에는 일반평등대우법 제22조상의 간접사실에 해당할 수 있다.

이 사례에서 피고로부터 기간제로 고용된 터키 출신의 여성이 소를 제기하였다. 계약기간은 한 차례 연장되었다. 그 다음 해에는 계약기간이 연장되지 않았다. 명목상의 이유는 원고의 업무상 잘못이었다. 하지만 이와 모순적으로 근로증명서(Arbeitszeugnis)는 원고의 성과를 "매우 높은 정도의 만족함"으로 평가하였다. 원고는 비독일출신의 근로자가 매우 적다는 문제를 제기하여 민족적 출신으로 인한 차별을 주장하였다.

주노동법원(LAG)이 위와 같은 사실관계를 민족적 출신으로 인한 차별에 대한 충분한 단서로 본 반면, 연방노동법원은 이 판단에 결함이 있음을 이유로 당해 사건을 다시 마인츠 주노동법원으로 환송하였다. 마인츠 주 노동법원은 증명서 또는 성과부족 때문에 기간 연장이 불가능했다는 이유 중 어느 것이 잘못된 것이었는지를 심사해야 한다고 하였다.

전심판결: 마인츠(Mainz) 주노동법원 2011. 3. 25.자 판결 (9 Sa 678/10)

## 뒤셀도르프(Düsseldorf) 지방노동법원 2011. 3. 9.자 판결 (14 Ca 908/11)

"채용거절서한(Ablehnungsschreiben)에서의 잘못된 호칭"

뒤셀도르프 지방노동법원은, 채용거절서한에서의 잘못된 호칭만으로는 민족적 출신을 이유로 한 차별이 추정되지 않는다고 판결하였다.

원고는 식품공학 보조직에 지원을 하였으나 채용되지 않았다. 채용거절서한에서 그녀는 부적절하게 "존경하는 Herr(남성칭호) … "로 호칭되었다. 원고는 이러한 부적절한 호칭이 (피고가) 원고의 지원서를 보지 않고, 그녀의 이름 때문에 열외로 분류했다는 것을 반증한다고 주장하였다. 원고는 5,000 유로의 손해배상을 청구하였다.

지방노동법원은 이를 기각하였다. 법원에 따르면 일반평등대우법 제15조 제2항에 따른 손해배상청구는 일반평등대우법 제1조에 명시된 사유, 예를 들어 인종 또는 민족적 출신에 따라 차별을 받는 것을 전제로 한다. 제22조에 따라, 원고는 일반적인 경험상 이러한 차별이 존재했다는 상당한 개연성이 드러나는 사실관계를 주장하면 된다. 이에 사용자는 차별금지에 대한 어떠한 위반도 존재하지 않음을 증명해야 한다.

법원의 판단에 따르면, 원고의 진술은 이러한 증명책임의 전환(Beweislastumkehr)에 충분하지 않다. "채용거절서한에서의 잘못된 호칭은 작성 단계에서의 단순한 실수로 인하여 일어났을 수 있으며, 오히려 이로 인하여 일어났을 것이 더 개연적일 것이다." (출처: 뒤셀도르프 지방노동법원 보도자료)

## 슈투트가르트(Stuttgart) 지방노동법원, 2010. 4. 15.자 판결 (17 Ca 8097/09)

"민족적 출신으로 인한 차별사유가 아님"

**판결요지:**

일반평등대우법 제1조, 제15조 제2항에 따른 손해배상청구는 "민족적 출신" 등을 이유로 한 차별을 전제로 한다. "Ossi"(역자: 동부출신을 지칭하는 표현)는 민족을 지칭하지 않는다.

슈투트가르트 지방노동법원은 구 동독(DDR, 독일민주공화국) 지역 출신은 일반평등대우법에 따른 민족적 출신으로 보호되지 않는다고 판단하였다. 원고는 구 동독지역에서 태어나고 자랐으며, 슈투트가르트에 있는 기업에 지원하였으나 성과가 없었다. 돌아온 지원서류에 "(–) Ossi"와 "DDR"라는 메모가 발견되었다. 이 메모로 인해, 그녀는 일차적으로 동독 출신이라는 사실 때문에 채용이 거절되었다고 믿고, 법원에서 일반평등대우법에 따른 민족적 출신으로 인하여 차별을 받았다고 주장하였다. 슈투트가르트 지방노동법원은 “Ossi”라는 단어에 대해 평가절하하는 경향의 의미에서 차별적인 성격은 인정하였다. 하지만 일반평등대우법상의 민족적 출신으로 인한 차별은 인정하지 않았다.

이를 위해서는, 당사자들은 구별가능한 민족이나 특정 민족소속으로 분류되어야 한다. 이는 일정한 지역에 대한 소속감 외에 일치단결된 공동체감정과 함께 공동의 언어, 역사, 문화도 전제조건으로 한다. 새로운 연방주(역자: 구 동독 지역) 출신의 사람들은 이러한 방식으로는 다른 독일인들과 구분될 수 없다. 그들은 공통의 언어를 갖지 않으며, 독일민주공화국(DDR)의 고유한 역사는 - 공통된 문화를 기반으로 한 전(全) 독일의 역사를 대체하기에는 - 너무나 짧은 시기에 걸쳐 전개되었다.

이 판결에 대하여 원고는 2010년 4월 27일 바덴-뷔르템베르크(Baden-Württemberg) 주노동법원에 항소하였다. 2010년 10월 15일 바덴-뷔르템베르크 주노동법원의 언론보도에 의하면 당사자들은 구두변론 외에서 화해를 하였다. 소송은 이로써 종결되었다.

### (2) 언어적 요구사항(Sprachliche Anforderungen)

#### 뉘른베르크(Nürnberg) 주노동법원 2011. 10. 5.자 판결 (2 Sa 171/11)

“채용요건으로써의 매우 능숙한 독일어실력”

판결요지:

1. “소프트웨어 전문가 (남/여)”를 위한 구인광고(Stellenanzeige)에서 “매우 능숙한 독일어”라는 요건은 개별 사례의 상황에 따라, “이민배경(Migrationshintergrund)”을 가진 지원자가 면접에 초청되지 않은 경우에 그에 대한 민족적 출신으로 인한 간접차별에 관한 간접사실이 될 수 있다.
2. 이때에는 구인광고 전체를 고려해야 한다. 이미 구인광고에서 언어능력에 대한 요구가 합법적인 목적에 의해 객관적으로 정당화되고, 이러한 목적의 달성을 위한 수단이 필요하고 적절할 수 있음이 증명된 경우에는, 이는 간접사실 확정에 대한 반대논거가 된다.

원심판결: 뉘른베르크(Nürnberg) 지방노동법원 2011. 2. 23.자 판결 (2 Ca 7205/10)
상고심판결: 연방노동법원 2011. 12. 12.자 판결 (8 AZA 43/11), 기각

## 연방노동법원 2011. 6. 22.자 판결 (8 AZR 48/10)

"독일어강좌에의 참여 요구"

판결요지:

"고용주가 근로자에게 허용된 지시된 직무(zulässigerweise angeordnete Tätigkeit, 의역: 합법적으로 정해진 직무)를 위해 직무상 반드시 필요한(arbeitsnotwendig) 언어 능력을 획득하기 위해 독일어강좌에 참여하라고 요구하였다면, 이는 일반평등대우법에 대한 위반이 아니다. 이는 독일어강좌가 계약 혹은 단체협약에 반하여 근로시간 외에, 근로자 본인의 부담으로 이수해야 하는 경우에도 그러하다."

수영장의 청소직원이면서 출납직원 대리로 고용된 크로아티아어를 모국어로 하는 여성 근로자가 소송을 제기했다. 2006년에 고용주는 원고에게 그녀의 독일어 실력 향상을 위해 그녀 자신의 비용으로 근무시간 외에 독일어강좌를 이수하라고 요구했다. 그렇지만 원고가 희망한 비용부담은 피고가 거절했다. 원고는 어떤 독일어강좌도 다니지 않았고, 이는 결국 2007년 10월에 피고의 경고로 이어졌다. 원고는 언어강좌를 수강하도록 한 피고의 반복적인 요구에 따라 자신의 민족적 출신을 이유로 한 차별을 받았다고 생각했고, 15,000 유로 상당의 손해배상청구권을 주장했다.

당해 소송은 이전 전심판결에서와 마찬가지로 연방노동법원에서도 인정되지 않았다. 법원의 판단에 의하면 사용자는 직무가 독일어 내지는 외국 언어의 구사를 필요로 하는 경우 어학강좌의 이수를 요구할 수 있다. 법원은 이를 본인의 부담으로 근로 외의 시간에 행하라는 요구는 개별 사안에 따라 근로계약 및 임금협약 규정에 위반될 수 있다고 판단하였다. 그러나 이러한 위반은 손해배상청구를 가능케 하는 민족적 출신으로 인한 금지된 차별에 해당하지 않는다고 하였다.

원심판결: 슐레스비히-홀슈타인(Schleswig-Holstein) 주노동법원 2009. 12. 23.자 판결 (6 Sa 158/09)

## 함부르크(Hamburg) 지방노동법원, 2010. 1. 26. 자 판결 (25 Ca 282/09)

"지원절차상의 간접차별, 우체부"

판결요지:

"우체부라는 직업을 위해 짧은 전화상의 일차적 대면절차(접촉, Erstkontakt)를 예정하는 선발절차는 모국어가 독일어가 아닌 지원자들을, 그들의 민족적 출신으로 인해 간접적으로 차별할 수 있다."

함부르크 지방노동법원은 우편 기업에 민족적 출신으로 인한 간접적인 차별을 근거로 손해배상을 지급하도록 판결을 선고했다. 코트디부아르에서 태어난 원고는 능숙한 독일어 말하기 및 쓰기 능력이 전제된 채용공고에 우체부로 지원하였다. 이러한 지원에 통상적으로 마련된 전화상의 일차적 대면절차에서 피고의 직원은 원고가 독일어로 만족할 만큼 명확하고 또렷하게 자신을 표현하지 못했다는 판단에 이르렀다. 이에 따라 원고는 거절통보를 받았다.

지방노동법원은 피고 기업의 이러한 절차에서 민족적 출신을 이유로 한 간접차별을 확인했다. 일반적으로 다른 민족의 구성원에게는 독일어가 모국어인 지원자보다 전화상의 일차적 대면절차에서 독일어로 명확하고 또렷한 표현행동(Ausdrucksverhalten)을 보이기가 쉽지 않다. 법원은 이러한 간접적으로 차별적인 선별절차가 정당한 목적으로도 정당화되지 않았다고 보았다. 법원의 판단에 의하면 해당 절차는 우체부에게 전제된 독일어실력을 검증하기 위해 적절하지도, 필요하지도 않았다. 한편, 짧은 전화상의 대면이 지원자의 언어능력을 확인하기 위한 충분한 근거가 되지 않는다. 다른 한편, 법원은 피고가 사용한 독일어의 언어적 선별기준들이 적절하지 않고 지나치다고 판단하였다. 우체부라는 직무를 위해 필요한 독일어실력은 고객, 사용자 및 동료와 대화를 하기 위한 정도면 충분하다.

## 베를린(Berlin) 지방노동법원 2009. 2. 11.자 판결 (55 Ca 16952/08)

"독일어가 모국어인 사람들만을 위한 일자리"

판결요지:

1. 지원자가 채용공고가 난 직장에서 "독일어를 모국어로 하지 않는 사람"이라는 이유로 일찍이 거절통보를 받았다면, 선발결정을 내리는 사람은 일반평등대우법 제22조상의 민족적 출신에 따른 차별의 간접사실을 실현시켰다.
2. 이는 말하기와 쓰기에 있어서 완벽한 독일어실력이 채용의 필수적인 전제일 때

에도 그러하다.

지방노동법원은 민족적 출신에 의한 차별을 이유로 원고에게 3,900 유로에 이자를 포함한 손해배상금을 인정하였다. 도미니카 공화국에서 태어나고 미디어학 학사 및 미술 석사를 가진 원고는 미술협회의 안내데스크 및 방문자 서비스라고 공고된 자리(ausgeschriebene Stelle)에 지원하였다. 지원절차 중에 이 자리가 독일어를 모국어로 구사하는 사람을 대상으로 하며, 따라서 그녀의 지원을 고려할 수 없다는 사실을 메일로 전달받았다.

베를린 지방노동법원은 여기에서 민족적 출신으로 인한 차별을 보았다. 독일어를 모국어로 구사하는 사람은 지구에 존재하는 민족 중에서 오직 적은 부분에 해당하며, 독일어를 모국어로 정하는 기준은 많은 민족의 배제로 이어진다.

법원은 일반평등대우법 제8조에 따른 정당화를 부정하였다. 비록 구체적 근로과제(Arbeitsaufgabe)에서, 이 직무의 상당 부분이 독일어로 된 의사소통에 있다는 것이 드러나기는 한다.

그렇다고 해서 독일어가 모국어인 사람을 채용해야 할 필연성이 전혀 도출되지 않는데, 이는 독일어가 모국어가 아닌 모든 사람에게 필수적인 교육기회가 주어진다면 독일어의 쓰기와 말하기에서 완벽한 능력을 습득할 수 있기 때문이다.

### 베를린(Berlin) 지방노동법원 2007. 9. 27.자 판결 (14 Ca 10356/07)

"채용방해요인으로써의 미흡한 독일어"

**판결요지:**

외국인 지원자 내지 "이민배경"을 가진 지원자를 미흡한 독일어실력 때문에 채용하지 않은 것(Nichtberücksichtigung)은 그 자체로 민족적 출신으로 인한 차별이 아니며 손해배상청구권을 발생시키지 않는다.

#### (3) 괴롭힘(Belästigung)

### 연방노동법원 2009. 9. 24.자 판결 (8 AZR 705/08)

"괴롭힘으로 인한 손해배상 - 외국인에 적대적인 구호"

근로자의 존엄이 일반평등대우법의 차별금지에 반하여 침해받는다면, 이 괴롭힘이 위협적·적대적·굴욕적·명예훼손적·모욕적 특성의 환경을 형성하는 경우 차별에 따른 사용자의 손해배상의무(일반평등대우법 제15조 제2항)를 성립시킨다. 연방노동법원은 이렇게 판단하였다.

터키 출신의 네 명의 원고들은 R 주식회사의 창고에서 일을 하고 있었다. 남성 화장실에서 누군가가 하켄크로이츠(역자: 나치스의 상징)와 외국인 적대적인 구호를 표시했다. R 주식회사는, 한 근로자가 이미 2006년 9월에 이러한 낙서에 대해 지점장에게 지적하였고, 이에 대해 지점장은 아무런 조치를 취하지 않고 단지 "사람들은 그렇게 생각한다"는 발언을 했다는 원고들의 주장을 부정하였다. R 주식회사는 한 해고 소송과 관련하여 적어도 2007년 3월에 이러한 낙서에 대해 인지하기 시작하였다. 회사는 2007년 4월에 이를 제거하였다. 2007년 4월 11일자의 서한에서 원고들은 일반평등대우법 제3조 제3항에 해당하는 괴롭힘으로 인한 손해배상금을 요구하였고, 2007년 6월에 원고 한 사람당 10,000 유로의 배상으로 사용자에게 소를 제기했다.

원고들은 모든 심급에서 패소하였다. 연방노동법원에 따르면 비록 이 낙서가 원고들의 민족적 출신을 이유로 금지된 괴롭힘에 해당할지라도 이 낙서에 대해 지점장에게 통보한 시점과 그의 반응에 대한 엇갈리는 진술들 때문에 이 낙서로 인하여 원고들에게 일반평등대우법 제3조 제3항에 따른 적대적 환경이 형성되었는지에 대해서는 판단을 내릴 수 없다고 하였다.

연방노동법원에 따르면 원고들이 제기한 소는 그들이 손해배상청구권을 일반평등대우법(AGG) 제15조 제4항의 2개월의 제척기간 내에 서면으로 주장하지 않았기 때문에 실패했다고 하였다.

원심판결: 뒤셀도르프(Düsseldorf) 주노동법원 2008. 6. 18.자 판결 (7 Sa 383/08)

#### (4) 해고(Kündigung)

### 브레멘(Bremen) 주법원 판결 2010. 6. 29.자 (1 Sa 29/10)

"차별적인 수습기간해고에 따른 손해배상 - 러시아 억양"

판결요지:

1. 일반평등대우법(AGG) 제2조 제4항에 따른 배타성규정(Ausschließlichkeitsanordnung)[1] 은 일반평등대우법(AGG) 제15조 제2항의 손해배상청구에 배치되지 않는다. 따라서 근로자는 차별적인 해고에 대한 소를 먼저 제기해야 할 필요가 없다.
2. 차별적 해고의 경우, 차별이 상당히 중한 정도에 이른다면 근로자의 3개월간의 세금공제전 소득에 해당하는 배상이 확정되며, 이는 근로자가 1개월의 수습기간해고에 대항할 수 없을 때에도 그러하다.

원심판결: 브레멘-브레머하펜(Bremen-Bremerhaven) 지방노동법원 2009. 11. 25.자 판결 (8 Ca 8322/09)
상고는 허용되었다.

## 연방노동법원 2010. 1. 28.자 판결 (2 AZR 764/08)

"해고사유로써 불충분한 독일어 실력"

판결요지:

1. 상이한 취급이 적법한 목적으로 인해 객관적으로 정당화되고 이 목적 달성을 위한 수단이 적절하고 필요한 경우에 일반평등대우법(AGG)상 간접적인 차별은 존재하지 않는다.
2. 사용자가 그의 근로자들로부터 그들이 서면상의 직무지시사항을 이해하여 영업상의 임무를 최대한 잘 수행하게 하기 위해 독일어 문어 실력을 요구한다면, 그는 객관적으로 정당화된 목적을 추구하는 것이다.

불충분한 독일어 능력 때문에 해고당한 스페인 출신의 생산보조자가 전심에서 승소한 후에 제기한 상고가 연방노동법원에 의해 기각되었다.

이 해고는 원고가 사용자에 의해 지불된 독일어강좌에 참여하거나 그의 언어능력을 향상시키기 위한 대체적인 조치를 취하는 것을 반복적으로 거절한 이후에 이뤄졌다. 연방노동법원은 근로관계에 있어서 독일어 능력에 대한 요구가 민족적 출신에 따른 간접적인 차별에 해당한다는 부분에 대해서는 전심판결을 수용하였다.

---

1) 역자 주 - 해고에는 오로지 해고보호에 관한 규정만 적용된다는 규정.

이것을 외국어 능력과 연계하여 일반적으로 민족적 출신에 대한 차별금지에 해당하지 않는다는 견해에 대해서는 이로써 반대의사를 표명했다. 함(Hamm) 주노동법원과 반대로 연방노동법원은 독일 표준어에 대한 요구는 객관적으로 정당화된다고 보았다.

원심판결: 함(Hamm) 주노동법원 2008. 7. 17.자 판결 (16 Sa 544/08)

### 나. 성별을 이유로 한 고용상 차별에 관한 판결

#### (1) 고용에의 접근

##### 함부르크(Hamburg) 주노동법원 2014. 2. 19.자 판결 (3 Sa 39/13)

"일반평등대우법(AGG)상의 권리남용적 손해배상청구소송"

판결요지:

"손해배상청구의 권리남용 확인의 근거는 소를 제기한 당사의 소송태도에서 도출할 수 있다."

원심판결: 함부르크(Hamburg) 지방노동법원, 2013. 5. 2.자 판결 (5 Ca 370/12)
연방노동법원에 계속 중 (사건번호 : 8 AZA 13/14 및 8 AZN 314/14)

##### 쾰른(Köln) 지방노동법원, 2013. 11. 28.자 판결 (15 Ca 3879/13)

"남녀 조종사의 최소 신장 - 성별에 따른 간접적인 차별"

지방노동법원은 여성 조종사 및 남성 조종사의 신장이 적어도 165cm에서 198cm이어야 한다는 단체협약규정에서 이 규정이 조종사양성에 있어서 남성보다 여성을 더 배제하므로 여성 지원자에 대한 간접적인 차별에 해당한다고 보았다.

법원의 판단에 따라 피소당한 항공사는 유사한 자매기업에서 최소 신장이 160cm이면 충분하다고 봄에 따라, 최소 신장에 대한 객관적 정당화 사유를 제시하지 못한 것으로 보았다.

162cm의 신장 때문에 성과 없이 루프트한자(Lufthansa)에 지원한 젊은 여성이 소

를 제기했다. 원고는 최소 신장과 관련된 규정에서 여성에 대한 간접적인 차별을 판단하였으며 일반평등대우법(AGG)에 따른 손해배상을 요구하였다.

법원은 간접적인 차별은 인정하면서도 손해배상에 대한 청구를 기각하였다. 법원의 판단에 따르면 금전으로 측정 가능한 손해를 확정할 수 없다고 하였다. "원고는 차별적이지 않은 교육과정(Ausbildungsverhältnis)에 참여하였을 경우, 오히려 교육비용의 일부를 분담했어야 했다." 루프트한자(Lufthansa)에게 고의 혹은 중과실이 없기 때문에 보상에 대한 청구권도 없다. 하지만 이 사안에서처럼 차별이 단체임금협약(Verbandstarifvertrag) 적용에 따른 차별로 인한 것일 경우, 일반평등대우법(AGG) 제15조 제3항에 의해 이러한 요건(고의, 중과실)이 필요하다고 하였다.

상고심판결: 쾰른(Köln) 주노동법원 2014. 6. 25.자 판결(5 Sa 75/14), 소 기각

### 아른스베르크(Arnsberg) 행정법원, 2013. 8. 14.자 판결 (2 K 2669/11)

"한 남성의 성과 없는 평등담당관(Gleichstellungsbeauftragte) 지원 – 일반평등대우법(AGG) – 공무원법"

**판결요지:**

1. 일반평등대우법(AGG)의 규정, 특히 제15조는 일반평등대우법(AGG) 제24조 제1항 제1호에 따라 공무원의 경우에도 적용된다.
2. 일반평등대우법(AGG) 제15조 제1항에 따른 청구권은 사용자가 일반평등대우법(AGG) 제1조와 연계된 제7조 제1항에 따른 차별금지를 위반하였다는 것을 전제로 한다.
3. 이와는 무관하게 지원자 역시, 그가 지원을 거절당한 후에 적어도 채용에 대한 기회 내지는 인사배치와 선발과정에 새롭게 포함되기 위한 가구제(einstweiliger Rechtsschutz)를 구하지 않는다면, 독일민법 제254조 제1항에 따른 (중한) 공동과실(Mitverschulden) 때문에 손해배상청구권이 인정되지 않는다.

### 함(Hamm) 주노동법원, 2013. 6. 6.자 판결 (11 Sa 335/13)

"성별에 따른 간접적인 차별 – 보육과 직업의 양립가능성"

함(Hamm) 주노동법원은 7살의 아이가 있음으로 인해 지원자가 채용되지 않은 것은 일반평등대우법(AGG) 제15조 제1항에 따른 손해배상청구를 발생시킨다고 결정하였다.

지역의 라디오방송국의 경리자리에 지원했다가 거절당한 지원자가 소를 제기하였다. 되돌아온 이력서에 사용자가 손 글씨로 명료하게 "7살"이라고 표기하였고, 이렇게 형성된 어순 "아이 하나, 7살!"에 반복적으로 줄을 쳤다. 지원자는 여기에서 성별에 따른 차별을 보았고 배상을 요구하였다.

주노동법원은 원고의 손을 들어줬고 3,000 유로의 배상금을 인정하였다. 일반 경험칙상 손으로 쓴 메모 및 "아이 하나, 7살!"이라는 어순의 강조가 거절의 원인으로 보인다고 하였다. 피고는 메모를 통해 입증된 추정, 즉 지원자가 그녀의 성별로 인하여 (간접적으로) 차별받았다는 것을 반박할 수 없었다.

원심판결: 지겐(Siegen) 지방노동법원 2013. 1. 22.자 판결 (Ca 907/13)
연방노동법원에 계속 중 (사건번호 : 8 AZR 753/13, 일시: 2014. 9. 18.)

## 연방노동법원, 2013. 4. 25.자 판결 (8 AZR 287/08)

"사용자에 대한 정보제공청구권(Auskunftsanspruch) 없음 - 거절당한 지원자"

연방노동법원은 거절당한 지원자가, 사용자가 다른 지원자를 채용했는지에 대한 정보에 대한 청구권은 없다고 판단하였다.

2006년에 피고가 공고를 낸 소프트웨어개발자(남/녀)직에 성과 없이 지원한, 러시아의 소비에트공화국에서 출생한 여성이 소를 제기했다. 사용자가 다른 지원자를 채용했는지, 그리고 만약에 그렇다면 경우에 따라서 이 결정에 어떤 기준들이 결정적이었는지에 관한 그녀의 연이은 문의에 대해서는 대답을 얻지 못했다. 원고는 그녀가 공고가 난 직업의 전제조건을 충족하며 다만 그녀의 성별, 연령 그리고 출신으로 인해 면접에 초대를 받지 못하였다고 주장하였다. 그녀는 여기서 일반평등대우법(AGG)상 위반을 보았으며, 피고로부터 적절한 배상을 요구하였다.

이 소는 - 그 전심들과 마찬가지로 - 성공을 거두지 못하였다. 보도자료에 따르면 연방노동법원은 피고가 다른 지원자를, 그리고 경우에 따라 어떤 기준에 의해 채용했는지에 관한 정보청구권을 인정하지 않았다. 에어푸르트(Erfurt)법원에 따르면, 이는 국내법 뿐 아니라 공동체법에도 해당한다고 하였다(비교판결, 유럽연합 사법재판소 2012. 4. 19.자 판결 (C-415/10)).

원고는 일반평등대우법(AGG) 제22조의 입증책임전환으로 이어질 수 있는 일반평등대우법(AGG) 제1조에 열거된 차별의 근거로 추정될만한 간접사실을 충분히 제시하지 못하였다. 또한 피고의 정보제공거부도 일반평등대우법(AGG) 제7조에 따른 금지된 차별을 추정할 수 있는 근거가 되지 못한다.

원심판결: 함부르크(Hamburg) 주노동법원, 2007. 11. 9.자 판결 (H 3 Sa 102/07)
사건번호 1 BvR 2535/13로 제기된 헌법소원은 연방헌법재판소의 2013. 1. 10.자 결정에 따라 각하되었다.

## 니더작센(Niedersachsen) 주노동법원, 2012. 4. 9.자 판결 (4 SaGa 1732/11)

"성별에 따른 구별 - 법적 후견인 제도를 위한 채용공고"

**판결요지:**

"성별을 이유로 한 구별의 허용"

주노동법원은 피후견인의 사적 공간(Intimsphäre)을 보장하기 위해 선택을 가능케 하는 것으로 사회법전(SGB) 제7권 제55조 제2항의 후견인제도(Amtsvormund)의 임무를 여성 및 남성 공무원에게 위임하는 구상은 허용된다고 보았다.

해당 사건에서 처분을 요청받은 사람(Verfügungsbeklagte)는 후견인의 임무를 오로지 남성 공무원에게만 위임하였다. 보호가능성의 향상을 위해, 그녀는 임무를 추가적으로 다른 한 명의 공무원에게 위임하고자 하였으며 직무상 후견인(Amtsvormund) 및 직무상 보호인(Amtspflegerin)직을 내부적으로 공고하였다.

해당 직에 여성 피후견인의 요구에 따라 여성이 채용되어야 한다는 언급(Hinweis)으로 거절당한 직장동료가 소를 제기하였다. 동료는 이런 제한을 위법하다고 판단하였으며 임의적 재량으로 공고가 난 자리를 최종적으로 채용하는 것을 금지하도록 처분담당관(Verfügungsbeauftragte)에게 건의하였다.

법원은 - 괴팅엔(Göttingen) 지방노동법원과 마찬가지로 - 소를 기각하였다. 한 성별만을 위한 후견인 직에 대한 공고와 채용은 직업상의 요구로써 정당화되며 일반평등대우법(AGG) 제8조 제1항에 따른 허용된 성별을 이유로 한 불평등한 대우에 해당한다고 하였다.

원심판결: 괴팅엔(Göttingen) 지방노동법원 2011. 11. 23.자 판결 (4 Ga 3/11 Ö)

## 프랑크푸르트(Frankfurt) 주노동법원 2011. 11. 19.자 판결 (16 Sa 965/11)

"지원절차에서의 성별을 이유로 한 차별 - 주관적으로 진지한 지원 - 초과역량일 경우 객관적 부적격"

**판결요지:**

1. 직책에 주관적으로 진지하게 지원하지 않는 자는 일반평등대우법(AGG) 제6조 제1항 제2문상의 근로자가 아니다.
2. 일반평등대우법(AGG) 제3조 제1항의 직접적인 차별의 전제는 비교 가능한 상황에서의 지원자에 대한 불이익한 조치이다. 이는 채용공고에 대한 객관적 적격성을 전제로 한다. 채용공고에 비해 역량이 객관적으로 초과된 자는 객관적으로 적절한 지원자가 아니다.

원심판결: 프랑크푸르트(Frankfurt) 지방노동법원, 2011. 5. 18.자 판결 (7 Ca 7973/10)

## 칼스루헤(Karlsruhe) 주고등법원 2011. 9. 13.자 판결 (17 U 99/10)

"차별적 채용공고로 인한 손해배상 - 지배인"

**판결요지:**

1. "지배인"이라는 개념은 다른 추가사항 없이는 성별중립적인 것이 아닌 남성형 직업명칭이다. "관리인"이라는 제목의 채용공고는 어느 경우든 공고의 추가적 내용에서 여성 지원자들에 대한 언급이 없는 경우 일반평등대우법(AGG) 제7조 제1항 및 제11조의 성별중립적인 채용공고 규정을 침해한다.
2. 성별중립적이지 않은 채용공고는 성별에 따른 차별을 짐작하게 하는 간접사실이며 일반평등대우법(AGG) 제22조의 증명책임전환으로 이어진다. 사용자는 선발결정(Auswahlentscheidung)에 영향을 준 "일련의 동기들(Motivbündel)"에 성별

이 아무런 역할을 하지 않았다는 것을 증명해야 한다. 이 증명은 다른 여성지원자가 면접에 초대된 사실만으로 이뤄지지 않는다.

3. 남녀 지원자가 주관적으로 진지하지 않게 해당 직에 지원하지 않았거나 객관적으로 고려되지 않을 상황이면 지원이 권력남용적이기 때문에 일반평등대우법(AGG) 제15조 제2항의 손해배상청구권은 성립되지 않는다. 이에 대해서는 사용자가 증명책임을 진다.

원심판결: 칼스루헤(Karlsruhe) 주법원, 2011. 3. 22.자 판결 (2 O 279/09)

## 쾰른(Köln) 주노동법원, 2010. 10. 1.자 판결(4 Sa 796/10)

"여성 숙제감독자(Hausaufgabenbetreuung)를 위한 구인광고"

**판결요지:**

채용이 끝난 이후에 지원을 한 경우, 일반평등대우법(AGG) 제3조 제1항을 이유로 한 차별이 원칙적으로 고려되지 않는다.

전심판결: 쾰른(Köln) 지방노동법원 2010. 5. 6.자 판결 (8 Ca 5127/09)

## 연방노동법원 2010. 5. 20.자 판결 (8 AZR 287/08 (A))

"거절당한 지원자(남/녀)에게 정보제공청권(Auskunftsanspruch)이 있는 경우 - 선결적 판결 제청(Vorabentscheidungsersuchen)"

연방노동법원의 제8부는 유럽연합 사법재판소에 선결적 판결을 위해 다음과 같은 문제들을 제청하였다:

1. 지원자가 사용자가 공고한 직의 전제조건을 갖추었으나, 그의 지원이 고려되지 않았을 때, 사용자가 다른 지원자를 채용했는지 그리고 그렇게 했다면 어떤 기준에 의하여 이 채용이 이뤄졌는지를 내용으로 한 지원자의 사용자에 대한 정보제공청구권을 공동체법이 인정하는가?
2. 만약 이 첫 질문이 긍정된다면: 사용자가 요구된 정보를 제공하지 않는 상황이, 근로자가 주장하는 차별의 존재를 추정할만한 사실에 해당하는가?

원심판결: 함부르크(Hamburg) 주노동법원 2007. 11. 9.자 판결 (H 3 Sa 102/07)
후속된 연방헌법재판소 2010. 8. 24.자 결정 (1 BvR 1905/10): 헌법소원 각하
후속된 유럽연합 사법재판소 2012. 4. 19.자 판결 (C - 415/10)

## 연방노동법원 2010. 3. 18.자 판결 (8 AZR 77/09)

"지방자치단체의 평등담당관 채용공고는 여성에 한정 될 수 있다"

판결요지:

1. 지원자가 채용되어야 할 직책의 객관적인 적격성은 일반평등대우법 제6조 제1항 제2문과 연계된 제15조 제1항 혹은 제2항에 따른 손해배상 - 혹은 보상청구권을 성립시키는 구성요건전제(Tatbestandsvoraussetzung)가 아니다.
2. 남성 지원자가 그의 성별로 인해 지방자치단체의 평등담당관직의 후보자명단에 포함되지 않는 것은, 직무수행의 일부를 위해, 성별이 여성인 것이 포기할 수 없는 전제조건인 경우(예를 들어 이주한 무슬림 여성들과의 사회통합작업) 이는 성별을 이유로 한 허용되지 않은 차별에 해당하지 않는다.

이를 근거로 연방노동법원은 평등담당관에 지원한 남성 지원자의 일반평등대우법(AGG) 제15조 제2항에 기한 손해배상청구를 기각하였다. 피소된 시는 평등담당관직을 여성만을 대상으로 공고하였다. 활동의 핵심은 특히 이주한 여성과의 통합작업 및 그들에 대한 상담으로 이뤄질 예정이었다. 지원자는 전문대학 학사 혹은 비교 가능한 교육학 내지 인문학적 전공분야에서의 교육을 받았어야 했다.

원고는 상학사 및 경제학사를 갖고 있었으나, 경영협의회위원(Betriebsratsmitglied)으로서 이미 평등담당관직을 대리하였기에 이로써 자격이 된다고 보았으며 해당 직에 지원하였다. 니더작센 지방자치법(NGO) 제15조에 따라 해당 직에 여성을 채용해야 하며 원고가 그 밖의 전제조건에 부합하지 않는다는 이유로 원고의 지원은 거부되었다. 이에 대한 손해배상청구권은 모든 세 심급에서 인정되지 않았다. 물론 피고는 경제학사인 원고가 인문학적인 교육을 받지 않았다는 이유로 해당 직에 객관적으로 부적격하다는 옳지 않은 판단을 전제로 하였다. 그러나 수행해야 하는 직무상 성별이 근본적이고 결정적인 의미를 갖는다면 여성에 한정된 채용공고는 일반평등대우법(AGG) 제8조 제1항에 따라 허용된다.

원심판결: 니더작센(Niedersachsen) 주노동법원 2008. 12. 5.자 판결 (16 Sa 236/08)

## 연방노동법원 2009. 5. 28.자 판결 (8 AZR 536/08)

"교육자(남성)의 여자기숙학교 지원 실패"

**판결요지:**

"직책 수행자의 성별이 일반평등대우법(AGG) 제8조 제1항에 따른 근본적이고 결정적인 요건인 경우 성별을 이유로 한 상이한 대우는 허용된다."

업무가 기숙사의 숙직과 연관된 경우, 여자기숙학교의 재단은 지도교사의 후보자를 여성으로 한정할 수 있다. 연방노동법원의 견해에 따르면 이러한 경우 여성의 성별은 일반평등대우법(AGG) 제8조에 따른 근본적이고 결정적인 직업자격(berufliche Anforderung)에 해당한다. 이때 사용자는 채용 예정인 직책에서 어떠한 업무를 행하게 할지에 대하여 원칙적으로 자유롭게 확정할 수 있다.

연방노동법원은 프랑크푸르트(Frankfurt) 주노동법원의 판결(2008. 3. 20.자 판결(2 Sa 51/08)을 확인하였다.

## 프랑크푸르트(Frankfurt) 주노동법원 2009. 2. 3.자 판결 (12 Sa 28/08)

"채용공고시 남성형으로 표현된 직책표기"

**판결요지:**

"채용공고가 직책을 표기함에 있어서 표제에 남성형 표현을 담고 있으나("Assistent Planung"(어시트턴트 계획)), 그 밖의 본문에 "지원자(남/녀)를 위한 참고사항"이라는 문구를 지나칠 수 없고 볼드체로 강조한 경우 이는 성별을 이유로 한 차별에 대한 충분한 간접사실이 되지 않는다."

원심판결: 기센(Gießen) 지방노동법원, 2007. 11. 15.자 판결 (1 Ca 384/07)

## 함부르크(Hamburg) 주노동법원 2009. 1. 12.판결 (3 Ta 26/08)

"소송비용지원 - 성별차별적인 채용공고로 인한 손해배상청구 - 진지하지 않은 지원"

판결요지:

1. 적어도 다른 간접사실과의 연관성 속에서, 근로자가 다수의 사례에서 채용공고상의 차별을 주장하여 손해배상청구 내지는 보상을 청구했다는 사정은 진지한 지원이 이뤄지지 않았다는 결론을 정당화시킬 수 있다.
2. 이런 기타의 간접사실은, 지원서가 전반적으로 지원자가 공모된 직책에 대해서 관심을 갖고 있다는 그 어떤 내용도 담지 않은 단락들(Textbaustein)로 이뤄졌으며, 지원자의 지금까지의 직업상 발전과정에 관한 중요한 설명을 담지 않았을 때, 인정될 수 있다.
3. 진지한 지원동기를 부정하는 충분한 간접사실이 존재한다면, 일반평등대우법(AGG) 제15조상의 손해배상 내지는 보상청구권이 인정되지 않는다.
4. 이러한 사례들에서 이와 같은 청구권의 권리행사에 대한 소송비용지원신청은 명백히 악의적이다.

원심판결: 함부르크(Hamburg) 지방노동법원, 2008. 10. 16. 판결 (21 Ca 154/08, 소송비용지원 판결)

## 함부르크(Hamburg) 주노동법원 2008. 11. 19.자 판결 (3 Ta 19/08)

"소송비용지원 - 성별차별적인 채용공고 - 주관적으로 진지하지 않은 지원"

판결요지:

1. 성별차별적인 채용공고로 인한 배상청구권을 행사한 지원자가 납득 가능한 이유 없이 면접 참여 초대를 거절한다면 이는 그의 지원이 진지하지 않게 이뤄졌다는 충분한 간접사실이 된다.
2. 진지한 지원동기를 부정하는 충분한 간접사실이 있다면, 일반평등대우법(AGG) 제15조상의 손해배상 내지는 보상청구권이 인정되지 않는다.
3. 이러한 사례들에서 이와 같은 청구권들의 권리행사에 대한 소송비용지원신청은 명백히 악의적이다.

원심판결: 함부르크(Hamburg) 지방노동법원 2008. 6. 11.자 판결 (27 Ca 136/08)
반대판결: 함(Hamm) 주노동법원 2011. 5. 19.자 판결 (14 Ta 519/10)

## 뒤셀도르프(Düsseldorf) 주노동법원 2008. 11. 12.자 판결 (12 Sa 1102/08)

"공공부문에서의 채용공고, 여성우대적인 언급"

**판결요지:**

공공분야의 사용자가 이하 성별중립적인 채용공고에서 "여성의 지원에 대해 특별히 관심"이 있다는 언급에 의하여, 해당 직책의 기준이 되는 비교 가능한 집단에서 여성들이 열세인 경우 이 채용공고를 통해 남성 지원자들이 일반평등대우법(AGG)상 허용되지 않은 차별을 받는 것이 아니다.

뒤셀도르프(Düsseldorf) 주노동법원은 - 여성 지원에 대한 특별한 관심 - 이 있다는 공공부문 사용자의 채용공고의 언급을 통해 남성이 차별 받는지를 판단하였다.

원고는 학사-체육교사(남/녀)의 직책에 지원하였으나 성공을 거두지 못하고 그 대신 여성이 공고된 직책에 채용된 후, 일반평등대우법(AGG)에 따라 자신이 차별을 당했다고 보아 24개월분 임금에 해당하는 손해배상금을 주장하였다.

뒤셀도로프(Düsseldorf) 주노동법원이 일심에서 원고에게 부분적으로 권리를 인정한 뒤, 뒤셀도로프 주노동법원은 항소심에서 소를 완전히 기각하였다.

주노동법원은, 해당 채용내용이 원칙적으로 성별 중립적이며, 지원절차가 전적으로 객관적인 기준에 따라 이행되는 것으로 판단하였다. 원고가 항의를 제기한 여성우대 언급은 노르트라인-베스트팔렌(Nordrhein-Westfalen)주 평등법에 기인했을 뿐만 아니라 일반평등대우법(AGG) 제5조에서도 해당 직책의 표준이 되는 직업군에서 여성이 전반적으로 열세인 경우 적극적 조치로써 정당화 된다고 하였다.

상고심판결: 연방노동법원 2010. 4. 1.자 판결 (8 AZR 4/09), 판결 외의 해결: 취하

## 함부르크(Hamburg) 지방노동법원 2008. 8. 6.자 (3 Ca 141/08)

"여성만을 위한 채용공고"

판결요지:

1. 피고의 채용공고는 일반평등대우법(AGG) 제7조 제1항 및 제11항의 차별금지에 반한다. "Bürokauffrau[2]/Reno"라는 표현으로 인해 남성 지원자들이 그들의 성별로 인하여 차별받는다.
2. 그러나 원고의 청구권은 그가 채용공고의 요건 및/또는 직업상 자격요건을 충족시키지 않는다면 그의 객관적 적격성으로 인해 성립되지 않는다.

## 함(Hamm) 주노동법원 2008. 4. 24.자 판결 (11 Sa 95/08)

"연방노동청(Bundesagentur für Arbeit)의 인터넷 공고"

판결요지:

1. "Hotelfachfrau[3] (Hotelfachmann,[4] -frau)"이라는 채용공고는 일반평등대우법(AGG)에 부합한다.
2. 직원을 구하는 사용자가 연방노동청(Bundesagentur für Arbeit)에 의뢰를 하고, 노동청이 이에 대해 "Hotelfachfrau (Hotelfachmann, -frau)"이라는 인터넷 공고를 띄웠다면, 여기에서 파생된, 허용되지 않은 정도로 축약된 "Hotelfachfrau"를 한 사적 인터넷포탈에서 사용했다고 하여 일반평등대우법(AGG) 제22조에 따른 사용자의 차별의지에 대한 설득력 있는 간접사실이 되지 못한다.
3. 사용자가 이 허용되지 않은 축약을 명백히 지시하거나 인지하고 있었음에도 묵시한 경우에만 다른 결론이 나왔을 것이다.

원심판결: 뮌스터(Münster) 지방노동법원 2007. 11. 20.자 판결 (3 Ca 1839/07)
연방노동법원은 함(Hamm) 주노동법원의 2008. 4. 24.자 판결에 대한 상고를 각하하였다 (2008. 10. 22.자 판결(8 AZR 520/08)).

## 슈투트가르트(Stuttgart) 지방노동법원 2007. 9. 5.자 판결(29 Ca 2793/07)

"차별적인 채용공고 - 성별, 연령"

---

2) 역자 주 - 판매원의 여성형.
3) 역자 주 - 호텔관리인의 여성형.
4) 역자 주 - 호텔관리인의 남성형.

판결요지:

1. 전적으로 남성 지원자를 겨냥한 성별 관련 채용공고 및 면접에서의 차별적인 진술은 공고상의 전문적인 자격에 부합하는 여성 지원자에 대한 차별이며 일반평등대우법(AGG)의 제7조 제1항과 연계된 제11조에 반한다.
2. 차별을 하는 자가 어떤 일련의 동기들(Motivbündel)에서 행위를 하였으며 그 근거가 일반평등대우법(AGG) 제1조에 의해 적어도 다른 동기들에 비해 적지 않은 의미를 가질 때, 이미 금지된 차별이 존재한다.
3. 지원자가 "45세를 넘기지 않는 것이 이상적"이라는 모집광고에서의 언급을 통해 허용되지 않은 차별의 정황증거가 발생한다. 그러나 사용자가 그럼에도 불구하고 나이가 더 많은 지원자들을 채용했다면, 이러한 정황증거의 효력을 부인할 수 있다.

## 뒤셀도르프(Düsseldorf) 행정법원 2007. 10. 2.자 판결 (2 K 2070/07)

"경찰집행관의 최소 신장"

판결요지:

1. 고용된 해인 2007년부터 부령에 대한 임용기관(Dienstherr)의 재량권 기속은, 여성 경찰집행관이 163cm의 필요적 최소 신장에 미치지 못하고 영어 어학실력이 충분하지 않은 경우 선발절차에서 제외되는 결과로 이어질 수 있다.
2. 최소 신장은 적격전제조건으로써 상위법에 부합한다. 공공의 직무의 경우 기본법 제33조 제2항이 우선 적용되기 때문에 직업선택의 자유에 대한 허용되지 않은 침해는 존재하지 않는다.
3. 최소 신장은 일반평등대우법(AGG)이 보호하는 차별근거에 반하지 않는다.
4. 확률적으로 필요한 최소 신장에 여성보다는 남성이 도달하는 상황은, 실패 없는 경찰의 임무수행을 위해 정당화되기 때문에 여성에 대한 간접적인 차별이 아니다.
5. 면제방식(Erlassweg)으로 6년간의 영어수업을 전제하는 것도 적합한 전제조건으로써 확정될 수 있다. 영어 어학실력은 간접적인 차별에 해당하더라도 상급 경찰업무를 위한 합법적인 목적이다.

### (2) 고용 및 근로조건(임금 포함)

#### 베를린-브란덴부르크(Berlin-Brandenburg) 주노동법원 2013. 5. 15.자 판결 (14 Sa 2442/12)

"육아휴직의 경우 연방직원협약(Bundesangestelltentarif, BAT) 제23조의a에 따른 자동승진 정지 - 성별을 이유로 한 간접적인 차별이 아님"

판결요지:

"연방직원협약(BAT) 제23조의a 제2문 제4호의d는 상위법에 저촉되지 않으며 유효하다."

원심판결: 베를린(Berlin) 지방노동법원 2012. 1. 11.자 판결 (58 Ca 8326/12)
연방노동법원에 계속 중 (사건번호 4 AZR 731/13)

#### 뒤셀도르프 (Düsseldorf) 지방노동법원 2013. 3. 12.자 판결 (11 Ca 7393/11)

"근로시간연장 - 성별에 따른 차별"

판결요지:

1. 일반평등대우법(AGG) 제2조 제4항은 일반평등대우법(AGG) 제15조 제2항 제1문의 성별로 인한 차별에 기한 손해배상청구권 행사에 대하여 적어도 모순되지는 않는다. 이는 유럽의회 및 이사회 지침 2006/54/EC에 따른 요건을 고려하여 일반평등대우법(AGG) 제2조 제4항의 일반법적 해석에서 도출된다.
2. 구체적 개별사례에서 적당한 비교 가능한 인물이 없는 경우, 가상의 비교 가능한 인물이 보다 유리한 처우를 받았는지가 차별을 확정하는 데에 결정적이며, 이때 구체적인 근거가 있어야 한다.
3. 일반평등대우법(AGG) 제15조 제1항에 따른 손해배상청구의 전제는 차별과 발생한 손해 간의 책임충족적 인과관계(haftungsausfüllende Kausalität)이며, 일반적인 증명책임규정에 따라 청구권자에게 주장책임 및 증명책임이 있다. 이러한 책임충족적 인과관계에 관한 주장책임 및 증명책임은 일반평등대우법(AGG) 제22조에 의해 변경되지 않는다.

뒤셀도르프(Düsseldorf) 주노동법원에 판결번호 4 Sa 480/13로 제기된 항소는 취하되었다.

## 쾰른(Köln) 주노동법원 2012. 10. 29.자 판결(5 Sa 549/11)

"조종사 모자(Cockpit- Mütze)에 대한 착용 의무는 남성 조종사에만 해당한다"

**판결요지:**

1. 여성 조종사들이 조종사 모자의 착용 여부를 자유롭게 선택할 수 있는 경우에도 남성 조종사들에게 조종사 모자의 착용이 의무적일 수 있다.
2. 이러한 사용자와 근로자대표 간의 사업장협정(Betriebsvereinbarung)으로 결정된 규정은 일반평등대우법(AGG)에 위배되지 않는다. 여기서 결정적인 것은 여성과 남성에게 적용되는 규정들이 개별적으로 간주되는 것이 아니라 서로 비교 가능해야 한다는 것이다. 특히 고려되어야 할 것은, 사용자와 근로자 대표(Betriebspartei)가 여성과 남성의 근무복을 위해 상이한 규정들을 결정했다는 것이다. 여성과 남성의 근무복과 관련한 규정 전체를 비교했을 때, 해당 성별에 대한 사용자와 근로자대표 간의 사업장협정의 형태가 더 유리하거나 덜 유리한 것이 아닌, 단순히 상이한 처우로 이어짐을 볼 수 있다. 다른 성별의 격하와 연관되지 않는 단순히 상이한 처우는 일반평등대우법(AGG)에서 참작된 차별에 해당하지 않는다.

전심판결: 쾰른(Köln) 지방노동법원 2011. 4. 5.자 판결 (12 Ca 8659/10)
연방노동법원에 계속 중 (사건번호 8 AZR 1083/12, 일시: 2014. 9. 30.)

## 마인츠(Mainz) 주노동법원 2011. 9. 29.자 판결(10 Sa 314/11)

"주차자리 배정에 여성 우대"

**판결요지:**

사용자는 회사주차장에서의 주차자리를 배정할 때 "여성과 남성"이라는 기준을 고려할 수 있다.

원심판결: 카이저슬라우테른(Kaiserslautern) 지방노동법원 2011. 4. 6.자 판결 (1 Ca 184/11)

## 연방노동법원 2011. 1. 27.자 판결(6 AZR 526/09)

"공공부문 단체협약(Tarifvertrag für den Öffentlichen Dienst, TVöD)상의 단계별 기간(Stufenlaufzeit) 임금제도에서의 육아휴직 불산입"

**판결요지:**

"공공부문 단체협약(TVöD) 제17조 제2항 - 총칙(AT)에 따른 육아휴직 시 단계별 기간(Stufenlaufzeit)의 정지는 직접적이거나 간접적인 성별차별적인 효력을 발휘하지 않는다. 해당 규정은 그 밖에도 상위의 법률에 부합한다."

육아휴직을 함으로써 그 기간이 불산입 되어 공공부문 단체협약(TVöD)상의 등급에서 성별로 인해 차별 받은 것으로 생각한 여성이 소를 제기했다.

연방노동법원은 성별차별을 부인하였는데, 이 중에서도 공공부문 단체협약(TVöD)에 따른 임금체계에서의 단계별 승진이 더 많은 직업경험으로 인해 생겨나는 근로제공의 향상에 따른 보상이라는 이유를 들었다. 육아휴직 기간 동안 근로관계가 중단되므로, 이 기간에 해당 직업경험을 얻을 수 없다. 이로써 공공부문 단체협약은 객관적 기준에 의하며, 이는 성별을 이유로 한 차별과 관련이 없다.

원심판결: 바덴-뷔르템베르크(Baden-Württemberg) 주노동법원 2009. 6. 17.자 판결 (12 Sa 8/09)

## 연방노동법원 2010. 7. 22.자 판결 (8 AZR 1012/08)

"적은 비율의 여성 간부는 그 자체로 차별을 입증하지 않는다 - GEMA[5] 사건"

회사의 간부급에서의 통계적으로 적은 여성비율은 성별차별의 간접사실이 될 수 있다. 하지만 연방노동법원에 따르면 이러한 통계는 그 자체로 여성의 차별을 입증하기 위해서는 충분하지 않다고 하였다. 무엇보다 통계적인 증거의 경우 관련 수(數)를 전체적으로 고려해야 한다. 연방노동법원은 이 판결로 여성의 차별에 대한 저작권협회 GEMA와 근로자 간의 소송을 베를린-브란덴부르크(Berlin-Brandenburg) 주

5) 역자 주 - 독일 음악저작권협회(Gesellschaft für musikalische Aufführungs- und mechanische Vervielfältigungsrechte).

노동법원에 환송하였다.

한 통신사의 보도에 따르면 주노동법원은 구체적인 사안의 경우 전체 근로자의 여성의 다수 중에서 GEMA의 채용되어야 할 직책에 적합하였는데 지원자선발에서 고려되지 않은 다른 여성들이 있는지를 새로이 검토해야 한다고 했다.

원심판결: 베를린-브란덴부르크(Berlin- Brandenburg) 주노동법원 2008. 11. 26.자 판결 (15 Sa 517/08)
상고심판결: 연방노동법원 2011. 9. 15.자 판결 (8 AZR 781/10), 기각

## 연방행정법원 2008. 3. 13.자 판결 (2C 128/7)

"공무관계에 있는 단시간근로 여교사의 초과근무수당"

**판결요지:**

"단시간근로 여교사가 수당을 지급하여야 하는 초과근무를 달성하면, 유럽연합조약 제141조[6]에 따른 차별금지에 의해 적어도 전일근로 교사의 근로시간을 초과하지 않는 초과근무에 대해, 통상의 시간처럼 보수를 지급해야 한다."

이로써 공무관계에 있던 여교사의 초과근무에 대한 소가 - 법적으로 예정되어 있는 초과근무수당령(Mehrarbeitsvergütungsordnung, MVergV)에 의한 초과근무수당 대신 - 그녀의 단시간근로에 비례하여(zeitanteilig, pro rata temporis) 더 높은 급여를 책정하는 것이 행정법원에 의해 인정되었다.

비교판결: 유럽연합 사법재판소, 제1부 2007. 12. 6.자 판결(C- 300/06),
연방행정법원 2010. 9. 23.자 판결 (2 C 27/09)

### (3) 임신과 출산

## 연방노동법원 2013. 12. 12.자 판결 (8 AZR 838/12)

"임신기간 중의 차별적인 해고"

---

6) 역자 주 - 「유럽연합의 기능에 관한 조약」 제157조에 해당한다.

**판결요지:**

"모성보호법에 반하여 임신한 근로자가 해고되면, 이는 성별을 이유로 한 차별이며 손해배상 청구권을 성립시킨다."

원고는 피고 - 소규모사업 - 에 의해 그녀의 성별로 인하여 차별을 받았다고 보았다. 그녀에게는 2011년 6월 초 무렵에 의학적 사유로 모성보호법 제3조 제1항에 따라 근로제공이 금지되었다. 그녀는 이 근로제공 금지를 무시하라는 사용자의 무리한 요구를 따르지 않았다. 2011년 7월 14일에 그녀의 태아가 죽은 것이 확인된 후에 2011년 7월 15일에 부득이한 의료적인 수술을 해야만 했다.

원고에 의해 이 일정에 대해서 알게 된 피고는 즉각 만기에 기한 해고를 하였으며, 이를 2011년 7월 14일 원고의 우체통에 넣어 놨다. 이를 2011년 7월 16일 병원에서 퇴원한 원고가 발견하였다.

연방노동법원은 주노동법원의 결정을 확인하였으며 원고에 대해 3000유로의 배상금을 확정하였다. 법원의 판단에 따르면 원고는 그녀의 임신으로 인해 사용자에게 불이익한 처우를 받았고 따라서 그녀의 성별로 인하여 차별을 받았다. 연방노동법원에 따르면 이는 이미 피고의 모성보호법 위반에 의해서 확인 될 수 있다고 하였다. 여성근로자(모(母))와 죽은 아이가 아직 분리되지 않았으므로, 해고의 도달 당시 임신이 성립되었었다. 또한 원고로 하여금 근로제공금지를 무시하게 한 점과 인공적으로 유산을 개시하기 전에 해고를 통지한 것은 임신에 따른 원고에 대한 불이익한 조치의 간접사실이 된다고 보았다. 일반평등대우법(AGG) 제3조 제1항에 따른 임신한 여성에 대한 차별로부터의 특별한 보호는 해당 사건에서 일반평등대우법(AGG) 제15조 제2항의 손해배상청구로 이어진다. 이는 차별로부터 보호하기 위한 일반평등대우법(AGG)의 규정에 따른 해고 그 자체 혹은 해고의 어느 범위까지가 차별로 판단되는지 여부와는 별도의 문제로 보아야 한다고 하였다.

원심판결: 켐니츠(Chemnitz) 주노동법원 2013. 7. 27.자 판결 (3 Sa 129/12)

## 연방노동법원 2013. 10. 27.자 판결 (8 AZR 742/12)

"임신 사실을 모른 상태에서의 근로자의 해고"

판결요지:

“임신을 모르는 상태에서 근로자가 해고된다면, 해고 그 자체 뿐 아니라 해고의 유지도 성별에 의한 차별의 간접사실이 되지 않는다.”

출처: 연방노동법원 보도자료, 63/13호

전심판결: 함(Hamm) 주노동법원 2012. 5. 16.자 판결 (3 Sa 1420/11)

### 쾰른(Köln) 주노동법원 2012. 10. 11.자 판결 (6 Sa 641/12)

“근로계약 체결 이전에 임신사실에 대한 공개의무 없음”

판결요지:

“채용 당시 임신여부에 대한 질문은 그 성별차별적인 효력 때문에 원칙적으로 허용될 수 없다. 일반적으로 근로자의 공개의무도 존재하지 않는다. 이는 그녀가 기간제 임신대체인력으로 근로를 해야 하는 경우에조차 유효하다.”

원고는 사용자의 근로계약 취소에 대항하였다. 사용자는 “악의적으로 기망 당했다”는 이유로 근로계약을 최소하고자 하였다. 원고는 계약체결 당시부터 자신의 임신사실을 알고 있었으며, 특히 임신대체인력으로서의 직책이었기 때문에 사용자에게 주지를 했어야 했다는 것이다.

주노동법원은 “악의적 기망”을 부인하였다. 사실에 대한 함구에 대해서는 함구된 사실에 대해 정보제공의무가 있는 경우에만 기망이 성립된다고 보았다. 임신사실에 대한 정보제공의무는 기간제 계약인 경우에도 원칙적으로 고려되지 않는다고 하였다.

전심판결: 본(Bonn) 지방노동법원 2012. 4. 26.자 판결(3 Ca 168/12)

### 베를린-브란덴부르크(Berlin-Brandenburg) 주노동법원 2011. 6. 28.자 판결 (3 Sa 917/11)

“승진결정에 있어서 성별적 특성의 차별 - 소니 매니저”

판결요지:

1. 구 민법(BGB) 제611조의a 제1항 제3문의 두 단계 규정(zweistufige Regelung)은 증명책임분배를 그대로 두지만, 소를 제기한 근로자가 성별에 따른 차별이 유력하게 개연적인 것으로 보일 정도의 사실들만을 제출하는 것으로 입증기준을 낮춘다. 근로자가 그 자체로 추정효(Vermutungswirkung)의 근거로 부족한 보조사실들(Hilfstatsachen)을 제출하면, 사실심판사(Tatrichter)는 보조사실들의 연관성에 비추어 추정효를 증명해줄 정도로 적합한지를 전반적으로 검토해야 한다. (연방노동법원 2011. 1. 27.자 판결 (8 AZR 483/09)에 이어서)
2. 구 민법(BGB) 제611조의a 제1항 제3문에 따른 사실심판사의 종합적 고려에는 핵심적인 사실만이 포함되는 것은 아니다. 종합적 고려의 의미는, 그 자체로는 사실심판사가 성차별적인 동기의 개연성이 우세하다는 확신을 갖기는 어려운 간접사실들이 종합적 고려에 따를 경우 이러한 확신을 성립시킬 수 있는지를 검토하는 것이다. 이러한 간접사실들이 어떤 분야에서 도출되었는지는 여기서 의미를 갖지 못한다. 주장된 사실들의 내적 연관성은 위법한 차별 추정의 전제조건은 아니다. 그보다 이러한 사실들로부터 비로소 기업의 "차별적 문화"가 드러날 수 있다(연방노동법원 2011. 1. 27.자 판결(8 AZR 483/09)에 이어서). 이러한 간접사실들은 주장된 차별적 결정 이전의 사용자의 설명 또는 행동방식, 또는 이러한 결정 이후에 제출된 설명에서 도출될 수 있다.
3. 종합적 평가에서 성별을 이유로 한 차별에 대한 개연성이 우세한다면, 사용자는 임신이 아닌 다른 객관적인 사유들이 그의 선발결정을 정당화한다는 사실을 제시하고 증명해야 한다. 승진된 다른 지원자가 1순위 지원자라는 것을 제시하는 것으로 충분하지 않다. 이는 구 민법(BGB) 제611조의a 제1항 제3문에서 도출된다(연방노동법원 2011. 1. 27.자 판결(8 AZR 483/09)에 이어서).

원고는 "국제 마케팅"분야의 팀장이었다. 그녀가 임신 중이었던 2005년에 선임의 자리가 공석이 되었다. 그녀가 옛 선임이 부재일 때 항상 그를 대리해왔음에도, 그리고 선임이 그녀가 그의 후임이라는 것을 여러 차례 이야기한바 있었음에도, 사용자는 그녀의 팀장 동료를 후임으로 배정하였다. 원고는 성별적 특성의 차별을 이유로 손해배상을 청구하였다. 그녀는 오로지 임신 때문에 그 자리에 가지 못하였다고 한다. 베를린(Berlin) 주노동법원은 원고가 주장하는 간접사실이 너무 약하다는 이유로 소를 두 번 기각하였다. 연방노동법은 두 판결 모두 파기하였으며 주노동법원으로 환송하였다. 마지막 환송일은 2011. 1. 27.이었다(8 AZR 483/09).

이번에는 주노동법원의 다른 재판부가 원고에게 "○만 유로대"의 손해배상을 인정하였다. 보도자료에 따르면 재판부는 모든 정황의 종합적인 평가에서 원고가 그녀의 임신으로 인하여 승진되지 않았을 것이라는 추정이 확립한다고 보고 있다고 한다. 새로 태어날 아기에 대해 기뻐하라는 사용자의 언행 역시, 피고가 차별추정을 반박할 수 없는 것과 마찬가지로 차별이 이뤄졌음을 시사한다.

전심판결:
베를린(Berlin) 지방노동법원 2006. 4. 28.자 판결(28 Ca 5196/06),
베를린(Berlin) 주노동법원 2006. 10. 19.자 판결(2 Sa 1776/06)
연방노동법원 2008. 4. 24.자 판결 (8 AZR 257/07) 기각
베를린-브란덴부르크(Berlin-Brandenburg) 주노동법원 2009. 2. 12.자 판결 (2 Sa 2070/08)
연방노동법원 2009. 6. 25.자 판결 (8 AZN 299/09), 인용
연방노동법원 2011. 1. 27. 판결 (8 AZR 483709) 기각

## 함(Hamm) 주노동법원 2011. 6. 14.자 판결 (14 Ta 289)

"임신을 이유로 한 해고, 일반평등대우법(AGG) 제15조 제4항에 따른 소멸시효 만료의 결과"

**판결요지:**

유럽연합 사법재판소 (유럽연합 사법재판소 2010. 7. 8.자 판결 (C 246/09), NZA[7] 2010, 869 참조) 및 연방노동법원 (연방노동법원 2009. 9. 24.자 판결 (8 AZR 705/08), NZA 2010, 387 참조)의 판결들에도 불구하여 일반평등대우법(AGG) 제15조 제4항의 유럽연합법과의 합치성 여부는 적어도 성별을 이유로 한 차별의 경우 아직 완전히 해결되지 않았다(이에 대해 Fischinger, NZA 2010, 1048, von Roetteken, jurisPR-ArbR 1/2011 주석 1 참조). 이는 피해를 당한 근로자가 적시에 서면의 주장을 해태하더라도 일반평등대우법(AGG) 제15조 제2항에 따른 손해배상청구에 대한 충분한 인정 가능성의 근거가 된다.

---

7) Neue Zeitschrift für Arbeitsrecht.

원심판결: 이저론(Iserlohn) 지방노동법원 2010. 10. 14.자 판결 (5 Ca 1163/10)
비교판결: 연방노동법원 2009. 9. 24.자 판결 (8 AZR 705/08),
유럽연합 사법재판소 - 판결

## 막데부르크(Magdeburg) 고등행정법원 2011. 4. 21.자 판결 (1 L 26/10)

"임신과 근로금지에 따른 모성보호기간 단축의 거절"

**판결요지:**

1. 원고의 임신과 그녀가 받은 의사의 근로금지는 피고가 모성보호 기간의 단축 시 원고의 신청의 결정(Bescheidung des Antrags)에서 고려해서는 안 되는 사실들이다.
2. 임용기관이 공무원의 임신을 양육휴가(Erziehungsurlaub) 만료 전에 일자리로 돌아오는 것의 거절 근거로 삼았다면, 이는 성별을 이유로 한 직접적인 차별에 해당한다.

원심판결: 막데부르크(Magdeburg) 행정법원 2009. 11. 24.자 판결 (5 A 58/09)
비교판결: 유럽연합 사법재판소 2003. 2. 27.자 판결 (C-320/01)

## 드레스덴(Dresden) 지방노동법원 2011. 4. 21.자 판결 (9 Ca 576/10)

"불임치료(Kinderwunschbehandlung)로 인한 해고 "

드레스덴(Dresden) 지방노동법원은 2010년 11월 23일에 불임치료(Schwangerschafts-wunsch)를 이유로 한 해고의 정당성에 대해 결정하였다. 불임 때문에 보조적으로 의학적인 치료를 받고자 이를 사용자에게 알렸던 레스토랑전문인이 소를 제기하였다.

법원은 불임치료와 관련하여 그녀의 사용자가 통지한 해고가 효력이 없음을 판단하였다. 법원은 또한 원고가 해고를 통해 성별로 인하여 차별을 받았다고 보고 원고에게 일반평등대우법(AGG) 제15조 제3항에 따른 3개월분 임금총액(3,600 유로)의 배상도 명하였다.

## 비스바덴(Wiesbaden) 지방노동법원 2008. 12. 18.자 판결 (5 Ca 46/08)

"모성보호기간에서 돌아온 이후 대등하지 않은 일자리로의 지정"

판결요지:

1. 법원은 모성보호법(MSchuG)상 모성보호기간에서 돌아온 원고를 새로운 관할지역(Betreuungsbezirk)으로 배치한 피고의 지정을, 금후의 지정된 지역이 이전 일자리와 대등하지 않기 때문에 성별을 이유로 한 차별(일반평등대우법(AGG) 제3조 제1항 제2문)로 보았다.
2. 인종적 출신을 이유로 한 추가적 차별에 대해서 법원은 터키출신 원고가 제시한 간접사실은 충분하지 않은 것으로 보았다.
3. 법원은 그러나 원고의 과거 혹은 장래에 대한 손해를 긍정하지 못했기 때문에 원고의 총 433,000 유로의 손해배상청구를 거절하였다.

피소된 보험사는 새로운 관할지역에 대해 소급하여 보장되었던 지금까지의 소득보다 높은 최저임금을 원고에게 지급하였다.

법원의 판단에 따라 새로운 관할지역으로의 원고의 배치가 효력이 없고 장래에 사용자에 의해 취소될 수 있기 때문에, 가능한 은퇴시점까지의 금전적인 손해배상 청구의 인정은 과도한 손해배상으로 이어질 수 있다.

새로운 관할지역으로의 배치에 따른 성별을 이유로 한 차별로 인하여 그녀의 인격권이 침해됨에 따라 일반평등대우법(AGG) 제15조 제2항 제1문에 의해 10,818 유로(3개월분의 임금총액) 상당의 손해배상청구권만이 인정되었다.

프랑크푸르트(Frankfurt) 주노동법원의 보도자료에 의하면 당사자들은 2010년 11월 2일자에 주노동법원 제12부 구두변론에서 화해를 하였다. 해당 직원은 본인의 의사로 근로관계에서 퇴직하였다. 그 밖에 당사자들은 합의 결과에 대해 함구하기로 하였다. (12 Sa 68/09 및 12 Sa 94/09)

## 비스바덴(Wiesbaden) 지방노동법원 2008. 10. 30.자 판결 (5 Ca 632/08)

"모성보호기간에서 돌아온 이후 대등하지 않은 일자리로의 지정"

판결요지:

"모성보호법상의 모성보호기간에서 돌아온 이후 이전 일자리와 동등하지 않은 일자리로의 지정은 일반평등대우법(AGG) 제3조 제1항의 성별을 이유로 한 차별에 해당한다. 이는 사용자 지시의 무효로 이어진다."

### 마인츠(Mainz) 지방노동법원 2008. 9. 2.자 판결 (3 Ca 1133/08)

"임산부에 대한 차별로 인한 손해배상"

임신을 이유로 근로자의 기간제 근로관계가 연장되지 않았다면, 근로자는 손해배상에 대한 청구를 할 수 있다. 원고는 그녀의 기간제 근로관계가 임신으로 인하여 연장되지 않았다고 주장하였다. 그녀는 그녀의 어머니의 전화 질의에서 상관이 기간제 근로관계가 연장되지 않은 이유가 원고의 임신에 있다고 응답한 것을 증거로 제출하였다. 사용자는 그 반대를 증명하고 기간제 계약이 연장되지 않은 객관적 근거의 제시에 실패하였다.

마인츠(Mainz) 주노동법원에 사건번호 10 Sa 546/08에 따른 항소가 제기되었다.

#### (4) 성적 괴롭힘

### 니더작센(Niedersachsen) 주노동법원 2013. 12. 6.자 판결 (6 Sa 391/13)

"장기간 근로를 제공한 간호인이 직업훈련생을 성적으로 괴롭힌 것에 대한 해지기간 없는 해고는 경고 없이도 정당하다."

판결요지:

"장기간 근로를 제공한 근로자의 직업훈령생의 가슴둘레가 진짜인지를 묻는 질문 및 잇따라 직업훈련생의 가슴을 접촉한 것은 일반평등대우법(AGG) 제3조 제4항상의 성적 괴롭힘에 해당하며 사용자로 하여금 경고 없이 해지기간이 없는 해고를 통지할 수 있게 한다."

원심판결: 브라운슈바이크(Braunschweig) 지방노동법원 2013. 2. 19.자 판결 (8 Ca 441/12) 및 2013. 8. 15.자 판결 (8 Ca 139/13) 변용

## 슈투트가르트(Stuttgart) 주노동법원 2013. 7. 17.자 판결 (13 Sa 141/12)

"성적 괴롭힘으로 인한 해고 - 쌍방의 종료 신청"

**판결요지:**

1. 동료 근로자의 성적 괴롭힘은 "그 자체로" 근로관계의 해지기간 없는 해고의 중대한 사유가 될 수 있다. 하지만 개별 사례에서의 구체적 사정이 결정적이다. 경우에 따라 이러한 의무위반에 따른 작용으로 경고가 충분할 수도 있어서, 이러한 해고는 비례의 원칙에 부합하지 않는다.
2. 해고제한법(KSchG) 제10조에 따른 보상금 산정.

원심판결: 하일브론(Heilbronn) 지방노동법원 2012. 10. 8.자 판결 (2 Ca 71/12)
상고심판결: 연방노동법원 2014. 1. 23.자 판결 (2 AZN 998/13), 기각

## 뒤셀도르프(Düsseldorf) 주노동법원 2013. 6. 12.자 판결 (7 Sa 1878/12)

"성적 괴롭힘으로 인한 해지기간 없는 해고 - "순간적인 실패"에 대한 근로자의 진정한 당혹감"

**판결요지:**

"성적 괴롭힘에 따른 개별 사건 판단"

당해 사건에서 주노동법원은 "당신은 예쁜 가슴을 가졌습니다."라는 표현 및 가슴을 접촉하는 것이 자동차 정비공의 해지기간 없는 해고를 정당화 하는지를 판단하여야 했다.

사건은 화장실에서 Sozialraum[8]을 청소하던 외부 청소인력 사이에서 일어났다. 피해자가 원하지 않는다고 설명한 후 원고는 즉시 그녀에게서 떨어져 화장실에서 나왔다.

이후에 이 사건이 명백히 창피해진 원고는 가해자-피해자-조정에 참여하였고, 청소인력에게 합의한 위자료 100유로를 지급했으며 사과를 하였다. 2012년 12월 10일에 "Balance" 협회(Kooperationsgemeinschaft)의 증명 하에 청소부는 원고의 사과를

8) 역자 주 - 회사 내에서 일자리 외에 공용으로 사용하는 공간을 의미한다.

받아들였으며, 그녀에게 이 사건은 종료되었으며 그 때문에 형사소추에 대한 관심이 없다고 하였다.

사용자는 그럼에도 불구하고 원고에게 해지기간 없는 해고를 통지하였다. 원고는 이를 그대로 두지 않고 해고에 대해 해고제한소송을 제기하였다.

부퍼탈(Wuppertal) 지방노동법원은 해고를 유효한 것으로 본 반면 뒤셀도르프(Düsseldorf) 주노동법원은 다른 견해를 가졌다. 연방노동법원은 청소부에 대한 원고의 행동이 비록 용서할 수 없는 정도이지만 개별 사건의 모든 사정을 고려해 보았을 때 해지기간 없는 해고가 정당화 되지는 않는다고 보았다. 이러한 사건의 재발을 반드시 막기 위해서는 "날카로운" 경고로 충분하다고 하였다.

원심판결: 부퍼탈(Wuppertal) 지방노동법원 2012. 11. 13.자 판결 (5 Ca 2425/12)
연방노동법원에 계속 중 (사건번호 Az.: 2 AZR 651/13, 일시: 2014. 11. 20.)

## 베를린(Berlin) 지방노동법원 2013. 5. 10.자 판결 (28 Ca 15881/12)

"해지기간 없는 행태상 해고"

**판결요지:**

1. 해고제한법(KSchG) 제1조 제2항 제2문의 행태를 근거로 한 근로관계의 해고는 비례의 원칙에 따라 원칙적으로는 이의가 제기된 부정한 행위에 대해 이전에 통지되었으나 소용이 없었던 경고의 선행을 전제로 한다. 이는 특수한 사실관계구성 뿐 아니라 일반평등대우법(AGG) 제3조 제4항의 성적 괴롭힘에도 적용된다.
2. 경고의 필요성에 대한 규범적 효력근거가 비례의 원칙에 있다면, 해당 근로자에게 경고가 없었더라도 사용자가 문제의 부정한 행위를 용인하지 않았을 거라고 예상해야 한다는 고려로 이러한 절차 원칙(Verfahrensgebot)이 대체될 수 없다. 경고는 이런 연관성 속에서 계약상의 의무범위 및 그 한계에 대한 만일의 착오의 제거에 있는 것이 아니라, 사용자의 계약이해에 최후적 수단인 근로관계의 종료보다 더 순화적적인 방식으로 부합할 수 있는 시금석이다.

상고심판결: 베를린-브란덴부르크(Berlin-Brandenburg) 주노동법원 2013. 11. 19.자 판결 (7 Sa 1114/13)

## 뉘른베르크(Nürnberg) 주노동법원 2013. 2. 1.자 판결 (12 Sa 90/11)

"성적 괴롭힘 - 근로관계(AV)의 해고는 비례의 원칙에 부합하지 않는다 - 경고가 충분했을 것"

판결요지:

1. 근로자가 타인을 성적으로 괴롭힌다면, 사용자는 이를 적절하고 알맞은 조치인 경고, 전직 혹은 장래에 기한 해고를 통해 저지하여야 한다. (일반평등대우법(AGG) 제12조 제3항)
2. 경고가 성과를 거둘 수 있다면, 성적 괴롭힘의 경우에도 근로관계의 해고는 비례의 원칙에 부합하지 않는다.
3. 성적 괴롭힘의 경우 사용자가 이러한 행태를 용인하지 않을 것이라고 근로자가 예상할 수 있기 때문에 경고를 내리지 않아도 되는지 여부는 사용자의 인사관리가 얼마나 일관되었는지에 따라서도 결정된다. 각 상관으로 대표되는 인사관리가 성적 괴롭힘은 그 어떤 경우에도 허용될 수 없으며 그에 따른 영향이 있을 것이라는 것을 확실히 한다면, 근로자에게는 해당 행태가 어떤 결과로 이어질지가 명백해진다.

원심판결: 하일브론(Heilbronn) 지방노동법원, 2011. 11. 10.자 판결 (3 Ca 307/11)

## 로스토크(Rostock) 주노동법원 2012. 8. 14.자 판결 (5 Sa 324/11)

"성적 괴롭힘으로 인한 해지기간 없는 해고"

판결요지:

1. 일반평등대우법(AGG) 제3조 제4항상의 성적 괴롭힘은 일반평등대우법(AGG) 제7조 제3항에 따라 항상 근로계약적인 의무에 대한 위반을 의미한다. 그것은 "그 자체"로 민법(BGB) 제626조 제1항의 중대한 사유로 적합하다 (연방노동법원 2011. 6. 9.자 판결 (2 AZR 323/10); 연방노동법원 2004. 3. 25.자 판결 (2 AZR 341/03), 노동법 실무(AP) 민법 제626조, 제189호 (노동법 판례 모음(EzA) 2002 민법 제626조 제6호). 개별 사안에서의 성적 괴롭힘이 해지기간 없는 해고를 정당화하는지는 개별 사안의 사정에 따라 결정된다.

2. 원하지 않은 성적인 행태 – 예를 들어 성적 행동, 성적인 신체적 접촉 혹은 성적 내용을 담은 표현이 – 가 당사자의 존엄성이 침해되는 것을 목적으로 하거나 그러한 효력을 가진다면 일반평등대우법(AGG) 제3조 제4항에 따른 성적 괴롭힘이 전제된다. 일반평등대우법(AGG) 제3조 제3항과는 다르게 한 번의 특정 행동방식도 성적 괴롭힘의 구성요건을 충족할 수 있다 (위 연방노동법원 2011. 6. 9.자 판결 (2 AZR 323/10)).
3. 원치 않음(Unerwünschtheit)이라는 구성요건요소는 더 이상 – 근로자보호법(Beschäftigtenschutzgesetz) 제2조 제2항 제2문 제2호와는 달리 – 당사자가 문제의 행동방식을 원하지 않는다는 거절적인 태도를 적극적으로 명확하게 할 것을 요하지 않는다. 다만 행동방식을 원하지 않는다는 것을 객관적으로 알아차릴 수 있는지 여부가 결정적이다. 이로써 이 문제에 대한 연방노동법원의 옛날 결정 (특히 민법 제626조에 대한 연방노동법원 2004. 3. 25.자 판결 (2 AZR 341/03), 노동법실무(AP) 제189호 (NJW 2004, 3508, NZA 2004, 1214))은 오늘날 적용될 수 없다 (이를 명확히 한 것으로는 위 연방노동법원 2011. 6. 9.자 판결 (2 AZR 323/10)).
4. 예측의 불확실성을 없애기 위한 선행적인 경고는 – 통상 사례와는 달리 – 이것 없이도 장래에 대해 태도변화가 없을 것이 확실한 경우에 필요하지 않다. 경고가 없는 부정적인 예측은 근로자의 과실에 대한 내면적 태도에서 도출될 수 있다.

원심판결: 슈베린(Schwerin) 지방노동법원 2011. 9. 22.자 판결 (3 Ca 586/11)
상고심판결: 연방노동법원 2013. 3. 21.자 결정 (2 AZN 2376/12): 기각 (문서화되지 않음)

## 니엔부르크(Nienburg) 지방노동법원 2012. 4. 19.자 판결 (2 Ca 460/11)

"성적 내용을 담은 상호간의 표현"

**판결요지:**

1. 일반평등대우법(AGG) 제3조 제4항상의 성적 괴롭힘은 일반평등대우법(AGG) 제7조 제3항에 따른 계약적 의무의 위반이며, "그 자체로" 해지기간 없는 해고의 청구를 뒷받침하기 위해 민법(BGB) 제626조의 중대한 사유로 적합하다.

2. 일반평등대우법(AGG) 제3조 제4항의 성적 괴롭힘은 오로지 원하지 않은, 성적인 행동이 있는 경우에만 해당한다. 당사자가 종종 적극적이고 비적극적으로 성적 관련성을 갖는 대화에 참여한다면, 통상적으로 해고된 근로자에게 제기된 성적인 표현에 대한 원치 않음(Unerwünschtheit)이 없는 것으로 본다.

## 프랑크푸르트(Frankfurt) 주노동법원 2012. 2. 27자 판결 (16 Sa 1357/11)

"성적 괴롭힘으로 인한 해지기간 없는 해고 - 직업훈련생"

**판결요지:**

1. 여성 직업훈련생에 대한 반복적인 성적 괴롭힘은 "그 자체로" 해지기간 없는 해고를 정당화하기에 적합하다.
2. 사용자가 수용하기에 너무 중한 정도의 의무위반의 경우 경고는 불필요하다.
3. 해고된 근로자가 다른 일자리에서 계속해서 근로를 제공하는 것에 대한 기대가능성

원심판결: 림부르크(Limburg) 지방노동법원 2011. 7. 4.자 판결 (1 Ca 880/09)

## 베를린(Berlin) 지방노동법원 2012. 1. 27.자 판결 (28 BV 17992/11)

"성적 괴롭힘의 방지"

**판결요지:**

1. 기업의 지배인이 기념일의 외부 행사에서 돌아오는 중에, 사용자가 대여한 기차의 "파티객차"에서 대상 주체에 대해 원치 않은 신체적 접촉(Handgreiflichkeit)을 한 경우(여기에서: 허리를 감싸고; 엉덩이를 만지는 것 등), 이는 여성 직원에 대한 일반평등대우법(AGG) 제3조 제4항의 "성적 괴롭힘"에 해당한다.
2. 경영협의회(Betriebsrat)는 사용자가 이미 스스로 성공 가능성 있는 조치들을 취하지 않은 동안 일반평등대우법(AGG) 제17조 제2항 제1문에 따라 지배인의 관련된 침해에 대한 방지 및 재발에 대한 보호를 위한 적극적 조치들을 요구할 수 있다.

3. 불확실한 조치의 경우 비례의 원칙을 지켜야 한다(일반평등대우법(AGG) 제12조 제3항 참조).
4. 사용자가 지배인의 행동에 대해 이미 신뢰성 있는 질책을 가하고 재발의 경우를 대비하여 대표이사직의 면직에 이르는 폭넓은 결과들을 예정했다면, 경영협의회는 대표이사가 여성 직원들과 "직접적인 접촉"을 하는 모든 임무에서 면제되는 것까지는 요구할 수 없다. 또한 여성 직원들에 대한 성적 괴롭힘 금지에 대한 위반행위를 이유로 한 경영조직법(BetrVG) 제23조 제3항 제2문에 따른 질서금(Ordnungsgeld) 역시 - 일단은 - 고려되지 않는다.

## 연방노동법원 2011. 6. 9.자 판결 (2 AZR 323/10)

"직장에서의 성적 괴롭힘으로 인한 해지기간 없는 해고"

사용자는 일반평등대우법(AGG) 제3조 제3항의 성적 괴롭힘도 그에 포함되는 차별금지에 대한 위반의 경우에, 경고, 전보, 직무전환 또는 해고와 같은, 개별 사례에 적합하고 필요하며 적절한 노동법적 조치를 취해야 한다. 따라서 사용자는 동료들을 언어적으로 괴롭히고 게다가 폭력적이기까지 한 근로자를 해지기간 없이 해고할 수 있다고 연방노동법원이 2011. 6. 9.자 판결에서 결정하였다.

피고인이 이전에 이미 성적 괴롭힘을 이유로 경고를 받았기 때문에 기업은 장래에도 비슷한 일이 일어날 것을 예상할 수 있다. 따라서 피고인은 적법하게 해고된 것이다.

원심판결: 함(Hamm) 주노동법원 2009. 10. 15.자 판결 (11 Sa 511/09)

## 프랑크푸르트(Frankfurt) 주노동법원 2010. 11. 17.자 판결 (6 Sa 640/10)

"성적 괴롭힘으로 인한 해고"

**판결요지:**

"직장에서 여성근로자에 대한 성적 괴롭힘은 "그 자체로" 민법(BGB) 제626조 제1항에 따른 근로관계의 해지기간 없는 해고의 중대한 사유가 될 수 있다. 직장에서의 성적 괴롭힘은 근로계약상 의무에 대한 위반이다. 성적 괴롭힘을 하지 않는다는 근로자의 근로계약상 의무는 그의 사용자의 고객/위임인의 근로자에 대해서도 지켜야 한다. 성적 괴롭힘이 중대한 사유로 인한 해지기간 없는 해고를 적법하게 하는지는, 개별 사건의 범위와 강도 및 그 밖의 상황에 따른다(이 경우에는 긍정된다)."

원심판결: 림부르크(Limburg) 지방노동법원 2010. 3. 2.자 판결 (2 Ca 242/09)
상고심판결: 연방노동법원, 2011. 11. 8.자 판결 (2 AZN 348/11): 기각

## 하노버(Hannover) 주노동법원 2009. 10. 13.자 판결 (1 Sa 832/09)

"성적 괴롭힘으로 인한 해고에서의 비례의 원칙"

판결요지:

1. 일반평등대우법(AGG) 제12조 제3항에 의해 받아들인 비례의 원칙에 의해 성적 괴롭힘으로 인한 근로관계 해고 시 - 극단적인 경우를 제외하고 - 통상 경고가 선행되어야 한다. 이는 관청에서 성적 괴롭힘에 대한 사용자의 단계별 조치들을 예정한 공무원대표와의 서면합의가 존재하는 경우에 특히 더 그렇다.
2. 환송에 따른 판결, 연방노동법원 2009. 5. 26.자 결정 (3 AZN 112/09)

전심판결: 하노버(Hannover) 지방노동법원, 2008. 1. 25.자 판결 (7 Ca 399/07 Ö)

## 마인츠(Mainz) 주노동법원 2009. 3. 11.자 판결 (7 Sa 235/08)

"동료여직원에 대한 성적 괴롭힘으로 인한 해고"

판결요지:

"직장에서 근로자가 동료여직원을 성적으로 괴롭힌 경우에 해지기간 없는 해고를 가능케 하는 사실관계가 성립할 수 있다. 성적 괴롭힘이 중대한 사유로 인한 해직기간 없는 해고를 적법하게 하는지는 그 범위 및 강도에 따른다(연방노동법원 2004. 3. 25.자 판결 (2 AZR 341/03) 참조)."

전심판결: 카이저슬라우테른(Kaiserslautern) 지방노동법원 2008. 3. 27.자 판결 (2 Ca 1784/07)

## 킬(Kiel) 주노동법원 2009. 3. 4.자 판결 (3 Sa 410/08)

"성적 괴롭힘으로 인한 해고에서의 비례의 원칙"

판결요지:

1. 성적 괴롭힘은 민법(BGB) 제626조 제1항의 계속적인 고용을 그 자체로 법률에 의해 기대할 수 없게 만들지는 않는다.
2. 장기간 근로한 남성 근로자의 성적 괴롭힘이 단순히 언어상일지라도 경고의 선행이 없는 해지기간 없는 해고가 비례의 원칙에 부합할 수 있다. (카이저슬라우테른(Kaiserslautern) 지방노동법원 2008. 3. 27.자 판결(2 Ca 1784/07)과 구별)

원심판결: 뤼베크(Lübeck) 지방노동법원 2008. 9. 2.자 판결 (6 Ca 1698 b/08)

## 킬(Kiel) 주노동법원 2006. 9. 27.자 판결 (3 Sa 163/06)

"성적 괴롭힘으로 인한 해지기간 없는 해고 - 매력 - 교육수준"

판결요지:

1. 가슴의 신체적 접촉만이 성적 괴롭힘을 성립시키는 데에 적정한 것이 아니다. 직장에서 남성근로자/여성근로자에 대해 일반적으로 통용되는 최소한의 신체적 거리를 주기적으로 지키지 않고, 부분적으로 "stell dich nicht so an[9)]"라는 표현과 더불어, 이러한 접촉이 환영을 받지 못함이 명백함에도 그녀를 불필요하고 반복적으로 만지거나 내지는 접촉하는 자는 성적 괴롭힘을 행하는 것이다.
2. 어떤 행동이 성적 괴롭힘인지에 대한 판단은 피해자의 어떤 "매력"과는 상관이 없다. 성적 괴롭힘은, 행위의 가담자가 피해자를 매력적이거나 흥미롭게 느끼지 않기 때문에 이를 성적 괴롭힘으로 받아들이는 피해자의 느낌을 터무니없는 것으로 치부하는 것으로 그 중대함이 줄어드는 것은 아니다.
3. 상관이 직속 근로자와 근로 중에 단 둘이 있을 때 예기치 않게, 자발적으로 포르노 사진을 보여주며, 그녀에 대해서도 이런 사진을 찍자는 권유를 하고, 이것이 즉시 거부됨에도 불구하고 그 사진은 아무도 보지 않을 것이라는 말로 그의 발

9) 역자 주 - "오버 하지마, 좀 있어 봐"와 같은 뉘앙스이다.

언을 보충한다면, 그는 원치 않게 근로자의 사적 영역(Intimsphäre)을 침범하는 것이다.

4. 어떤 행동이 성적 괴롭힘에 해당하는지 여부는 피해자의 교육수준과 무관하다. 근로자가 Bild지[10] 구독자이며, 가끔 자유분방한 태도를 보이는 것 역시 무관하다.

원심판결: 엘름스호른(Elmshorn) 지방노동법원 2006. 2. 8.자 판결 (4 Ca 1086 b/05)
상고심판결: 연방노동법원 2007. 1. 2.자 판결 (6 AZN 1106/06): 판결 외의 해결

### (5) 사회적 계획

#### 로스토크(Rostock) 주노동법원 2012. 9. 25.자 판결 (5 Sa 297/11)

"조기퇴직연금 - 성별과 연령을 이유로 한 차별"

**판결요지:**

1. 근로관계에 대한 합의해지계약(Aufhebungsvertrag)에 따라 근로관계의 종료이후 연금수령의 가능한 이른 시점까지 월마다 조기퇴직연금을 지급하는 것은, 과도기(Übergangszeit)에서 여성과 남성의 상이한 연금수령연령(Renteneintrittsalter)으로 인하여 일반평등대우법(AGG) 제1조상의 위법한 차별이 될 수 있다. 남성 및 여성들이 최대 48개월 동안 조기퇴직연금을 수령할 수 있도록 합의해지계약이 이뤄졌다면, 차별은 상이한 연금수령연령으로 인한 연금법적인 불이익에서 성립될 뿐이다.
2. 차별의 성립 여부는 지불된 조기퇴직연금의 의미 및 목적에 의해서도 결정된다. 결정적인 것은, 사용자가 지급한 급부와 참조한 연금수령연령 간에 객관적 연관성이 있는지 여부이다 (연방노동법원 2011. 2. 15.자 판결 (9 AZR 750/09)). 조치의 목적이 지원 공백을 (완전히) 메우는 것에 있다면, 남성과 여성 근로자는 상이한 연금법적인 불이익을 당하지 않도록 대우 받아야 한다. 하지만, 근로계약의 해지에 따른 약속된 급부가 연금연령에 도달할 때까지 일어날 문제들을 완화하는 데에 기여하는 것이 명백하다면 ("이양지원금", Überbrückungsbeihilfe),

---

10) 역자 주 - 독일의 대표적인 황색언론.

가능한 빠른 시점의 연금수령연령을 기준으로 삼는 것이 정당할 수 있다 (이런 취지로 명백히 연방노동법원 위의 판결, 단락번호 34 및 단락번호 36. 여기에는 연방노동법원 2006. 5. 18.자 판결 (6 AZR 631/05)을 긍정하며 인용)

3. 사회법전(SGB) 제6권 제237조의a 제3항에 따라 60세부터 연금을 수령할 수 있는 출생년도의 여성들이 조기 수령의 연금법적인 불이익을 감수하는 경우에만 합의해지계약에 따른 재정적 이득을 볼 수 있는 것에서 차별이 성립된다면, 여성 근로자가 해지계약에 따라 48개월 간 조기퇴직연금을 수령하고, 젊은 나이에 해지계약을 체결한 것이 차별적이라고 주장하는 경우, 손해배상에 따른 청구권이 소멸할 수 있다.

전심판결: 슈트랄준트(Stralsund) 지방노동법원 2011. 9. 13.자 판결 (2 Ca 133/10)

## 뒤셀도르프(Düsseldorf) 주노동법원 2011. 6. 14.자 판결 (16 Sa 401/11)

"노령연금의 조기 수령에서의 사회적 계획 보상(Sozialplanabfindung) - 여성 - 연령"

판결요지:

1. 실업급여 수령에 뒤이어 노령연금을 조기 수령할 수 있는 근로자의 경우 사용자와 근로자대표(die Betriebsparteien)는 사회적 계획에서 사회적 계획급부의 축소를 예정할 수 있다. 이에 대해서는 유럽연합 사법재판소 2010. 10. 12.자 (C-499/08) Andersen 판결에 의해서도 변함이 없다. 여기서 법적인 보상금규정을 위해 마련된 원칙들은 사회적 계획에 적용될 수 없다.
2. 연금수령연령에 가까운 근로자들에게 종합적인 연금조정(Rentenausgleich)을 예정하고 있는 사회적 계획규정은, 여성근로자들이 사회법전(SGB) 제6권 제237조의a 제3항의 요건이 충족된 경우에 이미 60세부터, 그리고 이로써 남성 근로자보다 더 조기에 노령연금을 청구할 수 있기 때문에 보다 이른 시점에 "연금나이에 다다른" 것으로 되더라도, 이는 여성근로자의 성별을 이유로 한 차별이 아니다.

전심판결: 묀헨글라트바흐(Mönchengladbach) 지방노동법원 2011. 2. 2.자 판결 (2 Ca 3159/1)

상고심판결: 연방노동법원 2013. 8. 27.자 판결 (1 AZR 659/11), 판결 외의 해결

## 연방노동법원 2011. 2. 15.자 판결 (9 AZR 584/09)

"단체협약상 조기퇴직규정은 여성 근로자에게 불이익을 줄 수 있다 - 전환급여 (Übergangsgeld)"

연방노동법원은 단체협약상의 규정이 연금수령자가 조기에 노령연금을 수령할 수 있는 시점에서 전환급여가 끝난다면, 이를 성별에 따른 차별로 볼 수 있다고 판단하였다. 이는 60세 이후에 조기에 노령연금이 수령 가능하여 남성에 비해 더 적은 전환급여를 받게 되어, 특정 출생년도의 여성들을 차별하게 된다는 것이다. 연방노동법원에 따르면 단체협약당사자는 짧은 수령기간(Bezugsdauer)에 대한 금전적 조정을 통해 이러한 차별을 제거할 수 있다고 하였다.

1946년에 출생하여 2005년, 즉 59세의 나이로 피고와의 근로관계를 종료한 여성이 소를 제기하였다. 단체협약상의 규정에 따라 원고는 근로계약에 연이어 1년 동안, 따라서 60세에 달할 때까지 전환급여의 형태로 급부배려(Versorgungsleistung)를 받았다. 이 소에서 그녀는 63세까지 전환급여를 수령하는 남성 연금수령자처럼 대우를 받을 것을 요구하였다.

연방노동법원 제9부는 주노동법원의 판결을 파기환송하였다. 이제 주노동법원은 단체협약상의 급여가 짧은 수령기간에서 오는 불이익을 조정하는 데에 적합한지를 판단해야 한다.

원심판결: 헤센(Hessen) 주노동법원 2009. 5. 20.자 판결 (2/8 Sa 1649/07)
부분적으로 유사한 판결로 연방노동법원 2011. 2. 15.자 판결 (9 AZR 340/08)

## 연방노동법원 2011. 2. 15.자 판결 (9 AZR 750/09)

"조기퇴직 - 성별에 따른 차별"

**판결요지:**

"기업의 조기퇴직수당에 대한 청구가 연금수령의 가능한 빠른 시점에 종료하기로 한 합의는 여성에 대한 성별로 인한 차별(일반평등대우법(AGG) 제1조, 제7조 제1항)

에 해당하며 일반평등대우법(AGG) 제7조 제2항에 따라 무효이다. 1940년에서 1951년 사이에 출생한 여성은 조기퇴직급부에 대한 청구권이 이미 60세(사회법전(SGB) 제6권 제237조의a 제2항에 대한 부록 20에 따른 가장 빠른 연금수령시점)에 종료되기 때문이다. 이에 반하여 비교 가능한 남성들은 적어도 63세에 노령연금을 청구할 수 있으며 이에 따라 조기퇴직수당을 3년 더 수령할 수 있다."

소송 대상은 1946년에 태어나 2005년 근로관계를 종료한 여성의 소였다. 그녀는 이전 사용자와의 단체협약에 의해, 그녀의 근로관계에 바로 연이어서 1년간 전환급여의 형태로 급부배려를 받았다.

단체협약의 정함에 따라 연금관계(Versorgungsverhältnis)는 전환급여 수령자가 조기에 노령연금을 청구할 수 있는 시점에서 종료될 예정이었다. 원고가 60세에 달하였을 때가 그러한 경우에 해당하였다. 원고는 63세까지 전환급여를 수령하는 남성 연금수령자처럼 대우를 받을 것을 요구하였다. 지방노동법원이 그녀의 소를 기각한 반면, 프랑크푸르트(Frankfurt) 주노동법원은 청구권을 인정하였다.

연방노동법원은 헤센(Hessen) 주노동법원의 판결을 파기하고 사건을 환송하였다. 연방노동법원의 이해에 따르면 법적인 연금보험법에의 결부는 남성과 여성에 상이한 대우를 정당화하지 못한다고 하였다. 프랑크푸르트(Frankfurt) 주노동법원은 단체협약상 급부가, 원고의 짧은 수령기간에서 오는 불이익을 조정하는 데에 적합한지를 판단해야 한다.

원심판결: 프랑크푸르트(Frankfurt) 주노동법원 2009. 8. 3.자 판결 (16 Sa 2147/08)
유사판결: 연방노동법원 2011. 2. 15.자 판결 (9 AZR 749 및 9 AZR 751)

### (6) 기업 노령연금

#### 연방노동법원 2013. 5. 28.자 판결 (3 AZR 266/11)

"기업 노령연금 - 단시간근로에 따른 차별 - 성별"

**판결요지:**

1. 단시간근로자의 기업연금 산정 시, 비교대상인 전일근로자의 통상적인 단체협약상의 1주 근로시간에 해당하는 전일근로자의 퇴직금으로 가능한 수입을 근거

로 하는 연금규정은 비례보호원칙(Pro-rata-temporis-Grundsatz)을 침해하지 않는다.

2. 비례보호원칙은 비교대상인 전일근로자와의 (상대적) 평등 대우만을 요구한다. 연금규정에 비추어 이런 맥락에서 유일하게 비교 가능한 대상은 같은 근로시간의 단시간근로자 및 전일근로자이다.

원심판결: 함부르크(Hamburg) 주노동법원 2011. 3. 1.자 판결 (2 Sa 56/10)

### 다. 종교 · 세계관을 이유로 한 고용상 차별에 관한 판결

#### (1) 고용 및 자영에의 접근

#### 첼레(Celle) 고등법원 2014. 2. 13.자 판결 (13 U 37/13)

"히잡 착용으로 인한 리크루터(인사담당자)의 차별"

판결요지:

1. 일반평등대우법(AGG) 제15조 제2항의 손해배상청구권은 피청구인으로서의 잠재적 사용자에 대해 제기하는 것이지, 외부적으로 잠재적 사용자의 대리로서 등장하는 리크루터에 대해 제기하는 것이 아니다.
2. 근로자를 실제로 차별한 리크루터에 대해, 기본법 제2조 제1항과 결부하여 민법(BGB) 제823조 제1항에 의해 일반적 인격권 침해를 이유로 한 금전배상을 청구할 수 있다.

원심판결: 뤼네부르크(Lüneburg) 주법원, 2013. 1. 15.자 판결 (9 O 261/12)

#### 베를린(Berlin) 지방노동법원 2013. 12. 18.자 판결 (54 Ca 6322/13)

"종파가 없는 지원자에 대한 차별"

디아코니와 발전을 위한 개신교 봉사국(Evangelisches Werk)은 채용시 "근본적, 합법적이고 정당화된 요건"인 경우에만 교회의 소속여부에 따라 결정할 수 있다고 베를린(Berlin) 지방노동법원이 결정하였다.

해당 사건에서 개신교의 봉사국은 독일에서 개최되는 유엔(UN)의 반인종차별대회에 대한 독립적인 보고서를 작성하기 위해 조사자(Referent) 공고를 냈다. 채용공고에는 기독교 교회에의 소속 및 봉사 임무에 대한 공감이 채용요건이라는 언급이 있었다.

교회에 소속되어 있지 않은 피고인은 해당 직에 지원하였으나 성과가 없었다. 그녀는 면접에 초대되지 않았다. 법원은 여기에서 종교를 이유로 한 차별을 보았고 피고인에게 1월의 세공제전임금에 해당하는 손해의 배상을 명령하였다. 교회소속여부는 공고된 자리에 대한 본질적인, 정당화된 직업적 요건이 아니라는 것이다. 또한 일반평등대우법(AGG) 제9조에 따른 허용된 차별도 성립되지 않는다고 하였다.

출처: 베를린-브란덴부르크(Berlin-Brandenburg) 주노동법원 2014. 1. 6.자 보도자료, 제 01/14호

상고심판결: 베를린-브란덴부르크(Berlin-Brandenburg) 주노동법원 2014. 6. 3.자 판결 (4 Sa 157/14) 및 (4 Sa 238/14): 베를린(Berlin) 지방노동법원 판결 파기

## 뒤셀도르프(Düsseldorf) 행정법원 2013. 11. 8.자 판결 (26 K 5907/12)

"일반 행정업무에서의 공무원 채용 - 히잡"

판결요지:

"공무원에게 그들의 종교소속성을 외부적 외형에 드러내는 것을 금지하는 복무의무를 수반한 임명은, 그것의 일반적 실체법적-헌법적 허용가능성에 대한 질문과는 별도로 기본권실현을 위한 의회입법자의 명시적인 형식적 법적 규율을 통한 근본적 결정을 요한다."

## 연방노동법원 2013. 6. 20.자 판결 (8 AZR 482/12)

"추정적 세계관을 이유로 한 차별"

판결요지:

"근로자가 그의 세계관 혹은 그의 추정된 세계관을 이유로 차별을 받는다면, 이는 일반평등대우법(AGG)상의 손해배상청구권을 발생시킬 수 있다. 두 경우의 요건은

(추정된) 세계관으로 인한 차별을 암시하는 간접사실들이 제시되고 증명되어야 한다는 것이다. 개인적 견해, 호감, 태도는 "세계관"에 해당되지 않는다."

원심판결: 쾰른(Köln) 주노동법원 2012. 2. 13.자 판결 (2 Sa 768/11)

### 쾰른(Köln) 지방노동법원 2013. 2. 22.자 판결 (1 Ca 6290/12)

"종교적 소속이 없다는 이유로 대주교구청 행정 영역 내에서의 IT-관리자의 거부"

**판결요지:**

"일반평등대우법(AGG) 제9조에 따라 제8조와는 무관하게 종교 혹은 세계관에 대한 공동체의 진흥을 임무로 하는 종교단체, 법적 형태와는 관계없이 그 부속 시설, 또는 결사(Vereinigung)를 통한 고용의 경우 종교 혹은 세계관에 따른 상이한 대우는 특정 종교 혹은 세계관이 해당 종교단체의 자기이해에 대한 고려 혹은 단체의 자기결정권 혹은 직무의 종류에 따라 정당한 직업적 요건인 경우에 허용된다."

### 아헨(Aachen) 지방노동법원 2012. 12. 13.자 판결 (2 Ca 4226/11)

"종교소속성이 없음을 이유로 한 집중치료사에 대한 차별"

아헨(Aachen) 지방노동법원은 종교소속성이 천주교 병원의 간호인에 대한 정당한 직업적 요건인지 여부를 다뤘다.

집중치료사직 채용공고에 객관적으로 적합하고, 단지 종교가 없음을 이유로 지원이 거절된 간호인이 소를 제기하였다. 지원자는 이에 일반평등대우법(AGG)에 따른 정당하지 않은 차별을 보았고 3개월분의 월급에 해당하는 손해배상액을 청구하였다.

지방노동법원은 단지 종교가 없음을 이유로 간호인을 거절한 것은 일반평등대우법(AGG) 제15조 제2항에 따른 손해배상을 발생시키는 허용되지 않은 차별이라는 결론을 내렸다. 법원은 종교단체가 목사직, 문답 교시자 및 일반적으로 교육 영역 및 관리 직원의 경우에만 천주교의 소속을 요구할 수 있다는 교회의 사역에 관한 정관(Grundordnung des kirchlichen Dienst) 제3조를 근거로 들었다. 정관의 문언상, 그 외의 직책에서는 지원자가 특별한 임무를 신빙성 있게 완수하는 것을 보증하는 것으로 충분하다고 하였다.

하지만 법원은 거절된 간호인에 대해 1개월분의 임금에 해당하는 손해배상액만을 인정하였다. 재판부의 판단에 따라 "복잡하고 전반적으로 해결되지 않은 법적 상태"를 고려하였을 때 일반평등대우법(AGG)에 대한 위반의 정도가 낮게 측정되었다.

## 베를린(Berlin) 지방노동법원 2012. 3. 28.자 판결 (55 Ca 2426/12)

"히잡을 쓴 지원자에 대한 치과조무사 교육 거절"

판결요지:

1. 무슬림 여성이 공개적으로 히잡을 쓴다면, 이는 그녀의 종교적 교리 및 종교행사의 행위의 일부로 인정된다.
2. 잠재적 계약상대방의 문의에 따라, 근로시간에도 히잡을 탈의하지 않을 것이라는 진술을 한 이유로 지원자가 이미 지원절차의 종료 전에 고려 가능한 지원자의 범주에서 제외된다면, 이 지원자는 그녀의 이슬람교 소속으로 인하여 차별을 받은 것이다.
3. 일반평등대우법(AGG)의 입법적인 의도에는 계약자유의 주체들이, 잠재적 계약의 상대방의 일반평등대우법(AGG) 제1조상의 인생문제들(Lebensfragen)에 대한 태도가 다수와 벗어날 것이라는 생각의 영향을 받지 않아야 한다는 점도 내포하고 있다.

## 프랑크푸르트(Frankfurt) 주노동법원 2011. 7. 8.자 판결 (3 Sa 742/10)

"제15조 제2항 제1문에 의한 지원자의 손해배상청구권 - 종교"

일반평등대우법(AGG) 제9조 제1항에 따른 교회단체에 부속된 시설이 아니기 때문에, 교회조항은 개신교의 보조적 연금기금(Evangelische Zusatzversorgungskasse)에 적용되지 않는다.

원심판결: 다름슈타트(Darmstadt) 지방노동법원 2010. 2. 4.자 판결 (10 Ca 174/09)
상고심판결: 연방노동법원 2013. 4. 24.자 판결 (8 AZR 828/11), 판결 외의 해결: 화해

## 연방노동법원 2010. 8. 19.자 판결 (8 AZR 466/09)

"지원자에 대한 손해배상 불인정 - 디아코니-결정"

연방노동법원은 지원이 다른 지원과 비교 가능한 경우에만 손해배상이 가능하다고 판단하였다.

이는 사용자가 정한 채용요건(Anforderungsprofil)이 "일반적 거래의 관행에 따라 타당한 것으로 비추어진다면", 이에 따라 판단해야 할 것이다.

하지만 구체적 사안에서 원고는 - 다른 이들과 달리 - 요구된 대학교육을 갖추지 않았기 때문에 다른 지원자들과 비교를 할 수 없었다. 하지만 이는 피고가 이의를 제기할 수 없는 근거를 들어 채용의 요건으로 정한 것이었다. 이로써 소는 - 함부르크(Hamburg) 주노동법원에서와 마찬가지로 - 인정되지 않았다.

그러나 연방노동법원은 피고가 결국 채용한 지원자와 "비교 가능한 상황"에 있지 않았기 때문에 원고가 그녀의 종교를 이유로 직접적으로 혹은 민족적 출신으로 인해 간접적으로 차별받았는지 여부에 대해서는 명확히 결정을 내린 것은 아니었다. 원고는 그녀와 달리 학사 학위를 취득하지 않았다. 이는 피고가 이의를 제기할 수 없는 근거로 채용의 요건으로 정하였다.

원심판결: 함부르크(Hamburg) 주노동법원 2008. 10. 29.자 판결 (3 Sa 15/08)
상고심판결: 연방헌법재판소 2013. 12. 23.자 판결 (1 BvR 512/11), 각하결정

## 베를린(Berlin) 지방노동법원, 2009. 7. 30.자 판결 (33 Ca 5772/09)

"채용시 세계관을 이유로 한 차별 - 국가보안부에서의 정규직"

판결요지:

"지원자(남/녀)가 독일 민주주의공화국(DDR)에서 국가보안부에서 근무한 것이 발단이 되어, 오랜 시간 동안 근로한 근로자와의 갈등이 예상된다는 이유로 지원자(남/녀)를 상이하게 대우하였다면, 이는 세계관을 이유로 한 (허용되지 않은) 차별이 아니다."

### 드레스덴(Dresden) 고등법원 2008. 8. 15. 자 판결 (11 U 282/08)

"성별, 세계관을 이유로 한 차별, 독일민주사회당(PDS) 소속"

한 독일민주사회당 의원은 자치단체의 시공사의 지배인을 선정할 때 고려되지 않은 것에 대해 드레스덴(Dresden) 고등법원에 소를 제기하였으나 실패하였다. 그녀는 일반평등대우법(AGG)에 따라 독일민주사회당에 현재 활동 중인 당원으로서 성별 및 세계관을 이유로 차별을 받았다고 주장하였다. 법원은 이미 원고가 최종적으로 선택된 다른 지원자에 비해 자격을 더 갖췄다는 원고의 판단에 동의하지 않았다. 따라서 해당 결정에 있어서 시참사원(Stadtrat)이 정당 소속에 따라 표결했다는 원고가 이어서 주장한 사정은, 민주사회당 소속으로 인한 위법적인 차별로써의 간접사실적 의미가 없다.

더욱이 원고를 채용하지 않은 것이, 그녀의 성별과 관련되었다는 정황 역시 부족하다고 법원은 보았다.

상고는 허용되지 않는다.

#### (2) 고용 및 근로조건

### 부퍼탈(Wuppertal) 지방노동법원 2012. 3. 1.자 판결 (6 Ca 3382/11)

"경영협의회 활동 - 세계관"

**판결요지:**

"경영협의회회원으로서의 활동은 일반평등대우법(AGG) 제1조상의 종교 혹은 세계관으로서의 표현은 아니다."

### 함(Hamm) 주노동법원, 2012. 2. 17. 자 판결 (18 Sa 867/11)

"개신교계 병원에서의 간호사에 대한 히잡 금지"

**판결요지:**

개신교 교회의 종교재단에 속하는 병원을 운영하는 사용자는 지시권의 일환으로 간호사에게 근로시간 동안 히잡 착용을 금지시킬 수 있다.

전심판결: 보쿰(Bochum) 지방노동법원 2011. 3. 31.자 판결 (3 Ca 2843/10)
연방노동법원에 계속 중 (사건번호: 5 AZR 611/12, 일시: 2014. 9. 24.)

## 슈투트가르트(Stuttgart) 주노동법원 2009. 6. 19.자 판결 (7 Sa 84/08)

"자치단체 유치원에서의 히잡 착용에 대한 경고"

**판결요지:**

1. 바덴-뷔르템베르크(Baden-Württemberg) 아동보육원법(KiTaG BW) 제7조 제6항 제1문은 국가의 중립성원칙의 표현이다. 중립성 원칙은 (국가의) 자치단체 유치원에서도 유효하다.
2. 아동보육원법(KiTaG BW) 제7조 제6항 제1문상에 확립된 교사의 외형적 종교적 표명 금지는 추상적 위험 구성요건과 연계되어 있다.
3. 유치원에서 여성보육교사의 히잡 착용은 유치원의 종교적 중립성 및 유치원의 종교적 평화에 대한 추상적 위험을 야기한다.
4. 여성보육교사는 근로계약 그리고 보육자 및 권한보유자로서의 기능상 지위 때문에 지방자치단체의 대표자이다. 교사가 유치원에서 히잡을 착용한다면 아동보육원법(KiTaG BW) 제7조 제6항 제1문의 중립성의무에 위반한 것이며 이로 인해 경고를 받을 수 있다.
5. 아동보육원법(KiTaG BW) 제7조 제6항 제1문은 헌법과 합치하며 특히 기본법(GG) 제4조 제1항과 제2조에 따른 히잡 착용 여성의 적극적 신앙의 자유에 위반되지 않는다.
6. 히잡의 착용은 외부적 표현이지만, 이는 종교 실행(신앙의 자유)의 핵심영역에 해당하지 않는다. 따라서 기본권이 충돌하는 요구되는 형량의 범주에서 종교적·세계관적 관점에서의 부모의 양육권과 유치원생의 소극적 신앙의 자유가 우선하게 된다.
7. 기본법(GG) 제31조, 일반평등대우법(AGG) 제1조와 결부된 제7조, 제3조 제1항 및 제2항 및 일반평등대우법(AGG)의 근거가 되는 유럽 공동체법(이사회 지침 2000/78/EC)에 대한 위반도 없다. 이러한 차별은 일반평등대우법(AGG) 제8조

제1항에 따라 정당화된다. 유럽인권협약(EMRK) 제9조 제1항 역시 마찬가지다.

전심판결: 슈투트가르트(Stuttgart) 지방노동법원, 2008. 10. 15.자 판결 (14 Ca 7300/07)
상고심판결: 연방노동법원 2010. 8. 12.자 판결 (2 AZR 593/09), 기각

## 연방노동법원 2009. 8. 20.자 판결 (2 AZR 499/08)

"학교에서의 종교적 머리장식(베레모)을 이유로 한 경고"

**판결요지:**

1. 노르트라인-베스트팔렌(Nordrhein-Westfalen) 학교법 제57조 제4항, 제58조에 따른 종교적 표명 금지는 이슬람교도인 사회교육학자의 모간(毛幹)을 완전히 덮는 모자의 착용도 포함한다.
2. 주법의 표명금지(Bekundungsverbot)는 상위규범에 위반되지 않는다. 노르트라인-베스트팔렌주의 학교법에 따라 교사, 교육 종사자(pädagogische Mitarbeiter)는 근로시간 동안 주의 중립성 혹은 학교의 평화를 위협하기에 적합한 종교적 표명을 하는 것이 금지된다. 노르트라인-베스트팔렌주에서 일어난 사례에서 원고는 그녀의 종교적 머리장식으로 인해 피소된 주가 통지한 경고의 무효성을 주장하였다. 원고는 이슬람교도이며, 게잠트슐레(Gesamtschule)에서 사회교육학자로 재직하고 있다. 피소된 주의 권고에 따라 이전에 착용한 히잡을 쓰지 않는 대신, 원고는 이제 베레모를 착용한다.

그녀가 경고에 대해 제기한 소는 - 전심판결에서와 마찬가지로 - 연방노동법원 제2재판부에서 인정되지 않았다. 당해 사건에서처럼 원고가 착용한, 밴드가 덧대어지고 머리, 모간(毛幹) 및 귀를 완전히 덮는 베레모는 그것이 종교적 동기에서 착용한 히잡을 대체한 것이 확실한 경우 연방노동법원의 판단에 따라 "종교적 표명"에 해당한다. 이는 따라서 장식으로 볼 수 없다. 연방노동법원에 따라 그것(베레모)은 법적인 표명금지에 위배된다.

원심판결: 뒤셀도르프(Düsseldorf) 주노동법원 2008. 4. 10.자 판결 (5 Sa 1836/07)

### 연방행정법원, 2008. 6. 26.자 판결 (2 C 22/07)

"브레멘 학교에서의 히잡 착용 금지는 교생에게 제한적으로만 적용된다 - 공법상 교육관계"

판결요지:

"수업 중에도 종교적 이유로 인해 히잡을 착용할 의무가 있다고 보는 교생실습생의 공립학교 교원양성으로의 접근이 단지 종교적-세계관적인 학교의 평화에 대한 추상적 위협을 예방한다는 이유로 거부되어서는 안 된다."

원심판결: 브레멘(Bremen) 고등행정법원 2007. 2. 21.자 판결 (2 A 279/06)

#### (3) 해고

### 함(Hamm) 주노동법원 2013. 6. 14.자 판결 (10 Sa 18/13)

"혼외관계로 인한 교회음악가의 해고"

함(Hamm) 주노동법원은 "혼외관계의 유지"를 이유로 한 기혼자인 교회음악가에 대한 해지기간 있는 해고가 유효하다고 판결하였다. 교회음악가는 자신의 태도로 인하여, 사용자의 적법한 충성기대를 지나치게 져버려서, 법원도 인정하는 인격의 자유로운 발현에 관한 권리도 그를 근로관계의 효력 있는 종료로부터 보호하지 못한다. 피고인이 교회음악가로서 갖는 특수한 지위는 카톨릭 교회의 교의 및 윤리의 핵심과 본인을 동일시하라는 사용자의 요구를 정당화한다.

원심판결: 보콜트(Bocholt) 지방노동법원 2012. 10. 5.자 판결 (2 Ca 786/12)
연방노동법원에 계속 중 (사건번호: 2 AZR 661/13, 일시: 2014. 7. 31.)

### 연방노동법원 2013. 4. 25.자 판결 (2 AZR 579/12)

"교회탈퇴로 인한 해지기간 없는 해고"

**판결요지:**

"교회조직의 말씀 선포와 밀접한 분야에 채용된 근로자의 교회탈퇴는 - 경우에 따라 해지기간 없는 - 근로관계의 해고를 정당화한다."

연방노동법원은 카톨릭교회에서 탈퇴했다는 이유로 까리따스 소속 보육원의 사회복지사를 해지기간 없이 해고 할 수 있는지에 관한 문제를 결정해야 했다. 연방노동법원은 원심판결과 마찬가지로 이를 긍정하였다.

에어푸르트(Erfurt)[11]의 법관들의 견해에 따르면, 사회복지사가 그의 근로계약상 의무만을 위반했을 뿐만 아니라, 그를 사회복지사로 계속 고용할 것도 사용자에게 기대할 수 없다는 것이다.

연방노동법원은 피고가 해고로 인하여 일반평등대우법(AGG) 제1조, 제7조에 따라 차별을 받은 것이 아니라는 결론에 이르렀다. 제9조 제1항과 제2항에 의해 종교를 이유로 한 차별은 정당화된다.

원심판결: 바덴-뷔르템베르크(Baden-Württemberg) 주노동법원 2012. 3. 9.자 판결 (12 Sa 55/11)

## 함(Hamm) 주노동법원, 2011. 4. 20.자 판결 (4 Sa 2230/10)

"전화고객과의 통화 종료 시 "예수님은 당신을 사랑합니다."라는 표현 - 해고"

**판결요지:**

"사용자의 지시가 근로자의 신앙을 침해하고 이로 인해 지시를 따르지 않을 경우(이 경우, 전화고객과의 통화를 종료할 때 "예수님은 당신을 사랑합니다"라는 추가적 표현을 자제하라는 지시), 근로자는 그의 태도가 그에게는 구속적인 행동원칙에 근거하며, 이에 반하여 행동하는 것이 중대한 양심의 갈등 없이 불가능하다는 것을 그럴듯하게 증명해야 한다. 이것을 하지 못하면, 이른바 완고한 근로거부의 원칙에 따라 사용자로부터 근로관계의 해지기간 없는 해고가 가능해진다."

전심판결: 보쿰(Bochum) 지방노동법원 2010. 7. 8.자 판결 (4 Ca 734/10)

---

11) 역자 주 - 독일 연방노동법원의 소재지.

## 연방노동법원 2011. 2. 24.자 판결 (2 AZR 636/09)

"신앙 갈등으로 인한 근로거부"

판결요지:

"근로자가 사용자의 근로지시에 대하여 그녀와 대립하는 중대한 내면의 신앙 갈등을 주장하고, 사용자가 계약이행을 완고하게 주장한다면 이는 기본법(GG) 제4조 제1항과 결부한 영업법(GEWO) 제106조 제1문의 의미에 따른 재량의 흠결(ermessensfehlerhaft)이 될 수 있다. 이 경우에는 지시 이행에 대한 근로자의 거부가 비난 가능성이 있는 의무위반은 아니나, 사용자가 큰 문제없이 근로자를 다른 곳에 의미 있게 투입하는 것이 가능하지 않다면, 근로자의 개인을 이유로 한 근로관계의 해고가 가능할 수 있다."

백화점에서 매장보조로 일하는 근로자가 소를 제기했다. 그는 그의 이슬람신앙이 주류(酒類)를 정리하라는 사용자의 지시를 이행하는 것을 방해했다고 보았다.

사용자는 이에 대해 그에게 해지기간 없이, 그리고 보충적으로 해지기간 있는 해고를 통지했다. 킬(Kiel) 주노동법원은 해지기간 있는 해고를 유효하다고 보았다(2009. 1. 20.자 판결 (2 Sa 270/08)). 원고는 이 판결에 대해 상고를 했으며 이는 인정되었다.

연방노동법원의 제2재판부는 – 해지기간 있는 해고를 유효하게 본 범위에서 – 전심을 파기하고 추가적 사실파악과 판결을 위해 사건을 주노동법원으로 환송하였다.

연방노동법원은 그 근거로, 근로자가 종교적인 이유들이 지시 받은 업무이행을 방해한다고 주장하고, 사용자가 계약이행을 완고하게 주문하는 것에는 재량의 흠결(ermessensfehlerhaft)이 있을 수 있다고 하였다.

사용자의 해고는 다른 가능한 고용가능성이 없는 경우에만 정당화 될 수 있다.

원심판결: 킬(Kiel) 주노동법원 2009. 1. 20.자 판결 (5 Sa 270/08)

## 연방노동법원 2011. 9. 8.자 판결 (2 AZR 543/10)

"재혼을 이유로 한 카톨릭 주임의사에 대한 해고"

판결요지:

"교회 사용자가 정당한 충성기대를 실망시켰다는 이유로 한 해고의 경우에도, 개별 사례에서 항상 필요한 이익형량에 따라 사용자에게 계속적인 고용이 기대가능하기 때문에 해고가 무효라는 결과가 나올 수 있다. 한편으로 교회의 자기인식(Selbstverständnis)과 다른 한편으로는 사생활 및 가족생활을 고려한 근로자의 권리를 형량해야 한다."

전심판결: 뒤셀도르프(Düsseldorf) 주노동법원 2010. 7. 1.자 판결 (Az.: 5 Sa 996/09)

### 연방노동법원 2009. 12. 10.자 판결 (2 AZR 55/09)

"종교적 표명의 금지 - 노르트라인-베스트팔렌(NRW)주에서의 여교사 히잡금지"

판결요지:

1. 여교사가 그녀가 결정적으로 생각하는 종교관습을 따르기 위해 히잡을 착용한 경우, 이는 노르트라인-베스트팔렌 학교법(SchulG NW) 제57조 제4항의 중립성의무에 위배된다.
2. 노르트라인-베스트팔렌 학교법(SchulG NRW) 제57조 제4항은 상위법에 저촉되지 않는다.

원심판결: 함(Hamm) 주노동법원 2008. 10. 16.자 판결 (11 Sa 572/08)
상고심판결: 연방노동법원 2014. 2. 23.자 결정 (1 BvR 471/10, 1 BvR 1181/10): "노르트라인-베스트팔렌(NRW)주에서의 여교사 히잡금지" 사건에 대한 법관의 회피

### 라인란트-팔츠(Rheinland-Pfalz) 주노동법원, 2008. 7. 2.자 판결 (7 Sa 250/08)

"해고사유로써의 근로자의 교회탈퇴"

판결요지:

근로자의 교회탈퇴는 교회 사용자의 자기인식(Selbstverständnis)에 대한 - 해고를 정당화하는 - 중대한 의무위반일 수 있으며, 상이한 대우에 대한 일반평등대우법(AGG)상 금지가 적용되지 않을 수 있다.

상고심판결: 연방노동법원 2010. 12. 21.자 판결 (2 AZR 516/09), 화해

### 라. 장애를 이유로 한 고용상 차별에 관한 판결

#### (1) 고용 및 자영에의 접근과 직업상 승진

**괴팅엔(Göttingen) 행정법원 2014. 3. 18.자 판결 (1 A 247/12)**

"질병을 이유로 한 잦은 결근으로 인한 미채용 - 중장애 지원자"

판결요지:

"장애가 있는 근로자는 장애가 없는 근로자와 비교하여 그의 장애와 관련한 질병에 걸릴 추가적 위험은 없다: 그에게는 질병으로 인한 결근을 할 더 높은 위험은 없다."

**슈투트가르트(Stuttgart) 지방노동법원 2014. 1. 29.자 판결 (11 Ca 6438/13)**

"면접에 초대하지 않는 것 - 지원서에서의 숨겨진 중장애에 대한 암시"

판결요지:

1. 사회법전(SGB) 제9권 제81조 제2항, 일반평등대우법(AGG) 제15조 제2항의 손해배상청구권은 장애가 있는 지원자가 그의 장애로 인하여 차별받았음을 전제로 한다. 연방노동법원의 판례에 따라, 예를 들어 -이 사례에서처럼- 면접에 초대하지 않는 것처럼 지원자 선발에 있어서 기회박탈을 한 경우 이미 차별이 있는 것으로 본다.
2. 차별적인 대우와 장애 사이의 인과관계를 확인하기 위해서는 지원자가 일반평등대우법(AGG) 제22조에 따라 금지된 이유로 인한 차별에 대한 간접사실을 제시하는 것으로 충분하다. 사회법전(SGB) 제9권 제82조 제2항에 반하여 공공부문 사용자(öffentlichen Arbeitgeber)가 중장애 지원자를 면접으로 초대하지 않으면, 사용자가 중장애성(schwerbehinderte Eigenschaft)을 알거나 지원서에 의해 이를 알 수 있는 경우, 해당 절차위반은 장애를 동기로 한 차별이라는 결론을 정당화한다.

3. 이는 지원자가 지원서 혹은 첨부된 서류에 지원 시점에서 (여전히) 그의 중장애성이 존재한다는 점을 충분히 명확하게 암시를 한 것을 전제로 한다. 공공부문 사용자는 지원서에서 중장애성에 대한 숨겨진, 심지어 불명료한 암시들을 찾아내야 할 의무는 없다.
4. 공공부문 사용자는 의심스러운 경우, 이를 알아볼 의무 또한 없다. 일반평등대우법(AGG) 제1조에 따른 금지된 차별지표(Differenzierungsmerkmal)에 대한 조사는 그(공공부문 사용자, 역자)에 대한 일반평등대우법(AGG) 제22조 상의 간접사실로 제시될 수 있다.
5. 면접에 초대를 원하는 중장애 지원자는 명료하고 명백하게 자신을 표현할 수 있는 결정권을 가졌다. 그가 그의 중장애성에 대한 불명료하고 숨겨진 암시만을 주고도 공공부문 사용자가 면접에 초대하지 않은 것을 차별에 대한 간접사실로 제시하면, 그는 남용적인 행위를 한 것이다.
6. 공공부문 사용자가 다른 지원자들에 대해 사회법전(SGB) 제9권 제81조 제2항 제2문에 따른 의무를 이행하고, 이를 넘어서 실제로 중장애 지원자를 채용한다면 이는 일반평등대우법(AGG) 제22조에 따라 차별로부터의 보호규정에 대한 위반이 없다는 것을 뒷받침한다.

## 자르브뤼켄(Saarbrücken) 주노동법원 2014. 1. 8.자 판결 (1 Sa 61/12)

"면접으로 초대되지 않은 경우 - 중장애 지원자의 초과역량"

판결요지:

1. 중장애 지원자를 면접으로 초대하지 않은 이유가 장애가 아닌 다른 이유들에 의해 전적으로 결정되었다는 - 일반평등대우법(AGG) 제22조상에 의해 경우에 따라 요구되는 - 증거에 대해, 연방노동법원은 지속적으로 오로지 지원자의 장애와 관련이 없고 지원의 전문적 적격성과도 무관한 이유들만이 제시될 수 있다고 판결하였다.
2. 공공부문 사용자가 중장애 지원자를 초과역량으로 판단하고, 직원정책적(personalpolitisch) 고려에 의해 초과역량인 지원자들을 채용하고 싶지 않기 때문에 그를 선발과정에서 제외한다면, 이는 연방노동법원의 판례에서 말하는 전

문적 적합성의 문제가 아니다.

연방노동법원에서 계속 중 (사건번호: 8 AZR 194/14)

## 바덴-뷔르템베르크(Baden-Württemberg) 행정재판소, 2013. 9. 10.자 판결 (4 S 547/12)

"채용절차에서의 차별 - 중장애인대표의 불참"

**판결요지:**

1. 채용절차에서의 일반평등대우법(AGG) 제7조 제1항의 차별은 사회법전(SGB) 제9권 제81조 제1조 제4문에 반하여 중장애인대표의 불참과 이에 따라 이 대표자의 절차보호 및 절차참여(Verfahrensabsicherung oder -begleitung)의 기회 배제에서 이미 성립될 수 있다.
2. 일반평등대우법(AGG) 제7조 제1항에 따른 차별은 주관적 권리의 침해를 전제하지 않는다.
3. 후속적인 중장애인대표 참여를 통해 사회법전(SGB) 제9권 제81조 제1조 제4문의 위반 치유(Heilung)에 대해여 (여기서는 부정).
4. 진급절차(Beförderungsverfahren)에서의 차별을 주장할 때, 일반평등대우법(AGG) 제15조 제2항 제2문 경우의 손해배상청구 금액은 지금까지 수행한 공무와 원하는 공무 사이의 월급의 세 배의 차액에 한정되지 않는다.

원심판결: 프라이부르크(브라이스가우)(Freiburg(Breisgau)) 행정법원 2012. 1. 31.자 판결 (5 K 1552/10)

## 연방노동법원 2013. 8. 22.자 판결 (8 AZR 563/12)

"일단 거절된 중장애 지원자의 후속적 초대 - 공공부문 사용자"

연방노동법원은 후속적인 초대는 이미 없었던 초대에 대한 적정한 대체가 될 수 없다고 판단하였다. 또한 후속적이고 소급적인 "치유(Heilung)" 역시 일반평등대우법(AGG)의 구조, 특히 통용되는 기간규정들과 부합할 수 없다고 하였다.

해당 사례에서는 중장애인인 원고가 지원절차에서 그의 장애를 이유로 차별을 받았다고 주장하였다. 한 공공부문 사용자인 피고는 그를 면접으로 초대해야 한다는 그녀의 의무를 이행하지 않았다. 이것은 그의 중장애로 인한 차별의 간접사실이 된다고 하였다. 또한 이는 후속적인 면접으로도 치유될 수 없다고 하였다. 그 밖에 그는 투석치료로 인하여 단기에 계획된 추가적인 면접일정에 참여하는 것이 가능하지 않았거나 기대가능성이 없었다는 것이다.

연방노동법원 소를 기각하였다. 연방노동법원에서의 원고의 상고는 인정되지 않았다. - 에어푸르트(Erfurt)법원에 의하면 - 사용자가 첫 거절에 이어 명백하게 두 번에 걸쳐 면접으로 초대를 한 그 사실 자체로는 추정효가 소급적으로 사라지지 않는다. 절차의 문제는 "(...) 후속적으로 "치유"될 수 없으며", 사회법전(SGB) 제9권 제82조 제2문에 대한 위반은 "취소" 될 수 없고 이른바 "일어나지 않은 것"으로 할 수 없다고 하였다." 이에 따라 후속적인 채용도, 실제적인 고용도 한번 일어난 차별을 "파기(aufheben)"하고 이로써 손해배상청구권을 배제시킬 수 없다.

연방노동법원은 새로운 심리와 결정을 위해 사건을 항소법원으로 환송하였다.

원심판결: 프랑크푸르트(Frankfurt) 주노동법원 2011. 12. 7.자 판결 (2 Sa 851/11)

## 연방노동법원 2013. 8. 22.자 판결 (8 AZR 574/12)

"장애를 이유로 한 차별 - 중장애인대표의 불참 - 이익충돌"

중장애인대표의 신뢰관계인(Vertrauensperson)이 지원자 가운데 있더라도 중장애인의 지원에 대한 결정에 중장애인대표를 참여시켜야 한다.

원심판결: 베를린-브란덴부르크(Berlin-Brandenburg) 주노동법원 2011. 11. 16.자 판결 (24 Sa 1606/11)

## 연방행정법원 2013. 7. 25.자 판결 (2 C 12/11)

"중장애 공무원지원자에 대한 건강상 적합성의 확인 - 이른 근로제공 불능"

판결요지:

1. 공무원지원자에 대한 건강상 적합성을 확인하는 데에 있어서, 임용기관은 판단재

량이 없다.

2. 법적인 연령 상한에 도달하기 전에 근로제공이 불가능한 것이 확실시 된다는 예상이 실질적인 근거들에 의해 정당화 된다면, 공무원지원자는 건강상 이유로 적합하지 않다 (판례 변경).

원심판결: 뤼네부르크(Lüneburg) 고등행정법원 2011. 1. 25.자 판결 (5 LC 190/09)

### 함부르크(Hamburg) 고등행정법원 2013. 6. 27.자 판결 (1 Bf 108/12)

"중장애 지원자(Beförderungsbewerber)를 면접에 초대하지 않은 것에 대한 손해배상금액"

**판결요지:**

"사회법전(SGB) 제9권 제82조에 반하여 중장애 지원자를 면접으로 초대하지 않은 것에 대한 정신적 배상은 원칙적으로 월 봉급 내지는 월급을 기준으로 정한다."

원심판결: 함부르크(Hamburg) 행정법원 2012. 2. 21.자 판결 (20 K 1884/10)

### 킬(Kiel) 주노동법원 2013. 5. 30.자 판결 (4 Sa 62/13)

"장애를 이유로 한 차별 - 중장애 사실을 모르는 상태에서의 근로제안(Arbeitsangebot) - 제척기간"

**판결요지:**

"민사소송법(ZPO) 제167조는 일반평등대우법(AGG) 제15조 제4항 제1문에 대해서 적용되지 않는다."

피고는 원고에게 목욕시설(Bäderwesen) 전문인으로서의 직업교육을 마친 후부터 기간제 근로계약을 제안하였다. 원고가 다발성 경화증을 앓음에 따라 중장애가 있는 것이 드러나자, 사용자는 2011년 12월 23일에 서면으로 제안을 취소하였다. 근로제안은 중장애 사실을 모른 상태에서 이뤄졌으며, 법적으로 무효라고 하였다.

원고는 소를 제기하기 전에 재판 외의 손해배상(Schadensersatz und Entschädigung)에 대한 가능한 청구권을 행사하지 않았고, 즉시 소를 제기하였다. 법원은 일반평등대우법(AGG) 제15조 제4항 제1문에 따라 요구되는 서면형식은 재판상 소로도 가능하다고 보았다. 하지만 이는 소가 적시에 송달되는 것을 전제로 한다고 하였다(연방노동법원 2012. 6. 12.자 판결 (8 AZR 188/11)).

해당 사건에서 소는 기간 내에 송달되지 않고, 하루 늦게 송달되었다. 주노동법원은 원고의 주장과는 달리 민사소송법(ZPO) 제167조는 일반평등대우법(AGG) 제15조 제4항 제1문의 기간에 대해 적용되지 않는다고 하였다.

원심판결: 킬(Kiel) 지방노동법원 2013. 1. 8.자 판결 (5 Ca 316c/12)
상고심판결: 연방노동법원 2014. 5. 22.자 판결 (8 AZR 662/13): 민사소송법(ZPO) 제167조의 적용가능성

## 연방노동법원 2013. 2. 21.자 판결 (8 AZR 180/12)

"지원절차에서의 차별 - 입증책임 - 사용자의 정보제공의무"

판결요지:

"사용자는 사회법전(SGB) 제9권 제71조의 고용비율을 충족한 경우, 사회법전(SGB) 제9권 제81조 제1항 제9문에 따라 지원자에게 선별결정의 이유를 즉시 통지할 의무가 없다."

오랜 기간 연방대통령비서실에서 근무하고 2010년에 중장애 사실에 대한 암시를 주고 연방의회 행정처의 부서에 지원을 한, 중장애를 가진 지원자가 소를 제기하였다.

한 보도자료에 의하면 그녀는 이어진 면접의 결과, 이유가 명시되지 않은 채 거절당하였다. 원고가 일반평등대우법(AGG) 제15조에 따른 청구권을 주장하겠다고 통지한 뒤로, 연방의회 행정처는 그 거절이 장애와 무관하다고 밝혔다. 무엇보다 원고는 면접과 관련하여 확실한 인상을 남기지 못하였다고 하였다.

전심판결들과 마찬가지로 손해배상청구의 소는 인정되지 않았다. 에어푸르트(Erfurt)[12] 법관들의 관점에서, 원고는 장애를 이유로 한 차별을 추정할 수 있는 간접사실들을 제시하지 못하였다.

---

12) 역자 주 - 연방노동법원이 에어푸르트에 위치하고 있음.

또한 피고는 거절의 이유를 설명해야 할 의무가 없다고 하였다. 이는 사회법전(SGB) 제9권 제71조에 따른 중장애인 고용의무를 충분히 이행하지 않는 경우에만 해당된다.

원심판결: 베를린-브란덴부르크(Berlin-Brandenburg) 주노동법원 2011. 12. 20.자 판결 (3 Sa 1505/11)

### 연방노동법원 2013. 1. 24.자 판결 (8 AZR 188/12)

"면접으로 초대되지 않는 것 - 장애 - 공공부문"

공공부문의 사용자가 중장애 지원자를 면접으로 초대하지 않은 것은 차별적인 불이익(diskriminierende Benachteiligung)에 대한 간접사실이 될 수 있다. 연방노동법원에 따라, 지원절차에서 "중장애인 조"가 차별적으로 대우를 받지 않았다는 것은 이에 대한 반증이 될 수 없다. 간접사실의 효력은 이를 통해 없어지지 않는다. 법원의 견해에 따르면 공공의 사용자는 모든 명백하게 부적합하지 않은, 장애를 가진 지원자들을 면접으로 초대했어야 했다.

원심판결: 쾰른(Köln) 주노동법원 2011. 12. 23.자 판결 (4 Sa 1008)

### 연방행정법원, 2012. 12. 13.자 판결 (3 C 26/11)

"시각장애인들도 자연요법 치료허가(Heilpraktikererlaubnis)를 받을 수 있다."

**판결요지:**

"의사 개업면허(Approbation)가 없는 치료직업(자연요법 치료허가)의 직업 행사에 대한 허가는 시각장애를 가진 자도 얻을 수 있다. 청구인 (역시) 그의 지식과 능력의 검증의 일환으로, 그가 시각장애로 인한 자연요법행사의 한계를 인지하고 유념한다는 것을 증명해야 한다."

전심판결: 베를린(Berlin) 행정법원 2011. 5. 31.자 판결 (14 K 31.10)

## 쾰른(Köln) 주노동법원 2012. 11. 2.자 판결 (4 Sa 248/12)

"면접 초대에 대한 의무 없음 - 만료된 중장애인증의 제시"

판결요지:

"지원자가 만료된 중장애인증만을 제시하는 경우, 공공의 사용자는 지원자를 면접으로 초대하지 않더라도 사회법전(SGB) 제9권 제82조 제2문을 위반하는 것은 아니다."

전심판결: 쾰른(Köln) 지방노동법원 2012. 1. 11.자 판결 (3 Ca 4849/11)

## 뒤셀도르프(Düsseldorf) 고등법원, 2012. 10. 18.자 판결 (I-6 U 47/12)

"중장애를 가진 유한책임회사 지배인에 대한 해고"

판결요지:

"유럽연합 이사회 지침 2000/78/EC의 고려 하에 유한책임회사 지배인에 대한 사회법전(SGB) 제9권 제85조 및 일반평등대우법(AGG)의 적용 가능성 여부"

뒤셀도르프(Düsseldorf) 고등법원은 중장애를 가진 유한책임회사 지배인은 근로계약의 내용과 회사의 업무규칙에 따라 자유로운 근로계약이 존재하고, 이로써 경영인이 보호규정 상의 근로자가 아니라면, 사회법전(SGB) 제9권 제85조에 따른 특별해고제한을 주장할 수 없다고 하였다. 또한 해당 사건의 경우 유럽연합 사법재판소(EuGH)에 의해 발전된 넓은 근로자개념이 적용될 수 없다고 하였다. 법원의 견해에 따라 사회법전(SGB) 제9권 제85조를 유럽연합의 지침과 합치하도록 해석해야 하는 전제조건들이 성립되지 않았다고 하였다.

전심판결: 뒤셀도르프(Düsseldorf) 주법원, 2012. 2. 14.자 판결 (35 O 121/09)

## 연방노동법원 2012. 3. 15.자 판결 (8 AZR 37/11)

"장애를 이유로 한 지원절차에서의 차별 - 제척기간"

판결요지:

1. 일반평등대우법(AGG) 제7조의 차별금지에 대한 위반에 따른 청구권의 행사를 위한 일반평등대우법(AGG) 제15조 제4항 상의 2개월의 제척기간은 성과 없는 지원의 경우에는 원칙적으로 지원자가 차별을 인지한 시점이 아닌, 거절이 도달한 때부터 시작된다.
2. 이러한 해석의 근거로 인해 일반평등대우법(AGG) 제15조 제4항은 유럽연합법에 위반되지 않는다.

전심판결: 뒤셀도르프(Düsseldorf) 주노동법원 2010. 10. 13.자 판결 (7 Sa 916/10)

## 연방노동법원 2012. 2. 16.자 판결 (8 AZR 697/10)

"공공부문 사용자의 초대의무 대 여성우대"

연방노동법원은 2012. 2. 16.자 판결에서 사회법전(SGB) 제9권 제82조 제2문에 따라, 공공부문 사용자는 중장애를 가진 지원자가 "전문적 적합성이 불확실하지만, 완전히 배제될 정도는 아닌 경우" 면접의 기회를 주어야 한다고 결정하였다. 이는 공공의 사용자가 다른 지원자들을 더 적합하다고 판단하여 중장애를 가진 지원자가 선발대상자가 아니더라도 적용되어야 한다고 하였다. 에어푸르트(Erfurt)의 법관들은 이후의 선발절차에서의 배제는 장애와의 연관에서 비롯된 차별이며 여성우대 의무를 근거로 반박될 수 없다고 하였다.

전심판결: 헤센(Hessen) 주노동법원 2010. 10. 5.자 판결 (13 Sa 488/10)

## 쾰른(Köln) 주노동법원, 2012. 1. 26.자 결정 (9 Ta 272/11)

"언어장애를 이유로 한 차별 - 소송비용지원"

판결요지:

1. 지방노동법원은 소송비용지원신청에 대한 결정에 앞서, 소송의 승소여부가, 상대방이 손해배상과 위자료를 요구하는 장애인의 지원 거절 사유로 사용한 개념(여기서: 의사소통능력(Kommunikationsstärke))에 의해 좌우되는 경우, 민사소

송법(ZPO) 제118조 제1항 제1문에 따라 상대방의 의견을 청취해야 한다.

2. 언어장애가 있는 사람의 지원이 "의사소통능력" 결여 및 "중대한 의사소통문제"로 인해 거절된다면, 그의 장애로 인한 차별이 있었다는 추정은 정당화 될 수 있다. 고용을 하는 사용자는 일반평등대우법(AGG) 제22조에 따라 이런 추정정황을 반박해야 한다.
3. 사용자가 차별이 없는 선발의 경우에도 해당 일자리에 더 나은 지원자가 채용되었을 것과, 거절의 과정에서 인격권에 대한 특별히 중한 침해가 없었다는 점을 증명할 수 있다면, 장애를 가진 사람은 일반평등대우법(AGG) 제15조 제2항에 따라 최대 3개월분의 월급만을 요구할 수 있다.

전심판결: 본(Bonn) 지방노동법원 2011. 7. 20.자 결정 (5 Ca 1722/11)

### 베를린-브란덴부르크(Berlin-Brandenburg) 주노동법원 2011. 12. 20.자 판결(3 Sa 1505/11)

"중장애 - 선발절차에서의 차별 - 간접사실 없음"

**판결요지:**

1. 사용자가 채용에 있어서 중장애를 가진 사람들의 기회를 증대하기 위한 규정들을 따르지 않음으로써 행한 의무위반은, 중장애를 가진 사람의 지원을 거절하는 경우 일반평등대우법(AGG) 제22조에 의한 추정효를 가져올 수 있다.
2. 사회법전(SGB) 제9권 제81조 제1항 제9문에 따라, 사용자는 모든 참가자들에게 결정 사유와 함께 결정 결과를 통지해야 한다. 참가자에는 해당 지원자도 포함된다(연방노동법원의 2008. 11. 18.자 판결(9 AZR 643/07)와 관련하여). 이러한 규정이 사회법전(SGB) 제9권 제81조 제1항 제9문의 구성요건에 해당하여, 사용자가 그의 고용의무를 다하지 않은 사례에만 적용되는지 여부와 사회법전(SGB) 제9권 제81조 제1항 제9문에 따른 의무에 대한 위반이 일반평등대우법(AGG) 제22조에 따른 간접사실로써의 효력을 발휘하는지에 대한 판단은 보류된다.
3. 지금까지 명확하게 파기 되지 않은 연방노동법원의 2005. 2. 15.자 결정(9 AZR 635/03)으로 비추어 보아, 결정된 결과의 사유에 대한 즉각적 통지가 없다는 이유로, 지원절차에서 기회가 줄거나 중장애가 적어도 그에게 불이익하게 고려되었다는 외관은, 사용자가 사회법전(SGB) 제9권 제71조에 따른 고용 비율을 충

족하지 않은 경우에만 형성된다. (헤센(Hessen) 주노동법원 2009. 8. 28.자 판결 (19 Sa 340/08) 참조). 만약 사용자가 사회법전(SGB) 제9권 제71조 내지는 사회법전(SGB) 제9권 제151조의 고용비율을 충족했다면, 지원자는 연방노동법원의 판결에 따라 사용자가 스스로 해당 정보를 제공할 의무를 느끼지 않고 있음을 전제해야 한다.

전심판결: 베를린(Berlin) 지방노동법원 2011. 5. 19.자 판결 (59 Ca 19231/10)
상고심판결: 연방노동법원 2013. 2. 21.자 판결 (8 AZR 180/12), 기각

## 연방행정법원, 2011. 12. 15.자 판결 (2 A 13/10)

"내부적으로만 공고된 직책일 경우 중장애 지원자들은 면접에 초대되지 않아도 된다. - 연방정보부"

**판결요지:**

1. 공공의 사용자가 직책을 정당한 사유로 내부적으로만 공고한 경우, 중장애 근로자들은 사회법전(SGB) 제9권 제82조 제2문에 따른 면접으로 초대될 권리가 없다.
2. 지원자가 그 자리에 채용되는 것이 법적인 근거로 배제된다면, 전문적 적합성을 명백히 결여하였으므로 면접으로 초대되는 것을 요하지 않는다.
3. 연방정보부에서 근무하는 군인들에게는 오직, 적어도 내용상 명백하게 군사적 해외정찰과 관련된 임무만을 주어야 한다(연방행정법원 2008. 10. 16.자 판결 (2 A 9.07), 연방행정법원판례집 132, 110 = 행정법판례모음집(Buchholz) 11 Art. 87a GG Nr. 6)

## 연방노동법원, 2011. 10. 13.자 판결 (8 AZR 608/10)

"공석에 중장애를 가진 사람들이 고용할 수 있는지에 대한 사용자의 심사의무"

모든 사용자들은 공석에 중장애를 가진 사람들을 고용할 수 있는지에 대한 심사의무가 있다. 실직 혹은 구직으로 등록 된 중장애를 가진 사람들에게도 기회를 주기 위해서, 적시에 연방노동청과 연락을 취해야 한다. 사회법전(SGB) 제9권 제81조 제1항에 규정된 의무는 공공부문 뿐 아니라, 모든 다른 사용자들에게도 해당된다. 연방

노동법원에 의하면, 사용자가 이런 심사의무를 위반한 경우 이는 그가 거절한 중장애를 가진 지원자를 장애를 이유로 차별했다는 간접사실이 된다고 하였다.

중장애를 가진 원고는 자신의 장애 정도 및 종류를 구체적으로 명시하지 않고 피소된 지방자치단체의 공고된 직책에 지원을 하였다. 그는 채용요건(Anforderungsprofil)을 명백히 충족하였지만, 이 직책을 위해 최상의 지원자는 아니었다. 지방자치단체는 공석이 된 자리에 중장애인을 고용할 수 있는지를 심사하지 않고 다른 사람을 채용하였다. 지방자치단체는 이와 관련하여 연방노동청과도 연락을 취하지 않았었다.

원고는 거절을 통지받고, 그의 장애로 인하여 차별받은 것으로 보고 일반평등대우법(AGG) 제15조 제2항에 따른 손해배상을 요구하였다. 포르츠하임(Pforzheim) 지방노동법원과 바덴-뷔르템베르크(Baden-Württemberg) 주노동법원이 소를 기각한 반면, 연방노동법원은 원칙적으로 원고의 손을 들어줬다.

연방노동법원의 견해에 따르면, 어떤 자리에 중장애를 가진 사람을 채용할 수 있는지에 대한 심사 의무는, 중장애를 가진 사람의 지원 여부 내지는 지원 당시 이러한 상태를 공개했는지 여부와 무관하게 존재한다고 하였다. 사용자가 이런 심사의무를 무시하면, 이는 장애를 이유로 한 차별에 대한 간접사실이 된다.

피소된 지방자치단체는 차별정황을 반증하지 못했기 때문에, 연방노동법원은 사건을 주노동법원으로 환송하였으며, 주노동법원은 손해배상금액에 대해서도 결정을 하여야 한다.

원심판결: 슈투트가르트(Stuttgart) 주노동법원 2010. 9. 6.자 판결 (4 Sa 18/10)

## 연방노동법원 2011. 7. 7.자 판결 (2 AZR 396/10)

"중장애에 대한 질문에 대한 부적절한 부정"

연방노동법원은 "채용 당시 허용된 질문에 대한 틀린 대답은 사용자로 하여금 근로계약을 위계의 사유로 취소 할 수 있도록 정당화한다." 판결하였다. 그러나 이는 정직하지 못함이 근로계약의 종료의 원인이었다는 것을 전제로 한다.

이러한 배경에서 연방노동법원은 한 소프트웨어회사의 외근근로자에 대한 근로계약 해지 및 취소가 - 전심판결들에서와 마찬가지로 - 무효라고 하였다. 법원의 견해에 따르면 기망행위가 근로계약 종료의 원인이 아니었다. 사용자는 원고가 질문에 대해 정직하게 대답하였더라도 원고를 채용했을 것이라고 명백히 밝혔다. 사용자는 또한 원고가 그에 대해서 정직하지 않았다는 점을 취소와 소송의 근거로 들 수 없었다.

장애가 예정된 임무를 위해 의미가 없는 경우에도 사용자가 중장애 여부에 대해서 물어볼 수 있는지는 명확하지 않다.

원심판결: 프랑크푸르트(Frankfurt) 주노동법원, 2010. 3. 24.자 판결 (6/7 Sa 1373/09), 부분판결(Teilurteil)

## 프라이부르크(Freiburg) 행정법원, 2011. 5. 10.자 판결 (5 K 989/10)

"면접으로의 초대 없음 – 일반평등대우법-Hopping(AGG-Hopping)[13] 부정"

판결요지:

1. 한 중장애인이 면접으로 초대되지 않았다는 이유로 다수의 소송에서 손해배상청구권을 행사한 것에 대한 권리남용 여부(여기서는 부정되었다).
2. 사회법전(SGB) 제9권 제82조 제2문에 따른 직책에 대한 적합성 여부는 공고 당시 명백하게 언급된 채용요건의 특징에 의해서만 정해지는 것은 아니다.
3. 여기에는 요구된 전공 -이 경우에는 행정학 학사-을 통해 문제없이 습득할 수 있는 불문의 능력도 포함된다. 이에 특히 지원자가 그의 전공을 통해 증명된 전문적 능력을 실무에서 실질적으로 실현할 수 있는 것을 내포한다.
4. 요구된 전공이 갖춰져 있는 경우, 이에 해당하는 능력들을 추정할 수는 있다. 하지만 동시에, 지원서류에서 공고된 (관리(Leitung))공무의 실무에 대한 부적합성이 드러나는 경우도 상정할 수 있다.

## 연방노동법원 2011. 7. 4.자 판결 (8 AZR 679/09)

"학점요구를 하지 않은 이유로 면접으로 초대되지 않은 것 – 능력주의"

---

13) 역자 주 – 'AGG-Hopping'은 이를테면 채용공고에서 문제점을 찾아내어 진지하지 않은 의도로 지원하고 거절을 당한 경우에 차별을 받았다고 주장하는 경우와 같이 일반평등대우법을 손해배상 등의 사유로 악의적으로 남용하는 것을 의미한다. "Es gibt klare Anzeichen für Missbrauch", Frankfurter Allgemeine Zeitung online, 2008. 9. 10.자, 〈http://www.faz.net/aktuell/beruf-chance/recht-und-gehalt/agg-hopping-es-gibt-klare-anzeichen-fuer-missbrauch-1697150.html〉 (2016. 2. 15. 방문) 참조.

판결요지:

1. 일반평등대우법(AGG) 제3조 제1항 제1문에 따른 비교 가능한 상황은, 원고가 객관적으로 공고된 직책에 적합하다는 것을 전제로 한다. 선발상황은 오로지 채용되어야 할 직책에 대해 동등한 객관적 적합성이 있는 근로자들 사이에서 비교 가능(같다는 것이 아님)하기 때문이다.
2. 객관적 적합성에 있어서 결정적인 것은 사용자가 제시한 형식적인 채용요건이 아니라, 사용자가 지원자에게 할 수 있는 요구들이다. 원칙적으로 사용자는 직책에 해당하는 과제임무 및 이를 위해 지원자에게 요구되는 자격에 대해서 자유롭게 결정할 수 있다. 그러나 근로환경에서 통용되는 기준에 따라 업무에 필요한 요건이 현저히 아닌 것을 지원자에게 요구함으로써, 상황의 비교가능함을 자의적으로 형성하고 이를 통해 일반평등대우법(AGG)의 보호를 실질적으로 제거해서는 안 될 것이다.
3. 공공부문의 사용자는 공고된 직책을 위해 채용요건을 확정하고 이를 납득할만하게 기록할 권리가 있을 뿐만 아니라 의무가 있다. 이를 통해서만 선발결정이 기본법(GG) 제33조 제2항의 능력주의의 기준에 따라 법원에 의해 검토가 가능하다.
4. 공공부문의 고용자는 기본법(GG) 제33조 제2항의 적용, 그리고 이를 통해 채용요건과 적합성표지의 확정에서 헌법이 보장하는 판단여지가 인정되며, 이에 대해서는 법원은 제한적으로만 심사가 가능하다. 하지만 공공부문 고용자의 이러한 판단 여지는 채용시 능력주의 원칙의 보장, 즉 선발결정에 있어서 적합성, 능력, 전문성 표지의 근거가 있는 경우에만 인정된다.
5. 공공부문 사용자가 채용을 할 때, 기록된 교육성과에 따라 특별한 정도로 능력이 있는 것으로 보이는 지원자를 처음부터 염두해 두는 것에는 이의를 제기할 수 없다.

원심판결: 자브뤼켄(Saarbrücken) 주노동법원 2008. 12. 3.자 판결(1 Sa 71/08)

## 연방행정법원, 2011. 3. 3.자 판결 (5 C 16/10)

"지원절차에서의 판사에 대한 차별 - 면접으로 초대 되지 않음"

판결요지:

1. 공공부문의 사용자가 사회법전(SGB) 제9권 제82조 제3문에 따라 전문적 적합성이 명백하게 결여되지 않았음에도 불구하고 지원자들을 면접으로 초대하지 않음으로써 사회법전(SGB) 제9권 제82조 제2문에 따라 그들을 중장애를 갖지 않은 지원자보다 우대해야 한다는 명령을 이행하지 않았을 때, 지원자들은 일방평등대우법(AGG) 제7조 제1항에 따라 차별 받은 것으로 본다.
2. 사회법전(SGB) 제9권 제82조 제3문에 따른 전문적 적합성이 명백히 결여되었는지 여부는, 공공부문 사용자가 채용공고 내지는 지원권고에 따라 공개한 채용요건에 따라 평가해야 한다(같은 취지로 연방노동법원 2009. 7. 21.자 판결 (9 AZR 431/08)).
3. 지원자가 면접으로 초대되지 않은 것에 대해, 장애가 아닌 다른 사유들이 전적으로 결정적이었다는 것을 증명하기 위해, 공공부문 사용자는 전문적 적합성과 관련되지 않은 사유만을 들 수 있다. 사회법전(SGB) 제9권 제82조 제3문에서 규정된 "명백히" 결여된 적합성을 요구하는 예외는 배타적 규정이다.

원심판결: 뮌헨(München) 행정재판소 2010. 1. 27.자 판결 (12 B 08.1978)

## 연방노동법원 2011. 1. 27.자 판결(8 AZR 580/09)

"일반평등대우법(AGG) 발효 이후의 단순 장애인 보호"

연방노동법원은 2011. 1. 27.자 결정에서 사회법전(SGB) 제9권에서 규율된 중장애인을 위한 보호규정들의 범위에 대하여 원칙적인 견해를 표했다.

소송의 대상은 장애율(Grad der Behinderung(GdB)) 40을 가진 여성의 소였다. 그녀는 그녀의 장애에 대해 명확히 밝히고 주임의사 비서직에 지원하였다. 중장애인의 보호를 위한 사회법전 제9권의 규정들이 고려되지 않은 상태에서 원고는 면접에 초대 되지 않았으며, 이 직책에 다른 지원자가 채용되었다. 원고는 이러한 규정에 대한 위반에서 그녀의 장애로 인한 차별의 간접사실을 보았다.

연방노동법원은 이러한 견해를 따르지 않았다. 2006년 8월에 일반평등대우법(AGG)이 발효된 이후에 이 법은 사회법전 제9권 제68-160조의 적용영역에 포함되는 사람에 대해서만 적용된다. 이는 장애율이 적어도 50인, 혹은 형식적인 절차를 통해 이에 준하는 사람을 말한다. 원고처럼 이 인적범위에 속하지 않은 사람은 장애로 인한 차별의 경우 일반평등대우법(AGG)에 대한 위반을 주장할 수 있다. 하지만 이 맥락에서 중장애인을 위한 보호규정에 대한 위반은 일반평등대우법(AGG)의 장애로 인한 차별의 추정을 성립시키지 않는다. 원고는 전적으로 사회법전 제9권의 보호규정의 위반을 주장하였고, 일반평등대우법(AGG)의 위반을 추정케 하는 사실들을 제시하지 않았기 때문에 이 소는 모든 세 개의 심급에서 기각되었다.

원심판결: 베를린-브란덴부르크(Berlin-Brandenburg) 주노동법원 2009. 6. 2.자 판결 (3 Sa 499/0974)

## 노이슈타트(바인슈트라세, Neustadt(Weinstraße)) 행정법원 2011. 3. 3. 자 판결 (1 K 785/10.NW)

"중장애를 가진 공무원에 대한 비진급, 선발절차에서의 법적 보호 가능성"

판결요지:

1. 일반평등대우법(AGG) 제15조 제1항에 의한 손해배상청구권은 공무원에 대한 평등원칙에 위반하는 차별과 실질적 손해와의 인과관계를 전제로 한다.
2. 중장애를 가진 공무원이 진급되지 않은 것에 대한 일반평등대우법(AGG) 제15조 제1항의 손해배상청구권은 그 공무원이 지원절차에서 그에게 주어진 법적 보호 가능성들을 이용하여 지원절차청구권을 관철시키지 않았다면 인정되지 않는다.
3. 경쟁자가 우선시되기 이전에, 공무원이 본인의 신청으로 은퇴를 한 경우 실질적 손해와 일반평등대우법(AGG) 제15조에 따른 인과관계는 없는 것으로 본다.
4. 비재산적손해에 따른 일반평등대우법(AGG) 제15조 제2항의 청구권은 배상을 요하는 공무원에 대한 불이익 혹은 차별(Benachteiligung oder Diskriminierung)을 전제로 한다. 따라서 이전에 공무원법상 경쟁자 간의 분쟁절차(beamtenrechtlichen Konkurrentenstreitverfahren)를 요하지 않는다.

## 함(Hamm) 주노동법원 2010. 8. 26.자 판결 (15 Sa 356/10)

"지원자의 객관적 부적격성"

중장애를 이유로 한 차별은, 차별을 받은 것으로 추정되는 사람이 다른 지원자와의 "비교 가능한 상황"에 있음을 전제로 한다. 이는 사용자가 개발한 채용요건이 일반적인 거래의 관행에 비추어 합당한 것으로 보이면, 이러한 채용요건에 따라 판단해야 한다고 연방노동법원 판시하였다.

이로써 상담업무를 병행하는 직업소개사라는 채용공고에 지원하였던 원고의 항고는 인용되지 않았다. 채용공고 및 채용요건에 따라, 해당 직에는 대학교 졸업 혹은 이에 상응하는 자격/상응하는 요건이 요구되었다. 법원의 판단에 따르면 원고는 그의 직업상 이력에 따라 이를 충족할 수 없었다. 원고의 진술에 따라 그는 기계제작기술의 교육을 이수하고 이후 제분소건축공법을 위한 전문학교를 성공적으로 다녔다. 원고는 이러한 자격으로 ""일반적인" 직업소개사"의 요건에 합치할 수 있다. 하지만 소송의 대상이 되었던 직책은 상담업무를 병행한 것이었다. 이와 결부된 업무 및 책임에 비추어보아, 피고가 대학교 졸업자 혹은 이와 비교 가능한 자격을 갖춘 지원자만을 고려한다는 것은 타당하다고 보인다.

원심판결: 빌레펠트(Bielefeld) 지방노동법원 2009. 12. 16.자 판결 (6 Ca 3436/0875)

## 연방노동법원 2010. 8. 19.자 판결 (8 AZR 370/09)

"장애 - 채용 이후의 지원"

**판결요지:**

"지원자가 공고에 대한 채용을 통해 일반평등대우법(AGG)에 반하여 차별받았다고 주장한다면, 이미 선발절차 당시에 해당 자리에 대한 지원이 행해졌음이 전제되어야 한다고 연방노동법은 판시하였다."

피고는 2007년 12월에 인터넷상에 개발엔지니어 직을 공고하였다. 피고는 연방노동청에 대한 예정된 통지 및 중장애인 지원자에 대한 별도의 촉진을 위한 절차를 준수하지 않았다. 2007년 12월 중순에 그녀는 공고한 직책에 대한 채용을 하였으나, 채용공고를 삭제하지는 않았다. 원고는 공학사(전문대학교)를 취득하여 중장애를 가졌다. 그는 12월 29일에 피고의 홈페이지에서 채용공고를 보고 당일에 지원하였다. 원고는 거절통지를 받은 이후, 피고가 그의 지원에 대해 사회법전의 중장애인을 위한 촉진조항들(사회법전(SGB) 제9권)을 준수하지 않았다는 이유로 일반평등대우법(AGG)에 의한 손해배상을 요구하였다.

소는 모든 세 개의 심급에서 기각되었다. 연방노동법원 제8부는 원고가 채용공고에 대한 그의 지원으로 인하여 일반평등대우법(AGG)의 근로자의 지위가 되었다고 판단하였다. 하지만 해당 자리에 대한 채용이 이미 그 이전에 이뤄졌기 때문에, 그는 "근로자"로서 차별을 당하지는 않았다. 또한 사용자는, 예컨대 채용기한의 명시를 통해, 해당 자리에 대한 특정 기간 동안의 채용이 이뤄지지 않을 것이라고 약속을 한 것도 아니었다. 처음부터 의미 없는 지원에 대해 원고가 손해배상 청구를 요구할 수 있는지는 소송의 대상이 아니었다.

원심판결: 바덴-뷔르템베르크(Baden-Württemberg) 주노동법원, 2009. 3. 26.자 판결 (11 Sa 83/08)

## 연방노동법원 2010. 8. 17.자 판결 (9 AZR 839/08)

"중장애를 가진 지원자에 대한 차별"

**판결요지:**

1. 특히 채용과 진급에 관한 선발결정과 관련한 불이익은 근로자가 선발에 고려되지 않을 때 이미 있는 것으로 본다. 차별은 기회의 거부에 있다.
2. 불이익한 대우와 장애 간의 인과관계는, 차별이 장애에 연관되어 일어났거나 혹은 그 동기로 작용하였을 때 이미 있는 것으로 본다. 장애가 결정에 영향을 미친 일련의 동기들(Motivbündel) 중 일부를 구성하는 것만으로 충분하다. 사용자가 취하지 않은 조치들이 중장애인에게 일체의 기회를 박탈하거나 더 나쁜 조건의 기회만을 주는 것에 적합한 것으로 충분하다. 과책 있는 행동 혹은 차별고의성은 요구되지 않는다.
3. 해당 사실들이 장애로 인한 차별을 추정케 하는지에 대한 사실심(Tatsachengericht)의 평가는 상고심에 의해 제한적으로만 판단 가능(revisibel)하다. 민사소송법(ZPO) 제286조 제1항 제1문에 따라 얻은 심증 내지는 불심증(Nichtüberzeugung)은 그것이 가능하고 그 자체로 모순이 없는지에 대해서만 판단이 가능한 것이지, 사고법칙, 경험칙 기타 법리를 위반하는지에 대해서는 판단할 수 없다.

4. 장애와의 연관성을 위한 추정사실에는 사용자가 중장애인의 기회 촉진을 위해 마련된 규정을 준수하지 않음으로써 행한 모든 의무위반이 고려된다.
5. 지원이 있기 이전에 이미 공고가 난 자리에 대한 채용이 이뤄진 사정은 일반평등대우법(AGG) 제3조 제1항의 차별을 일방적으로 배제하지는 않는다. 왜냐하면 채용과 진급의 기회 박탈은 지원자 또는 근로자에 대한 지원절차의 차별적인 형성, 예컨대 공고된 직책에 대한 채용이 사용자가 명시한 지원기간 이전에 이뤄졌거나, 사용자가 사회법전 제9권 제81조 제1항 제4문의 절차를 피하고자 하거나 혹은 사용자의 차별적인 행동이 지원자의 더 이른 지원을 방해하는 식으로 인해 이뤄졌을 수도 있다(유럽연합 사법재판소 2008. 7. 10.자 판결 (C-54/07) 참조).
6. 확인된 사실들이 장애로 인한 차별을 추정케 하면, 사용자는 일반평등대우법(AGG) 제22조에 따라 이런 차별이 없었다는 것에 대한 증명책임을 진다. 사용자는 차별이 중장애로(도) 인해 일어난 것이 아니었다는 점에 대해 법원을 설득시켜야 한다. 이를 위해 그는 장애가 아닌 전적으로 다른 사유들이 덜 유리한 대우로 이어졌다는 사실들을 제시하고 경우에 따라 증명해야 한다.

원심판결: 함(Hamm) 주노동법원 2008. 6. 26.자 판결 (15 Sa 198/08)
상고심판결: 연방노동법원 2011. 1. 21.자 결정 (8 AZN 1133/10), 불허가결정항고 기각
상고심판결: 연방노동법원 2011. 7. 6.자 결정 (8 AZN 684/11) (F): 판결 외의 해결

## 뒤셀도르프(Düsseldorf) 지방노동법원 2010. 4. 23.자 판결 (10 Ca 7038/09)

"채용절차와 관련한 장애를 이유로 한 차별"

**판결요지:**

1. 채용과 관련한 차별에 대한 일반평등대우법(AGG) 제15조 제2항에 따른 손해방 청구권은, 당사자(Person)가 해당 직책에 객관적으로 적격하고 주관적으로 진지하게 지원하였다는 것이 전제된다.
2. 관리기능을 포함한 직책의 채용과 관련하여 모든 지원자들에게 부여된 평가센터(Assessment-Center)의 수행은 - 특정 장애를 가진 사람들이 그들의 장애로 인하여 이런 선발절차에 성공적으로 참여를 하지 못한다 하더라도 - 일반평등

대우법(AGG) 제3조 제2항에 의해 정당화 될 수 있다. 정당화사유가 없다는 것에 대해서는 청구권자가 주장책임 및 증명책임을 진다; 이때 완화된 주장책임 원칙이 적용된다.

## 울름(Ulm) 지방노동법원 2009. 12. 17.자 판결 (5 Ca 316/09)

"사용자는 지원자의 중장애에 대해 독자적인 조사를 행할 필요는 없다."

판결요지:

1. 장애를 이유로 한 차별을 추정케 하는 일반평등대우법(AGG) 제22조의 간접사실에는 특히 공공의 사용자가 명백하게 부적격하지 않은 중장애를 가진 지원자를 면접으로 초대하지 않음으로써 사회법전 제9권 제82조 제2문의 의무를 다하지 않는 것이 포함된다.
2. 중장애를 가진 지원자가 공공의 사용자가 면접으로 초대하지 않았다는 사실에 근거하여 차별을 추정했다면, 그는 사용자가 중장애에 대한 인식이 있었거나 지원서류를 통해 이런 인식을 가질 수 있었다는 것을 증명해야 한다.
3. 사용자에게는 - 지원서류를 완전히 검토해야 하는 의무를 넘어서서 - 특정 근거가 있는 경우, 지원자가 중장애에 대해 독자적인 조사를 할 것을 요구할 수는 없다.

## 연방노동법원 2009. 12. 17.자 판결 (8 AZR 670/08)

"추정된 장애를 이유로 한 차별"

판결요지:

1. 일반평등대우법(AGG) 제7조 제1항 후문의 명백한 문언에 따라, 근로자에 대한 정당치 못한 차별은 차별을 행하는 사람이 행위 당시에 차별요소를 단순히 추정하는 경우에도 성립한다. "객체의 불능미수"도 원칙적으로 금지된 차별에 해당한다.
2. 일반평등대우법(AGG) 제22조의 추정요건에는 과도하게 엄격하지 않은 기준으로 해석해야 한다. 해당 사실들이 차별과 차별요소와의 강제적 연관을 가능케

하는 간접사실로써 귀결될 필요는 없다. 무엇보다 일반적 경험에 의해 우세한 가능성이 있는 것으로 충분하다. 이때 차별보호를 위한 규정에 대한 위반이 없었다는 것에 대해 상대방이 증명책임을 진다.

3. 사용자가 근로관계의 성립 시 본인의 근로자 혹은 제3자를 이용한다면, 그들의 행동에 대한 책임을 져야 한다.
4. 특정 질병 혹은 고통에 대한 질문은 개별 사안에 따라 장애여부에 대한 심문일 수도 있다. 늦어도 일반평등대우법(AGG)이 발효된 이후에 질병에 대한 질문이 장애여부에 따라 차별 관련적일 수 있다.
5. 문언과는 다르게 성별을 이유로 한 차별 및 성적 괴롭힘 뿐 아니라, 장애를 포함하여 모든 허용되지 않은 차별에까지 적용되는 일반평등대우법(AGG) 제33조 제1항의 경과규정에 따라, 일반평등대우법은 동법 발효 이전에 이미 종결된 사실관계에는 적용할 수 없다.
6. 일반평등대우법의 적용에는 차별행위의 시점이 결정적이다. 원칙적으로 이는 차별을 구성하는 조치가 있은 시점, 즉 지원자를 채용하지 않기로 한 사용자의 결정이 있은 때이다.

원심판결: 뮌헨(München) 주노동법원 2008. 8. 8.자 판결 (8 Sa 112/08 79)

## 로스톡(Rostock) 주노동법원 2009. 8. 9.자 판결 (5 Sa 125/09)

"지원절차에서의 차별, 중장애, 증명책임"

**판결요지:**

1. 채용절차와 관련하여 다른 지원자를 우선 고려한 것에 대해 근거를 제시하지 않은 것 자체가 고려되지 않은 중장애를 가진 지원자(사회법전(SGB) 제9권 제81조 제1항 위반)에 대해 차별의 충분한 간접사실이며 이로써 일반평등대우법(AGG) 제22조의 증명책임전환으로 이어지는지 여부에 대해 법원은 판단을 보류하였다.
2. 중장애를 가진 지원자가 채용공고에서 요구되는 핵심능력들을 충족하지 못하였고, 우선 고려된 지원자는 이런 기준들을 충족하는 경우, 사용자는 중장애를 가진 지원자를 차별하지 않았다. 면접에 초대를 한 것만으로, 사용자가 중장애를

가진 지원자가 직책을 수행하기에 적합하다고 판단했다고 전제할 수 없다. 공공의 사용자는 전문적인 적격성이 명백히 없는 경우에만 중장애를 가진 지원자를 면접으로부터 배제할 수 있기 때문이다(사회법전(SGB) 제9권 제82조).

상고심판결: 연방노동법원 2010. 2. 10.자 결정 (8 AZN 1051/09): 기각

### 프랑크푸르트(Frankfurt) 주노동법원 2009. 8. 28.자 판결 (19/3 Sa 340/08)

"면접에 초대하지 않은 것 - 중장애를 가진 지원자의 정보청구권"

판결요지:

1. 만약 중장애인대표가 일차선발(Vorauswahl)에서 중장애를 가진 지원자의 이해를 대변해줄 수 있을 정도로 적시에 통지를 받았다면, 중장애인대표에게 중장애를 가진 사람이 지원했다는 통지를 지연한 것 자체로 장애로 인한 차별을 추정할 수는 없다.
2. 사회법전(SGB) 제81조 제1조 제7문에서 제9문 사이의 의무는 사용자가 사회법전(SGB) 제71조에 따른 그의 법적인 근로의무를 행하지 않은 경우에만 성립한다.
3. 채용결정의 근거 통지에 대한 청구권은 일반평등대우법(AGG) 제15조에서도, 민법전(BGB) 제242조에 의해서도 도출되지 않는다. 일반평등대우법(AGG) 제22조 증명책임규정과 더불어 이러한 정보청구권이 양립할 여지는 없다.

전심판결: 오펜바흐(Offenbach) 지방노동법원 2008. 2. 6.자 판결 (3 Ca 291/07)

### 연방노동법원 2009. 7. 21.자 판결 (9 AZR 431/08)

"면접으로 초대되지 않은 것, 공공부문"

판결요지:

1. 지원절차에서 본인의 기회를 증대시키기 위해 중장애 지원자는 사회법전(SGB) 제9권 제82조 제2문에 의해 원칙적으로 공공의 사용자로부터 면접에 초대되어야 한다. 사회법전(SGB) 제9권 제82조 제2문에 의해, 중장애 지원자가 전문적

으로 명백히 부적격한 경우 이러한 의무는 없는 것으로 본다.

2. 전문적 적격성이 명백히 없다는 판단은 공공의 사용자가 채용공고와 더불어 공개한 채용요건에 따라 판단한다.

원심판결: 니더작센(Niedersachsen) 주노동법원 제4부 2008. 4. 24.자 판결 (4 Sa 1077/07)

## 비스바덴(Wiesbaden) 행정법원 2008. 4. 1.자 판결 (8 E 735/07)

"장애를 가진 공무원의 차별에 따른 손해배상"

판결요지:

1. 장애를 가진 지원자가 채용요건 중 반드시 요구되는 지표(Merkmal)를 실현시키지 못함으로써 명백히 부적격한 경우, 그를 면접에 초대하지 않는 것은 그에 대한 차별을 성립시키지 않는다.
2. 고려되지 않은 지원자가 자신의 지원 거절에 대해 우선적으로 가구제를 취하지 않으면, 손해배상에 대한 그의 청구권은 민법전(BGB) 제839조 제3항의 법사상에 상응하는 일반평등대우법(AGG) 제15조 제1항에 따라 동조 2항 제2문에 의해 지정된 범위, 따라서 3개월분의 월급에 한하여 제한된다.

## 코블렌츠(Koblenz) 고등행정법원 2007. 6. 22.자 결정 (2 F 10596/07)

"공무원법, 법관법, 손해배상청구권의 법률에 따른 구제절차"

판결요지:

"중장애인을 위한 일반평등대우법(AGG) 제15조 제1항 제1문의 손해배상청구 소송은, 그 청구권이 판사 혹은 공무원 채용 지원 시 차별금지원칙의 위반에 따른 것이라면 행정법원을 통한 구제절차가 가능하다."

전심판결: 마인츠(Mainz) 행정법원 2007. 5. 25.자 판결 (7 K 330/07.MZ81)

### (2) 사회적 계획

#### 쾰른(Köln) 주노동법원 2013. 11. 19.자 판결 (12 Sa 692/13)

"사회적 계획 보상(Sozialplanabfindung)의 산정 - 중장애를 이유로 한 차별"

판결요지:

1. 중장애를 갖지 않은 근로자의 경우 보상금액을 근속연수, 임금과 연금시기(Rentennähe)에 따라 산정하는 반면, 중장애 근로자에 대해서는 포괄적인(pauschal) 보상을 예정하고 있는 사회적 계획은, 대부분의 중장애 근로자의 보상이 같은 근속연수와 같은 임금의, 같은 연령의 중장애를 갖지 않는 근로자보다 더 적은 경우에는 일반평등대우법(AGG) 제1조 및 제7조와 연계된 동법 제7조 제2항의 중장애인 차별금지원칙에 대한 위반으로 무효이다.
2. 노령연금을 완전연금으로 수급할 가능성 때문에 근로자들을 그 어떤 퇴직일시보상금(Abfindungsleistung)으로부터도 배제하는 사회적 계획규정은, 빠른 연금개시의 경우 이것이 중장애 근로자들에 대해서만 수급권 배제의 가능성을 초래하는 경우, 중장애 근로자들에 대한 "숨겨진" 간접적인 차별로 이어진다.
3. 사회적 계획규정의 부분적 무효에 따라 중장애 근로자는 같은 근속연수, 같은 임금 및 같은 연령의 중장애를 갖지 않은 근로자가 청구할 수 있는 보상금에 상응하는 보상금의 지급을 요구 할 수 있다.

원심판결: 쾰른(Köln) 지방노동법원 2013. 2. 5.자 판결 (13 Ca 5641/12)
연방노동법원에 계속 중(사건번호: 1 AZR 938/1382)

#### 바덴-뷔르템베르크(Baden-Württemberg) 주노동법원 2012. 2. 24.자 판결 (12 Sa 51/10)

"조기에 노령연금을 수급할 수 있는 사람의 사회적 계획 보상금 - 중장애"

판결요지:

1. 사회적 계획은 실업급여를 수령하고 조기에 노령연금을 수급할 수 있는 근로자에 대해 더 낮은 보상금 책정을 예정할 수 있다. 일반평등대우법(AGG) 제10조 제3항 제6호는 이러한 규정을 가능케 한다(연방노동법원 2009. 5. 26.자 판결

(1 AZR 198/08)과 연관되어).

2. 이는 개인적으로 기대 가능한 연금급부와 무관하다.
3. 중장애인을 위한 조기 노령연금에 대한 수급권을 가지며, 따라서 사회적 계획에 따라 더 낮은 보상금액을 수령하게 되는 중장애를 가진 근로자는 그의 장애를 이유로 (직접적으로) 차별 받는 것은 아니다. 그는 (조기) 노령연금 청구에 대해 다른 사유를 갖는 근로자들과 동등한 대우를 받는다. 그를 연금청구권을 갖지 않는 같은 연령의 비장애 근로자들과는 비교하는 것은 상이한 경제적 상황 때문에 불가능하다.

원심판결: 만하임(Mannheim) 지방노동법원 2010. 9. 20.자 판결 (11 Ca 115/10)
상고심판결: 주노동법원 2013. 8. 27.자 판결 (AZR 663/12). 판결 외의 해결: 6개월 유예

## 연방노동법원 2011. 10. 6.자 판결 (6 AZN 815/11)

"조기 노령연금 수급 시에만 이양지원금(Überbrückungsbeihilfe) 지급"

**판결요지:**

"경영상의 이유로 일자리를 잃은 근로자들의 생활보장을 위한 사용자의 단체협약상의 급부기간을 법적인 연금보험상의 연금 수급을 통한 경제적 보장을 받는 시기로 제한하는 것은, 조기에 법적인 노령연금을 수급할 수 있는 장애 근로자들을 그들의 연령이나 그들의 장애로 차별하는 것은 아니다."

전심판결: 하노버(Hannover) 주노동법원 2011. 4. 28.자 판결 (16 Sa 854/10)

## 뮌헨(München) 지방노동법원 2011. 2. 17.자 판결 (22 Ca 8260/10)

"선결적 판결 제청 - 임박한 연금수급자격으로 인한 사회적 계획 급여의 축소(연령, 장애)"

유럽연합 사법재판소에는 선결적 판결절차의 일환으로 다음의 문제들이 제청되었다:

1. 사용자와 근로자 대표가 사회보장의 경영상 제도의 일환으로, 실업급여를 수령한 뒤 연급수급자격을 갖게 됨으로써 경제적으로 안정된 근로자들을 사회적 계획의 급여로부터 제외하는 경우 연령으로 인한 차별적 대우를 허용하는 자국의 규정이 이사회 지침 2000/78/EC 제1조 및 제16조의 연령차별금지에 반하는가? 혹은 이런 불평등대우가 이사회 지침 2000/78/EC 제6조 제1항 제2문 (a)호에 따라 정당화 될 수 있는가?
2. 사용자와 근로자 대표가 사회보장의 경영상 제도의 일환으로, 실업급여를 수령한 뒤 연금수급자격을 갖게 됨으로써 경제적으로 안정된 근로자들을 사회적 계획의 급여로부터 제외하는 경우, 연령으로 인한 차별적 대우를 허용하는 자국의 규정이 장애를 이유로 한 차별을 금지하는 이사회 지침 2000/78호/EC 제1조 및 제16조에 반하는가?
3. 사회보장의 경영상 제도의 일환으로, 54세가 넘고 경영상의 이유로 해고된 근로자의 경우, 가능한 한 빠른 시점의 은퇴시작을 기준으로 한 대안적인 보상 산정이 이뤄지고, 특히 근속기간에 따른 통상적인 산정방법과 비교하여 더 적은 보상금액을, 하지만 이때 최소한 통상적인 보상금액의 절반 이상을 지급하게 한다면, 이것이 이사회 지침 2000/78/EC 제1조 및 제16조의 연령차별금지에 반하는가? 혹은 이런 불평등대우가 이사회 지침 2000/78/EC 제6조 제1항 제2문 (a)호에 따라 정당화 될 수 있는가?
4. 사회보장의 경영상 제도의 일환으로, 54세가 넘고 경영상의 이유로 해고 된 근로자의 경우, 가능한 한 빠른 시점의 은퇴시작을 기준으로 한 대안적인 보상 산정이 이뤄지고, 특히 근속기간에 따른 통상적인 산정방법과 비교하여 더 적은 보상금액을, 하지만 이때 최소한 통상적인 보상금액의 절반 이상을 지급하게 하고, 대안적 보상 산정의 경우 장애를 이유로 한 노령연금을 기준으로 삼는다면, 장애를 이유로 한 차별을 금지하는 이사회 지침 2000/78/EC 제1조 및 제6조에 반하는가?

상고심판결: 유럽연합 사법재판소 2012. 12. 6.자 판결(C-152/11 84)

## 연방노동법원 2008. 11. 11.자 판결 (1 AZR 475/07)

"조기 노령연금의 경우 사회적 계획 보상 - 장애"

판결요지:

"사용자와 근로자 대표는 근로관계의 종료와 함께 조기 노령연금 청구권을 갖는 근로자를 위한 사회적 합의의 경우, 더 낮은 보상을 정할 수 있다."

연방노동법원은 - 이전 법원들과 마찬가지로 - 사회적 계획에서 규정된 것보다 높은 보상을 주장한 중장애를 가진 60세의 근로자의 소를 기각하였다. 법원은 사용자와 근로자 대표가 사회적 계획에서 경우에 따라 실업급여를 수령한 이후 (조기) 노령연금 청구권을 갖는 근로자에 대해서 더 낮은 보상을 정할 수 있다고 확인하였다. 이는 조기 연금수령이 분할급여와 연계되어 있는 경우에도 마찬가지다.

연방노동법원에 따르면 보상의 경우 장래에 대한 형량기능 및 이양기능을 갖는다. 이에 따라 사용자와 근로자 대표는 사회적 계획의 지불과 형성에 있어서 법적 연금보험의 급부도 고려할 수 있다. 예상되는 개별적인 보험에 따른 등급화는 객관적으로 정당화되며 경영조직법상의 평등대우원칙 및 연령, 성별 혹은 장애를 이유로 한 차별금지원칙에 위반되지 않는다.

원심판결: 쾰른(Köln) 주노동법원 2007. 6. 4.자 판결 (14 Sa 201/07 85)

## 로스톡(Rostock) 주노동법원 2009. 7. 21.자 판결 (5 Sa 9/09)

"장애를 이유로 한 간접적 차별, 단체협약을 초과한 급부를 규정한 인원감축계획"

판결요지:

1. 사용자가 은퇴시점이 가까운 출생년도의 근로자들을 대상으로 단체협약을 초과하는 급부를 통해 해지계약의 체결을 활성화시키는 인원감축계획을 실시하면, 그는 계획을 구체화할 때 노동법상 평등대우원칙 및 일반평등대우법(AGG)의 차별금지원칙들의 기속을 받는다.
2. (인원감축계획이) 이를 체결하는 모든 근로자들이 사회법전(SGB) 제6권 제187조의a의 연금기여금(Rentenkasse)에 대한 특별수당지급(Sonderzahlung)을 통해

조기 연금 수령에도 불구하고 삭감되지 않은 연금을 수령할 수 있게 하고, 또한 그 밖의 상당한 보상 및 일시금(Einmalzahlungen)을 예정하고 있다면, 해당 사항이 있는 출생년도의 중장애 근로자들을, 그들이 사회법전(SGB) 제6권 제187조의a에 따른 지급 없이도, 예컨대 사회법전(SGB) 제6권 제236조의a 제4항에 따라 삭감되지 않은 연금에 대한 청구권을 갖는다는 이유로, 이 계획에서 완전히 배제하는 것은 금지된다.

원심판결: 로스톡(Rostock) 지방노동법원 2008. 12. 16.자 판결 (1314/0886)

### (3) 해고

### 연방노동법원 2013. 12. 19.자 판결 (6 AZR 190/12)

"시용기간 중 무증상 HIV 감염으로 인한 해고"

판결요지:

1. 해고제한법의 적용을 (아직) 받지 않는 근로자에 대한 해지기간이 있는 해고가 그를 일반평등대우법(AGG) 제1조에 명시된 사유로 차별한 경우에, 이는 일반평등대우법(AGG) 제7조 제1항, 1조, 제3조와 연계된 민법(BGB) 제134조에 따라 무효이다. 일반평등대우법(AGG) 제2조 제4항은 이에 배치되지 않는다.
2. 증상이 없는 HIV 간염은 일반평등대우법(AGG)상의 장애를 결과로 한다. 이는 이런 감염으로 인한 사회적 태도 및 이에 근거한 비난이 지속되는 기간 동안 인정된다.

이 노동법원의 절차에서는 화학-기술 보조가 의약품 생산자의 시용기간 중의 해고에 대항하였으며, 의약품 생산자는 해고 이유로 원고의 HIV 감염을 들었다. 그의 전염성 질병 때문에 그를 - 계약에서 합의된 대로 - 청정실에서의 임무에 투입할 수 없다고 하였다. 원고는 사용자가 그를 장애로 인하여 차별하였으며, 이로써 해고가 무효임을 주장하였다.

연방노동법원은 그럼에도 불구하고 해고가 정당한지는 아직 확정되지 않았다고 보았다. 주노동법원이 사용자가 적절한 대비를 통해 원고를 청정실에 투입하는 것을 가능케 할 수 있었는지를 밝혀야 한다고 했다.

전심판결: 베를린-브란덴부르크(Berlin-Brandenburg) 주법원 2012. 1. 31.자 판결 (6 Sa 2159/11)
상고심판결: 베를린-브란덴부르크(Berlin-Brandenburg) 주법원 2014. 6. 6.자 판결 (6 Sa 370/14 (이전 6 Sa 2159/11): 화해

## 쾰른(Köln) 주노동법원 2013. 7. 4.자 판결 (13 Sa 1198/12)

"배상청구권 - 질병으로 인한 중장애 근로자에 대한 해고"

**판결요지:**

"통합청(Integrationsamt)[14]의 승인 하에 지속적인 근로불능을 이유로 질병으로 인한 해지기간 있는 해고는 그 자체로 근로자에 대한 직접적인 혹은 간접적인 차별의 간접사실이 되지 않는다(연방노동법원 2009. 10. 22.자 판결 (8 AZR 88/09)과 연계하여)."

전심판결: 쾰른(Köln) 지방노동법원 2012. 10. 2.자 판결(13 Ca 4503/12)

## 뒤셀도르프(Düsseldorf) 고등법원 2012. 10. 18.자 판결 (I-6 U 47/12)

"중장애 유한책임회사 지배인의 해고"

**판결요지:**

"이사회 지침 2000/78/EC의 고려 하에 유한책임회사 지배인에 대한 사회법전(SGB) 제9권 제85조 및 일반평등대우법의 적용 가능성"

고등법원은 고용계약의 내용과 회사의 업무규칙의 정함에 따라 자유로운 고용계약이 존재하며, 이로써 사회법전(SGB) 제9권 제85조의 근로계약이 없는 관계로 중장애 유한책임회사 지배인은 사회법전(SGB) 제9권 제85조의 특별 해고제한(besonderen

14) 역자 주 - 사회법전(SGB) 제9권 제101조 제1항 제1호에 따른 중증장애인의 근로생활로의 통합을 보장하기 위한 관청(Amt für die Sicherung der Integration schwerbehinderter Menschen im Arbeitsleben).

Kündigungsschutz)을 주장할 수 없다고 판시하였다.

3개월의 기간을 두고 해고당한 장애율 50의 유한책임회사 지배인이 소를 제기하였다. 그는 피고의 해고로 인해 그의 고용계약이 종료되지 않았으며 계속되고 있음을 확인해달라고 하였다. 그의 견해에 따르면, 통합청(Integrationsamt)의 승인 없이 행해졌기 때문에 해고가 무효라고 하였다.

주법원 및 고등법원도 해고보호의 소(Kündigungsschutzklage)를 기각하였다. 원고는 근로자가 아니며, 따라서 해고제한법이나 중장애인으로서 특별히 보호를 받지 않는다고 하였다. 통합청의 승인은 이 때문에 필요하지 않았다고 하였다.

전심판결: 뒤셀도르프(Düsseldorf) 주법원 2012. 2. 14.자 판결 (35 O 121/09)

## 연방노동법원 2012. 2. 16.자 판결 (6 AZR 553/10)

"현존하는 근로계약 중에 중장애 여부에 대한 질문"

**판결요지:**

중장애 내지 이에 관해 행해진 신청에 대한 사용자의 질문은 현존하는 근로계약 중일 때, 어느 경우든 6개월 이후, 따라서 경우에 따라 사회법전(SGB) 제9권 제85조 이하의 장애인 보호지위의 취득 이후에 허용된다.

전심판결: 함(Hamm) 주노동법원 2010. 6. 30.자 판결 (2 Sa 49/1088)

## 베를린-브란덴부르크(Berlin-Brandenburg) 주노동법원 2011. 12. 18.자 판결 (26 Sa 1437/10)

"질병으로 인한 해고 시 증명책임"

**판결요지:**

근로자의 중장애는 이익형량(Interessenabwägung) 시 고려되어야 하는 중요한 사정 중 하나이다. 법원은 통합청(Integrationsamt)이 심사해야 할 똑같은 사유로 해고를 반사회적인(sozialwidrig) 것으로 보고 해고보호의 소(Kündigungsschutzklage)를 인용할 수 있다. 이때 특히 질병으로 인한 해고의 경우 흔히 장애와 관련된 사유들을 고려해야 한다. 왜냐하면 사회법전(SGB) 제9권에 표현된 장애인 보호는 그들의 일자리를 유지하고 장애로 인한 해고로부터 그들을 보호하는 것을 주 목적으로 하기 때문이다. 이런 방식으로 노동법원들은 원래 통합청(Integrationsamt)의 승인절차(Zustimmungsverfahren)에 의해 장애인들에게 보장되던 보호를 포괄적으로 혹은 심지어 완전히 보장할 수 있다(참조: 연방노동법원 2000. 1. 20.자 판결 (2 AZR 378/99) - AP Nr. 38 zu § 1 KSchG 1969 Krankheit = NZA 2000, 768 = EzA § 1 KSchG Krankheit Nr. 47).

이는 통합청(Integrationsamt)에서의 절차에 이은, 그리고 이를 위해 예정되었던 행정법원상 절차의 경우, 장애인의 존속보호이해의 시간적 맥락상 흔히 불가능하다. 특히 행정법원이 이 사건에서와 같이 해고보호소송의 종료시점까지 그 절차를 이미 1심에서 중지한 경우에 더욱 더 그렇다.

원심판결: 베를린(Berlin) 지방노동법원 2010. 6. 2.자 판결 (7 Ca 21325/09)

## 슈투트가르트(Stuttgart) 지방노동법원 2011. 3. 16.자 판결 (30 Ca 1772/10)

"장애를 이유로 한 해고 - 차별의 간접사실로서의 인사질문지(Personalfragebogen)"

판결요지:

1. 차별적의 해고의 경우 일반평등대우법(AGG) 제15조 상의 배상은 해고보호의 소(Kündigungsschutzklage)가 제기되지 않더라도 요구될 수 있다. 해고제한법(KSchG) 제7조의 간주효(Fiktionswirkung)의 개시는 차별비난 그 자체를 초래하지 않는다.
2. 임무상 중립적으로 중장애 여부에 대한 인사질문지의 질문은 사회법전(SGB) 제9권 제81조에 대한 위반으로 무효이다.
3. 허용되지 않은 방식으로 지원자의 건강상태와 장애여부에 대한 정보를 수집하는 것을 목적으로 하는 인사질문지의 질문들은 이후에 해고가 있는 경우 개별 사건의 사정에 따라 일반평등대우법(AGG) 제22조의 장애를 이유로 한 차별의 간접사실이 될 수 있다.

항고심판결: 바덴-뷔르템베르크(Baden-Württemberg) 주노동법원 2011. 9. 23.자 판결 (18 Sa 49/1189)

## 함(Hamm) 주노동법원 2010. 6. 30.자 판결 (2 Sa 49/10)

"근로계약 중에 중장애 여부에 대한 질문 – 경영상 이유로 인한 해고 예정"

**판결요지:**

"현존하는 근로관계 중에 중장애에 대한 질문은 일반적으로 허용되지 않는 것은 아니다. 질문의 용도가 전적으로 예정된 해고와 관련하여 중장애 근로자를 위한 보호규정에 대한 정보를 사용자에게 제공하기 위함이라면(여기서는 통합청(Integrationsamt)의 승인), 이전에 근로자가 질문에 대해 의도적으로 잘못된 답변을 했고 통합청이 근로관계 해고에 승인을 했다면, 근로자는 모순된 행동으로 인하여, 그 밖에 유효하게 통지된 해고에 대해서 통합청의 승인이 없었음을 주장할 수 없다."

상고심판결: 연방노동법원 2012. 2. 16.자 판결 (6 AZR 553/10), 기각

## 연방노동법원 2009. 10. 22.자 판결 (8 AZR 642/08)

"질병으로 인한 해고"

**판결요지:**

1. 일반평등대우법(AGG) 제15조 제2항의 손해배상청구권이 인정되기 위해서는 일반평등대우법(AGG) 제1조에 명시된 사유로 인한 차별이 존재해야 하기 때문에, 인과관계가 요구된다. 차별이 일반평등대우법(AGG) 제1조에 명시된 사유 혹은 동조에 명시된 여러 개의 사유와 관련되었거나 이를 통해 동기화 되었다면 이런 인과관계가 인정된다. 일반평등대우법(AGG) 제1조에 명시된 사유가 결정에 영향을 미친 일련의 동기들(Motivbündel) 중 일부인 것으로 충분하다.
2. 일반평등대우법(AGG) 제22조의 법적 증명규정에 따라, 청구권자가 소송에서 일반평등대우법(AGG) 제1조에 명시된 사유로 인한 차별을 추정케 하는 간접사실을 증명하는 것으로 충분하다. 이에 따라 소송 상대방이 차별로부터의 보호규정에 대한 위반이 없었다는 것에 대한 증명책임을 진다.
3. 상습적이고 반복되는 근로불능으로 인한 결근을 이유로 한 해고의 경우, 질병은 그 자체로 이사회 지침 2000/78/EC와 이 지침을 일반평등대우법으로의 전환한

규정에 따라 금지된 차별사유에 해당하지는 않는다. 질병으로 인한 해고의 통지는 원칙적으로 장애를 이유로 한 차별의 충분한 간접사실이 되지 않는다. 차별받은 사람에게 차별지표가 있다는 것만으로 인관관계를 상정하기에 원칙적으로 부족하다.

연방노동법원은 판결에서, 해고가 오로지 질병을 이유로 한 결근으로 인한 것이라면 이는 장애 근로자에 대한 금지된 차별이 아니라고 하였다. 해당 사건에서 한 근로자가 평균을 이상의 결근을 이유로 해고를 통지 받았다. 해당 노동법원이 이 해고가 무효라고 판단한 후, 당사자는 장애를 이유로 차별을 받았기 때문에 손해배상을 청구하였다.

연방노동법원은 이 소에 대해서 근거가 없다고 판단하였다. 법원의 견해에 따르면, 해고자가 그의 장애로 인해 사업장의 다른 직원들보다 불이익하게 대우 받았다고 증명한 경우에 해고가 허용되지 않는 차별에 이른다. 하지만 원고는 이를 증명하지 못하였다.

원심판결: 뒤셀도로프(Düsseldorf) 주노동법원 2008. 5. 14.자 판결 (12 Sa 256/08)

### (4) 고령단시간근로

#### 연방노동법원 2013. 11. 12.자 판결 (9 AZR 484/12)

"고령단시간근로관계의 종료 - 가감 없는 노령연금에 대한 청구권 - 중장애인에 대한 차별"

연방노동법원은 판결에서 고령단시간근로관계의 자동적인 종료가 가감 없는 노령연금에 대한 수급권의 경우, 이것이 중장애 근로자의 노동유휴단계가 이미 이행한 적립노동단계보다 현저히 짧아지는 결과로 이어진다면 이는 무효임을 밝혔다.

그 중장애가 고령단시간근로의 시작시점에서 한시적이었다가 블록모델(Blockmodell)의 근무단계가 거의 종료될 무렵에 다시 연장된 독일연금보험연맹의 근로자가 소를 제기하였다. 이런 이해관계를 반영하는 계약조정이 이 시점에서 더 이상 가능하지 않았기 때문에, 사용자는 그 곳 단체협약상 규정에 따라 이 중장애 근로자의 노동유휴단계를 2년 단축시키고자 하였다.

연방노동법원은 유럽연합 사법재판소의 2012. 12. 6.자 판결, C 152/11 (Odar)을 인용하며, 중장애 근로자가 감경 없는 연금에 대한 수급권을 중장애가 없는 근로자보다 조기에 갖는 것은 중장애 근로자와 중장애가 없는 근로자 간의 불평등한 대우를 정당화하기에 적절하지 않다고 하였다. 해당 사건에서는 원고의 퇴직이 노동유휴단계가 적립노동단계보다 짧아지는 결과를 낳기 때문에 더욱 더 그렇다는 것이다. 법원은 이러한 허용되지 않은 불평등한 대우에 대한 법적 결과는 중장애 근로자가 사용자에 대하여 중장애를 갖지 않는 근로자처럼 대우 받을 수 있는 요구로 이어진다고 하였다.

원심판결: 베를린-브란덴부르크(Berlin-Brandenburg) 주노동법원 2012. 3. 13.자 판결 (16 Sa 1760/11)

### (5) 직업활동의 종료

#### 베를린-브란덴부르크(Berlin-Brandenburg) 주노동법원 2013. 4. 11.자 판결 (18 Sa 2045/12)

"완전한 소득능력감소로 인한 연금 승인을 이유로 한 직업활동의 종료"

판사들은 공공부문 단체협약(TVöD) 제33조 제2항이 유효하며, 일반평등대우법(AGG)에 대한 위반이 아니라고 보았다.

원심판결: 베를린(Berlin) 지방노동법원 2012. 9. 20.자 판결 (58 Ca 10194/12)
연방노동법원에 계속 중 (사건번호: 7 AZR 880/1392)

### (6) 기업 노령연금

#### 뉘른베르크(Nürnberg) 주노동법원 2013. 11. 14.자 판결 (8 Sa 334/13)

"63세 이후 조기 퇴직의 경우 기업 노령연금액 - 중장애"

**판결요지:**

1. 기업노령연금법의 일반적 원칙에 따라, 근로관계의 종료 후 연금규정(Versorgungsordnung)에 정의된 부양연령(Versorgungsalter)인 65세 이전에 기업 노령연금을

조기 수급한 경우에 이중의 감액이 이뤄질 수 있다:
한편으로 기업연금법(BetrAVG) 제2조 제1항에 따른 일정기간 동안의 분할적 감액, 다른 한편으로 기업 노령연금의 조기 수급에 따른 보험수리적 감경이다.

2. 조기 연금개시에 따른 월별 0.5%의 보험수리적 감액[15]은 법적으로 문제가 되지 않는다.
3. 이런 보험수리적 감액은 (중증)장애인에 대한 금지된 불평등대우에 해당하지 않는다. 사회보험에서 중장애인의 감액되지 않는 조기 연금수급의 가능성은 사용자로 하여금 중증장애인에게 감액되지 않는 기업 노령연금을 지급할 의무를 부과하는 것은 아니다.

전심판결: 뉘른베르크(Nürnberg) 지방노동법원 2013. 5. 8.자 판결 (2 Ca 4817/1293)

### 마. 연령을 이유로 한 고용상 차별에 관한 판결

#### (1) 고용에의 접근

#### 연방노동법원 2014. 1. 23.자 판결 (8 AZR 118/13)

"지원자에 대한 차별의 경우 전적으로 잠재적 사용자가 책임을 진다."

판결요지:

"일반평등대우법(AGG) 위반에 따른 제15조 제2항의 손해배상청구권은 사용자를 대상으로 해야 한다. 채용공고를 할 때 리크루터가 고용된 경우, 그는 이러한 청구권에 대하여 책임을 지지 않는다."

원심판결: 킬(Kiel) 주노동법원 2012. 11. 22.자 판결 (4 Sa 246/12)

#### 쾰른(Köln) 주노동법원, 2013. 11. 20.자 판결 (5 Sa 317/13)

"채용공고 시 연령을 이유로 한 간접적인 차별 - 손해배상의 권리남용적 행사"

15) 역자 주 - 연금을 한 달씩 앞당길 때마다, 0.5% 씩 감액한다는 의미이다.

판결요지:

"공고된 자리의 지원자에 대한 직접적인 및 간접적인 차별은 지원자가 공고된 자리에 대한 객관적 적격성을 전제로 한다. 공공 분야 뿐 아니라, 사경제에서도 사용자가 특정 학점을 요구한 경우 지원자가 이를 충족하지 못한 때 이미 객관적 적격성이 없는 것으로 본다. 기본법(GG) 제33조 제2항은 사경제가 아닌 공공부문에만 해당된다. 그러나 이는 사적 사용자가 능력주의(Bestenauslese)에 의하지 않아도 된다는 것을 규정한 것뿐이다. 하지만 그(사적 사용자)는 공공부문과 같은 기준들을 적용할 수도 있다. 이런 배경에 따라 연방노동법원의 판단과 달리 (2010. 3. 18. - AZR 77/09) 직책에 대한 지원자 개인의 전문적인, 그리고 사적인 적합성을 인과관계의 단계에 와서야 심사할 것은 아니다."

"0년에서 2년까지의 직업 경험"을 가진 변호사를 모집하는 법률사무소는 이 직책에 대해 객관적 적격성을 가진, 나이가 있는 변호사들을 그들의 연령을 이유로 간접적으로 차별한다. 이러한 차별은 법률사무소가 인건비를 줄이거나 내지는 제한하려고 했다는 언급으로 정당화될 수 없다.

일반평등대우법(AGG) 제15조에 따른 손해배상청구권은 권리남용의 관점(민법(BGB) 제242조)에서 배제될 수 있다. 개별 사건의 사정들이 결정적이다. 해당 사건에서 법원은 여러 간접사실을 통해 권리남용이 존재한다는 판단을 내리게 되었다.

전심판결: 쾰른(Köln) 지방노동법원 2013. 1. 23.자 판결 (3 Ca 3734/12)
연방노동법원에서 계속 중 (사건 번호: 8 AZN 56/14)

## 베를린-브란덴부르크(Berlin-Brandenburg) 주노동법원 2013. 10. 31.자 판결 (21 Sa 1380/13)

"권리남용의 경우 손해배상 청구권 없음(일반평등대우법-Hopper)"

판결요지:

1. 일반평등대우법(AGG) 제1조에 명시된 사유로 인해 차별 받은 지원자는 손해배상금을 받을 권리가 있다.
2. 지원자가 공고된 자리에 대해 진지하게 관심을 갖지 않고, 단지 손해배상금을 받기 위해 지원한 것이라면 손해배상금의 청구는 권리남용적이다.

3. 지원자가 채용요건을 갖추지 않고 그에게 어울리지 않는 자리에 대해 무의미한 서류를 이용하여 지원을 한 경우, 이는 지원에 대한 진지성이 없었다는 간접사실이 된다.

원심판결: 베를린(Berlin) 지방노동법원 2013. 6. 20.자 판결 (34 Ca 3498/13)
연방노동법원에 계속 중(사건 번호: 8 AZN 44/14)

## 킬(Kiel) 주노동법원 2013. 10. 29.자 판결 (1 Sa 142/13)

"채용공고, "젊은 팀"이라는 언급"

**판결요지:**

""젊은 팀"에서의 근무를 제안하는 채용공고에서의 언급은 개별 사건에서 일반평등대우법(AGG) 제7조 및 제1조에 의해 금지된 연령으로 인한 차별의 간접사실이 될 수 있다."

원심판결: 엘름스호른(Elmshorn) 지방노동법원 2013. 3. 21.자 판결 (51 Ca 1685 C/1295)

## 베를린-브란덴부르크(Berlin-Brandenburg) 주노동법원 2013. 8. 8.자 판결 (26 Sa 1083/13)

""젊고, 헌신적인 팀"을 위한 채용공고"

**판결요지:**

"채용공고에서 "젊고, 헌신적인 팀"이라는 표현의 사용을 통해 지난 세기 60년대에 태어난 지원자들에 대한 의도된 불이익한 대우 의혹의 관점에 관하여."

1964년도에 태어난 원고는 채용절차에서 연령으로 인하여 차별받은 것으로 보고 손해배상을 청구하였다. 그는 면접에 초대되지 않았다는 것이다. 피고는 2008년에 설립된 멀티터치 기술을 개발하는 기업이다.

"혁신적 하드웨어 및 소프트웨어에 대한 지식 및 관심"이 요구되는 판매부에서의 자리가 공고되었었다. "우리는 다음을 제공한다;"라는 제목 아래 "젊고, 헌신적인 팀"이 쓰여 있었으며 "신생 브랜드"의 판매체계를 함께 형성해 나갈 수 있는 기회라는 언급도 함께 있었다. 원고는 그의 지원서에서 시각화 기술 능력이 있다는 것을 강조하였다.

주노동법원은 원고의 주장을 받아들이지 않았다. 원고에게는 그가 주장한 손해배상에 대한 청구권이 인정되지 않는다. 이미 차별이 일반평등대우법(AGG) 제3조 제1항에 따른 비교 가능한 상황에서 이뤄졌는지에 대한 의구심이 있다고 하였다. 법원의 견해에 따르면, 원고가 채용공고가 난 자리에 대해 부적격했을 가능성이 높다고 하였다. 어쨌든 원고가 그의 연령을 이유로 차별을 받았다는 추정할 근거가 충분하지 않다고 보았다.

"젊은 팀"이라는 표현이 차별적 의도를 표시하기 위해서 적합하다는 것은 배제할 수는 없다. 이는 구체적인 맥락에서만 판단 가능하다.

해당 사건에서는 원고가 지금까지 다뤘던 제품들의 상이성, 임금에 대한 상이한 의견 및 자신의 회사에서의 성공을 거두지 못한 이유 때문에 원고를 면접에 초대하지 않은 것이 납득이 된다고 보았다.

원심판결: 베를린(Berlin) 지방노동법원 2013. 4. 19.자 판결 (6 Ca 13119/1296)

## 함부르크(Hamburg) 주노동법원 2013. 4. 3.자 판결 (4 Ta 4/13)

연령을 이유로 한 차별 – 일반평등대우법(AGG) 제15조 제2항에 따른 손해배상금

**판결요지:**

일반평등대우법(AGG) 제15조 제2항에 따른 손해배상소송의 경우, 원고가 그의 채용이 성공적이었을 경우 받았을 보수를 기준으로 한다. 원고가 받았을 보수에 대해 어떤 관념을 갖는지는 고려의 대상이 아니다.

원심판결: 함부르크(Hamburg) 지방노동법원 2013. 2. 5.자 결정 (9 Ca 485/12)

## 프랑크푸르트(Frankfurt) 주노동법원 2013. 3. 18.자 판결 (7 Sa 1257/12)

"사회초년생을 위한 채용공고"

판결요지:

"사회초년생 혹은 졸업을 앞둔 취업예정자만을 대상으로 한 채용공고는 졸업이 1년 이상 지났으며 졸업시험을 앞둔 사람들보다 통계적 개연성에 따라 연령이 많은 지원자들에 대한 사실상의 불평등대우이며 이는 적법한 목적에 의해 정당화 되는 경우 허용된다."

연방노동법원에 계속 중 (사건 번호: 8 AZR 848/1397)

## 연방노동법원 2013. 1. 24.자 판결 (8 AZR 429/11)

"실습프로그램을 위한 채용공모 "대학졸업자/젊은 전문가""

연방노동법원은 판결을 통해 직장초년생을 대상으로 한 채용공모가 너 나이든 지원자에 대한 차별의 간접사실이 될 수 있음을 확실히 하였다. 사용자는 이런 추정을 완화하기 위한 증명책임을 진다. 그는 지원자가 다른 지원자들과 비교하여 낮은 시험점수로 인해 선발권에 들지 않았다는 것을 주장할 수 있다.

당시 위의 직책에 공모하였다가 거절 된 다년간의 직업경험을 가진 36세의 법조인이 소를 제기하였다. 원고는 거절을 연령을 이유로 한 차별로 받아들였으며 피고에게 손해배상을 요구하였다.

공법상 병원의 운영자(öffentlich-rechtliche Krankenhausträgerin)인 피고는 이런 차별을 부인하였다; 그녀는 선발을 시험점수에 따라서 하였으며 "잘함" 혹은 "매우 잘함"의 점수를 가진 지원자만을 고려하였다고 한다. 원고는 여기에 속하지 않았다.

보도자료에 의하면 연방노동법원은 주노동법원의 판결을 부분적으로 파기하고 기타 사실관계 확인을 위해 사건을 주노동법원으로 환송하였다. 주노동법원은 대학병원이 실제로 지원자의 점수만을 기준으로 삼았는지를 밝혀내야 한다.

원심판결: 베를린-브란덴부르크(Berlin-Brandenburg) 주노동법원 2013. 1. 14.자 판결 (9 Sa 1771/10)

### 베를린-브란덴부르크(Berlin-Brandenburg) 주노동법원 2012. 11. 27.자 결정 (15 Ta 2066/12)

"소송비용지원- 손해배상청구권은 지원을 했다는 증명을 전제로 한다."

**판결요지:**

"메일의 수신을 주장하기 위해서는 메일이 발신되었다는 사실로는 부족하다."

지원절차에서의 차별로 인한 청구권을 주장하기 위해서는, 지원 자체를 했다는 증명이 필요하다. 하지만 피소된 기업은 원고의 지원서를 받은 것을 부정하였다. 원고는 지원서를 메일로 발송했다는 것은 증명할 수 있었다. 하지만 법원은 이것이 메일이 수신되었다는 것을 증명하지는 않는다고 보았다. 메일은 수신자나 서비스제공자(Provider)의 메일박스에 불러올 수 있게 저장된 경우에 수신된 것이다. 법원은 메일 수신의 증명을 가능케 하는 것으로 수신확인 내지 읽음확인을 들었다. 원고는 이러한 증명을 제시하지 못하였다.

원심판결: 브란덴부르크(Brandenburg) 지방노동법원 2012. 8. 31.자 결정 (2 Ca 774/12)

### 킬(Kiel) 주노동법원 2012. 11. 13.자 판결 (2 Sa 217/12)

"채용지원에 대한 무응답"

**판결요지:**

채용지원에 대한 무응답은 다른 간접사실들과의 연결하여 일반평등대우법(AGG) 제1조에 따른 간접사실이 될 수 있다. "활기찬 팀"에서 일한다는 언급은 연령 혹은 "젊은" 것과 같은 추가적 표현 없이는 연령으로 인한 차별의 단서가 되지 않는다.

전심판결: 뤼벡(Lübeck) 지방노동법원 2012. 6. 12.자 판결 (6 Ca 103/12)
상고심판결: 연방노동법원 2013. 3. 11.자 결정 (8 AZA 44/12): 소송비용지원(PKH) 거절 (문서화 되지 않음)

## 베를린-브란덴부르크(Berlin-Brandenburg) 주노동법원 2012. 9. 20.자 판결 (26 Sa 757/12)

"지원절차에서 연령을 이유로 한 차별 - 주장책임 및 증명책임"

**판결요지:**

1. 차별과 금지된 사유 사이의 인과관계에 관하여 일반평등대우법(AGG) 제22조에 증명책임조항이 규정되었으며, 이는 주장책임에도 영향을 미친다. 근로자는 금지된 사유로 인한 그에 차별을 가늠케 하는 간접사실을 제시함으로써 그의 주장책임을 충족한다.
2. 따라서 법원은 원고 및 다른 지원자들이 비교 가능한 상황에 있었는지에 대한 결정은 보류하였다. 특히 원고가 채용요건과 무관하게 해당 직책에 객관적으로 적격한지에 대한 당사자 간에 이견이 있었던 문제가 더 이상 의미가 없어졌다(비슷한 상황에서 공공분야 사용자의 요건: 연방노동법원 2012. 2. 16.자 판결 (8 AZR 697/10)).

전심판결: 노이루핀(Neuruppin) 지방노동법원 2012. 3. 27.자 판결 (2 Ca 1407/11)

## 연방노동법원 2012. 8. 23.자 판결 (8 AZR 285/11)

"연령차별적 채용공고 - 채용을 하지 않은 경우에도 손해배상청구권"

연방노동법원의 견해에 따라 지원자가 선발절차에서 선발에 포함되지 않고, 처음부터 배제된 경우 일반평등대우법(AGG) 제7조의 불이익이 이미 있는 것으로 본다. 차별대우는 이미 기회의 박탈에 있기 때문에, 선발절차의 과정에서 지원자가 채용되었는지 여부는 무관하다고 한다.

1956년에 태어난 원고는 25세에서 35세 사이의 지원자를 대상으로 한 IT 분야의 채용공모에 지원하였으나 실패하였다. 원고는 피고가 오로지 그의 연령 때문에 허용되지 않은 차별을 가했다고 보고 26,400 유로의 손해배상을 청구하였다. 그가 공고된 직책에 객관적으로 적격하다는 것이었다. 전심법원들은 그의 소를 기각하였다.

원고의 상고는 연방노동법원에서 인용되었다. 에어푸르트 법관들의 견해에 따라 피고가 다른 지원자를 채용하지 않았기 때문에 일반평등대우법(AGG) 제7조 제1항의 차별금지에 대한 위반이 배제된다는 이유로 주노동법원이 손해배상청구소송을 기각해서는 안 된다고 보았다. 연방노동법원은 사건을 새로운 심리와 결정을 위해 베를린-브란덴부르크(Berlin-Brandenburg) 주노동법원으로 환송하였다. 주노동법원은 원고가 공고된 직책에 대하여 객관적으로 적격한지를 심사해야 할 것이다.

원심판결: 베를린-브란덴부르크(Berlin-Brandenburg) 주노동법원 2010. 11. 10.자 판결 (17 Sa 1410/10)

## 뉘른베르크(Nürnberg) 주노동법원 2012. 7. 11.자 판결 (4 Sa 596/11)

"사회초년생을 위한 실습프로그램 - 연령을 이유로 한 간접적 차별 - 정당화"

**판결요지:**

"전적으로 사회초년생을 대상으로 한 대학교 졸업생을 위한 실습프로그램 채용공고는 일반평등대우법(AGG) 제22조의 간접적 연령차별의 추정을 정당화한다. 하지만 나이든 지원자에 대한 차별은 실질적 사유로 인해 정당화된다."

원심판결: 뉘른베르크(Nürnberg) 지방노동법원 2011. 8. 30.자 판결 (9 Ca 7222/09)
상고심판결: 연방노동법원 2013. 11. 14.자 판결 (8 AZR 997/12), 기각

## 베를린(Berlin) 주법원 2012. 7. 4.자 판결 (22 O 157/12)

"경주마 기수(Trabrennfahrer)의 면허증 발급에 대한 일반적 연령 제한은 허용되지 않는다."

베를린 주법원은 70세 이후에 면허가 더 이상 연정되지 않는다는 규정은 민법전(BGB) 제134조와 결부된 일반평등대우법(AGG) 제7조 제1항과 제2항에 대한 위반이라고 확인하였다.

## 쾰른(Köln), 주노동법원 2012. 6. 28.자 판결 (6 Sa 207/12)

판결요지:

""ins Blaue hinein(되는 대로, 무작정)"의 주장은 충분한 간접사실이 결여되어 연령을 이유로 한 금지된 차별의 추정의 근거가 되기에 부적합하다."

전심판결: 쾰른(Köln) 지방노동법원 2012. 1. 12.자 판결 (14 Ca 1420/11)

## 연방노동법원 2012. 6. 21.자 판결 (8 AZR 188/11)

"일반평등대우법(AGG)에 따른 손해배상청구권에 대해서는 2개월의 기한이 적용된다."

판결요지:

1. 일반평등대우법(AGG) 제15조 제4항에서의 2개월의 제척기간은 유럽연합법상의 등가(Äquivalenz)의 원칙 및 유효성의 원칙에 위반되지 않는다.
2. 제척기간은 일반평등대우법(AGG) 제15조 제2항에 따른 손해배상청구권(Entschädigungsanspruch) 및 일반평등대우법(AGG) 제15조 제1항의 손해배상청구권(Schadensersatzanspruch) 그리고 일반평등대우법(AGG) 제15조 제1항의 손해배상청구권과 같은 차별적 생활상황(Lebenssachverhalt)에 근거한 손해배상청구권에 적용된다.

연방노동법원은 2012. 6. 21.자 판결에서 손해배상에 대한 모든 청구권을 주장하기 위해 일반평등대우법(AGG) 제15조 제2항의 2개월의 기간이 지켜져야 한다고 강조하였다. 지원자가 차별에 대해 인식한 순간부터 기간은 개시된다.

18세에서 35세 사이의 "의욕적인 직원"을 위한 채용공고에 지원한 41세 여성이 소를 제기하였다. 그녀는 완비된 이력서를 포함한 지원서를 송부한 후 2007년 11월 19일에 전화상으로 거절통보를 받았으므로 2개월의 기간을 준수했어야 했다. 하지만 원고는 기간이 만료된 이후, 즉 2008년 1월 29일에서야 노동법원에 손해배상 및 지원비용, 소송비용에 대한 소를 제기하였다.

전심법원들과 마찬가지로 연방노동법원에도 이 소를 인용하지 않았다. 함부르크(Hamburg) 주노동법원은 원고의 사건에서 일반평등대우법(AGG) 제15조 제4항의 기간이 유럽연합법에 부합하는지 여부에 대하여 이미 유럽연합 사법재판소에 선결적 판결을 제청하였다. 유럽연합 사법재판소는 이를 긍정하였다. 연방노동법원은 이를 이어진 판결에서 확인하였다.

전심판결: 함부르크(Hamburg) 주노동법원 2010. 10. 27.자 판결 (5 Sa 3/09)
비교판결: 연방노동법원 2014. 5. 22.자 판결 (8 AZR 662/13, 102)

## 뉘른베르크(Nürnberg) 주노동법원 2012. 5. 16.자 판결 (2 Sa 574/11)

""우리는 의욕적인 팀을 제공합니다"라는 채용공고"

**판결요지:**

1. 채용공고에서 "우리는 의욕적인 팀에서 장래가 보장되는 일자리를 제공합니다"라는 표현은 그 자체로 지원자의 연령에 대한 차별을 추정할 수 있는 사실이 아니다.
2. 일반평등대우법(AGG) 제22조에 따라 요구되는 전반적인 평가에는 채용공고의 맥락 혹은 지원자가 사용자에게 전달한 서류, 특히 지원서 등 지원자가 주장하였거나 다툼이 없는 그 밖의 사실들도 포함되어야 한다. 간접사실의 효력은 이러한 사실들을 통해 약화될 수도 있다.

전심판결: 뉘른베르크(Nürnberg) 지방노동법원 2011. 8. 1.자 판결 (3 Ca 1010/11)
킬(Kiel) 주노동법원 2013. 10. 29.자 판결 (1 Sa 142/13) 참조

## 쾰른(Köln) 주노동법원 2012. 5. 11.자 판결 (5 Sa 1009/10)

"나이 든 근로자의 재고용 우대"

**판결요지:**

1. 사용자와 근로자대표는 재고용에서 나이 든 근로자들을 우대한다는 것을 예정할 수 있다.
2. 사용자와 근로자대표는 재고용청구권의 정함에 있어서 청구권한이 있는 근로자들을 사회적 선발(soziale Auswahl)과 같은 기준에서 정할 법적인 의무는 없다.

이는 이미 해고제한법(KSchG) 제1조 제3항을 재고용청구권에 간접적으로도, 유추적으로도 적용할 수 없다는 것에서도 도출된다.

3. 재고용 시 나이 든 근로자들의 우대는 허용되지 않는 연령차별로 이어지지 않는다. 이러한 규정은 연령으로 인한 직접적인 차별을 내포하기는 한다; 하지만 이는 나이 든 근로자들이 영리생활에서 실질적으로 받게 되는 불이익으로부터 그들을 특별히 보호하고자 하는 정당한 사유로 인하여 정당화된다.

전심판결: 본(Bonn) 지방노동법원 2010. 6. 30.자 판결 (2 Ca 901/10 EU)
상고심판결: 연방노동법원 2014. 4. 8.자 판결 (7 AZR 752/12), 판결 외의 해결: 화해

## 연방대법원(BGH) 2012. 4. 23.자 판결 (II ZR 163/10)

"연령을 이유로 한 차별(연령차별) - 유한책임회사 지배인에 대한 일반평등대우법(AGG) 적용"

판결요지:

1. 기간제 근로로 인해 임용과 채용이 만료되어 새롭게 관리직에 지원하는 유한책임회사의 지배인에 대하여 일반평등대우법(AGG) 제6조 제3항에 따라 일반평등대우법 제2장의 규정들 및 일반평등대우법(AGG) 제22조가 적용가능하다.
2. 협의회가 지원자를 관리인으로 임명 및 채용할 것을 결정할 경우, 협의회의 지배인이 반박 없이 결정 사유들을 공개적으로 언급하고, 여기에서 일반평등대우법(AGG) 제7조 제1항에 따른 차별을 추정케 하는 간접사실이 도출되는 경우 일반평등대우법(AGG) 제22조의 추정효로 충분하다.
3. 원고가 일반평등대우법(AGG) 제15조에 의해 소득손해(Erwerbsschaden)에 따른 보상 청구권을 주장하는 경우, 그의 지원 거절에 있어서 차별이 주원인이었다는 것에 대한 주장책임 및 증명책임은 원칙적으로 그가 부담한다. 하지만 경험에 따라 원칙적인 절차의 경우 그가 채용되었을 것이라는 실질적인 추정 혹은 가능성이 존재하는 경우, 그의 증명책임이 완화된다.

계약이 연장되지 않는 시립병원의 의료 지배인이 소를 제기하였다. 62세 된 원고의 자리는 41세의 직원이 대체하였다. 이와 관련하여 병원의 감사위원회의장이 언론

에 원고가 그의 연령 때문에 계속해서 고용되지 않았다는 것을 진술했다고 한다. “보건시장에서의 변혁”으로 인하여, 기업을 “장기적으로 띄울 수 있는” 지원자를 선정하였다고 했다.

지배인의 경우 일반평등대우법(AGG)은 직업생활로의 접근 및 직업상 승진에만 적용 된다(일반평등대우법(AGG) 제6조 제3항). 연방대법원의 견해에 따르면, 원고와의 계약을 연장하지 않기로 한 병원의 결정은 만료요건이 아닌 접근요건에 해당하므로 일반평등대우법(AGG)의 사적 적용영역이 열리게 되었다.

연방대법원은 감사위원회의장의 언론 진술을 연령을 이유로 한 차별에 대한 충분한 간접사실로 평가하였으며, 이에 대해서는 병원이 반론을 제기할 수 없었다.

전심판결: 쾰른(Köln) 고등법원 2010. 7. 29.자 판결 (18 U 196/09, I-18 U 196/09104)

## 프랑크푸르트(Frankfurt) 주노동법원 2012. 1. 16.자 판결 (7 Sa 615/11)

“사회초년생을 위한 실습프로그램”

**판결요지:**

사회초년생을 위한 실습프로그램을 공고하는 보험회사는, 대학졸업이 1년 이상 경과되지 않은 조건을 요구하더라도, 다른 지원자들을 연령을 이유로 허용되지 않은 방식으로 차별하는 것은 아니다.

전심판결: 비스바덴(Wiesbaden) 지방노동법원 2011. 1. 20.자 판결 (5 Ca 2491/09)
상고심판결: 연방노동법원 2012. 8. 23.자 결정 (8 AZN 711/12): 기각

## 뤼네부르크(Lüneburg) 고등행정법원 2012. 1. 10.자 판결 (5 LB 9/10)

“연령을 이유로 한 차별 - 지방선거공무원 선발절차”

**판결요지:**

“일반평등대우법(AGG)는 지방선거공무원의 직책을 위한 선발절차에도 적용된다.”

전심판결: 슈타데(Stade) 행정법원 2009. 3. 25.자 판결 (3 A 749/07)

## 베를린-브란덴부르크(Berlin-Brandenburg) 주노동법원 2011. 7. 21.자 판결 (5 Sa 847/11)

"특정 직급을 "Junior"로 표현한 것"

**판결요지:**

""Junior Personalreferent Recruiting(하급 인사담당자 모집)"라고 표현된 직책의 공고는 나이가 든 지원자에 대한 연령에 따른 직접적인 혹은 간접적인 차별을 내포하지 않는다."

원심판결: 베를린(Berlin) 지방노동법원 2011. 2. 24.자 판결 (33 Ca 14979/10)
상고심판결: 연방노동법원 2012. 1. 25.자 결정 (8 AZN 1398/11), 상고의 기각

## 함(Hamm) 주노동법원 2011. 5. 19.자 판결 (14 Ta 519/10)

"소송비용지원(PKH) - 다시 지원하라는 사용자의 제안은 이전에 행해진 차별을 제거할 수 없다."

**판결요지:**

1. 진지한 지원의사를 확인하는 것은 확정된 사실관계를 바탕으로 하는 가치평가(Wertungsfrage)로써, 그 결정은 전적으로 본안절차에 있으며 소송비용지원절차에서 행해질 것이 아니다.
2. 일반평등대우법(AGG) 제1조에서 언급된 사유로 인해 거절당한 지원자가 사용자에 대해 일반평등대우법(AGG) 제15조 제2항에 따른 손해배상청구권을 주장하면, 다시 지원하고 면접에 참석하라는 뒤이은 제안은 이전에 행해진 차별을 제거할 수 없다.
3. 이러한 제안이 있었음에도 지원을 하지 않은 것을 두고, 이를 이미 1차 지원 시기에 진지한 지원동기가 없었다는 간접사실로 평가하는 것에 대해서는 원칙적으로 의문이 제기된다. 무엇보다 손해배상청구권의 주장 이후, 새로운 지원 및 소개에 대한 제안이 진지하지 않고, 단지 손해배상청구권을 피하기 위해, 그 이후에 근거가 있는 거절을 하기 위한 전 단계라고 보는 것이 타당할 것이다.
4. 민사소송법(ZPO) 제445조에 따른 상대방의 심문은 민사소송법(ZPO) 제448조의 증명책임이 있는 당사자의 심문에 우선하지 않는다.

5. 전화통화 시 대화상대방이 모르는 상태에서 대화상대방의 진술을 듣지 못한 증인을 진술내용에 대해 신문하는 것은, 원칙적으로 증거 사용이 금지되는 비밀도청(heimlichen Mithörens)에는 해당되지 않는다.

원심판결: 파데본(Paderborn) 지방노동법원 2010. 8. 25.자 판결 (3 Ca 416/10)
반대판결: 함부르크(Hamburg) 주노동법원 2008. 11. 19.자 판결 (3 Ta 19/08)

## 연방노동법원 2011. 4. 6.자 판결 (7 AZR 524/09)

"신진연구자를 위한 연령제한은 무효"

**판결요지:**

1. 사용자가 인정하는 근로자의 연령에 대한 규정이 특정 기간제 근로기간과 결부되어 있는 경우, 더 젊은, 하지만 그 밖에는 비교 가능한 근로자에게 더 긴 계약기간을 제시하였을 때 일반평등대우법(AGG) 제3조 제1항 제1문에 따른 직접적인 차별이 성립한다.
2. 기간제 근로기간에 있어서의 사용자의 허용되지 않은 차별은 일반평등대우법(AGG) 제7조 제2항에 따라 기간제 합의의 무효로 이어진다. 민법전(BGB) 제139조[16]는 기간제 근로기간 중의 관계와 기간제 합의에 관하여는 적용할 수 없다. 특정 기간이 없는 기간제 근로는 없다. 보충적 계약해석의 방식으로도 또는 민법전(BGB) 제140조[17]의 전환(Umdeutung)이나 급부의 차별적인 보류에 있어서의 "상향 변경"(Anpassung nach oben)의 원칙의 적용의 방식으로도 다른 – 보다 장기의 – 기간제기간이 추정될 수는 없다.

원심판결: 쾰른(Köln) 주노동법원 2009. 2. 12.자 판결 (7 Sa 1132/08)

## 연방노동법원 2010. 12. 8.자 판결 (7 ABR 98/09)

"단체협약상 채용상한연령제한"

16) 역자 주 – 민법전 제138조는 일부 무효에 관한 우리 「민법」 제137조에 상응한다.
17) 역자 주 – 민법전 제140조는 무효행위의 전환에 관한 우리 「민법」 제138조에 상응한다.

판결요지:

타 항공사에서 교육을 받은 조종사 채용상한연령을 만 32세 364일로 정한 항공사의 단체협약상 경영규범은 무효이다. 따라서 항공사를 위해 설립된 인사대표위원회는 연령이 너무 많다는 이유로 조종사의 채용에 대한 동의를 거부할 수 없다.

원심판결: 헤센(Hessen) 주노동법원 2009. 3. 17.자 판결 (TaBV 168/08107)

## 연방노동법원 2010. 8. 19.자 판결 (8 AZR 530/09)

"채용공고 - 젊은 지원자를 찾습니다"

판결요지:

"채용공고에서 "젊은"지원자를 찾는 경우, 이는 연령차별금지에 원칙적으로 위반한다."

1958년생인 원고는 법조인이다. 그는 2007년 법학 잡지에 피고가 낸 채용공고에 지원하였다. 피고는 그녀의 법무팀을 위해 "우선 1년 기간제의 젊은 적극적인 법조인"을 찾았다. 원고는 면접에 초대되지 않은 채, 거절통보를 받았다. 33세의 젊은 법조인이 채용되었다.

원고는 피고에 대해 연령을 이유로 한 허용되지 않은 차별을 근거로 25,000.00 유로에 해당하는 손해배상과 일년 연봉에 해당하는 손해배상을 요구하였다.

노동법원은 피고에 대하여 1개월분의 월급에 해당하는 손해배상액의 지급을 명하고 그 밖의 소는 기각하였다. 주노동법원은 원고의 항소와 피고의 부대항소를 기각하였다.

재판부는 주노동법원의 결정을 확인하였다. 피고의 채용공고는 일반평등대우법(AGG) 제7조의 차별금지에 위반하는 일자리의 공고를 금지하는 일반평등대우법(AGG) 제11조에 위반하였다. 이에 따라 일반평등대우법(AGG) 제10조에 따라 상이한 대우를 정당화하는 근거가 있지 않는 한, 일자리들은 무엇보다 "연령 중립적"으로 공고되어야 한다. 허용되지 않은 채용공고는 원고가 그의 연령을 이유로 채용되지 않았다는 간접사실이 된다. 피고가 차별금지에 대한 위반이 없었음을 입증하지 못하였기 때문에, 원고에게 손해배상청구권이 인정된다.

그 금액에 대해서는 주노동법원이 재심사권에 따라(revisionsrechtlich) 거부할 수 없는 방법으로 확정하였다. 원고는 차별이 없는 선발의 경우 피고에 의해 채용되었을 것이라는 것을 진술하거나 증명하지 못하였기 때문에 그가 주장한 1년 연봉에 해당하는 손해배상청구권은 인정되지 않는다.

원심판결: 뮌헨(München) 주노동법원 2009. 6. 3.자 판결 (10 Sa 719/08108)

## 자르브뤼켄(Saarbrücken) 주노동법원 2009. 2. 11.자 판결 (1 TaBV 73/08)

"근로자에 대한 경영협의회의 중지청구권 - 연령차별적인 채용공고"

판결요지:

1. 임금협약 중 근로 1년차인 제1임금그룹 여성판매원을 예정하고 있는 채용공고는 간접적으로 연령차별적이다. "경비절약"이라는 근거는 더 높은 연령대의 근로자에 대한 간접적 차별을 정당화하지 않고 비례의 원칙에 위반된다. 일반평등대우법(AGG) 제10조에서는 정당화근거가 도출되지 않는다.
2. 차별금지는 일반평등대우법(AGG) 제6조에 따른 모든 근로자들, 따라서 아직 사업장에서 근로를 시작하지 않는 지원자도 보호한다.
3. 연령차별적인 채용공고는 일반평등대우법(AGG) 제2장의 규정들에 대한 중대한 위반(제6조~제16조)을 내포하고 있으며, 이에 대해 경영협의회는 경영조직법(BetrVG) 제23조 제3항 제1문에 따라 중지청구권을 갖는다.

상고심판결: 연방노동법원 2010. 2. 16.자 결정 (1 ABR 27/09): 절차의 중지
유사판결: 자르브뤼켄(Saarbrücken) 주노동법원 2010. 2. 11.자 판결 (1 (2) TaBV 74/08)

## 킬(Kiel) 주노동법원 2009. 1. 29.자 판결 (4 Sa 346/08)

"지원의 진정성 의심 - 일반평등대우법(AGG)-Hopping"

판결요지:

일반평등대우법(AGG) 제15조 제2항 제1문에 따른 적절한 금전배상에 대한 청구권은 계획된 자리에 대해 객관적으로 고려 가능하고 주관적으로 진지하게 지원을 한

지원자만이 주장할 수 있다. 손해배상청구권의 취득을 목적으로 하는 “가상지원”은 제외된다.

원심판결: 엘름스호른(Elmshorn) 지방노동법원 2008. 8. 5.자 판결 (3 Ca 205 b/08109)

## 연방노동법원 2010. 3. 18.자 판결 (8 AZR 1044/08)

“채용 시 연령차별 - 비재산적 손해에 대한 손해배상청구권”

**판결요지:**

1. 판결은 한 당사자에 의해 하나의 불복신청방법(Rechtmittel)으로만 다투어질 수 있기 때문에, 두 개의 제기행위에 의해서도 하나의 불복신청방법이 성립한다. 하나의 당사자가 특정 결정에 대해 여러 번의 항소(Berufung) 혹은 상고(Revision)를 하더라도 이런 불복제기방법(Rechtsmittel)에 대해서는 통일적으로 결정하여야 한다.
2. 지원자의 객관적 적격성은 일반평등대우법(AGG) 제6조 제1항 제2문과 결부된 일반평등대우법(AGG) 제15조 제1항 혹은 제2항에 따른 청구권의 구성요건전제는 아니다. 일반평등대우법(AGG) 제3조 제1항 제1문에 따라 사용자의 차별은 그러나 비교 가능한 상황에서 이뤄져야 한다. 일반평등대우법(AGG) 제3조 제1항 제1문에 따라 비교가능한 선발상황은, 채용되어야 할 자리에 대한 객관적 적격성을 가진 근로자에만 해당된다. 객관적 적격성을 결정하는 것은 해당 사용자의 형식적 채용요건이 아니라, 직업생활을 지배하는 거래관행에 따라 해당 임무에 적용되는 요건들이다.
3. 일반평등대우법(AGG) 제15조 제2항에 대한 손해배상청구권은 차별금지에 대한 사용자의 유책한 위반을 전제하지 않는다. 일반적 인격권에 대한 중대한 침해 혹은 현저한 차별도 요하지 않는다. 일반평등대우법(AGG) 제15조 제2항은 손해배상청구권을 위한 독자적인 청구권기초를 갖는다. 일반적 인격권 침해 시 위자료 청구권에 대해 유효한 원칙들은 적용할 수 없다. 그보다 차별금지에 대한 위반이 확정된 경우, 비재산적 손해가 있는 것으로 본다.
4. 일반평등대우법(AGG) 제15조 제2항에 따라 어떤 손해배상이 적정한지에 관한 질문의 결정에는 법원들이 모든 개별 사건들의 특징들을 고려하는 범위에서 재

량권을 갖는다. 손해배상청구권의 산정이 사실심판사(Tatrichter)의 임무이기 때문에, 적절한 손해배상에 대한 확정의 책임은 상고심법원의 제한적인 확인에 의해 이뤄진다. 항고심판결에서는 모든 결정적인 사정에 대한 적절한 고려가 이뤄졌다는 노력이 드러나야 하며 법리, 사고법칙 및 경험칙에 대한 위반이 있어서는 안 된다.

연방노동법원은 원고의 상고 및 니더작센(Niedersachsen) 주노동법원 2008. 9. 15.자 판결(14 Sa 1796/07)에 대한 피고의 부대상고를 기각하였다.

상고심판결: 연방헌법재판소 2011. 11. 17.자 결정 (1 BvR 2493/11): 불수리

## 연방노동법원 2010. 3. 18.자 판결 (5 Sa 14/10)

"연령차별적 채용공고 - 소송상대방을 일반평등대우법(AGG) Hopper로 지칭"

판결요지:

1. 채용공고에서 "젊은 팀"이라는 요건은, "우리는 당신에게 제안한다"라는 제목 아래 위치해 있어도 일반평등대우법(AGG) 제7조, 제11조에 대한 위반이며 연령차별로 인하여 일반평등대우법(AGG) 제15조 제2항에 따른 손해배상청구권을 발생시킬 수 있다.
2. 일반평등대우법(AGG)에 의한 소송절차에서 상대방을 "일반평등대우법(AGG)-Hopper"라고 지칭하는 것은 정당한 이해의 주장에 따라 가능한 것이며 손해배상청구권을 발생시키는 인격권 침해가 아니다.
3. 데이터베이스(Datenbank)에서 소송상대방에 대한 정보를 수집하는 것은, 문의자(Anfragende)가 상대방에 대한 정보를 제공하더라도, 손해배상을 발생시키는 인격권 침해가 아니다.

원심판결: 함부르크(Hamburg) 지방노동법원 2009. 12. 11.자 판결 (10 Ca 154/09)

## 연방노동법원 2009. 8. 18.자 결정 (1 ABR 47/08)

"연령차별적인 채용공고"

판결요지:

"지원자범위를 근무 첫 해인 근로자들을 대상으로 한정시킨 기업 내부의 채용공고는 연령을 이유로 한 간접적 차별이 될 수 있다."

연방노동법원의 제1재판부는 사용자에게 내부 채용공고에서 '근무 첫 해'라는 요건을 포기하라는 경영협의회의 신청을 인정하였다.

원심판결: 프랑크푸르트(Frankfurt) 주노동법원 2008. 3. 6.자 결정 (9 TaBV 251/07 111)

### 뮌헨(München) 주노동법원 2009. 6. 3.자 판결 (10 Sa 719/08)

"연령차별 - 채용공고 - 입증책임"

판결요지:

1. 일반평등대우법(AGG) 제15조 제4항의 제척기간의 준수는 법적인 서면(민법(BGB) 제126조)을 전제로 하지 않는다. 청구권의 행사는 팩시밀리로 충분하다.
2. 명시적으로 "젊은" 직원을 모집하는 채용공고는 연령차별을 성립시킨다. 이는 그러나 손해배상액의 확정에 있어서 일반평등대우법(AGG) 제15조 제2항 제2문에 규정된 범위의 최고한도에 이르러야 할 정도로 특히 심각한 연령차별 사례는 아니다.

상고심판결: 연방노동법원 2010. 8. 19.자 판결 (8 AZR 530/09): 기각

### 킬(Kiel) 주노동법원 2008. 12. 9.자 판결 (5 Sa 286/08)

"연령차별로 인한 손해배상 - 채용공고"

판결요지:

1. "젊은" 회계사(Buchhalter)를 찾는 채용공고는 처음부터 나이 든 지원자를 대상으로 하지 않고 이로써 차별을 하였기 때문에 연령차별을 담고 있다.
2. 채용공고에서 확정한 채용요건들을 충족시키지 않는 지원자는 일반평등대우법(AGG) 제15조 제2항에 따른 손해배상 지급을 주장할 수 없다.

3. 근로자가 북독일 지역 전반의 수많은 일자리에 대하여 병렬적이고 동시대적으로 지원했다는 사정 그 자체는 지원에 대한 그의 진정성을 의문시하는 것으로 적합하지 않다. 이는 그가 주로 차별적 내용을 담지 않는 "중립적"인 채용공고에 지원하였고, 오랫동안 실직상태였으며 4명에 대한 부양책임이 있는 경우에 더욱 더 그렇다.
4. 권리남용적인 일반평등대우법(AGG)-Hopping은 근로자가 수많은 사용자에 대하여 일반평등대우법(AGG) 제15조에 따른 손해배상청구권(Schadensersatz- und Entschädigungsanspruch)을 주장한 것만으로는 이미 성립되는 것은 아니다. 오히려 구체적 개별 사건의 추가적인 사정에서 근로자가 그의 지원을 통해 일자리의 획득이 아닌 대략의 손해배상청구권의 주장을 특히 의도했었음이 드러나야 한다. 이런 사정들이 여기에 존재한다.

원심판결: 킬(Kiel) 지방노동법원 2008. 6. 5.자 판결 (5 Ca 453 b/08)

## 하노버(Hannover) 주노동법원 2008. 9. 15.자 판결 (14 Sa 1769/07)

"채용 시 연령차별로 인한 손해배상 - 인격권침해"

**판결요지:**

"일반평등대우법(AGG) 제15조 제2항 제1문에 따른 손해배상 청구권의 유일한 전제는 사용자의 일반평등대우법(AGG) 제7조의 차별금지에 대한 위반이다. 따라서 사용자의 과실이나 해당 근로자에 대한 중대한 인격권침해가 존재하는지 여부는 무관하다. 이는 법률의 제정배경의 고려 및 특히 공동체법적인 규칙의 준수 원칙을 통해서 이뤄진다."

상고심판결: 연방노동법원 2010. 3. 18.자 판결 (8 AZR 1044/0), 기각

## 함(Hamm) 주노동법원 2008. 6. 26.자 판결 (15 Sa 63/08)

"차별적 채용공고 - 일반평등대우법(AGG)-Hopping의 경우 손해배상 없음"

함(Hamm) 주노동법원은 차별적 채용공고가 존재함에도 불구하고, 소를 기각하고

손해배상을 인정하지 않았다. 35세 이하의 사무직원이 모집되었다. 지원자는 그녀가 그녀의 연령 때문에 거절되었다고 주장하였다. 법원은 그녀에게 그 밖의 지원사실들을 제시하라고 요구하였다. 원고는 이런 요구에 따르지 않았다. 법원은 여기에서 지원자가 연령차별적인 내용을 담고 있는 일자리에만 지원을 하였으며 구체적 자리에 대한 진정한 관심은 없었음을 도출하였다.

원심판결: 도르트문트(Dortmund) 지방노동법원 2007. 10. 10.자 판결 (1 Ca 1941/07 113)

### 프랑크푸르트(Frankfurt) 지방노동법원 2007. 5. 29.자 판결 (11 Ca 8952/06)

"퇴직 전 적절한 근로기간, 연령차별로 인한 손해배상청구권"

판결요지:

1. (어쩌면 일어날 수 있는) 질병으로 인한 장애연금(Erwerbsunfähigkeitsrente)의 발생에 대하여 일반평등대우법(AGG) 제10조 제3문 제3호 후문을 유추 적용하는 것은, 규율의 흠결 혹은 비교 가능한 이해관계가 존재하는 것과 무관하게, 규정의 문리적 한계 때문에 불가능하다.
2. 9년이라는 기간은 일반평등대우법(AGG) 제10조 제3문 제3호 후문에 따른 적절한 근로기간에 해당하며, 동조의 채용상한연령의 확정에 대한 필요성이 존재하지 않는다.
3. 근로자가 사용자가 자기 것으로 "예상한" 노동력만큼을 제공하지 않은 채, 사용자로부터 급부를 취득한다는 사용자의 우려 그 자체는, 오로지 경제적 이해로서 일반평등대우법(AGG) 제10조 제1문의 정당한 목적에 해당하지 않는다.
4. 단순한 추정, 우발성 혹은 리스크는 일반평등대우법(AGG) 제10조에 따른 차별을 정당화 할 수 없다.

프랑크푸르트(Frankfurt) 주노동법원에 항소 제기(17 Sa 1028/07114)

#### (2) 기업 노령연금(Betriebliche Altersversorgung) / 단체협약에 따른 연금규정 (Versorgungsverordnung)

### 연방노동법원 2014. 3. 18.자 판결 (3 AZR 69/12)

**판결요지:**

"연금규정에서, 당해 연금규정에 따라 예정된 10년의 자격부여기간이 충족될 때 근로자가 55세에 달하는 경우에, 기업 노령연금에 대한 청구권이 존재하지 않는다는 규정은 연령을 이유로 한 차별금지에 대한 위반이며 따라서 일반평등대우법(AGG) 제7조 제2항에 따라 무효이다."

원심판결: 슈투트가르트(Stuttgart) 주노동법원 2011. 11. 23.자 판결 (2 Sa 77/11)

### 코블렌츠(Koblenz) 고등행정법원 2014. 2. 14.자 판결 (6 A 10959/13)

"직업적 연금기구(berufsständisches Versorgungswerk)의 정관에서의 연령제한 - 의사연금"

**판결요지:**

직업적 연금기구의 정관에서의 연령제한은, 연금기구가 개방형 준비금계획절차(offenes Deckungsplanverfahren)에 의해 자금을 조달하는 경우, 보장기구의 견고함에 대한 이해에 의하여 정당화 될 수 있다.

자국의 입법자가 EU 외국인에 대한 우대 결정에 대한 재량권이 없었고 규범목적이 EU 외국인의 배제를 통해서도 가능하면, 기본법(GG) 제3조 제1항과 주헌법[18] 제17조 제1항의 평등원칙은 내국인보다 EU 외국인을 우대하는 것을 막지 않는다.

원심판결: 마인츠(Mainz) 행정법원 2013. 5. 17.자 판결 (4 K 884/12 MZ)

### 연방노동법원 2013. 11. 12.자 판결 (3 AZR 356/12)

"공제기금제도(Unterstützungskasse)의 연금기대권(Anwartschaft) 취득의 상한연령제한"

**판결요지:**

"근로자가 50세 이후에 근로관계를 시작한 경우, 기업 노령연금에 대한 청구권을 취득할 수 없도록 정한 공제기금제도의 급부계획(Leistungsplan)의 규정은 유효하다. 이는 연령을 이유로 한 차별금지 및 성별을 이유로 한 허용되지 않은 차별을 성립시키지 않는다."

---

18) 역자 주 - 라인란트팔츠 주헌법

원심판결: 뒤셀도르프(Düsseldorf) 주노동법원 2012. 2. 29.자 판결 (12 Sa 1430/11)

## 연방노동법원 2013. 10. 15.자 판결 (3 AZR 294/11)

"유족연금 - 퇴직 후 전 부인의 재혼 - 만혼(晩婚)약관(Spätehenklausel)[19]"

판결요지:

1. 유족배우자연금에 대한 청구권을 연금대상 근로자와의 혼인이 연금지급원인사실(Versorgungsfall) 발생 이전에 성립되었는지 여부에 따라 결정하는 연금규정은 연령을 이유로 한 차별금지에 위반하는 것은 아니다.
2. 연금지급원인사실 발생 이전에 연금대상 근로자와의 혼인여부에 따라 유족연금에 대한 청구권을 인정을 하는 부양약속으로 인해 연금지급원인사실 이후 최초로 혼인을 하는 연금대상자만이 유족배우자연금에서 제외되는 것이 아니다. 연금지급원인사실 발생 이후 이혼하고 재혼한 연금대상자 역시 유족연금에 대한 청구권이 없다. 이는 이혼한 배우자와 새로이 재혼하는 경우에도 그렇다.

1993년 1월 1일 은퇴하고 같은 해 부인과 이혼한 근로자가 소를 제기하였다. 그는 2008년 부인과 재혼하였다. 기업노령연금에서 급부를 제공하는 상호부조조합에서는 조합의 연금규정에 따라 그의 부인에게는 유족연금 청구권이 인정되지 않는다는 사실을 알렸다. 연금규정에 따라 연금지급원인사실 발생시점 전에 혼인이 성립하고 연금수급자가 사망할 때까지 존속하는 경우에만 유족배우자는 기업연금수급자의 사망시 유족연금을 지급받을 수 있다.

원고의 상고는 받아들여지지 않았다. 에어푸르트(Erfurt) 법원의 견해에 따르면 이른바 만혼약관(Spätehenklausel)이 유효하다.[20] 이는 연령을 이유로 한 허용되지 않은 차별을 불러오지도 않으며 근로법상 평등대우원칙에도 반하지 않는다.

전심판결: 뮌헨(München) 주노동법원 2011. 2. 1.자 판결 (6 Sa 1078/10)

19) 역자 주 - 퇴직 후에 결혼한 배우자는 유족연금에서 배제된다는 규정.

20) 역자 주 - 연방노동법원 2015. 8. 4.자 판결(사건번호 3 AZR 137/13)은 이 만혼규정이 일반평등대우법(AGG)에 위반한다는 이유로 무효라고 판결하였다.

### 프라이부르크(브라이스가우)(Freiburg(Breisgau)) 행정법원 2013. 3. 13.자 판결 (1 K 454/11)

"변호사 연금기구 가입에 대한 연령 상한 - 바덴-뷔르템베르크(Baden-Württemberg)"

판결요지:

"바덴-뷔르템베르크 변호사 연금에 관한 법률(RAVG BW) 제6조 제2항에 따라 바덴-뷔르템베르크 주의 변호사 연금기구 가입의 연령 상한을 45세까지 규정한 것은 기본법(GG) 제3조 제1항의 평등원칙 및 유럽연합법에 위반되지 않는다."

### 연방노동법원 2013. 2. 12.자 판결 (3 AZR 100/11)

"기업 노령연금 - 연령 상한"

판결요지:

"근로자가 법적인 연금보험에서 일반정년까지 적어도 15년 이상의 근속 기간을 남겨둘 수 있는 경우에만 기업 노령연금 급부에 대한 청구권이 발생한다는, 사용자에 의해 제정된 연금규정에서의 규정은 유효하다. 그 규정은 연령 혹은 성별로 인한 차별금지에 위반하지 않는다."

원심판결: 베를린-브란덴부르크(Berlin-Brandenburg) 주노동법원 2010. 11. 11자 판결 (14 Sa 1328/10)

### 슈투트가르트(Stuttgart) 주노동법원 2012. 9. 24.자 판결 (9 Sa 48/12)

"기업 노령연금에의 참여를 위한 연령 상한"

판결요지:

1. 일반평등대우법(AGG) 발효 이전에 연령 상한이 50세였던 연금규정(Versorgungsordnung)이 일반평등대우법(AGG) 발효 이후에 장래에 대해 효력을 중지시킨 것이 일반평등대우법(AGG) 제10조에 반하는지 여부는 해결되지 않은 상태이다.
2. 사용자는 연령 상한에 대한 일반평등대우법(AGG)의 부진정 소급효에 대하여 연령 상한을 허용하는 연방노동법원의 확립된 판례의 견해에 의거하여 신뢰보

호원칙을 주장할 수 있다.

연방노동법원에서 계속 중 (사건번호: 3 AZR 940/12, 일정: 2014. 10. 21.)

### 슈투트가르트(Stuttgart) 주노동법원 2010. 9. 27.자 판결 (4 Sa 7/10)

"연금규정(Versorgungsordnung)에서 승인될 수 있는 근로기간을 제한함에 따른 간접적 차별"

**판결요지:**

"승인될 수 있는 근로기간을 최대 40년의 근로년수로 제한하고, 이로써 25세부터 일을 시작한 근로자보다, 25세 이전에 기업에서 일을 시작하였으나 조기 퇴직한 경우 기업 노령연금에 대한 더 낮아진 연금기대권(Anwartschaft)을 취득하는 것은 연령을 이유로 한 허용되지 않은 차별에 해당하지 않는다."

상고심판결: 연방노동법원 2012. 12. 11.자 판결 (3 AZR 634/10): 기각

### 슈투트가르트(Stuttgart) 주노동법원 2009. 11. 12.자 판결 (11 Sa 41/09)

"기업 배우자유족연금 - 연금규정에서의 만혼(晩婚)약관"

**판결요지:**

1. 유족배우자연금 청구권 여부를 근로자에 대한 연금 지급 개시 시점에 이미 그 근로자와의 혼인이 이뤄져 있는 여부에 따라 결정하는 연금규정에서의 '만혼(晩婚)약관'에 대한 법적인 우려는 생기지 않는다.
2. 이 규정은 사용자가 허용된 방식으로 연금위험(Versorgungsrisiko)을 제한하였기 때문에 평등대우원칙에 위반되지 않는다.
3. 이 규정은 연령 혹은 성별에 대한 차별을 성립시키지 않는다; 만약 어떠한 차별을 내포하고 있다 하더라도, 이는 일반평등대우법(AGG) 제10조에 비추어 보아 해가 되지 않는다.

상고심판결: 연방노동법원 2010. 10. 22.자 판결 (3 AZR 4/10), 취하

## 연방노동법원 2008. 12. 11.자 판결 (3 AZR 249/06)

“기업 노령연금 - 차별금지법”

판결요지:

1. 일반평등대우법(AGG)은 제2조 제2문에서 기업연금법의 적용을 규정함에도 불구하고, 기업연금법에 우선적인 특별규정이 없는 경우 기업 노령연금에도 적용된다.
2. 일반평등대우법(AGG)에 위반된 차별의 경우, 기초가 된 차별적 규정과 연계된 일반평등대우법(AGG) 제2조 제1항 제2호 및 제8조 제2항의 평가로부터 동일하거나 동일 가치의 노동에 대한 동일한 보수 청구권의 근거가 주어진다는 점이 도출된다.
3. 일반평등대우법(AGG)의 시간적 적용에 있어서, 기업연금의 급부기간(Leistungs-zeitraum)을 고려할 것인지 아니면 근로관계에서의 연금기대권(Anwartschaft)의 취득기간을 고려할 것인지는 해결되지 않은 상태이다.

## 연방노동법원 2007. 12. 11.자 판결 (3 AZR 249/06)

“일반평등대우법(AGG)은 기업 노령연금에도 적용된다.”

판결요지:

1. 일반평등대우법(AGG)은 제2조 제2문에서 기업연금법의 적용을 규정함에도 불구하고, 기업연금법에 우선적인 특별규정이 없는 경우 기업 노령연금에도 적용된다.
2. 일반평등대우법(AGG)을 위반하는 차별의 경우, 기초가 된 차별적 규정과 연계된 일반평등대우법(AGG) 제2조 제1항 제2호 및 제8조 제2항의 평가로부터 동일하거나 동일 가치의 노동에 대한 동일한 보수 청구권의 근거가 주어진다는 점이 도출된다.
3. 일반평등대우법(AGG)의 시간적 적용에 있어서, 기업연금의 급부기간(Leistungs-zeitraum)을 고려할 것인지 아니면 근로관계에서의 연금기대권 취득기간을 고려할 것인지는 해결되지 않은 상태이다.

원심판결: 베를린(Berlin) 주노동법원 2006. 1. 4.자 판결 (17 Sa 1034/05)

### 쾰른(Köln) 주노동법원 2007. 8. 31.자 판결 (11 Sa 564/07)

"대체적 단체협약 상 연금규정(Versorgungsordnung), 객실승무원 내지 조종직원"

판결요지:

1. 지금까지의 연금규정(Versorgungsordnung)보다 해당 사람에게 더 유리한 연금급부를 예정하고 있는 이른바 대체적 단체협약상 연금규정(Versorgungsordnung)에서, 단체협약당사자들은 - 개별 사건의 사정에 따라 - 이런 규정이, 더 이른 특정 시점에 이미 연금수령자(Versorgungsempfänger)이었거나 혹은 63세 이상인 사용자의 (예전) 직원들에게 적용되지 않는다는 것을 유효하게 정할 수 있다. 이런 규정은 연령차별금지에 원칙적으로 위반되지 않는다.
2. 단체협약당사자들의 이러한 - 소극적인 - 적용요건이 적절성과 필요성의 원칙을 준수하면서 객관적으로 정당화되고 합법적인 목적을 위한 것이라면, 이 차별은 특히 평등성 원칙(기본법(GG) 제3조 제1항), 재산권((기본법(GG) 제14조 제1항) 및 법치주의 원리(기본법(GG) 제20조 제3항, 제28조 제1항 제1문)에서 도출되는 소급효금지원칙, 신뢰보호원칙 및 비례의 원칙에 위반되지 않는다. 마찬가지로 일반평등대우법 및 이사회 지침 2000/78/EC의 허용되지 않는 연령차별을 성립시키지 않는다.

원심판결: 쾰른(Köln) 지방노동법원 2007. 1. 11.자 판결 (1 Ca 5493/06)
상고심판결: 연방노동법원 2009. 8. 11.자 판결 (3 AZR 975/07), 기각

#### (3) 연령에 따른 보수 / 비용변상 / 근로시간 / 휴가

### 함(Hamm) 주노동법원 2014. 1. 30.자 판결 (8 Sa 942/13)

"연령단계(계층)에 따른 근로시간의 단축 - 단시간근로자의 포섭"

판결요지:

1. 사업장협정이 38시간의 1주 근로시간을 40세 이후에는 1주에 36.5 시간, 그리고

50세 이후에는 1주에 35시간으로 단축한다고 규정하고 있다면, 여기에서 근거가 된 연령에 따른 구별은, 이러한 연령에 따른 단축이 (일정한 비율로) 단시간근로자에게도 적용된다면, 고령 근로자들의 증대된 휴식욕구(Erholungsbedürfnis)로 정당화될 수 없다. 단시간근로자와 전일근로자의 평등대우라는 동기도 이에 대하여 영향을 미치지 않는다.

2. 이 규정의 무효는 1주에 35시간이라는 근로시간단축을 이미 50세 이전에 요구할 수 있는 "상향 변경"을 결과로 한다.
3. 근로자가 자신의 단축된 근로의무보다 1주에 더 많은 시간을 일했다면, 과거에 대해 금전 형식의 손해배상 청구권이 인정된다.

원심판결: 헤오포르트(Herford) 지방노동법원 2013. 6. 18.자 판결 (1 Ca 1445/13)
연방노동법원에서 계속 중 (사건번호: 8 AZR 168/14)

## 프랑크푸르트(Frankfurt) 주노동법원 2014. 1. 17.자 판결 (14 Sa 646/13)

"연령단계화 - 휴가"

판결요지:

"2006년 12월 12일자 헤센주 휴가규정(Urlaubsverordnung) 제5조 제1항은 이 조항이 50세 미만의 근로자보다, 50세 이상의 근로자에게 3일의 휴가일을 더 규정하고 있는 한 유효하다. 이러한 구별은 이사회 지침 2000/78/EC 제6조 제1항 제1문과 일반평등대우법(AGG) 제10조 제3문 제1호에 의해 정당화되기 때문에 이사회 지침 2000/78/EC 제6조 혹은 일반평등대우법(AGG) 제1조와 연계된 제7조에 위반되지 않는다. 이 규정은 고령근로자들의 보호를 위해, 즉 증대된 휴식욕구와 더 긴 재생시간을 형량하기 위해 기능한다."

전심판결: 기센(Gießen) 지방노동법원 2013. 4. 24.자 판결 (8 Ca 355/12)

## 프랑크푸르트(Frankfurt) 행정법원 2013. 7. 25.자 판결 (9 K 4957/12. F)

"연령차별 - 해외상여금"

판결요지:

“오직 연령에 따른 개정 전 연방공무원급여법(Bundesbesoldungsgesetz, BBesG) 제55조의 해외상여금 구별은 연령을 이유로 한 허용되지 않은 차별이다.”

### 프랑크푸르트(Frankfurt) 행정법원 2013. 7. 25.자 판결 (9 K 1391/13)

“연령차별금지 - 급여의 추가지급(Nachzahlung)”

판결요지:

1. 2009년 6월 30일까지 유효했던 연방공무원급여법(Bundesbesoldungsgesetz, BBesG)의 호봉(Besoldungdienstalter)을 근거로 한 보수규정 A 그룹(Besoldungsordnung A)의 기본급여(Grundgehalt) 단계화는 정당화될 수 없는 연령차별을 성립시켰다. 이에 따라 그때까지 차별받은 공무원들에게는 그들의 보수 그룹의 최종기본급(Endgrundgehalt)에 따른 보수청구권이 인정되었다.
2. 보수청구권의 즉시 주장(zeitnahen Geltendmachung)의 원칙은 연령차별금지와 결부된 보수에 대한 청구권 주장을 제한하지 않는다.
3. 2009년 7월 1일에 존재하는 연방공무원급여법(BBesG)상 보수규정 A 그룹의 공무원들을 그들이 달성한 보수수준에 연계하여 새 경력단계제도(Erfahrungsstufensystem)로 인계하는 것은 직접적인 연령차별을 의미하기는 한다.
   하지만 이는 인계규정의 경과적 성격과 이사회 지침 2000/78/EC 제6조 제1항의 기득권보호(Besitzstandswahrung)[21]의 목적에 따라 정당화된다.

### 바우첸(Bautzen) 고등행정법원 2013. 4. 23.자 판결 (2 A 150/12)

“호봉등급(Besoldungsdienstaltersstufe)을 통한 연령차별”

판결요지:

1. 공무원의 호봉(Besoldungsdienstalter)을 통하여 기본급여를 할당하는 것은 연령을 이유로 한 허용되지 않은 차별에 해당한다.

---

21) 역자 주 - 법률 개정 시에 일반적으로 새로운 규정에 따라 더 열악한 지위에 놓이지 않도록 하여 법적 안정성을 제공하는 행정법이나 노동법상의 개념.

2. 공무원의 연령을 기준으로 삼는 것은 직업경험을 보상하고자 하는 합법적인 목적의 적절하고 필요한 수단이 아니다.
3. 차별을 극복하기 위해서는 보수그룹의 최종단계의 보수를 지급해야 하는 것은 아니다.

원심판결: 켐니츠(Chemnitz) 행정법원 2011. 2. 3.자 판결 (3 K 612/10)

## 베를린-브란덴부르크(Berlin-Brandenburg) 주노동법원 2013. 4. 11.자 판결 (26 Sa 2397/12, 26 Sa 2445/12, 26 Sa 2397/12, 26 Sa 2445/12)

"가장 높은 연령단계에 따른 보수 지급 후 승급(Höhergruppierung)시 제척기간"

**판결요지:**

1. 연방피고용인단체협약(Bundesangestelltentarifvertrag, BAT) 제70조 제2문에 따라, 이후에도 발생하는 급부에 대해 제척기간을 무효화하기 위해서는 동일한 사실관계인 경우, 한 번의 청구권 주장으로 충분하였다. "1회적 주장"은 이미 발생한 청구권과 관련되어야 한다. 변함없는 법적인, 사실적인 상황에서 특정 구성요건상의 청구권이 도출되어야 한다. 이러한 청구권이 정상적으로 주장된 경우에만, 단순화를 이유로 이후에 발생하는 급부에 대한 추가적인 주장을 생략할 수 있게 된다(비교판결, 연방노동법원 2009. 1. 22.자 판결 (6 AZR 5/08)).
2. 주장의 시점에서 가장 높은 연령단계에 따른 보수 청구권의 전제가 성립되었었다. "가장 높은 연령단계에 따른 보수의 차이"의 생활상황(Lebenssachverhalt)에 관한 것이다. 이런 청구권과 그 전제는 2009년 5월 1일자의 승급으로 인하여 바뀌지 않았다. 청구는 항상 동일한 기본사실(Grundtatbestand)에서 발생한다.

원심판결: 베를린(Berlin) 지방노동법원 2012. 10. 17.자 판결 (56 Ca 20822/1)

## 킬(Kiel) 주노동법원 2013. 1. 31.자 판결 (5 Sa 248/12)

"연방피고용인단체협약(BAT)에서 대학병원을 위한 단체협약(Tarifvertrag für die Universitätskliniken, TV-UKN)과 대학병원 근로자들의 인계를 위한 단체협약(Tarifvertrag zur Überleitung der Beschäftigten der Universitätskliniken, TVÜ-UKN)으로의 인계"

**판결요지:**

연방피고용인단체협약(BAT)으로 인해 차별을 받은 젊은 근로자들의 "상향" 변경을 통해, 그들에게 그들의 보수그룹에서 가장 높은 연령단계의 보수를 지급해야 하는 사용자의 의무는 연방피고용인단체협약(BAT) 제27조 단락 A에 따라 이에 상응하는 승급(Höherstufung bzw. Höhergruppierung)으로 이어지지 않는다. 인계를 위한 단체협약규정들이 연방피고용인단체협약(BAT)의 기본보수(Grundvergütung)의 차별로부터 자유로운 보수규정을 근거로 한다면, 연방피고용인단체협약(BAT) 제27조 단락 A에서 도출되는 기본보수는 해당 보수 그룹 및 연령단계를 근거로 해야지, 경우에 따라 인계전에 "상향" 변경을 통해, 차별로부터 자유로운 정도의 최종기본급(Endgrundvergütung)에 상응하여 실질적으로 지급된 보수를 근거로 해서는 안 된다. "상향" 변경할 의무는 차별 없는 보수제도로의 교체로 끝난다(연방노동법원 2011. 12. 8.자 판결 (6 AZR 319/09)).

원심판결: 뤼벡(Lübeck) 지방노동법원 2012. 5. 31.자 판결 (2 Ca 3348 b/11)

## 연방노동법원 2012. 12. 12.자 판결 (10 AZR 718/11)

"연간특별급여를 위한 시행일 규정(기준일 규정)은 공공부문 단체협약(TVöD) 제20조에 따라 허용된다."

연방노동법원은 특별급여에 대한 청구권을 해당 연도의 12월 1일에 근로관계 존속 여부에 따라 인정하는 단체협약 규정이, 이런 시행일자 이전에 법정 퇴직 연령에 도달하여 근로관계에서 이탈하는 근로자들을 연령을 이유로 허용되지 않은 방식으로 차별하는 것은 아니라는 입장이다.

공공부문 단체협약(TVöD) 제20조의 규정은 법적 효력이 있다. 특별급여에 대한 청구권이 근로자의 연령에 따른 것이 아니기 때문에 직접적인 차별은 존재하지 않는다. 또한 고령근로자들이 이 규정에 의해 특별히 제한 받는다는 점도 찾을 수 없다고 한다(간접적 차별). 각기 상이한 이유로 12월 1일 이전에 근로관계에서 이탈하는 다른 근로자들은 그들의 연령과 무관하게 특별수당에 대한 청구권도 없다고 한다(출처: 연방노동법원 보도자료 제89/12호).

원심판결: 뮌헨(München) 주노동법원 2011. 6. 28.자 판결 (6 Sa 252/11)

## 막데부르크(Magdeburg) 고등행정법원 2012. 12. 11.자 판결 (1 L 9/12)

"작센-안할트(Sachsen-Anhalt)주의 오래된 보수규정은 연령차별금지에 위반한다."

판결요지:

1. 연방공무원급여법(BBesG) 제27조, 제28조의 토대에 따라, 채용연령을 근거로 한 호봉등급(Dienstaltersstufe)으로의 귀속은 2000년 11월 27일자 이사회 지침 2000/78/EC에 따른 연합법의 차별금지에 반한다.
2. 2002년 개정 연방공무원급여법(BBesG) 제27조, 제28조는 연합법에 합치되지 않기 때문에 적용할 수 없다.
3. 금액의 추가지급 형식으로 원고를 우대함으로써 차별은 제거될 수 있다. 하지만 이는 전체적인 "상향 변경"을 강제하는 것은 아니고, 결정적인 채용상한연령의 고려 하에 특정 비교 집단을 형성하여 보수를 비교(Besoldungsvergleich)해야 한다.
4. 여기서 적용 가능한 지급청구권의 즉각적 주장이라는 보수법상(besoldungsrechtlich) 원칙에 따라 청구권 주장 연도부터의 기간에 해당하는 청구권만 인정된다.
5. 2011년 4월 1일에 작센-안할트(Sachsen-Anhalt) 주보수규정(Landesbesoldungsgesetz Land Sachsen-Anhalt, LBesG LSA)의 발효와 이와 연계된 경력단계에 따른 제도 전환에 따라 추가지급청구권은 인정되지 않는다.

전심법원과 달리, 고등행정법원은 원고가 원하던, 가장 높은 보수단계로의 분류를 따르지 않고, 원고의 채용 시기에 결정적이었던 통상연령 상한을 기준으로 삼았다.

이러한 문제점이 갖는 연방 차원에서의 중요성으로 인해 연방행정법원으로의 상고가 인정되었다.

전심판결: 할레(Halle) 행정법원 2011. 9. 28.자 판결 (5 A 349/09)
반대판결: 프랑크푸르트(Frankfurt) 행정법원 2012. 8. 20.자 판결 (9 K 8/12F)

## 프랑크푸르트(Frankfurt) 행정법원 2012. 8. 20.자 판결 (9 K 8/12)

"판사직 R1과 R2의 보수에서의 연령단계"

판결요지:

1. 2006년 8월 31일까지 유효했던 연방공무원급여법(BBesG) 제38조의 연령단계에 따라, 보수 그룹 R1과 R2의 기본급여의 단계화는 이사회 지침 2000/78/EC 제2조 제2항 (a)호의 직접적 차별로 적용한다.
2. 이러한 차별은 일관된 방식으로 해당 직업경험을 보상하지도, 법관의 독립성에 비추어 보아서도 요구되지 않기 때문에 이사회 지침 2000/78/EC 제6조 제1항에 의해서도, 이사회 지침 2000/78/EC 제4조 제1항에 의해서도 정당화 될 수 없다.
3. 허용되지 않은 차별의 결과로써, 보수 그룹 R1과 R2의 기본급여는 가장 높은 연령단계에 따라 측정되어야 하는데, 이는 보수 그룹 R만이 보수 그룹 R1에 대하여 차별적인 효과를 발생시키지 않고, 연합법의 우선 적용으로 인해 이 보수 그룹의 기본급여 측정을 위한 기타의 규정들이 적용될 수 없기 때문이다.
4. 가장 높은 연령단계에 따른 보수의 추가 지급에 대한 청구권은 일반 소멸시효규정의 적용만을 받는다.
5. 연방헌법재판소가 발전시킨 즉각적 주장의 원칙은 기본법(GG)과 부합하지 않는 보수와 관련된 사례에 적용되며, 그 밖에 입법자에게 헌법위반의 제거의 과정에서 입법해야 하는 규정의 경우, 이러한 규정에 대한 입법을 의무화하지는 않으면서, 경우에 따라 청구권의 소급적 청산(지급)을 제한할 수 있는 기회를 부여할 뿐이다.

반대판결: 막데부르크(Magdeburg) 고등행정법원 2012. 12. 11.자 판결 (1 L 9/12)

## 뒤셀도르프(Düsseldorf) 주노동법원 2012. 4. 12.자 판결 (11 Sa 1362/11)

"연령 상한 이후에 근로를 계속하는 항공교통관제사의 상여금"

판결요지:

"근로관계가 연령 상한에 다다른 경우 종료되는 근로자들에게(항공교통관제사)

사용자가 기간제 (계속)고용의 일환으로 상여금을 지급하였고, 정규직 근로자들에게 이런 상여금을 지급하지 않았다면 이는 허용되지 않은 연령차별을 성립시키지 않는다."

전심판결: 뒤셀도르프(Düsseldorf) 지방노동법원 2011. 10. 21.자 판결 (9 Ca 2613/11)

## 연방노동법원 2012. 3. 20.자 판결 (9 AZR 529/10)

"공공부문 단체협약(TVöD, Tarifvertrag für den Öffentlichen Dienst)에서의 연령에 따른 휴가기간의 계층화(단계화)"

**판결요지:**

1. 공공부문 단체협약(TVöD) 제26조 제1항 제2문에서 근로자가 40세 이후, 1년에 30 근로제공일에 대한 휴가를 청구할 수 있는 반면, 휴가 청구권이 30세까지는 26 근로제공일과 40세 미만까지는 29 근로제공일이라면, 이 규정은 직접적인, 허용되지 않은 연령차별을 내포하고 있다.
2. 공공부문 단체협약(TVöD) 제26조 제1항 제2문에서 규정한 연령단계에 따른 휴가를 측정함에 있어서 일어나는 연령을 이유로 한 차별의 금지에 대해 위반은 연령을 이유로 차별을 받은 근로자들의 휴가가 매년 30 근로제공일이 되도록 그 형태와 방법을 "상향" 변경함으로써 과거에 대하여 제거될 수 있다.

전심판결: 베를린-브란덴부르크(Berlin-Brandenburg) 주노동법원 2010. 3. 24.자 판결 (20 Sa 2058/09)

## 슈투트가르트(Stuttgart) 주노동법원 2012. 2. 24.자 판결 (12 Sa 40/11)

"질병시 질병급여 수령 후에 휴가금을 축소하는 것은 허용되지 않는다 - 연령, 장애"

**판결요지:**

1. 건설업을 위한 연방기본단체협약(Bundesrahmentarifvertrag für das Baugewerbe, BRTV) 제8조 제4항 제2문과 연계된 제8조 제4항 제1문에 따라 질병시 질병급여 수령은 다음 해의 휴가금을 축소시킨다. 이는 측정근거가 되는 1년의 임금액

을 증가시키지 않고 이전 단체협약의 규정에 반하여(제8조 제5항) 보상액(Ausgleichsbeitrag)이 지급되지 않았기 때문이다.

2. 연방기본단체협약(BRTV) 제8조 제4항의 단체협약상 휴가금규정들은 질병급여 수령의 경우, 연방휴가법(Bundesurlaubsgesetz, BUrlG) 제1조에 반하여 휴가금이 본질적으로 계속고용시의 근로소득에 해당하는 것을 보장하는 것은 아니다.
3. 연방휴가법(BUrlG) 제1조의 강제적 규정에서의 예외에는 연방휴가법(BUrlG) 제13조 제2항의 예외조항이 적용되지 않는다. 전년도에 질병급여 수령 후 휴가금이 축소되는 것은, 이와 관련된 건설업에서의 연차휴가 보장을 위해 필요한 것은 아니다.
4. 연방기본단체협약(BRTV) 제8조 제4항의 휴가금규정은 전년도의 질병급여 수령의 경우들에 있어서 연방휴가법(BUrlG) 제13조 제1항에 위반하며, 이 경우들에 있어서 무효이다. 연방휴가법(BUrlG) 제11조가 적용된다.
5. 더 나아가 연방기본단체협약(BRTV) 제8조 제4항의 휴가금규정은 전년도에 질병급여 수령의 경우들에 있어서 일반평등대우법(AGG) 제7조 제1항과 연계된 제7조 제2항에 따라 무효이다. 고령 및 중장애 근로자들이 젊고 장애가 없는 동료들보다 더 높은 건강 위험성을 안고 있기 때문에, 이 규정들은 고령 및 중장애 근로자들을 간접적으로 차별한다.

원심판결: 만하임(Mannheim) 지방노동법원 2011. 6. 24.자 판결 (1 Ca 423/10)
상고심판결: 연방노동법원 2013. 10. 2.자 판결 (9 AZR 567/12), 판결 외의 해결 : 화해

## 연방노동법원 2011. 12. 8.자 판결 (6 AZR 319/09)

"공공부문 단체협약(TVöD) 인계 시 연령차별"

**판결요지:**

1. 연방을 위한 인계단체협약(Überleitungstarifverträgen für Bund, TVÜ-Bund) 제6조 제1항이 공공부문 단체협약(TVöD)으로 인계된 근로자들을 공공부문 단체협약(TVöD)의 통상적인 단계로 분류할 때, 연령차별 금지에 위배되는 연방연방피고용인단체협약(BAT)의 연령별 기본보수(Grundvergütung)를 기준으로 삼는다고 하더라도, 이 규정은 연령차별 금지에 반하지 않는다.

2. 연방연방피고용인단체협약(BAT)의 연령단계별 기본보수제도에 의해 차별받은 젊은 근로자들에게 그들의 보수그룹의 가장 높은 연령단계에 따른 보수를 지급해야 하는 사용자의 의무는 차별적이지 않은 보수제도로 대체되면서 종료된다. 따라서 연방연방피고용인단체협약(BAT)의 해당 보수그룹에서의 가장 높은 연령단계에 따른 보수는 차별적이지 않은 공공부문 단체협약(TVöD)의 보수제도로 포함시키기 위한 접촉점(Anknüpfungspunkt)으로 삼을 수 없다.

원심판결: 쾰른(Köln) 주노동법원 2009. 2. 6.자 판결 (8 Sa 1016/08)

## 연방노동법원 2011. 11. 10.자 판결 (6 AZR 148/09)

"연령단계별 보수로 인한 연령차별 - "상향변경" - 베를린(Berlin) 주"

**판결요지:**

1. 연방연방피고용인단체협약(BAT) 제27조 단락 A에서 BAT의 연령단계별 보수그룹에 따라 기본보수를 측정토록 한 것은, 연령을 이유로 한 차별금지에 위반되며, TV-L이양단체협약(TVÜ-Länder)에 따른 주정부 공공부문 단체협약(TV-L)으로의 인계 외에 근로자들이 그들의 보수그룹의 가장 높은 연령단계로 분류되지 않는 한, 이러한 단계별 분류의 무효를 결과로 한다.
2. 2010년 3월 31일까지 베를린(Berlin)주가 연방연방피고용인단체협약(BAT)을 적용한 것은, 베를린(Berlin)주의 근로자들이 단체협약상의 제척기간 내에 포괄적인 보수청구권을 형식에 맞게 주장하는 한, 원칙적으로 이 시점까지 그들의 보수그룹의 가장 높은 연령단계의 기본급여를 수령할 수 있는 결과를 낳았다.

원심판결: 베를린-브란덴부르크(Berlin-Brandenburg) 주노동법원 2008. 9. 11.자 판결 (20 Sa 2244/07)
유럽연합 사법재판소 2011. 9. 8.자 판결 (C 297/10 및 C 298/10)

## 연방노동법원 2011. 11. 10.자 판결 (6 AZR 481/09)

"연령단계별 보수로 인한 연령차별 - 상향변경 - 헤센(Hessen)주"

연방노동법원은 2011. 11. 10.자 판결에서 헤센(Hessen)주에게 연방연방피고용인단체협약(BAT)-연령단계로 인하여 차별을 받은 젊은 노동자들에게 가장 높은 연령단계와의 차익을 지급하도록 명하였다.

연방피고용인단체협약(BAT) 제27조 단락 A에서 BAT의 연령단계별 보수그룹에 따라 기본보수를 측정토록 한 것은, 연령을 이유로 한 차별금지에 위반되며 TV-L이 양단체협약(TVÜ-Länder)에 따른 주정부 공공부문 단체협약(TV-L)으로의 인계 외에, 근로자들이 그들의 보수그룹의 가장 높은 연령단계로 분류되지 않은 한, 단계별 분류의 무효를 결과로 한다.

원심판결: 프랑크푸르트(Frankfurt) 주노동법원 2009. 4. 22.자 판결 (2 Sa 1689/08)

### 뒤셀도르프(Düsseldorf) 주노동법원 2011. 1. 18.자 판결 (8 Sa 1274/10)

"연령에 따라 단계화된 휴가청구권"

판결요지:

1. 노르트라인-베스트팔렌(NRW) 제15조 제3항의 단계별 휴가청구권은 연령을 이유로 한 허용되지 않은 차별을 내포하고 있다.
2. 이 규정의 무효화는 차별받은 젊은 근로자들의 휴가청구권이 "상향" 조정되는 결과를 낳는다.

원심판결: 베젤(Wesel) 지방노동법원 2010. 8. 11.자 판결 (6 Ca 736/10)
상고심판결: 연방노동법원 2011. 7. 8.자 결정 (9 AZR 487/11), 판결 외의 해결: 취하

#### (4) 직무전환 / 전보

### 브레멘(Bremen) 고등행정법원 2013/ 7. 15.자 판결 (2 B 101/13)

"배치전환시 사회적 선발(Sozialauswahl) - 지역 변경의 수인가능성"

판결요지:

"여러 근로자들의 배치전환의 경우 사회적 선발(Sozialauswahl)이 이뤄져야 한다면,

해고제한법(KSchG) 제1항 제3조 제1문에 따른 해고를 위해 개발된 원칙들이 적용되지 않는다. 이는 지역변경의 수인가능성에 대한 문제이지 해고 대상 근로자의 선발에 관한 문제가 아니다."

원심판결: 브레멘(Bremen) 행정법원 2013. 4. 29.자 판결 (6 V 180/13)

## 함부르크(Hamburg) 고등행정법원 2010. 8. 10.자 판결 (1 BS 121/10)

"공무원의 타 거주지로의 배치전환 - 연령; 가족"

**판결요지:**

"임용기관이 부인과 아이와 함께 살고 있는 공무원을 거주지에서 멀리 떨어진 근무지로 전환배치하면서 여러 명의 전환배치를 원하지 않는 공무원들 사이에서 사회적 선발을 한 경우라면, 해고제한법(KSchG) 제1항 제3조 제1문에 따른 해고를 위해 개발된 원칙들이 적용되지 않는다. 기본법(GG) 제6조는 충분히 고려되어야 한다. 연령을 결정적인 기준으로 삼는 것은 연령차별금지를 침해한다."

원심판결: 함부르크(Hamburg) 행정법원 2010. 6. 3.자 판결 (20 E 1186/10)

## 연방노동법원 2009. 10. 13.자 판결 (9 AZR 722/08)

"교원 전환배치를 위한 평점계획(Punkteschema)"

**판결요지:**

1. 일반평등대우법(AGG) 제7조 제2항에 따른 무효는 모든 종류의 합의, 따라서 근로자대표 및 공무원대표와의 서면합의에도 적용된다.
2. 공무원대표와의 서면합의의 목적이 전환배치를 넘어, 근로자들을 혹시나 있을 수 있는 연령에 따른 부담으로부터 보호하고자 한다면, 이는 일반평등대우법(AGG) 제10조 제1문에 따른 정당한 사회·정책적 목적을 이룬다.
3. 근로자들이 연령이 높아지면서 유연함이 줄어듦에 따라 전직 후에 변화된 상황에서 일하는 것을 원칙적으로 더 어려워하는지에 관한 경험칙이 존재하는지에 대해서는 의문이 있다. 판례에서는 연령이 높아짐에 따라 신체적 부담능력이 떨

어지는 것이 인정되는 정도이다.

4. 원고의 상고에 따라 베를린-브란덴부르크(Berlin-Brandenburg)의 주노동법원의 2008. 6. 12.자 판결 (14 Sa 2187/07)은 파기된다. 사건은 새로운 심리와 결정을 위해 항고법원으로 환송된다.

원심판결: 베를린-브란덴부르크(Berlin-Brandenburg) 주노동법원 2008. 6. 12.자 판결 (14 Sa 2187/07)

## 연방노동법원 2009. 1. 22.자 판결 (8 AZR 906/07)

"연방노동법원은 베를린 채용풀(pool)과 관련한, 연령차별로 인한 베를린-브란덴부르크(Berlin-Brandenburg) 주노동법원의 판결을 인용하였다."

**판결요지:**

1. 차별금지에 대한 위반으로 인한 비재산적 손해에 대하여 근로자가 사용자에 대해 일반평등대우법(AGG) 제15조 제2항에 따라 제기한 손해배상 청구권은 사용자의 유책행위를 전제로 하지 않는다.
2. 일반평등대우법(AGG) 제15조 제2항에 따른 손해배상청구권의 전제는 근로자의 일반적 인격권의 침해가 아니다. 사용자의 차별금지 위반이 있는 경우, 원칙적으로 손해배상청구권을 주장한 근로자의 비재산적 손해가 발생했다는 것을 의제할 수 있다. 해당 절차는, 베를린(Berlin)주가 2003. 12. 9.자에 채용풀법(Stellenpoolgesetz)을 통해 주관청(Landesbehörde)으로 설립한 이른바 채용풀을 대상으로 하였는데, 직책(Dienststelle)이나 인사과(Personalstelle)에서 초과인력(Personalüberhang)으로 분류된 주공무원들이 이 곳으로 전직하였다. 분류대상 선발은 평점계획(Punkteschema)에 의거한 행정규칙에 의해 이뤄졌다.

지방자치단체 운영 기업(Eigenbetrieb) 형태의 어린이 탁아소의 경우, 선발은 2006. 10. 1.자로 40세 이상인 여교사에 한정되었다. 이 시행일에 40세가 넘었던 원고는 초과인력(Personalüberhang)으로 분류되었고 2007. 1. 1.자로 채용풀로 전직하였다. 그녀는 연령을 이유로 한 허용되지 않은 차별을 이유로 이에 상응하는 위자료를 청구하였다.

베를린-브란덴부르크(Berlin-Brandenburg) 주노동법원은 2007년 12월 5일에 피소된 주에게 연령차별을 이유로 1,000 유로의 손해배상금을 부과하였다 (24 Sa 1684/07). 연방노동법원은 2009년 1월 22일에 상고를 기각하였다. 연방노동법원의 견해에 따르면, 피소된 주는 원고의 연령을 이유로 한 상이한 대우를 정당화할 수 있을만한 것을 제시하지 않았다. 균형 잡힌 인적구조(Personalstruktur) 생성의 필요성을 주장하는 것만으로는 부족하다고 하였다. 연방노동법원의 견해에 따라 피소된 주는 이러한 인적구조(Personalstruktur)가 어떤 모습을 띠는지, 그것이 왜 필요한지 그리고 이것이 이 인원선발을 통해 어떻게 달성될 수 있는지를 구체적으로 제시했어야 했다.

원심판결: 베를린-브란덴부르크(Berlin-Brandenburg) 주노동법원 2007. 10. 19.자 판결 (15 Sa 1144/07)

### (5) 공무(Öffentlicher Dienst)

**바덴-뷔르템베르크(Baden-Württemberg) 행정재판소 2014. 3. 18.자 결정 (4 S 509/14)**

"시용 후 공무원관계로의 이적 - 요양사례(Pflegefalls)로 인한 채용연령 상한의 상향조정"

**판결요지:**

주예산법률(Landeshaushaltsordnung, LHO) 제48조 제1항 제2문의 요양사례로 인한 연령 상한의 상향조정은 요양기간(Pflegezeit)으로 인하여 공무원관계 혹은 판사관계의 채용 혹은 전직이 늦춰지는 경우를 전제로 한다.

전심판결: 프라이부르크, 브라이스가우(Freiburg, Breisgau) 행정법원, 2012. 10. 10.자 결정 (5 K 519/12)

**뒤셀도르프(Düsseldorf) 행정법원 2013. 12. 4.자 결정 (26 L 2480/12)**

"지방자치단체의 부단체장직으로서의 첫 임용 시 연령 상한을 56세로 정하는 것?"

판결요지:

"노르트라인-베스팔렌주 공무원법(Landesbeamtengesetz, NRW) 제120조 제2항 제3문이 정한 지방자치단체의 부단체장(Beigeordnete)직 첫 임용 시의 경성 연령 상한(starre Höchstaltersgrenze)은 동법 제31조 제2항에서 규정된 일반정년의 단계별 인상에 따르지 않기 때문에 연령차별적 효과가 있다."

### 프라이부르크(브라이스가우)(Freiburg(Breisgau)), 행정법원 2013. 5. 3.자 결정 (3 K 684/13)

"고위 경찰직무 선발절차에서의 연령 상한"

판결요지:

"경찰내무부령(Polizeilaufbahnverordnung, LVOPol) 제18조 제1항 제1문 제5호에 따른 고위 경찰직무로의 진급을 위한 연령 상한은 필요한 예외의 구성요건의 규범적 규정의 흠결로 인하여 무효이다."

### 연방행정법원 2013. 4. 16.자 결정 (2 B 145/11)

"세관업무 중위직(mittlerer Zolldienst) 직업훈련을 위한 연령 상한 - 손해배상 - 제척기간"

판결요지:

1. 일반평등대우법(AGG) 제15조 제2항에 따른 2개월의 제척기간은 일반평등대우법(AGG) 제15조 제2항의 손해배상청구권과 관련하여 유럽연합법에 합치한다.
2. 일반평등대우법(AGG) 제15조 제4항 제2문에 따라 동조 제1문의 기간은 지원의 경우에는 거절이 도달한 때, 내지는 - 그 시점이 더 늦은 경우에는 - 주장된 차별이 인식된 시점에 개시된다. 기간의 개시는 지원이 고려되지 않은 것에 대한 행정심판(Widerspruchsverfahren)이 행해져야 하는지 여부와는 무관하다.

원심판결: 바우첸(Bautzen) 고등행정법원 2011. 9. 1.자 판결 (2 A 203/10)

### 함(Hamm) 주노동법원 2012. 11. 14.자 결정 (2 Ta 398/12)

"공무원관계에서의 교육을 위한 연령 상한 - 분쟁 경우의 소송절차"

판결요지:

"지원자가 조건부 공무원직의 직업훈련 채용공고에 지원한 경우, 일반평등대우법(AGG) 제15조에 근거를 둔 소는 노동법원에 제기할 수 없다."

법원은 공무원의 법적 분쟁과 관련된 소들은 항상 관할 행정법원에 제기해야 한다고 확인하였다. 이는 일반평등대우법(AGG) 제15조상의 손해배상 및/또는 손해배상 청구권의 경우에도 해당한다. 노동법원들은 이 경우 관할이 없다.

원심판결: 데트몰트(Detmold) 지방노동법원 2012. 6. 27.자 결정 (2 Ca 227/12)

## 연방행정법원 2012. 9. 26.자 판결 (2 C 74/10)

"고위직승진(Verwendungsaufstieg)의 허용을 위한 최소연령규정은 기본법(GG) 제33조 제2항에 위반한다."

판결요지:

1. 기본법(GG) 제33조 제2항의 능력원칙은 그 성공적인 이수가 (비로소) 직업승진 허용의 전제가 되는 직업교육으로의 접근 단계에서부터 지켜져야 한다.
2. 고위직의 승진가능성을 최소연령 40세 또는 행정부처에서의 최소근무기간 12년에 따라 결정하는 것은 기본법(GG) 제33조 제2항에 위반된다.

전심판결: 자를란트(Saarland) 고등행정법원 2010. 9. 29.자 판결 (1 A 156/10)
유사판결: 연방행정법원, 2012. 9. 26.자 판결 (2 C 75/1)

## 쾰른(Köln) 주노동법원 2012. 6. 27.자 판결 (9 Sa 20/12)

"단체협약상 연령 상한규정을 고려한 채용"

판결요지:

1. 병원분야 공공부문 단체협약(TVöD-K) 제33조 제1항의 단체협약상의 연령 상한규정은 법적으로 유효하며 특히 이사회 지침 2000/78/EC 제6조 1항과 부합한다(연방노동법원 2010. 12. 8.자 판결 (7 AZR 438/09)에 이어서). 유럽연합 사

법재판소 2011. 7. 21.자 판결 및 2011. 9. 31.자 판결(C 447/09)에서도 상반된 내용이 도출되지 않는다.

2. 공공의 사용자가 작업치료학교의 관리감독직 채용을 위한 채용요건으로 국가인증 작업치료사로써의 교육이수를 전제조건으로 정할 경우, 그는 그에게 권한이 있는 평가재량(Einschätzungsspielraum) 내에서 행동하는 것이다. 이는 지금까지 해당 직에 종사하였으나 단체협약상 연령 상한에 도달하여 업무를 관둔 자가 공고된 직에 지원한 경우에도 적용된다.
3. 공공의 사용자는 공고된 자리의 채용 시, 단체협약상 연령 상한규정을 통해 세대 간의 업무 분배의 이해에 따라 젊은 근로자들의 직업적 편입을 촉진하고 그들에게 승진기회를 주는, 허용된 사회·정책적 목적들을 고려할 수 있다.

상고심판결: 연방노동법원 2012. 10. 29.자 (7 AZN 2252/12), 판결 외의 해결: 취하

## 연방행정법원 2012. 2. 23.자 판결 (2 C 76/10)

"노르트라인-베스트팔렌(Nordrhein-Westfalen)주 교원의 공무원임용 연령 상한"

**판결요지:**

1. 책임요청 혹은 재결정요청(Verpflichtungs- oder Neubescheidungsbegehren)은 재판 결정 시기의 유효한 실체법에 따라서 결정해야 한다. 이는 행정청의 기각이 예전 법에 의해 위법하나 현재는 신법에 따라 적법한 경우에도 그렇다.
2. 공무원관계로의 접근을 위한 연령 상한의 유효성은 연령 상한이 기본법(GG) 제33조 제2항에 의해 보호되는 직접적인 능력을 기준으로 한 접근가능성과 기본법(GG) 제33조 제5항에 근거를 두는 임용기관의 오랜 고용기간에 대한 이해 사이의 적절한 형량에 따라 확정되는 것을 전제로 한다(연방행정법원 2009. 2. 19.자 판결 (2 C 18.07) = 연방행정법원판례집 133, 143 = Buchholz 237.7 § 15 NWLBG 제6호)
3. 교사의 40세의 연령 상한은 특히 가족 및 공익적인 사유와 같이 인정되는 지체사유의 경우 적절한 범위에 내에서 초과될 수 있기 때문에 기본법(GG) 제33조 제2항 및 이사회 지침 2000/78/EC와 부합한다.

전심판결: 겔젠키르헨(Gelsenkirchen) 행정법원, 2010. 11. 10.자 판결 (4491/09)

## 연방행정법원, 2012. 2. 20.자 결정 (2 B 136/11)

"특수기병대(Spezialeinsatzkommando, SEK) 투입요원의 연령 상한 - 허용성의 증명"

판결요지:

1. 특수기병대에서의 직업행사를 위한 연령 상한의 허용성에 관하여.
2. 일반평등대우법(AGG) 제8조 제1항과 제10조에서의 허용성요건 부분의 사실파악(Sachaufklärung)과 증거평가(Beweiswürdigung)에는 행정법원법(VwGO) 제86조 및 제106조의 일반 행정소송법적 원칙들이 적용된다. 사실파악이 모두 이뤄졌다면 행정법원은 행정법원법(VwGO) 제108조 제1항 제1문에 따른 자유로운 증거평가의 원칙에 따라, 연령을 이유로 한 불평등대우의 허용성이 증명되었는지를 결정해야 한다. 이때 행정법원에 소송거리의 증거방법, 진술 및 간접사실들의 진술가치 및 증거가치에 대한 일반적 기준이 주어져 있는 것이 아니다. 특히 증거방법들에는 어떠한 서열이 있는 것이 아니다; 이들은 원칙적으로 동가치적이다 (판례의 확립된 견해).

전심판결: 베를린-브란덴부르크(Berlin-Brandenburg) 고등행정법원 2011. 8. 18.자 판결 (4 B 20.10)

## 하노버(Hannover) 행정법원 2011. 12. 16.자 판결 (13 A 2095/11)

"시용 후 공무원관계로의 이적을 위한 연령 상한"

판결요지:

1. 보육기간(Kinderbetreuungszeit)과 채용을 위한 지원의 지체 간의 인과관계는 지원자가 채용을 위해 필요했던 학업을 원칙적 채용연령 상한(여기서는 40세)을 초과해서야 마쳤다는 사실에도 불구하고 깨지지 않는데, 이는 학업이 늦은 이유가 미성년자인 아이의 보육에 있고, 따라서 보육기간과 원칙상 연령 상한의 초과 전에 지원을 단념한 사실 사이의 인과적 관계가 지속되기 때문이다.
2. 연령 상한을 높임으로써 보육기간으로 인한 직업적 발전이 지체됨에 따라 발생

하는 단점들을 보완하고자 하는 규정의 보호목적에 따라, 보육기간과 예비근무(Vorbereitungsdienst)채용을 위한 지원의 지체 사이의 인과관계는 지원자가 다른 경우, 따라서 18세 이하 아이의 실제적 보육 기간을 고려하지 않았을 경우, 적시에 채용지원이 가능했다면 긍정된다.

상고심판결: 뤼네부르크(Lüneburg) 고등행정법원 2014. 4. 1.자 판결 (5 LB 80/13)

## 브레멘(Bremen) 고등행정법원 2011. 12. 14.자 판결 (2 A 326/10)

"45세 이후 공무원 관계로의 이적"

**판결요지:**

주예산법률(LHO) 제48조 제1항에서 정한 자유 한자도시 브레멘(Freie Hansestadt Bremen)에서의 근무를 위한 공무원 임용 및 전직 연령 상한은 헌법과 유럽연합법에 부합한다.

전심판결: 브레멘(Bremen) 행정법원 2010. 3. 2.자 판결 (6 K 1744/07)

## 바덴-뷔르템베르크(Baden-Württemberg) 행정재판소 2011. 5. 31.자 판결 (4 S 187/10)

"공무원관계로의 이적을 위한 연령 상한, 지방과다증"

**판결요지:**

1. 주예산법률(LHO) 제48조 제1항의 법적 연령 상한은 상위법에 부합한다.
2. 적격성의 요건에는 공무원지원자가 원하는 직책을 고려하여 그의 건강상의 적격성도 포함된다. 건강상 적격성은 장래의 질병 가능성과 연령 상한에 도달하기까지의 계속적으로 근로를 제공하지 못하는 것이 높은 정도의 개연성을 두고 배제되는 것을 전제할 수 있다는 것을 의미한다. 이에 따라 임용기관은 예측결정(Prognoseentscheidung)을 내려야 한다(연방행정법원 1993. 2. 25.자 판결 (2 C 27.90), 연방행정법원판례집 92, 147 및 2001. 7. 18.자 판결 (2 A 5.00), ZRB[22] 2002, 184). 이러한 위험성 예측은 지원자가 현재가 앓고 있거나 과거에 앓았던

22) 역자 주 - 공무원법 학술지(Zeitschrift für Beamtenrecht).

- 특히 만성적인 혹은 주기적으로 되풀이되는 종류의 - 질병을 근거로 삼거나, 위험요소들 - 예를 들어 과체중 혹은 혈청지질수치의 증가 - 에 의해서 결정될 수 있다 (노르트라인-베스트팔렌(Nordrhein-Westfalen) 고등행정법원 2011. 5. 16.자 결정 (1 B 477/11)).

원심판결: 슈투트가르트(Stuttgart) 행정법원 2009. 12. 7.자 판결 (6 K 4398/08)

## 코블렌츠(Koblenz) 고등행정법원 2011. 5. 31.자 판결 (2 A 10068/11)

"공무원관계로의 이적을 위한 연령 상한은 허용된다."

**판결요지:**

1. 공무원관계로의 이적은 근로능력과 공무원법의 연금청구권 간의 적절한 관계의 이해에 따라, 지원자가 아직 45세에 달하지 않았는지 여부에 따라 결정할 수 있다. 여기에는 특히 연령을 이유로 한 차별의 금지에 대한 위반이 없다.
2. 보육 기간으로 인한 연령 상한의 상향 조정의 전제조건은 공무원관계로의 임용이 다른 직업 활동이 아닌, 전적으로 그 이유(보육) 때문에 지체되었다는 것이다.
3. 45세 이상의 공무원들은 2009. 2. 19.자 연방행정법원 판결 이후 및 개정 주공무원법(LBG) 제19조 제1항, 교원규정(Laufbahnverordnung für den Schuldienst, SchulLbVO) 제2조a의 발효 이전에 공무원관계로의 이적에 대한 신청을 하였더라도, 이에 대한 청구권을 주장할 수 없다.

원심판결: 노이슈타트(바인슈트라쎄)(Neustadt(Weinstraße)) 행정법원 2010. 11. 16.자 판결 (6 K 842/10)
상고심판결: 연방행정법원 2012. 3. 28.자 결정 (2 B 102/11), 기각

## 연방행정법원 2011. 1. 24.자 판결 (2 B 2/11, 2 B 5/11, 2 B 7/11)

"직업지원자를 위한 연령 상한 - 노르트라인-베스트팔렌주(NRW)"

**판결요지:**

1. 사실심 법원이 해당 사건에서 제기된 법률문제의 해결을 위해 병렬적으로 진행

되는 절차에서 상소를 허용했다는 사실만으로 원칙적 의미를 갖는 것은 아니다 (항소, 상고 혹은 비약적 상고)

2. 40세의 채용상한(2009년 7월 18일부터 유효한 노르트라인-베스팔렌주 직업규정(Laufbahnverordnung, LVO) 제6조, 제52조 제1항 및 제84조 제2항)은 상위법에 부합하며, 2009. 2. 19.자 연방행정법원 판결(연방행정법원 (2 C 18.07) - 연방행정법원판례집 133, 143 = Buchholz 237.7 § 15 NWLBG Nr. 6)과 2009년 7월 18일 사이의 공무원관계로의 임용 혹은 인계 신청에도 적용된다.
3. 시용 후 공무원관계로의 임용 혹은 인계가 연령 상한을 초과한 경우, 개정된 노르트라인-베스팔렌주 직업규정(Laufbahnverordnung, LVO) 제6조 제2항에서 규정된 임용 혹은 인계를 위한 지체기간과의 인과관계에 따라 결정되는 것에 대해서는 이의를 제기할 수 없다.
4. 개정된 노르트라인-베스팔렌주 직업규정(Laufbahnverordnung, LVO) 제84조 제2항에서 규정된 예외의 구성요건들은 법치주의적 명령인 규범의 명확성을 충족한다.

원심판결: 뮌스터(Münster) 고등행정법원 2010. 10. 20.자 판결 (6 A 1494/10)

## 뒤셀도르프(Düsseldorf) 행정법원 2010. 3. 23.자 판결 (2 K 5860/09)

"시용 후 공무원관계로의 임용을 위한 연령 상한"

**판결요지(발췌):**

1. 시용 후 공무원관계로의 임용을 위한 연령 상한을 정한 2009년 7월 18일자로 개정된 노르트라인-베스트팔렌 승급규정(LVO NRW)은 상위법에 부합하며, 특히 연방행정법원 2009. 2. 19.자 판결들(2 C 18.07)의 요건들도 충족한다.
2. 법원은 시용 후 공무원관계로의 채용을 주장하는 청구권에 대해, 법적 결정 시점의 사실관계 및 법적 관계에 따라 결정하지, 연방행정법원의 2009. 2. 19.자 판결들과 개정 노르트라인-베스트팔렌 승급규정(LVO NRW)이 발효되기 이전 사이에 새로운 신청 시점 시의 사실관계 및 법적관계에 따르지 않는다.

## 뒤셀도르프(Düsseldorf) 행정법원 2010. 3. 23.자 판결 (2 K 7973/09)

"공무원 임용 – 연령 상한 예외 – Mangelfacherlass[23)]"

판결요지:

1. 시용 후 공무원관계로의 임용을 위한 연령 상한을 정한, 2009년 7월 18일자로 개정된 노르트라인-베스트팔렌주 공무원경력규정(LVO NRW)[24)]은 상위법에 부합하며, 특히 연방행정법원 2009. 2. 19.자 판결들(2 C 18.07)의 요건들도 충족한다.
2. 연령 상한의 초과 혹은 이에 대한 예외가 허용되는 전제조건들에 관하여.

## 연방행정법원 2009. 9. 24.자 판결 (2 C 31/08)

"중급 경찰직무 채용을 위한 연령 상한 – 베를린(Berlin)주"

판결요지:

"중급 경찰직무 예비근무 임용을 위한 베를린(Berlin) 주의 25세 미만의 연령 상한은 상위 법률에 부합한다."

원심판결: 베를린-브란덴부르크(Berlin-Brandenburg) 고등행정법원 2008. 2. 28.자 판결 (OVG 4 B 12.07)

## 코블렌츠(Koblenz) 행정법원 2009. 9. 1.자 판결들 (6 K 1357/08.KO, 6 K 465/09.KO)

"공무원 임용을 위한 연령 상한은 법적으로 규정되어야 한다."

판결요지:

1. 행정법원은 피소된 라인란트-팔츠(Rheinland-Pfalz)주에게, 원고의 시용 후 공

---

23) 역자 주 – 구어: 노르트라인-베스트팔렌주의 교육부에서, 긴급하게 필요한 과목(예를 들어 화학, 물리, 영어, 사회, 정보학, 신학교리, 미술, 음악, 수학, 라틴어, 체육)에 한하여 45세까지의 교사들을 임용하는 것. 노르트라인-베스트팔렌주만 다른 주들과 다르게 연령 상한이 35세였다.

24) 역자 주 – 「노르트라인-베스트팔렌주의 공무원을 위한 경력규정」(Laufbahnverordnung für Beamtinnen und Beamte im Lande Nordrhein-Westfalen).

무원관계로의 인계 신청을 법원의 법적 견해의 고려에 따라 새롭게 결정하라는 의무를 부과하였다.

2. 피고는 40세의 연령 상한을 초과했다는 이유로 교사의 공무원관계로의 인계 신청을 거절할 수는 없다. 원칙적으로 공직으로의 동등한 접근에 대한 권리가 연령 상한을 통해 제한될 수는 있다. 그러나 연령 상한의 확정은 법적 규정을 통해 이뤄져야 한다. 라인란트-팔츠(Rheinland-Pfalz)주는 이를 결여하고 있다. 구체적 연령 상한과 예외는 행정규칙에만 규정되어 있다.

사건의 원칙적 의미로 인해 항고를 허용한다.

기타 판결: 2009. 9. 1.자 판결 (6 K 465/09.KO.)

## 연방행정법원 2009. 2. 19.자 판결 (2 C 18/07)

"노르트라인-베스팔렌주는 교사의 공무원 임명 연령 상한에 대해서 재결해야 한다."

판결요지:

1. 공무원직 임용을 위한 연령 상한은 법적 근거가 있어야 한다. 채용과 공무원직 인계에 대한 연령 상한은 일반평등대우법(AGG)을 통해 결정되지 않는다.
2. 연령 상한의 규정을 위임받은 명령제정권자는 이 규정 및 예외의 구성요건까지 스스로 정해야 한다: 그는 예외를 행정실무에 위임해서는 안 된다.

원심판결: 노르트라인-베스트팔렌(Nordrhein-Westfalen) 고등행정법원, 2007. 3. 15.자 판결 (6 A 4625/04)

## 함(Hamm) 주노동법원 2008. 8. 7.자 판결 (11 Sa 284/08)

"공공부문의 근로관계 채용시 차별적 연령 상한 - 배상"

판결요지:

1. 공공의 사용자는 "20-25세" 지원자를 대상으로 일반 형집행업무(allgemeiner Vollzugsdienst)직을 공고하면서, 이후에 예정된 공무원 관계로의 인계로 인하여

채용공고에서 명시된 연령 상한을 이유로 28세의 지원자를 거절하면 일반평등대우법(AGG) 제15조 제2항에 따라 배상의 의무가 있다.

2. 지원자의 연령을 이유로 한 차별에 대한 공무원 관계로의 인계를 위한 연령 상한의 정당화 사유는 일반평등대우법(AGG) 제10조 제3문 제3호에 의해서는 허용되지 않는다(공무원 연금과 관련하여 퇴직 전 적절한 근무기간 필요성).
   a) 채용공고에 따르면 공무원관계가 아닌 근로관계가 성립되어야 한다. 근로관계는 공무원 연금에 대한 접근을 개시하는 것은 아니다.
   b) 근로관계 성립 이후 (긍정적인 발전의 경우) 공무원관계로 인계하고자 하는 의도는, 지원자의 불평등대우가 객관적이고 적절하며 일반평등대우법(AGG) 제10조의 정당한 목적을 통해 정당화되는 결과로 이어지지는 않는다. 먼저 시작된 근로관계는 이력상으로 형집행상급공무원후보자(Justizvollzugsobersekretäranwärter)의 예비근무 허가의 전제조건이 아니다(조건부 공무원).

원심판결: 빌레펠트(Bielefeld) 지방노동법원 2007. 8. 14.자 판결 (2 Ca 542/07)
상고심판결: 연방노동법원 2009. 12. 17.자 판결 (8 AZR 780/08), 판결 외의 해결

## 프랑크푸르트(Frankfurt) 행정법원 2008. 4. 21.자 판결 (9 E 3856/07)

"중급 소방기술직 임용을 위한 연령 상한"

**판결요지:**

1. 중급 소방기술직 임용의 연령 상한을 30세로 정하고 있는 소방직규정(Feuerwehrlaufbahnverordnung, FeuerwLVO) 제3조 제1항 제1호는 고령 지원자에 대한 일반평등대우법(AGG) 제7조 제1항, 제1조, 제3조 제1항 내지 이사회 지침 2000/78/EC 제2조 제1항, 제2항 (a)호와 결부된 이사회 지침 2000/78/EC 제1조 상의 연령을 이유로 한 직접적인 차별을 의미하며, 이는 적어도 지원 시점에서 31세였던 지원자에 대하여 일반평등대우법(AGG) 제10조 내지 이사회 지침 2000/78/EC 제6조 제1항에 의해 정당화되지 않는다.
2. 소방직규정(FeuerwLVO) 제3조 제1항 제1호를 통하여 균형 잡힌 연령구조를 생성하고자 하는 목적은 일반평등대우법(AGG) 제10조 제1문 내지 이사회 지침 2000/78/EC 제6조 제1항 상의 합법적인 목적이 아니다.

3. 근무기간과 연금 청구권 간의 균형 잡힌 관계를 만들고자하는 목적은 정당하며, 일반평등대우법(AGG) 제10조 제1문 내지 이사회 지침 2000/78/EC 제6조 제1항 제2문 (c)호 (EGRL 2000/78)가 정하고 있는 것에도 부합한다. 소방직규정(FeuerwLVO) 제3조 제1항 제1호에서 구체적으로 정하고 있는 30세의 채용연령 상한은 현역 근무기간과 연금 청구권 간의 균형 잡힌 관계를 생성하고자 하는 목적을 위한 수단으로 일반평등대우법(AGG) 제10조 제2문, 제3문 제3호 내지 이사회 지침 2000/78/EC 제6조 제1항 제2문 (c)호 (EGRL 2000/78)에 따라 적절하지도, 필요하지도 않다.
4. 19.5년 이상의 최소근무기간(공무원연금법(Beamtenversorgungsgesetz, BeamtVG) 제14조 제4항과 결부된 제4조 제1항 제1호)은 이 기간 내에 최저보장(Mindestversorgung)이 통상적으로 실질적 노무제공을 통해 충당되기 때문에 일반평등대우법(AGG) 제10조 제2문, 제3문 및 제3호 또는 이사회 지침 2000/78/EC 제6조 제1항 제2문 (EGRL 2000/78)에 따라 적절하지도, 필요하지도 않다.
5. 일반평등대우법(AGG) 제15조 제1항 제2문, 제3항의 과책성요건은 이사회 지침 2000/78/EC 제17조와 부합하지 못하기 때문에 이미 일반평등대우법(AGG) 제15조 제2항의 손해배상청구권에 적용될 수 없다. 유럽연합 사법재판소는 근무와 직업에서의 평등대우 실현을 위한 일반적 범위의 확정을 위해 이사회 지침 2000/78/EC 제4조 제1항이 자국의 규정 및 원심절차에서 의문시 되는, 중급 소방기술직 채용을 위한 연령 상한을 30세로 정한 규정에 상반되지 않도록 해석해야 한다고 하였다: 유럽연합 사법재판소 2010. 1. 12.자 판결 (Rs. C-229/08).

## 안스바흐(Ansbach) 행정법원 2007. 11. 19.자 판결 (AN 1 K 07.02099)

"공무원관계 임용을 위한 연령 상한 - 바이에른(Bayern) 주"

**판결요지:**

"바이에른주 공무원법(Bayerisches Beamtengesetz, BayBG) 제10조 제1항 제1문의 연령 상한은 상위 법률에 저촉되지 않는다. 이는 일반평등대우법(AGG) 및 이사회 지침 2000/78/EC와도 부합한다."

### (6) 사회적 계획

#### 연방노동법원 2013. 3. 26.자 판결 (1 AZR 813/11)

"사회적 계획 - 연령을 이유로 한 불평등대우"

판결요지:

"사용자와 근로자대표는 사회적 계획에서 퇴직을 앞둔 근로자들을 위하여 은퇴시점이 한참 후인 근로자들의 보상금의 최소 절반에 해당하는 정도의 경제적 보상을 정할 공동체법적 의무는 없다."

원심판결: 뒤셀도르프(Düsseldorf) 주노동법원 2011. 9. 16.자 판결 (6 Sa 613/11)

#### 함(Hamm) 주노동법원 2012. 8. 28.자 판결 (4 Sa 668/11)

"퇴직을 앞둔 근로자들의 사회적 계획급부에서의 제외"

판결요지:

1. 사용자와 근로자대표는 근로관계 종료 후 법적 노령연금 청구권이 있는 고령근로자들을 원칙적으로 일반평등대우법(AGG) 제10조 제3문 제6호에 따라 사회적 급부계획에서 제외시킬 수 있다.
2. 일반평등대우법(AGG) 제10조 제2문에 따라 그들의 이해관계는 비례의 원칙에 위반하여 너무 소홀히 해서는 안 된다. 따라서 적어도 전반적으로 여유롭게 책정된 사회적 계획의 경우, 이와 관련한 연금삭감(Rentenabschläge) 때문에 노령연금을 조기 수령하지 않는 근로자들이 일반정년에 도달했을 때에만 노령연금을 수급할 수 있기 때문에 그들을 사회적 계획 보상금에 대한 권리가 있는 근로자들과 동일하게 취급하는 것이 요구될 수 있다.

원심판결: 도르트문트(Dortmund) 지방노동법원 2011. 2. 22.자 판결 (5 Ca 3925/10)
연방노동법원에 계속 중 (사건번호: 1 AZR 102/13, 일자: 2014. 12. 9)

## 뒤셀도르프(Düsseldorf) 주노동법원 2012. 7. 6.자 판결 (10 Sa 866/11)

"연금 수급을 앞둬서 사회적 계획보상의 축소"

**판결요지:**

"이른바 연금수급을 앞둔 근로자들의 사회적 계획 보상금 축소"

법원의 판단에 따르면, "연금수급이 가까운"과 "연금수급이 먼" 근로자들을 구별하는 보상계획은 일반평등대우법(AGG) 제10조 제3문 제6호에 의해 보호된다. 이는 이사회 지침 2000/78/EC에도 위반되지 않는다.

전심판결: 뒤셀도르프(Düsseldorf) 지방노동법원 2011. 5. 13.자 판결 (13 Ca 116/11)
상고심판결: 연방노동법원 2013. 11. 12.자 판결 (1 AZR 740/12): 판결 외의 해결: 화해

## 뒤셀도르프(Düsseldorf) 주노동법원 2011. 6. 14.자 판결 (16 Sa 1712/10)

"노령연금 수급시의 사회적 계획보상"

**판결요지:**

"사용자와 근로자대표는 사회적 계획에서 실업급여 수급 후 축소되지 않은 노령연금을 수급할 수 있는 근로자들에게 - 경우에 따라 경미한 - 재정적 보상도 인정되는 경우에는 사회적 계획에서 정하고 있는 보상급부에서 제외시킬 수 있다. 이에 대해서는 유럽연합 사법재판소 2010. 10. 12.자 (C-499/08) Andersen 판결에 의해서도 변함이 없다. 여기서 법적인 보상금규정을 위해 마련된 원칙들은 사회적 계획에 적용될 수 없다. 사회적 계획급부에서 완전히 제외시키는 것이 허용되는지는 여기서 결정하지 않는다."

원심판결: 크레펠트(Krefeld) 지방노동법원 2010. 10. 29.자 판결 (2 Ca 852/10)
상고심판결: 연방노동법원 2013. 8. 27.자 판결 (1 AZR 617/11), 판결 외의 해결: 6개월 유예

## 연방노동법원 2011. 4. 12.자 판결 (1 AZR 743/09)

"단계별 연령수당"

**판결요지:**

"근로자들이 근속기간과 임금소득에 따라 산정한 보상금(Grundabfindung) 외에 45세와 50세가 되면서 이에 따른 단계별 연령수당을 추가적으로 사회적 계획에서 예정하는 경우, 그로 인해 원칙적으로 나이가 어린 근로자들이 그들의 연령을 이유로 허용되지 않은 방식으로 차별 받는 것은 아니다."

전심판결: 베를린-브란덴부르크(Berlin-Brandenburg) 주노동법원 2009. 9. 21.자 판결 (10 Sa 2421/08)

## 마인츠(Mainz) 주노동법원 2011. 3. 10.자 판결 (10 Sa 547/10)

"연금 수급을 앞둔 근로자들의 경우 더 적은 사회적 계획보상금"

**판결요지:**

1. 연금 수급을 앞둔 근로자들에게 더 적은 보상금을 예정하고 있는 사회적 계획은 연령차별금지에 위반하지 않는다.
2. 개별 사례에서 법적 연금보험에서 도출되는 청구권의 금액의 액수(Höhe)는 사회적 계획의 유효성과 무관하다.

원심판결: 마인츠(Mainz) 지방노동법원 2010. 9. 13.자 판결 (4 Ca 665/10)
예외판결(Abweichung): 뒤셀도르프(Düsseldorf) 주노동법원 2011. 9. 16.자 판결 (6 Sa 613/11)

## 베를린-브란덴부르크(Berlin-Brandenburg) 주노동법원 2010. 12. 9.자 판결 (26 Sa 1632/10)

"사회적 계획 보상에서의 최고 금액규정"

**판결요지:**

1. 연령을 이유로 한 차별금지는 유럽연합법의 일반원칙으로서, 현재는 유럽인권

협약 제21조 제1항에 명문화 되었다. 이는 회원국의 전환과 무관하게 법원들에 의해 사인 간의 관계에 대하여 직접적으로 적용되는 1차적 법원(Primärrecht/primary law)으로 승격되었다 (유럽연합 사법재판소 2010. 1. 19.자 판결 (C-555/07), [Kücükdeveci] AP Nr. 14 zu Richtlinie 2000/78/EG = NZA 2010, 85 = EzA Richtlinie 2000/78 EG-Vertrag 1999 Nr. 14, zu Rn. 21 f. der Gründe) 참조). 이 금지가 침해되었는지는 여부는 일반평등대우법(AGG)의 발효 이전에는 그 불명확성으로 인하여 이(AGG)를 구체화하는 '고용 및 직업에 있어서 평등대우를 위한 일반 체계를 수립하는 2000년 11월 27일자 이사회 지침 2000/78/EC'(RL 2000/78/EG ABl. EG Nr. L 303 vom 2. Dezember 2000 S. 16)를 기준으로 판단할 수 있었을 뿐이다. 2006년 8월 18일 이후에는 연령차별 금지의 침해는 이 지침을 자국의 법으로 전환한 일반평등대우법(AGG)을 기준으로 심사한다(연방노동법원 2010. 2. 25.자 판결 (6 AZR 911/08), NZA 2010, 561 = EzA § 10 AGG Nr. 3, zu Rn. 17 der Gründe) 참조).

2. 여기서 사회적 계획 청구권의 최고 금액을 180,000 유로로 상정함으로써 사회적 계획 청구권을 제한한 사회적 계획 제III호의 3은 그 자체로 일반평등대우법(AGG) 제3조상의 직접적인 혹은 간접적인 차별을 성립시키지 않는다. 사회적 계획 청구권의 산정 시 연령의 추가적 고려가능성은 일반적으로 인정되어 왔다. (예를 들어, 연방노동법원 2007. 10. 2.자 판결 (1 AZN 793/07), AP Nr. 52 zu § 75 BetrVG 2001 Nr. 6 = EzA § 75 BetrVG 2001 Nr. 626, zu Rn. 8 der Gründe). 최고 금액 규정 역시 마찬가지이다. 이러한 규정들은 한편으로 원고가 속한 고령의 사업 내 근로자들이 젊은 근로자들에 비해 우대 받는 결과를 낳는다. 문제시되는 최고금액규정은 그 자체로 차별을 성립시키지 않는다. 이 규정은 그보다 이전의 불균형한 보상의 증액을 고려하여 젊은 및 고령의 사업 내 근로자들의 상이한 대우를 다시금 제한시킨다.

3. 원고에게 결정적이지 않은 57세 이상 (6개월 합산) 그룹을 위한 규정이 유럽연합 사법재판소의 2010. 10. 12.자 판결(C-499/08 - [Andersen] NZA 2010, 1341)에서 제시된 제한을 고려하였을 경우 유효한지 여부는, 이러한 심사의 결과가 원고에게 영향을 미치지 못할 것이기 때문에 판단하지 않는다.

원심판결: 베를린(Berlin) 지방노동법원 2010. 6. 3.자 판결 (54 Ca 8758/09)
상고심판결: 연방노동법원 2011. 4. 27.자 결정 (1 AZN 218/11), 각하

## 연방노동법원 2010. 3. 23.자 판결 (1 AZR 832/08)

"사회적 계획 - 연령을 이유로 한 불평등대우"

**판결요지:**

"근로관계 종료 시점에서 60세 이상인 근로자들의 보상금을 1/60으로 축소하는 사회적 계획 규정은 유효하다. 연령이라는 표지에 직접적인 근거를 두고 있는 불평등대우는 일반평등대우법(AGG) 제10조 제3항 제6호 제2항(2006년 12월 12일 개정)에 따라 허용된다."

전심판결: 뒤셀도르프(Düsseldorf) 주노동법원 2008. 8. 22.자 판결 (10 Sa 573/08)

## 연방노동법원 2010. 2. 25.자 판결 (6 AZR 911/08)

"젊은 근로자에 한해 제한된 해지계약은 연령차별이 아니다."

**판결요지:**

"사용자가 일반적으로 인원감축에서 제외한 고령 근로자는, 이러한 인원감축이 매력적인 보상 지급을 수반한 자발적 해지계약을 통해 이뤄진 경우라도 젊은 근로자들에 대해 일반평등대우법(AGG) 제3조 제1항 제1문에 따라 직접적으로 차별받은 것이 아니다."

연방노동법원은 사용자가 인원감축조치의 일환으로 55세 이상의 근로자들을 해지계약 체결에서 제외하는 경우, 연령을 이유로 직접적인 차별이 없다고 판단하였다. 해당 사례에서 사용자는 젊은 근로자들에게 근속기간과 소득을 기준으로 한 보상금을 지급하는 대신 근로계약의 자발적인 종료를 제안하였다. 이에 상응하는 제안을 자신에게도 제안하라는, 그 시점에서 55세였던 원고의 요구는 피소된 사용자가 거절하였다.

이에 대해 제기한 소는 모든 심급에서 인용되지 않았다. 고령의 근로자들은 일자

리가 보존되기 때문에, 비록 보상금을 지급 받았더라도 일터를 잃은 근로자들에 비해 불이익하게 대우 받는 것은 아니다. 연방노동법원은 연령차별이 본질적으로 고령 근로자들이 일터에서 잔류하는 것을 목적으로 한다는 것을 명확히 하였다. 따라서 사용자들은 인원감축 시, 고령 근로자들이 이를 요구하더라도 이들과의 해지계약을 체결할 의무는 없다.

원심판결: 니더작센(Niedersachsen) 주노동법원 2008. 10. 15.자 판결 (9 Sa 525/07 146)

### 뒤셀도르프(Düsseldorf) 주노동법원 2009. 12. 21.자 판결 (16 Sa 577/09)

"안정된 근로자들은 사회적 계획 청구권이 없다."

**판결요지:**

"소득능력감소연금과 기업 노령연금의 수급을 통해 경제적으로 안정된 근로자의 경우, 사회적 계획청구권에서 제외하는 것은 경영조직법상의 평등대우원칙과 부합한다. 여기에는 비교대상그룹 - 연금청구권을 가진 다른 근로자들 -이 사회적 계획급부에서 제외되고, 이러한 배제가 선택된 보상제도에 제도적으로 순응할 경우, 장애 혹은 연령이라는 표지에 따른 차별이 존재하지 않는다."

원심판결: 뒤셀도르프(Düsseldorf) 지방노동법원 2009. 3. 26.자 판결 (5 Ca 5101/08)
상고심판결: 연방노동법원 2011. 6. 7.자 판결 (1 AZR 34/10), 기각

### 연방노동법원 2009. 5. 26.자 판결 (1 AZR 198/08)

"사회적 계획에서의 연령구별은 허용된다."

**판결요지:**

1. 사회적 계획은 연령 혹은 근속에 따른 단계별 보상금규정을 예정할 수 있다. 연금을 수급할 수 있는 근로자들의 사회적 계획급부를 축소하거나 여기에서 완전히 제외시킬 수 있다. 이와 관련된 연령을 이유로 한 상이한 대우는 일반평등대우법(AGG) 제10조 제3항 제6호에 따라 인정된다.
2. 일반평등대우법(AGG) 제10조 제3문 제6호는 공동체법의 연령차별 금지에 위반

하지 않는다. 이 규정은 이사회 지침 2000/78/EC 제6조 제1항 제1문에 따라 자국의 입법자가 추구하는 적당한 목적으로 통해 정당화된다. 사업변동으로 인하여 일자리를 잃는 근로자들이 받게 될 경제적 불이익에 따라 사회적 계획을 구별하는 것은 일반적 사회·정치적 이해에 부합한다.

원심판결: 베를린-브란덴부르크(Berlin-Brandenburg) 주노동법원 2007. 11. 29.자 판결 (19 Sa 1416/07)

## 쾰른(Köln) 지방노동법원 2008. 3. 20.자 판결 (22 Ca 8411/07)

"연금 수급을 앞둔 시점에서의 사회적 계획보상금의 축소"

**판결요지:**

1. 일반평등대우법(AGG) 제10조 제3문 제1호에서 제6호까지의 예시는 정당화가능성들을 의미할 뿐이며, 이들은 일반평등대우법(AGG) 제10조 제1문과 제2문에 따른 정당한 목적이 추구되었다는 것과 이러한 차별이 차별을 받은 사람의 권리와 관련하여 필요하고 적절하였음을 항상 전제로 한다. 따라서 일반평등대우법(AGG) 제10조 제3문의 예시규정의 성립은 개별 사례가 비례의 원칙에 부합하는 것을 표의하는 것은 아니다.
2. 일반평등대우법(AGG) 제10조 제3문 제6호의 유럽연합 지침에 부합하는 해석(richtlinienkonforme Auslegung)은 원칙적으로 경제적으로 안정된 근로자들이 사회적 계획의 급부에서 배제되는 것은 가능하나, 이것이 필요하고 적절한 정당한 목적을 통해 정당화 되어야 하는 것으로 귀결된다.
3. 연금 수급을 앞둔 근로자들의 경제적 안정화는, 사업당사자들이 이런 근로자들의 배제와 이를 통해 얻은 사회적 계획의 재정규모를 통해 다른 근로자들을 특별한 이유로 우대하지 않는 한, 정당한 목적에 해당하지 않는다.
4. 일반평등대우법(AGG) 제10조 제1문, 제2문 제3문 제6호에 따른 정당화사유가 없는 경우, 해당 규정은 무효이며 사회적 계획 청구권은 상향 변경되어야 한다. 일반평등대우법(AGG) 제8조에 제2항. (기업노령연금에 대해서는 연방노동법원 2007. 12. 11.자 판결 (3 AZR 249/06), NZA 2008, 532).

## 연방노동법원 2007. 10. 2.자 판결 (1 AZN 793/07)

"연령과 근속에 따른 보상금의 최고금액제한"

연령과 근속에 따라 증가하는 사회적 계획 보상금의 최고 금액의 제한을 예정하고 있는 사회적 계획에서의 규정은, 유럽연합법에 따른 기준(Vorgabe)에 따라 고령 근로자에 대한 금지된 차별이 아니다.

규정 자체가 연령에 따른 구분을 하지 않는 이러한 최고금액규정으로 인해, 근로자들은 연령을 이유로 우대 혹은 차별받는 것이 아니다. 또한 연령에 따른 간접적 차별도 성립하지 않는다. 이는 사회적 계획에서 규정된 보상금의 최고금액 제한이 일반적으로 젊은 근로자보다 고령의 근로자들에게 적용되더라도 그러하다.

원심판결: 베를린-브란덴부르크(Berlin-Brandenburg) 주노동법원 2007. 5. 4.자 판결 (8 Sa 53/07)

## 쾰른(Köln) 주노동법원 2007. 6. 4.자 판결 (14 Sa 201/07)

"급부에 따른 사회적 계획에서의 구별"

**판결요지:**

1. 사회적 계획에서 근로관계의 종료 직후 조기 퇴직이 가능한 근로자들에게 보다 적은 사회적 계획급부를 예정하는 것은 경영조직법(BetrVG) 제75조에 위반하지 않는다.
2. 일반평등대우법(AGG) 제10조 제6호에 따라 사회적 계획에서 이에 상응하는 구별이 가능하다.

원심판결: 쾰른(Köln) 지방노동법원 2006. 12. 22.자 판결 (11 Ca 2183/06)
상고심판결: 연방노동법원 2008. 11. 11.자 판결 (1 AZR 475/07), 기각

### (7) 고령단시간근로(Altersteilzeit)

#### 라인란트-팔츠(Rheinland- Pfalz) 주노동법원 2007. 6. 26.자 판결 (3 Sa 153 07)

"고령단시간근로"

판결요지:

1. 근로자가 원하는 것보다 단시간근로의 근로관계(55세 이상부터) 기간이, 사용자가 1996년 개정 고령자의 단시간 근로에 관한 법률(AltTZG) 제4조에 따라 연방노동청에 상환비용을 청구할 수 있는 기간보다 더 긴 경우, 사용자는 단시간근로의 근로관계 합의를 거절할 수 있다. 연방노동청을 통한 지원은 최대한 6년이며, 이를 넘어선 기간은 온전히 사용자의 부담으로 돌아오기 때문이다.
2. 고령자의 단시간 근로에 관한 법률(AltTZG) 제2조는 일반평등대우법(AGG) 제7조 제1항에 따른 차별이 아니다.
3. 단체협약당사자들이 고령자의 단시간 근로에 관한 단체협약(AltTZTV)을 통해 달성하고자 하는 목적에서, 근로자가 연금 수급을 앞두고 있는지, 아니면 상대적으로 수급이 멀었는지가 영향을 미치기 때문에 60세 이상의 근로자와 (아직) 55세 이상인 근로자에 대한 상이한 대우는 (차별적인) 불평등대우가 아니며, 적어도 일반평등대우법(AGG) 제10조 제1문에 따라 허용되는, 객관적 기준에 따른 구별이다.

원심판결: 카이저스라우테른(Kaiserslautern) 지방노동법원 2010. 1. 17.자 판결 (8 Ca 1598/06)
상고심판결: 연방노동법원 제9부, 2009. 10. 14.자 판결 (9 AZR 511/07), 기각

### (8) 해고

#### 함(Hamm) 주노동법원 2013. 7. 11.자 판결 (16 Sa 104/13)

"서비스이용계약에서 연령 상한의 정함 - 해고"

판결요지:

"서비스이용계약에서 사법집행기관(Justizvollzugsanstalt) 수임인의 근로자의 근로

에 대한 개인적 전제로 62세 내지 63세의 연령 상한을 규정했다면, 여기에 나타난 연령차별은 민법(BGB) 제134조에 따른 계약규정의 무효로 이어지지 않는다. 이러한 계약에는 사법상 거래(Zivilrechtsverkehr)에서의 차별에 대한 보호를 규율하고 있는 일반평등대우법(AGG) 제19조 제1항이 적용되지 않는데, 이는 동조에서 열거하고 있는 계약에 해당하지 않기 때문이다. 일반평등대우법(AGG) 제6조 제2항 제2문 역시 적용되지 않는데, 이는 이 경우가 서비스이용계약의 일환으로써 인력의 근로가 아닌 근로자파견에 해당하기 때문이다."

원심판결: 파더보른(Paderborn) 지방노동법원 2012. 12. 14.자 판결 (3 Ca 869/12)
연방노동법원에 계속 중 (사건번호: 2 AZR 784/13)

## 프랑크푸르트(Frankfurt) 주노동법원 2013. 5. 31.자 판결 (7 Sa 511/12)

"해지기간 - 연령차별"

**판결요지:**

"민법전(BGB) 제622조 제2항의 근속기간에 따른 단계별 해지기간은 일반평등대우법(AGG)에도, 유럽연합법에도 저촉되지 않는다."

원심판결: 기센(Gießen) 지방노동법원 2012. 3. 8.자 판결 (4 Ca 6/12)
연방노동법원에 계속 중 (사건번호: 6 AZR 636/13, 일시: 2014. 9. 18.)

## 연방노동법원 2012. 7. 19.자 판결 (2 AZR 352/11)

"해고시 연령그룹의 생성 - 급부제공자규정"

**판결요지:**

"연령그룹의 형성은 존재하는 구조를 유지할 수 있어야 전체 근로자의 연령구성 보존을 위해 적합하다. 비교 가능한 근로자들의 여러 그룹들이 해고 대상이라면, 해당 비교그룹 내의 모든 연령 그룹의 균형적인 고려가 가능할 수 있어야 한다."

전심판결: 바덴-뷔르템베르크(Baden-Württemberg) 주노동법원 2011. 3. 25.자 판결 (18 Sa 77/10)

## 연방노동법원 2011. 12. 15.자 판결 (2 AZR 42/10)

"사회적 선발에 있어서의 연령그룹의 형성"

사회적 선발에 있어서 종종 근속기간이 길지 않는 젊은 근로자들이 우선 해고된다. 이로써 전체 근로자의 평균연령이 상승한다. 이를 방지하기 위해 연방노동법원(BAG)은 사회적 선발에 있어서 연령 그룹의 형성을 허용하였다: 해고 후보자는 연령그룹, 예를 들어 21세에서 30세까지의 그룹, 31세에서 40세까지의 그룹 등의 연령그룹으로 분류되었으며 더 높은 연령은 항상 한 그룹 내에서만 고려되었다.

연방노동법원은 2011년 12월 15일에 사회적 선발에 있어서의 연령그룹의 형성이 유럽 법의 연령차별금지와 특히 이사회 지침 2000/78/EC에 저촉되지 않는다고 결정하였다. 고령 근로자들이 사회적 선발에서 우대된다면, 이는 연령의 상승과 더불어 노동시장에서의 기회가 원칙적으로 감소하기 때문에 정당화 된다. 그리고 바로 그 반대의 효과를 갖는 연령그룹의 형성은 "연령 상승을 전적으로 수직적으로 고려"하는 것을 방지하고 이에 수반된 "젊은 근로자에 대한 차별"을 저지하려고 한다.

연방노동법원에 따르면, 이로써 고령의 근로자와 젊은 근로자들의 직업적 편입이 "적정하게 조정"된다고 하였다. 이는 결국 "사회·정치적으로 바라는 고용 영역에서의 세대 간 공평"에 기여한다고 하였다.

원심판결: 쾰른(Köln) 주노동법원 2009. 8. 14.자 판결 (11 Sa 320/09)

## 뒤셀도르프(Düsseldorf) 주노동법원 2010. 2. 17.자 결정 (12 Sa 1311/07)

"해지기간의 연령에 따른 단계화는 연령차별금지에 위반한다((Kücükdeveci)."

판결요지:

1. 유럽연합 사법재판소의 2010. 1. 19.자 (C-555/07, Kücükdeveci) 선결적 판결이 후에 "초법규적으로(supra legem)" 명해진 법형성은 민법(BGB) 제622조 제2항 제2문이 2006년 12월 2일 이후의 해고에 대해서는 더 이상 적용될 수 없다는 결과를 낳았다. 이로써 25세 이전의 근로자의 근로제공기간도 해지기간의 산정에 있어서 고려되어야 한다. 해지기간의 연장은 제622조 제2항 제1문에 따라 전적으로 근속기간에 따라 결정된다.

2. 2006년 12월 2일 이후에 제622조 제2항 제2문의 적용가능성을 기대했던 근로자는 예외적인 경우에만 신뢰보호를 받을 수 있다.

원심판결: 묀헨글라트바흐(Mönchengladbach) 지방노동법원 제7부, 2007. 6. 15.자 판결 (7 Ca 84/07)
비교판결: 유럽연합 사법재판소 2012. 1. 19.자 판결 (C-555/07)

## 함(Hamm) 주노동법원 2009. 11. 11.자 판결 (2 Sa 992/09)

"연령그룹에 따른 사회적 선발은 정당한 목적을 통해 정당화되는가?"

**판결요지:**

1. 해고제한법(KSchG) 제1조 제3항 제2문에서의 연령그룹의 형성이 일반평등대우법(AGG) 제10조 제1문과 제2문에 따라 정당한 목적(개별 기업의 경쟁이해)에 의해서 정당화된다는 연방노동법원(BAG)의 견해를 따를 수 있는지에 대해 유럽연합법의 관점에서 의문이 제기된다. 사회적 선발이 결과적으로 해고제한법(KSchG) 제1조 제3항 제1문의 요건을 충족시킨다면, 흠결이 있는 선발절차는 해고의 사회적 부적절성으로 귀결되지 않는다.
2. 명부를 통한 이해조정이 있는 경우, 해고제한법(KSchG) 제1조 제5항 제2문에 따라 중대한 하자에 한정된 사회적 선발의 검토는, 다른 사업장의 근로자들도 사회적 선발에 포함되는지 여부에도 관련된다. 이 경우 사용자와 근로자 대표는 그들에게 허용된 재량을 최대한도로 사용한 것이며, 사회적 선발을 사용자와 경영협의회가 선정된 사업장의 근로자로 한정한 경우, 이는 중대한 하자가 있는 행위로 볼 수 없다(이 사례에서: 상이한 사업장을 위해 각기 독립적인 사용자와 경영협의회가 선정된 경우, 실제로 존재하는 운영기관의 오인)

상고심판결: 연방노동법원 2010. 7. 1.자 결정 (2 AZN 377/10), 2010. 7. 1.: 기각
비교판결: 유럽연합 사법재판소 2009. 3. 5.자 판결 (C-388/07)

## 함(Hamm) 주노동법원 2008. 12. 18.자 판결 (15 Sa 838/08)

"소규모 사업에서의 경영상 이유로 인한 해고 - 선발결정"

판결요지:

1. 선발결정의 경우 해고제한법(KSchG) 제1절이 적용되지 않는 소규모 사업에서의 사용자도 사회적 고려의 최소기준은 지켜야 한다. 이러한 요건을 충족하지 못하는 해고는 신의성실의 원칙(민법(BGB) 제242조)에 반하며 무효이다. 해고된 근로자가 제시해야 하는 사회적 데이터(Sozialdaten)에 의해 이 근로자가 계속 근로중인 다른 비교 가능한 근로자보다 보호 필요성이 훨씬 높다는 것이 명백한 경우, 이는 일단 사용자가 사회적 고려의 최소기준을 도외시하였다고 볼 수 있다. 근로자의 설득력 있는 사실주장에 대해 사용자가 이러한 선발을 결심하게 된 추가적 (사업 관련, 개인적인 기타 등등) 근거들을 제시하면, 신의성실의 관점 하에 형량을 해야 한다. 이때 사용자가 주장한 해고의 사유들을 감안하더라도 해당 근로자의 사회적 요구들이 신의칙에 반하는 방식으로 고려되지 않았는지를 검토해야 한다. 이 형량에서 소규모 사업사용자의 기업의 자유에 상당한 무게가 실린다.
2. 일반조항을 통한 보호는 소규모사업자가 해고제한법(KSchG)에서 제시된 사회적 부적절성의 기준들이 실질적으로 부과되는 것으로 귀결되어서는 안 된다. 객관적 관점에서, 예컨대 기본법(GG) 제3조 상의 차별과 같은, 근로자들을 자의적이거나 혹은 적합하지 않은 동기로 인한 해고에 대해 보호하는 것이 목적이다.
3. 근로자 대신 가족기업의 계승 및 지속을 보호하기 위해 지배인의 아들을 고용하는 결정은, 근로자에 대한 연령 혹은 장애를 이유로 한 차별(일반평등대우법(AGG) 제7조, 제1조)로 볼 수 없다.

원심판결: 헤르네(Herne) 지방노동법원 2008. 4. 8.자 판결 (2 Ca 3150/07)

## 연방노동법원 2008. 11. 6.자 판결 (2 AZR 523/07)

"경영상 이유로 인한 해고 - 연령차별"

판결요지:

1. 해지기간이 있는 해고가 일반평등대우법(AGG)상의 차별금지(동법 제1조부터 제10조까지)에 위반한다면, 이는 해고제한법(KSchG) 제1조에 따른 해고의 사회적 부적절성으로 이어질 수 있다. 일반평등대우법(AGG) 제2항 제4조는 이에

배치되지 않는다.

2. 해고제한법(KSchG) 제1조 제3항 제1문에 명시된 사회적 데이터(Sozialdatum)로서의 연령은 연령에 따른 상이한 대우를 의미한다. 이는 그러나 일반평등대우법(AGG) 제10조 제1문과 제2문에 따라 정당화 된다.
3. 연령그룹의 형성도 일반평등대우법(AGG) 제10조 제1문과 제2문에 따라 정당한 목적에 의해 정당화될 수 있다. 원칙적으로 연령그룹형성이 사업변동으로 인한 대량해고로 인해 나타난 때 그러하다.

원심판결: 니더작센(Niedersachsen) 주노동법원 2007. 7. 13.자 판결 (16 Sa 290/07)

## 이저론(Iserlohn) 지방노동법원 2007. 8. 14.자 판결 (2 Ca 443/07)

"연령으로 인한 생산성 부족에 따른 해고"

지방노동법원은 소를 기각하면서, 연령으로 인한 생산성 부족도, 그것이 사용자가 수인할 수 있는 정도를 넘어선 경우, 해당 해고에 대한 통합청의 동의를 얻기 위한 사용자의 노력은 연령차별적 조치로 볼 수 없다는 것이 인정된다고 하였다. 해고의 근본적인 원인은 연령이 아닌, 연령으로 인한 능력의 감소에 있다는 것이다.

## 연방노동법원 2007. 6. 19.자 판결 (2 AZR 304/06)

"사회적 선발에 있어서 점수표(score chart)는 허용된다."

판결요지:

1. 해고제한법(KSchG) 제1조 제5항은 변경해고에도 적용된다.
2. 지금까지의 조건에서의 고용을 중지하고자 하는 것과 사업 내에서 다른 고용가능성이 없음에까지 이후의 추정이 확대된다.
3. 이사회 지침 2000/78/EC에 명시된, 연령차별에 대한 유럽 법에 따른 금지는, 사회적 선발을 위해 연령그룹의 형성과 연령에 따른 점수 배분을 정한 점수표의 사용이 정당한 목적에 의해 정당화된다면 이에 적용되지 않는다.

원심판결: 작센 주노동법원(Sächsisches LAG), 2005. 12. 6.자 판결 (7 Sa 584/05)

### 뤼베크(Lübeck) 지방노동법원 2007. 5. 29.자 판결 (6 Ca 642/07)

"해고 - 연령차별의 간접사실"

판결요지:

"이전에 해고된 57세 근로자를 대체하기 위해 50세 근로자를 채용한 것은 해고 된 근로자에 대한 연령을 이유로 한 차별의 간접사실이 되지 못한다; 이러한 개별 사례에서는 특히 "연령"라는 표지와 관련하여 필요한 통계적 유의성이 도출되지 않는다. 이로써 일반평등대우법(AGG) 제22조의 증명책임전환이 일어나지 않기 때문에 해고가 일반평등대우법(AGG) 제2조 제4항에도 불구하고 연령을 이유로 한 차별로 인하여 무효가 될 수 있는지 여부는 판단하지 않는다."

### 빌레펠트(Bielefeld) 지방노동법원 2007. 4. 25.자 판결 (6 Ca 2886/06)

"연령그룹 형성"

"법원의 견해에 따르면 연령그룹의 형성은 일반평등대우법(AGG) 제7조 제1항의 차별금지에 위반하지 않으며 일반평등대우법(AGG) 제7조 제2항에 따른 해고의 무효로 이어지지 않는다."

### 베를린-브란덴부르크(Berlin-Brandenburg) 주노동법원 2007. 4. 13.자 판결 (13 Sa 2208/06)

"사회적 선발에 있어서 연령그룹의 형성"

판결요지:

"연령그룹을 통해 균형 잡힌 연령구성을 보존하는 것은 연령을 이유로 있을 수 있는 차별에 대한 이사회 지침 2000/78/EC 제6조 제1항의 정당화(사유)에 해당한다."

원심판결: 베를린(Berlin) 지방노동법원 2006. 11. 8.자 판결 (7 Ca 13090/06)
상고심판결: 연방노동법원 제2부 2009. 3. 12.자 판결 (2 AZR 418/07); 기각

### 바덴-뷔르템베르크(Baden-Württemberg) 주노동법원 2007. 3. 15.자 판결 (21 Sa 97/06)

"단체협약상의 고령자해고보호 - 총괄단체협약(Manteltarifvertrag)"

**판결요지:**

1. 자국의 법으로 전환된 유럽연합지침은 사인 간의 관계에서는 직접적으로 적용되지 않는다. 이는 사적자치에 따른 근로계약에서의 의사결정에 근거한 단체협약상의 규정도 마찬가지다.
2. 노르트뷔르템베르크/노르트바덴(Nordwürttemberg/Nordbaden) 금속산업 근로자를 위한 총관단체협약(MTV) (단체협약상의 고령자해고보호) 제4조 제4항은 일반평등대우법(AGG)의 정함에 위반하지 않는다.
3. 근로법상의 평등대우원칙은 부당하게 차별받은 근로자에게 우대 받은 근로자와 평등하게 대우받을 권리를 부여하지만, 사용자에게 우대 받은 근로자의 계약상 이점을 회수할 수 있는 권리를 주는 것은 아니다.

원심판결: 슈투트가르트(Stuttgart) 지방노동법원 006. 9. 13.자 판결 (19 Ca 14167/04)
상고심판결: 연방노동법원 2007. 9. 3.자 판결 (2 AZR 528/07); 판결 외의 해결

#### (9) 직업활동의 종료

### 베를린-브란덴부르크(Berlin-Brandenburg) 고등행정법원 2014. 3. 11.자 결정 (OVG 12 S 111.13)

"검사전문가(Prüfsachverständige)의 연령 상한"

**판결요지:**

"검사전문가(Prüfsachverständige)의 연령 상한을 68세로 정한 브란덴부르크(Brandenburg) 주의 검사전문가규정 제8조 제1항 제2호는 유럽연합법과 내국법에 부합한다."

원심판결: 포츠담(Potsdam) 행정법원 2013. 9. 26.자 결정 (6 L 568/13)

### 고등행정법원 2013. 12. 3.자 결정 (1 B 452/13)

"퇴직 연기 - 연령 상한 - 가명령

판결요지:

"65세 이상의 공무원이 정년퇴직을 한 경우, 퇴직을 연기하는 것은 불가능하다: 공무원이 적시에 근무연한연장신청을 하였고, 이것이 위법한 근거에 의해 거절되어 공무원이 퇴직 전에 행정법원에 가명령을 신청한 경우에도 그러하다."

원심판결: 자르란트(Saarland) 행정법원 2013. 10. 21.자 결정 (2 L 1307/13)

## 뤼네부르크(Lüneburg) 고등행정법원 2013. 10. 29.자 결정 (5 ME 220/13)

"퇴직 연기 - 상반된 직무상의 이해"

판결요지:

1. 니더작센(Niedersachsen)주 공무원법(Niedersächsisches Beamtengesetz, NBG) 제36조 제1항 제1문상의 상반된 직무상의 이해 개념에 관하여.
2. 퇴직 연기와 전형적인 방식으로 관련이 있는 사정들은 니더작센(Niedersachsen)주 공무원법(NBG) 제36조 제1항 제1문상의 상반된 직무상의 이해에 원칙적으로 해당되지 않는다.
3. 구조적 변경의도를 문서화하기 위해서는 일반적인, 따라서 개별 사례와 무관하게 존재하는 계획이 필요하며, 이는 구조계획, 개념상의 인력계획, 인력관리와 관련된 개념 혹은 이와 유사한 일반적 설명에 나타나야 한다.

원심판결: 하노버(Hannover) 행정법원 2013. 11. 12.자 판결 (2 B 5908/13)

## 바덴-뷔르템베르크(Baden-Württemberg) 행정재판소, 2013. 10. 29.자 결정 (4 S 1780/13)

"퇴직 연기에 대해 경찰공무원은 법률상 청구권이 없다 - 제한적인 직무상의 활용도"

판결요지:

"공무원의 제한된 직무상의 활용도(이 사례: 경찰직무의 불능)은 공무법의 개혁을 위한 법률(Gesetz zur Reform des öffentlichen Dienstrechts, DRG) 제62조 제3조 제1항 제1문상 퇴직의 연기에 반하는 직무상의 이해의 근거가 될 수 있다."

원심판결: 프라이부르크(브라이스가우)(Freiburg(Breisgau)) 행정법원 2013. 7. 31.자 결정 (3 K 1404/13)

## 뒤셀도르프(Düsseldorf) 행정법원 2013. 9. 25.자 결정 (13 L 1412/13)

"공무원 퇴직의 연령 상한 - 노르트라인-베스팔렌(NRW)주"

**판결요지:**

"제31조 제2항의 공무원 퇴직을 위한 연령 상한은 일반평등대우법(AGG) 제7조와 이사회 지침 2000/78/EC 제2조의 연령차별 금지에 반하지 않는다."

상고심판결: 노르트라인-베스트팔렌 고등행정법원 2013. 10. 28.자 결정 (6 B 1181/13): 기각

## 본(Bonn) 지방노동법원 2013. 9. 5.자 판결 (3 Ca 685/13)

"연령 상한은 방송국의 자유노무제공자(freie Mitarbeiter)에 대해서도 허용된다."

**판결요지:**

1. 법적 연령 상한 도달과 관련한 계약상 혹은 단체협약상의 연령 상한의 허용가능성에 대한 원칙들은 공영 방송국에서의 연령을 이유로 한 자유노무제공자와의 협력 종료에도 적용되어야 한다.
2. 위임인(Auftraggeber)이 자유노무제공자에게 근로관계의 범위 내에서 장기에 걸쳐 통상의 생활비를 보전하는 보수를 지급해 왔다면, 실업상태가 되는 직원의 사회적 보장을 위해 그 직원의 구체적 노령연금청구권을 심사하지 않고, 추상적 (연령) 연금가능성을 상정하는 것이 허용된다.

## 헤센(Hessen) 행정재판소 2013. 8. 19.자 결정 (1313/13)

"법관의 연령 상한"

**판결요지:**

"헤센 법관법(HRiG) 제7조 제2항의 연령 상한은 이사회 지침 2000/78/EC의 기준

과 부합한다 (재판부 판결의 계속, 2009. 9. 28.자 결정 (1 B 2487/09))."

원심판결: 프랑크푸르트(Frankfurt) 행정법원 2013. 5. 16.자 판결 (9 L 1393/13 F)

## 뒤셀도르프(Düsseldorf) 행정법원 2013. 4. 10.자 판결 (20 K 440/12)

"국가 공인 전문가(평가사)의 연령 상한 - 연령차별"

판결요지:

"노르트라인-베스트팔렌 공인 감정인에 관한 주건설령(SV-VO NRW) 제5조 제1항에서 규정하고 있는 안정성 심사를 위한 국가 공인 감정인에 대한 연령 상한은 상위법에 저촉한다. 규정은 연령을 이유로 한 허용되지 않은 차별을 성립시키기 때문에 일반평등대우법(AGG)의 규정 및 이사회 지침 2000/78/EC와 부합하지 않는다."

## 연방노동법원 2013. 3. 5.자 판결 (1 AZR 417/12)

"사용자와 근로자대표 간의 사업장협정에서의 연령 상한"

판결요지:

1. 사용자와 근로자대표 간의 사업장협정에서 근로관계가 일반정년에 달한 때 종료되는 것을 정한 연령 상한에 대하여 합의할 수 있다.
2. 근로계약 당사자들은 그들의 타협을 사용자와 근로자 대표 간의 합의를 통해 개방적으로 형성해 나갈 수 있다. 이는 계약대상이 표준약관을 내포하고 있고 집단적 관련성이 있는 경우 원칙적으로 가정된다.

원심판결: 하노버(Hannover) 주노동법원 2012. 3. 7.자 판결 (16 Sa 809/11)

## 바덴-뷔르템베르크(Baden-Württemberg) 행정재판소 2013. 1. 15.자 판결 (4 S 1519/12)

"퇴직 연기 - 공무원"

판결요지:

1. 2010년 10월 9일자 공무원법 개정법률 제62조 제3조 제1문 전문은 직무상 이해

와 배치되지 않는 한 공무원의 퇴직 연기에 대한 법률상 청구권의 근거가 된다.

2. (배치되는) (부정적) 구성요건요소인 "직무상 이해"는 불확정 개념으로써, 이에 대하여 원칙적으로 - (사전)제시적인 행정정책적 조직결정을 제외하고 - 법원의 전적인 심사 하에 놓이며, 이 범위에서 임용기관에게 재량범위는 주어지지 않는다.

원심판결: 프라이부르크(Freiburg) 행정법원 2012. 7. 10.자 판결 (5 K 751/12)

## 연방대법원 2012. 7. 23.자 결정 (NotZ (Brfg) 15/11)

"공증인의 연령 상한 확인"

연방대법원의 판결에 따르면, 공증인 직업 행사를 위한 연령 상한을 공증인이 70세에 달한 월의 말일로 규정한 연방공증인법(Bundesnotarordnung, BNotO) 제48조a는 헌법 및 유럽연합법에 위반되지 않는다. 이로써 연방대법원은 2012. 3. 22.자 판결(사건번호: NotZ 16/09)을 유지한다.

## 함부르크(Hamburg) 고등행정법원 2012. 6. 5.자 결정 (1 Bs 98/12)

"법정 퇴직의 연기 - 가명령"

판결요지:

1. 법원은 임용기관의 조직법을 고려하여, 퇴직의 연기가 직무상 이해에 배치되는지를 검토한다.
2. 균형 잡힌 연령구조와 충분한 승진가능성에 대한 이해는, 예를 들어 특히 불리한 연령구조 또는 특별히 긴장된 승진상황에 대처하기 위한 경우의 직무상 이해에 대해서만 필요한 상당한 중요성을 지닌다.

복무연한의 연장에 관한 행정상의 재량결정(Ermessensentscheidung)은 복무연한의 연장의 찬반 쟁점들을 형량해야 한다.

전심판결: 함부르크(Hamburg) 행정법원 2012. 4. 5.자 결정 (20 E 318/12)

## 연방노동법원 2012. 2. 15.자 판결 (7 AZR 904/08)

"항공 엔지니어의 단체협약 상의 연령 상한의 무효 - 루프트한자(Lufthansa) 총괄단체협약"

연방노동법원은 항공 엔지니어의 근로관계가 그가 60세에 도달한 월이 만료가 된 때(Ablauf des Monats)에 종료된다고 규정한 2005년 1월 14일 개정 독일 루프트한자 주식회사의 조종인력(Cockpitpersonal)을 위한 총괄단체협약 제19조 제1항 제1문의 연령 상한이 일반평등대우법(AGG) 제1조와 결부된 제7조 제1항의 연령을 이유로 한 차별금지에 위반한다고 결정하였다.

이 규정은 일반평등대우법(AGG) 제7조 제2항에 따라 무효이다. 연방노동법원은 개별 사례에서 일반평등대우법(AGG) 발효와 함께 혹은 발효 이후에 연령 상한에 도달한 경우, 일반평등대우법(AGG) 발효 전에 개별 약정 혹은 단체 협약상 합의된 연령 상한에 대해서도 일반평등대우법의 규정들이 적용된다는 것을 지적한다.

원심판결: 프랑크푸르트(Frankfurt) 주노동법원 2008. 10. 13.자 결정 (17 Sa 532/08)

## 연방행정법원 2012. 2. 1.자 판결 (8 C 24/11)

"공적으로 임명되고 서약한 전문가(öffentlich bestellte und vereidigte Sachverständige)에 관한 연령 상한은 무효"

판결요지:

1. 공적으로 임명되고 서약한 전문가를 통해 달성하고자 하는 안정된 법적거래행위(Rechtsverkehr)의 확보라는 목적은, 일반적 연령 상한을 정당화할 수 있는 이사회 지침 2000/78/EC 제6조 제1항과 결부된 일반평등대우법(AGG) 제10조 상의 정당한 목적이 아니다.
2. 연령은 "회계 및 정보보호에 있어서의 전자정보처리(EDV[25] im Rechnungswesen und Datenschutz)"와 "호텔사업에 있어서의 전자정보처리(EDV in der Hotellerie)" 분야에서의 공적으로 임명되고 서약한 전문가의 직업상 활동의 성격에 대한, 이사회 지침 2000/78/EC 제4조 제1항과 연관된 일반평등대우법(AGG) 제8조 제1

25) 역자 주 - 전자정보처리(Elektronische Datenverarbeitung).

항 상의 특별한 요건과 내적인 연관성을 갖지 않는다.

3. 전문가규정에 연령 상한을 확정하는 것은, 적어도 위에서 언급한 전문분야에서는 이사회 지침 2000/78/EC 제2조 제5항에 따른 공공의 안전, 범죄의 예방 혹은 타인의 권리와 자유의 보호를 위한 것은 아니다.

전심판결: 바이에른(Bayern) 행정재판소 2009. 1. 28.자 판결 (22 BV 08. 1413)

## 연방노동법원 2012. 1. 18.자 판결 (7 AZR 112/08)

"조종사를 위한 단체협약상 연령 상한의 무효- 루프트한자(Lufthansa) 총괄단체협약"

**판결요지:**

"조종사의 근로관계가 그가 60세에 도달한 월의 만료가 된 때(Ablauf des Monats)에 종료된다고 규정한 2005년 1월 14일 개정 독일 루프트한자 주식회사의 조종인력(Cockpitpersonal)을 위한 총괄단체협약 제19조 제1항 제1문의 연령 상한이 일반평등대우법(AGG) 제1조와 결부된 제7조 제1항의 연령을 이유로 한 차별금지에 위반한다. 이 규정은 일반평등대우법(AGG) 제7조 제2항에 따라 무효이다."

전심판결: 프랑크푸르트(Frankfurt) 주노동법원 2007. 10. 15.자 판결 (17 Sa 809/07)
병행결정: 연방노동법원 2012. 3. 14.자 판결 (7 AZR 480/08)

## 연방행정법원 2011. 12. 6.자 결정 (2 B 85/11)

"퇴직 전직을 위한 일반정년은 허용된다 - 공무원"

**판결요지:**

"공무원의 퇴직을 위한 법적으로 규정된 65세의 일반적 연령 상한은 일반평등대우법(AGG) 제7조와 '고용 및 직업에 있어서 평등대우를 위한 일반 체계를 수립하는 2000년 11월 27일자 이사회 지침 2000/78/EC' 제2조 상의 연령차별 금지에 위반되지 않는다."

전심판결: 라인란트-팔츠(Rheinland-Pfalz) 고등행정법원 2011. 2. 25.자 판결 (2 A 11201/10)

## 연방노동법원 2011. 9. 21.자 판결 (7 AZR 134/10)

"근로관계의 종료를 위한 단체협약상의 연령 상한의 효력"

**판결요지:**

"고용관계가 근로자가 65세에 달한 역월의 말일에 종료한다는 독일연방공화국 지역에서의 주둔병력을 위한 단체협약(TV AL II) 제46조 제1호 제1문의 연령 상한규정은 독일 단시간 및 기간제 근로계약법(Teilzeit- und Befristungsgesetz, TzBfG) 제14조 제1항 제1문에 따라 이의를 제기할 수 없다. 이는 적어도 1947년 1월 1일 이전에 출생한 근로자들과 근로관계에 대해서 유효하다."

원심판결: 함(Hamm) 주노동법원 2009. 11. 11.자 판결 (5 Sa 893/09)

## 라인란트-팔츠(Rheinland-Pfalz) 고등행정법원 2011. 4. 13.자 판결 (2 A 11447/10)

"퇴직 전직을 위한 일반정년 - 휴가의 사용"

**판결요지:**

1. 65세 이후 공무원의 퇴직 전직은 연령차별 금지에 위반하지 않는다 (라인란트-팔츠(Rheinland-Pfalz) 고등행정법원 2011. 2. 25.자 판결(2 A 11201/10)의 확인).
2. 임용기관의 평가 우선권(Einschätzungsprärogative)과 조직상 형성 자유에 비추어 보아, 퇴직 연기 결정에 대한 법원의 통제는 조직상 재량(Organisationsermessen)의 법적인 한계를 넘어섰는지 혹은 이러한 재량이 공무원에 대해 객관성을 결여한 방법으로 사용되었는지 여부에 관한 심사에 한정된다.
3. 공무원은 사용하지 않은 휴가에 대한 보상 청구권이 없다.
4. 임용기관은 공무원에게 이를 알려주고 적시에 휴가의 신청을 독려할 의무는 없다. (라인란트-팔츠(Rheinland-Pfalz) 고등행정법원 2010. 3. 30.자 판결 (2 A 11321/09)에 이어서).

원심판결: 노이슈타트(바인슈트라쎄)(Neustadt(Weinstraße)) 행정법원 2010. 11. 16.자 판결 (6 K 753/10)

상고심판결: 연방행정법원 2011. 12. 21.자 결정 (2 B 94/11), 기각

### 함부르크(Hamburg) 주노동법원 2011. 2. 22.자 판결 (4 Sa 76/10)

"함부르크 호흐반(Hamburger Hochbahn) 총괄단체협약의 연령 상한"

판결요지:

"근로자가 65세에 도달한 월의 종료와 함께 근로관계가 종료하는 호흐반 단체협약 제20조 제5항의 규정은 유효하다."

원심판결, 함부르크(Hamburg) 지방노동법원 2010. 7. 26.자 판결 (22 Ca 33/10)

### 연방행정법원 2011. 1. 26.자 판결 (8 C 45/09)

"공인감정평가사의 연령 상한은 68세 - 우표 연구(Philatelie)"

판결요지:

1. 일반평등대우법(AGG) 제2조의 고용에의 접근(Zugang zur selbständigen Erwerbstätigkeit)이라는 개념은 고용(selbständigen Tätigkeit)이 연방헌법재판소의 기본법(GG) 제12조에 대한 판결에서의 독립적인 직업을 전제로 하지 않는다.
2. 안정된 법적거래행위(Rechtsverkehr)의 보장은 정당한 목적으로서, 연령 상한을 68세로 확정함으로써 공인감정평가사에 대한 연령을 이유로 한 불평등대우를 정당화 할 수 있다.

전심판결: 코블렌츠(Koblenz) 고등행정법원 2009. 1. 21.자 판결 (6 A 10637/08)
상고심판결: 연방행정법원 2011. 7. 13.자 결정 (1 BvR 1472/11), 이유 없는 부(部) 판결

### 연방노동법원 2010. 12. 8.자 판결 (7 AZR 438/09)

"행정영역에 관한 공공부문 단체협약(TVöD-V)에서의 단체협약상 연령 상한"

판결요지:

근로관계가 근로자가 65세에 도달한 달이 만료된 때에 종료하는 것으로 정한

(2008년 6월 30일까지 유효한) 행정영역에 관한 공공부문 단체협약(Tarifvertrag für den öffentlichen Dienst für den Bereich Verwaltung, TVöD-V) 제33조 제1항 (a)호에서의 규정은 유효하다.

원심판결: 뒤셀도르프(Düsseldorf) 주노동법원 2009. 4. 29.자 판결 (4 Sa 1764/08)

## 연방노동법원 2010. 6. 23.자 판결 (7 AZR 1021/08)

"비행기 승무원의 단체협약상의 연령 상한은 무효이다."

**판결요지:**

1. 객실 승무원(Kabinenpersonal)의 단체협약에 따라 연령 상한을 60세로 정한 객실 승무원 LTU(LTU International Airways)의 총괄단체협약 제11호의 제47조는 이를 정당화하는 단시간근로 및 계약제근로계약에 관한 법률(TzBfG)[26] 제14조 제1항 제1문에 따른 객관적 사유의 결여로 인해 무효이다 (연방노동법원 2008. 10. 16.자 결정 (7 AZR 253/07 (A) 후속).
2. 단체협약상의 연령 상한에 대한 소의 해석은, 소송의 대상이 청구취지에서 밝힌 시점(여기서는 60세에 도달한 때)이 아니라, 근로관계 종료에 대해 단체협약상으로 정한 시점(여기서는 월말)이라는 것으로 이어질 수 있다.

2008. 11. 5.자 뒤셀도르프(Düsseldorf) 주노동법원에 대한 피고의 상고(12 Sa 860/08)는 이로써 기각되었다.

## 프랑크푸르트(Frankfurt) 행정법원 2010. 3. 29.자 결정 (9 K 3854/09 F), 유럽연합 사법재판소에 대한 선결적 판결

"공무원법에서의 연령 상한"

**판결요지:**

헤센(Hessen)주 공무원법(HBG) 제50조 제2항의 연령 상한규정은 이사회 지침

26) 역자 주 - 「단시간근로와 기간제 근로 계약에 관한 법률」(Gesetz über. Teilzeitarbeit und befristete Arbeitsverträge)

2000/78/EC가 규정화한 유럽연합법적 연령차별금지와 부합하지 않는다. 프랑크푸르트(Frankfurt) 행정법원은 연령 상한의 정당화를 위해 가능한 기준들에 대한 질문들을 유럽연합 사법재판소에 선결적 판결절차를 위해 제청하였다.

유럽연합 사법재판소에서 사건번호 C-159/10로 계속 중

## 연방노동법원 2008. 6. 18.자 판결 (7 AZR 116/07)

"사회보험법상 연령 상한의 도달에 따른 근로관계의 종료 - 건물청소부"

판결요지:

1. 단체협약에 포함된 기간제 근로를 일반정년에 도달한 시점으로 정한 것은 근로자가 계약내용과 계약기간에 따라 법적 연금보험에서의 노령연금(Altersversorgung)을 취득하거나 계약 체결 시 이미 노령연금 수급을 위해 필요한 연금법상 대기기간을 달성한 경우 단시간근로 및 계약제근로계약에 관한 법률(TzBfG) 제14조 제1항 제1문에 따라 객관적으로 정당화 된다.
2. 이러한 규정은 '고용 및 직업에 있어서 평등대우를 위한 일반 체계를 수립하는 2000년 11월 27일자 이사회 지침 2000/78/EC'의 치환[27] 기간(Umsetzungsfrist)의 종료 시까지 적용되는 공동체법의 기준에 부합한다.

원심판결: 뮌헨(München) 주노동법원 2006. 8. 29.자 판결 (8 Sa 363/06)

## 연방사회법원 2008. 4. 9.자 판결 (B 6 KA 44/07 R)

"계약직 의사의 경우 연령 상한은 68세"

판결요지:

1. 계약직 의사가 68세를 완성한 분기의 종료에 허가가 만료한다는 사회법전(SGB) 제5권 제95조 제7조 제3문은 기본법(GG) 뿐 아니라 유럽연합법에도 부합한다.
2. 이미 유효한 허가의 만료는 다시 신법(여기서: 유럽연합법)을 통해, 허가가 다시 부활하는 결과로 다툴 수 없다.

27) 역자 - '이행조치를 통한 국내발효'를 의미한다.

전심판결: 로이틀링겐(Reutlingen) 사회법원 2007. 6. 27.자 판결 (KA 2556/05 165)

### 바. 성적 정체성을 이유로 한 고용상 차별에 관한 판결

#### (1) 고용에의 접근

#### 슈투트가르트(Stuttgart) 지방노동법원 2010. 4. 28.자 판결 (14 Ca 1585/09)

"생활동반자관계로 인한 불채용 - 교회조항"

원고는 천주교 단체에서의 교육자 직에 지원하였고 일단 승낙을 받았다. 사용자는 원고가 생활동반자관계 중에 있다는 사실을 안 후, 생활동반자관계를 맺는 것은 충성에 대한 중한 위반이라는 이유로 승낙을 취소하였다.

법원은 교육자의 소에 이유가 없음을 판단하며, 일반평등대우법(AGG) 제9조 제2항의 교회특정적 정당화사유를 다음과 같이 해석하였다. 즉, 종교 혹은 세계관으로 인한 불평등대우 뿐 아니라, 다른 표지에 의한 불평등대우도 "충성에 대한 중한 위반"과 관련된 경우에는 정당화 된다고 보았다. 법원의 견해에 따르면 생활동반자관계를 맺는 것, 동성애를 행하는 것은 교회의 사용자에게는 "근로자의 고용 그리고 또한 채용"을 배제시키는 충성에 대한 중한 위반이다.

#### 베를린(Berlin) 지방노동법원 2010. 1. 27.자 판결 (55 Ca 9120/09)

"직장동료와의 이성애적 교제로 인한 불리한 인사배치"

판결요지:

1. 같은 부서의 직장동료와의 이성애적 교제로 인하여, 근로자가 그녀의 사용자로부터 차별 받는다면, 이는 성적 정체성으로 인한 일반평등대우법(AGG) 제1조와 제7조 제1항 상의 차별에 해당하지 않는다.
2. 사용자가 외관상으로 또는 적어도 내면적으로 자기이해에 따라 동성애적 정체성의 보유자일 경우에는 다른 결론이 가능하다.

### 베를린-브란덴부르크(Berlin-Brandenburg) 주노동법원 2008. 7. 21.자 판결 (10 Sa 555/08)

"성적 정체성으로 인한 차별 - 주장책임"

판결요지:

"민법(BGB) 제612조의a에 따른 손해배상은 현존하는 근로관계에서만 청구될 수 있다. 채용지원자에 대해서는 민법(BGB) 제612조의a가 적용되지 않는다."

원고는 시용기간의 둘째 날, 그녀의 성적 방향성이 그녀의 상관에게 알려진 후 채용되지 않았다는 것을 설명하였다.

법원은 그러나 표현증명(Anscheinsbeweis)의 근거가 되기에는 원고의 주장이 불충분하다고 보아 소를 기각하였다.

전심판결: 베를린(Berlin) 지방노동법원 2008. 1. 23.자 판결 (9 Ca 18997/07)

#### (2) 고용 및 근로조건(임금 포함)

### 뤼네부르크(Lüneburg) 고등행정법원 2014. 2. 25.자 판결 (5 LA 204/13)

"가족수당 미지급으로 인한 일반평등대우법(AGG) 제15조 제2항의 손해배상청구권 - 생활동반자관계"

판결요지:

1. 공무원의 성적 정체성이라는 표지와 가족수당의 미지급 사이의 인과관계는, 제1단계의 가족수당 지급은 당시 공무원의 성적 정체성으로 인해 생략된 것이 아니라, 그녀가 당시의 시점에서 존재했던 법규정들의 전제조건을 충족하지 않았기 때문이라는 (그녀가 결혼을 하지 않았기 때문에) 논거로 부정될 수 없다.
2. 제1단계의 동반자가 있는 공무원에 대한 가족수당보장 청구에 대한 거절은 성적 정체성으로 인한 간접적 불평등대우로 볼 수 있다.
3. 하지만 이로써 일반평등대우법(AGG) 제15조 제2항에 따른 손해배상청구권의 전제조건들이 존재하는지는 불확실하다.
4. 손해배상 금액의 적절성은 법원의 재량이다.

5. 손해배상을 축소하는 중대한 사정들, 즉, 이 경우에서처럼 가족수당 지급을 통해 더 높은 급여(Besoldung)에 대한 소급적 조정, 기관의 책임 없음, 공무에서의 불평등대우의 결여, 임용기관이 급여평등원칙에 합치한 행동을 취하는 데에 있어서 충분히 제시된 자극 등이 있다면 손해배상은 적절하지 않다.

원심판결: 슈타데(Stade) 행정법원 2013. 4. 11.자 판결 (3 A 756/11)

### 하노버(Hannover) 행정법원 2013. 10. 8.자 판결 (2 A 6560/12)

"제1단계에서의 가족수당 - 생활동반자관계"

판결요지:

1. 2003년 12월 3일부터 원칙적으로 존재하는 생활동반자관계에서의 동반자의 가족수당에 대한 공동체법 청구권은 즉각적 시행을 전제한다.
2. 공동체법상의 효율성 원칙은 이에 반한지 않는다.

### 비스바덴(Wiesbaden) 행정법원 2013. 3. 14.자 판결 (3 K 1392/11. WI)

"가족수당 - 생활동반자관계"

판결요지:

1. 생활동반자관계에 있는 공무원에게는 2003년 12월 31일부터 2010년 3월 31일까지의 기간에 대하여 유럽연합 이사회의 고용과 직업상 동등대우 실현을 위한 일반 범위의 확정을 위한 2000년 11월 27일자 지침 2000/78/EC의 적용에 의하여 연방공무원급여법(BBesG) 제40조 제1항 제1호에 따른 제1단계의 가족수당이 인정된다.
2. 연방공무원급여법(BbesG) 제2조 제1항의 보수법상 법률유보는 판결에 저촉되지 않는다. 그것은 공동체법의 우선적용을 의문시하는 헌법원칙과 무관하다.

### 연방노동법원 2012. 12. 11.자 판결 (3 AZR 684/10)

"생활동반자의 유족수당"

직업조합의 복무규정(Dienstordnung)이 유족수당에 연방공무원 수당 규정을 적용한다면, 생활동반자는 2005년 1월 1일부터 혼인한 복무규정상 근로자(Dienstordnungsangestellter)와 동등한 유족수당 청구권을 갖는다.

전심판결 니더작센(Niedersachsen) 주노동법원, 2010. 9. 28.자 판결 (3 Sa 540/10 B)

### 기센(Gießen) 행정법원 2012. 11. 29.자 결정 (5 K 1487/12 GI)

"생활동반자관계의 즉각적인 소급적 보수청구권 주장"

판결요지:

"과거에 확인된 차별에 관하여 결혼하여 생활동반자관계를 맺은 공무원들에게 독일에서 적용되는 헌법상 원칙에 따라 평등을 목적으로 공무원이 자신의 임용기관(Dienstherr)에게 최초로 청구권을 주장한 때의 회계연도가 시작될 때 비로소 소급적 보수청구권을 인정하는 것이 이사회 지침 2000/78/EC와 합치되는지 여부에 대한 유럽연합 사법재판소에 대한 선결적 판결 제청."

### 연방헌법재판소, 2012. 8. 1.자 결정(2 BvR 1397/09)

"2009년 이전 시기에도 생활동반자관계에 있던 공무원에 관한 가족수당"

판결요지:

1. 결혼하여 생활동반자관계에 있는 공무원을 가족수당 제1단계(연방공무원급여법(BBesG) 제40조 제1항 제1호)에 있어서 차별하는 것은, 기본법 제3조 제1항의 일반 평등원칙에 따라 심사되어야 하는 성적 지향으로 인한 직접적 차별을 의미한다.
2. 혼인에 대한 특권이 다른, 비교 가능한 법적 구속력이 있는 생활형태에 대한 차별을 동반하고, 이러한 생활형태가 규율하고 있는 생활관계 및 규율을 통해 달성하고자 하는 목적이 비교 가능함에도 차별이 발생했다면, 단순히 혼인의 보호명령 그 자체는 차이를 정당화하지 않는다. 이러한 경우에는 단순히 기본법 제6조 제1항을 주장하는 것 외에, 당해 규율대상 및 규율목적에 따라 다른 생활형태에 대한 차별을 정당화하는 충분히 중대한 사유가 요구된다(비교판결, 연방헌

법재판소판례집 124, 199).

전심판결: 헤센(Hessen) 행정재판소, 2009. 5. 28.자 결정 (1 A 2379/08.Z)

## 연방행정법원 2012. 6. 19.자 결정(2 BvR 1397/09)

"생활동반자관계 공무원에 대한 제1단계 가족수당 - 소급적 개정"

**판결요지:**

1. 결혼하여 생활동반자관계에 있는 공무원을 가족수당 제1단계(연방공무원급여법(BBesG) 제40조 제1항 제1호)에 있어서 차별하는 것은, 기본법 제3조 제1항의 일반 평등원칙에 따라 심사되어야 하는 성적 지향으로 인한 직접적 차별을 의미한다.
2. 혼인에 대한 특권이 다른, 비교 가능한 법적 구속력이 있는 생활형태에 대한 차별을 동반하고, 이러한 생활형태가 규율하고 있는 생활관계 및 규율을 통해 달성하고자 하는 목적이 비교 가능함에도 차별이 발생했다면, 단순히 혼인의 보호명령 그 자체는 차이를 정당화하지 않는다. 이러한 경우에는 단순히 기본법 제6조 제1항을 주장하는 것 외에, 당해 규율대상 및 규율목적에 따라 다른 생활형태에 대한 차별을 정당화하는 충분히 중대한 사유가 요구된다.

전심판결: 헤센(Hessen) 행정재판소, 2009. 5. 28.자 결정 (1 A 2379/08.Z)

## 바덴-뷔르템베르크(Baden-Württemberg) 행정재판소, 2012. 4. 3.자 판결 (4 S 1773/09)

"공무원의 생활파트너 유족을 위한 유족배우자수당"

공무원이 사망한 이후, 그와 생활동반자관계에 있던 생활동반자는 적어도 2005년 1월 1일 이후에는 공동체법에 의해 공무원의 유족배우자와 마찬가지로 유족연금 급부에 대한 청구권(사안의 경우 유족수당)이 인정된다(연방행정법원은 이에 대한 판단을 유보한 바 있다. 2010. 10. 28.자 결정 (2 C 47.09)).

전심판결: 슈투트가르트(Stuttgart) 행정법원 2009. 7. 16.자 판결 (4 K 2711/08)

## 뒤셀도르프(Düsseldorf) 행정법원 2011. 12. 16.자 판결 (13 K 3360/09)

"생활동반자관계에 있는 공무원에 대한 가족수당 소급 지급"

**판결요지:**

"생활동반자관계에 있는 공무원은 공동체법의 우선 적용 보장, 사안의 경우 '고용 및 직업에 있어서 평등대우를 위한 일반 체계를 수립하는 2000년 11월 27일자 이사회 지침 2000/78/EC'를 보장하기 위해 2009년 1월 1일 이전 기간에 대해서도 연방공무원급여법(BBesG) 제40조 제1항 제1호에 따른 제1단계 가족수당 인정된다."

## 프랑크푸르트(Frankfurt) 행정법원 2011. 10. 24.자 판결 (9 K 578/11)

"생활동반자관계 등록시점부터의 가족수당 지급 청구권"

**판결요지:**

"(전)공무원은 생활동반자관계 등록시점으로 소급한때부터 제1단계 가족수당 지급에 대한 청구권을 갖는다. 그 시점이 2010년 3년 28일자 생활동반자관계의 법적 지위 조정에 관한 헤센(Hessen)법 및 헤센 공무원법에 관한 개정법률(GV Bl. I S. 114)의 발효일인 2010년 4월 1일보다 앞선 경우 역시 동일하다."

## 연방행정법원 2010. 10. 28.자 판결 (2 C 52/09)

"생활동반관계 공무원에 대한 재외근무수당"

**판결요지:**

"재외근무급여를 수급하는 생활동반자관계 공무원은 기혼 공무원과 마찬가지로 재외근무수당 보장에 관한 청구권이 인정된다(2010년 6월 30일까지 유효한 연방공무원급여법(BBesG) 제55조; 2010년 7월 1일부터 발효된 동법 제53조)"

전심판결: 베를린(Berlin) 행정법원, 2009. 6. 16.자 판결 (26 A 108.06)

## 연방행정법원 2010. 10. 28.자 판결 (2 C 56/09)

“재외공무에 대한 소비보상수당”

판결요지:

“이사회 지침 2000/78/EC의 완전한 유효성을 보장하기 위해, 외교부는 기혼 공무원과 마찬가지로 생활동반자관계 공무원에게도 재외근무를 명한 경우, 지금까지의 재외근무지에서 발생한 가계비에 대한 초과액을 지급해야 한다.”

전심판결: 베를린(Berlin) 행정법원 2009. 9. 22.자 판결(26 A 53.06)

## 연방행정법원 2010. 10. 28.자 판결 (2 C 47/09)

“생활동반자관계의 유족연금”

판결요지:

“공무원의 사망이후 생활동반자관계에 있던 생활동반자는 유족배우자와 마찬가지로 유족연금 급부에 관한 청구권을 갖는다.”

전심판결: 베를린(Berlin) 행정법원 2009. 5. 6.자 판결 (5 A 99.08)

## 연방행정법원 2010. 10. 28.자 판결 (2 C 10/09)

“생활동반자관계 공무원에 대한 제1단계 가족수당은 2009년 7월 1일부터 인정”

판결요지:

생활동반자관계에 있는 공무원은 연방헌법재판소의 2009년 7월 7일자 결정 이후(BVerfGE 124, 199) 제1단계 가족수당 보장에 있어서 기혼공무원과 비교 가능한 상황에 놓여 있으며, 이에 따라 이러한 수당은 이사회 지침 2000/78/EC에 근거하여 2009년 7월 1일 이후 즉시 보장되어야 한다.

원심판결: 슐레스비히-홀슈타인(Schleswig-Holstein) 2008. 7. 22.자 판결 (3 LB 13/06)
유사판결: 연방행정법원 2010. 10. 28.자 판결 (2 C 21/09)

## 연방행정법원 2010. 10. 28.자 판결 (2 C 23/09)

"생활동반자에 대한 보조금규정 적용 - 유럽연합 사법재판소 제청"

판결요지:

유럽연합 사법재판소에 이사회 지침 2000/78/EC가 공무원의 상병 보조금 지급규정에도 적용되는지 여부에 대한 선결적 판결을 제청한다.

전심판결: 베를린(Berlin) 행정법원 2009. 5. 6.자 판결(5 A 99.08)
상고심판결: 유럽연합 사법재판소 2012. 12. 6.자 판결(Az.: C 124/11, C-125/11 und C-143/11, C-124/11, C-125/11, C-143/11)

## 연방대법원 2010. 7. 7.자 판결 (IV ZR 267/04)

"공무상 근로자에 대한 유족연금-생활동반자관계"

판결요지:

"연방과 주의 부가보장을 받는 공공기관의 근로자에 대한 사업상 유족수당에 있어서 혼인과 생활동반자관계 간의 차별은 기본법 제3조 제1항과 합치되지 않는다(Aufgabe des Senatsurteils vom 14. Februar 2007, IV ZR 267/04, VersR 2007, 676, im Anschluss an BVerfG, Beschluss vom 7. Juli 2009, 1 BvR 1164/07, VersR 2009, 1607). 생활동반자관계의 동반자는 적어도 2005년 1월 1일 이후 연방과 주의 부가보장에 관한 조례(Satzung der Versorgungsanstalt des Bundes und der Länder, VBLS) 제38조 제항에 따른 유족연금에 대한 청구권이 인정된다."

전심판결: 연방대법원 2007. 2. 14.자 판결 (IV ZR 267/04)

## 연방노동법원 2010. 3. 18.자 판결 (6 AZR 434/07)

"재외수당-생활동반자관계"

연방노동법원은 2010. 3. 18.자 판결에서 외국으로 파견된, 생활동반자관계에 있는 독일 문화원 직원에게 임금규정에 따라 기혼자에게만 지급되는 재외수당을 인정하였다. 이들이 혼인한 사람들에 대해 평등원칙에 반하여 차별을 받기 때문이다.

원심판결: 뮌헨(München) 주노동법원 2007. 5. 10.자 판결 (2 Sa 1253/06)

## 연방노동법원 2010. 3. 18.자 판결 (6 AZR 156/09)

"생활동반자관계 의붓 자녀를 위한 근무지수당"

**판결요지:**

연방공공기관종사자협약(BAT-O) 제29조 B 제3항은 생활동반자관계 상대방의 자녀를 가족으로 받아들인 직원에게 근무지수당에서 아동관련 급여를 거부하는 한, 생활동반자관계에 있는 자를 평등에 반하여 차별하여, 기본법 제3조 제1항에 따라 무효이다.

원심판결: 켐니츠(Chemnitz) 주노동법원 2009. 1. 27.자 판결 (7 Sa 195/07)

## 연방헌법재판소 2009. 7. 7.자 판결 (1 BvR 1164/07)

"생활동반자관계의 동반자는 공공기관의 사업상 유족연금에 대한 청구권이 인정된다"

**판결요지:**

1. 연방과 주의 부가보장을 받는 공공부문 종사자를 위한 공공기관의 사업상 유족연금 분야에서의 혼인과 생활동반자관계의 차별은 기본법 제3조 제1항과 합치하지 않는다.
2. 혼인에 대한 특권이 다른, 비교 가능한 법적 구속력이 있는 생활형태에 대한 차별을 동반하고, 이러한 생활형태가 규율하고 있는 생활관계 및 규율을 통해 달성하고자 하는 목적이 비교 가능함에도 차별이 발생했다면, 단순히 기본법 제6조 제1항에 따른 혼인의 보호 명령 그 자체는 차이를 정당화하지 않는다.

전심판결: 연방대법원 2007. 2. 14.자 판결 (IV ZR 267/04)

## 연방노동법원 2009. 1. 14.자 판결 (3 AZR 20/07)

"유족연금 - 생활동반자관계시 기업연금"

판결요지:

"2005. 1. 1.에 연금수급자와 부양의무자간의 법률관계가 있었던 경우, 기업연금에 있어서 생활동반자는 배우자의 유족연금과 대등하다."

연방노동법원은 2009. 1. 14.자 판결에서 생활동반자관계의 유족도 기업연금에 배우자를 위해서 이를 긍정할 경우, 기업유족연금에 대한 청구권을 갖는다고 결정하였다. 재판부는 그 근거로 유럽연합 사법재판소의 2008. 4. 1.자 Maruko판결을 들었다(C-267/06 - Maruko). 이 사건에서 유럽연합 사법재판소는 제청법원이었던 뮌헨(München) 행정법원에게 유족 배우자와 유족 생활동반자가 공법상 부가보험제도 내에서 비교 가능한 상황에 놓여 있는지 및 이를 통해 성적 지향을 이유로 한, 이사회 지침 2000/78/EC에 따른 직접적인 차별여부가 도출될 수 있는지 여부를 심사할 것을 명하였다. 연방노동법원의 견해에 따르면 독일의 경우 이러한 비교가능한 상황이 2005년 1월 1일부터 존재한다고 한다. 이 시기에 발효된 "생활동반자관계법 개정을 위한 법률"을 통해, 입법자는 생활동반자관계법을 개정하였고 법정연금분야에서 동성애 동반자를 부부와 대등하게 하였다.

이에 따라 유족 생활동반자는 유족 배우자와 마찬가지로, 2005년 1월 1일에 사망한 동반자와 부양의무자 간의 법률관계가 성립했다는 전제 하에, 유족연금에 대해 동일한 정도의 청구권을 갖는다. 교회 관련 근로자에게 어떤 청구권이 인정되는지에 관한 문제는 여기서 결정되지 않았다.

이와 마찬가지로 연방노동법원 제3재판부 2009. 9. 15.자 판결 (3 AZR 294/09)
원심판결: 쾰른(Köln) 주노동법원, 2006. 7. 19.자 판결 (7 Sa 139/06)

## 니더작센(Niedersachsen) 주노동법원 2009. 2. 24.자 판결 (3 Sa 833/08 B)

"기업유족연금, 생활동반자관계"

판결요지:

1. 2005년 1월 1일에 연금수급자와 연금공단 간의 법률관계가 있었던 경우, 기업연금에 있어서 생활동반자는 배우자의 유족연금과 대등하다 (BAG 14.01.2009 - 3 AZR 20/07).
2. 연금수급자가 이 당시 더 이상 근로자가 아니고, 이미 기업연금을 수령하고 있는 경우에도 이러한 법률관계가 성립되었다고 본다.

원심판결: 하노버(Hannover) 지방노동법원 2008. 4. 8.자 판결 (7 Ca 577/07 Ö)
상고심판결: 연방노동법원 제3재판부 2009. 9. 15.자 (3 AZR 294/09), 기각

### 연방노동법원 2009. 1. 14.자 판결 (3 AZR 20/07)

"기업연금-생활동반자관계-평등대우"

판결요지:

"생활동반자는 2005년 1월 1일에 연금수급자와 연금공단 간의 법률관계가 있었던 경우, 기업연금에 있어서 생활동반자는 배우자의 유족연금과 대등하다."

원심판결: 쾰른(Köln) 주노동법원, 2006. 7. 19.자 판결 (7 Sa 139/06)

## 사. 근로자의 진정권에 관한 판결

### 카셀(Kassel) 지방노동법원 2009. 2. 11.자 판결 (8 Ca 424/08)

"정당화되지 않은 진정으로 인한 해고"

판결요지:

1. 근로자가 - 6년간의 업무 중 처음으로 - 고충처리관에게 선임이 그를 "반(半) 카나케(외국인을 모멸적으로 일컫는 말-역자)"로 불렀다는 내용의 진정을 했다면, 비록 진상규명조치 과정 중에 선임을 심문한 결과, 사용자의 입장에서 이러한 비난이 잘못되었다고 판단되었더라도, 근로자가 의도적으로 거짓의 사실주장을 하였다는 것이 확인되지 않은 이상, 사용자의 해지기간 없는 해고가 정당

화되지 못한다.

2. 내용상 틀린 것으로 밝혀진 진정이, 진정인의 입장에서 항상 해지기간 없는 해고라는 위험성을 내포한다면, 연방평등대우법(AGG) 역시 예정하고 있는 진정절차 자체가 의미를 잃을 것이다(ad absurdum).

## 2. 사법 분야

### 가. 민족적 출신을 이유로 한 사법상 거래에서의 차별에 관한 판결

#### 뷔케부르크(Bückeburg) 주법원 2013. 11. 6.자 판결 (1 S 38/13)

"대체임차인에 대해 특정 국적 제시 - 공용공간(Gewerberaum)"

판결요지:

1. 임대인이 대체임차인을 인정하기로 했다면, 대체임차인에 대하여 객관적 이유 없이 특정 국적을 제시하는 것으로 이미 민법(BGB) 제242조에 따라 임대인의 임대료청구권은 없어진다. 이 시점에 이미 구체적으로 대체임차인이 존재했는지는 무관하다.
2. 1심 법원이 당사자의 구체적 사실주장 없이, 법적 심문권을 침해하여 내린 결론은 항고법원에서 고려되지 않는다.

원심판결: 뷔케부르크(Bückeburg) 지방법원지원 2013. 5. 31.자 판결 (30 C 13/13)

#### 하노버(Hannover) 지방법원지원 2013. 8. 14.자 판결 (462 C 10744/12)

"클럽 출입 거부 - 인종적 출신"

주법원 지원은 디스코테크의 운영회사에게 거부당한 손님에게 1000유로를 지급하라고 명하였다. 그 밖에 장래에, 개별적으로 원고의 인종적 출신과 무관한 부득이한 사유가 있지 않는 한, 피고에게 원고의 클럽 출입을 거부하는 것을 금지하였다.

해당 사건에서 터키 출신의 젊은 남성에게 2012년 1월 14일에 피고의 클럽 출입이 거부되었다. 원고에게 출입이 거부되는 동안, 동시에 이민배경이 없는 다른 손님들은 출입이 허가되었다.

법원의 견해에 따르면 이러한 행동은 출신을 이유로 한 차별에 해당하며, 일반평등대우법(AGG) 제21조에 따른 손해배상청구권을 발생시킨다. 법원은 원고에게 배상을 하기 위해 1,000 유로의 금액이 적당하다고 보았다. 그 밖에 장래에 대한 원고의 금지청구권이 발생한다. 위반행위가 있는 경우를 대비하여 운영회사에게 최고 250,000 유로에 해당하는 과태료가 경고되었다.

## 연방헌법재판소 2013. 1. 28.자 결정 (1 BvR 274/12)

"언어능력부족으로 인한 심장이식 거절 - 소송비용"

이라크 출신의 쿠르드인은 심장이식을 위한 장기분배(Organvermittlung)의 대기자 명단에 오르는 것에 실패하였다. 병원은 중대한 의사소통문제 때문에 치료 전후에 환자의 협조가 보장되지 않았다는 것을 거부 이유로 들었다. 61세의 환자가 다른 병원의 대기명단에 오른 후, 그를 원래 치료하던 병원에 대한 위자료 소송을 위해 소송비용지원을 신청하였다. 그러나 그의 소송비용신청은 주법원과 고등법원에서 받아들여지지 않았다.

연방헌법재판소는 기본법(GG) 제20조와 제3항과 연계된 기본법(GG) 제3조 제3항의 차별금지에 대한 위반을 배제하지 않았다. 통역인을 고용할 수 있었기 때문이다. 일반평등대우법(AGG)상의 손해배상청구권에 특정하여, 인종적 출신으로 인한 간접적 차별에 대한 비례성 심사에서는 성공적인 장기이식을 위해 충분한 어학능력을 요구하는 것이 필요한지와 관련한 어렵고도 지금까지 해결되지 않은 문제 역시 고려해야 한다고 칼스루헤 법관들은 강조하였다. 사건은 재심을 위해 함(Hamm) 고등법원으로 환송되었다.

전심판결: 함(Hamm) 고등법원 2011. 12. 22.자 결정 (26 W 21/11, I-26 W)

## 라이프치히(Leipzig) 지방법원지원 2012. 5. 18.자 판결 (118 C 1036/12)

"차별적인 출입검사에 대한 손해배상과 금지청구권"

2011년 10월 16일에 이민배경을 가진 두 명의 동행자와 함께 클럽 출입을 거부당한 시리아인 대학생이 소를 제기하였다. 원고는 여기에 인종적 출신으로 인한 차별을 보았다. 외형적으로 이민자배경이 없는 사람들이 그의 전후로 출입하였다. 법원의 견해에 따르면 피고는 차별금지에 대한 위반이 없었다는 증명을 효과적으로 제시하지 못하였다.

지방법원지원은 일반평등대우법(AGG)상의 허용되지 않은 차별을 판단하였고 원고에게 500 유로의 손해배상액을 인정하였다. 또한 피고에게 장래에 원고를 그의 인종적 출신으로 인한 출입을 거부하는 것을 금지하였다.

## 슈투트가르트(Stuttgart) 고등법원 2011. 12. 12.자 판결 (10 U 106/11)

"출입거부로 인하여 손해보상액 900 유로 - 디스코"

**판결요지:**

1. 디스코텍의 출입이 단지 그 사람의 피부색과 성별로 인하여 거부한다면, 이는 적절한 배상 지급에 대한 청구권을 발생시킬 수 있다.
2. 손해배상의 규모는 일반예방적 고려에 의해서도 영향을 받지만, 이것이 그 밖의 측정기준들을 소홀히 하여 상해 혹은 일반적 인격권 침해에 대한 손해배상청구권과 비교하여 비례의 원칙에 어긋나는 높은 배상을 인정하는 결과로 이어져서는 안 된다.

이 판결은 비판을 많이 받았던 튀빙엔(Tübingen) 주법원의 판결을 파기하였다. 이 법원은 1심에서 원고가 그의 피부색과 그의 성별로 인하여 차별을 받았다는 것을 확인하였음에도 그에게 손해배상을 인정하지 않았다. 원고는 문지기가 피부색과 성별 때문에 원고의 입장을 거부하여 디스코텍 운영자에 대하여 손해배상청구권을 주장하였다.

지방법원은 문지기의 언행으로 인한 비하는 모든 사람이 일상에서 겪을 수 있으며 일상의 불법 내지는 개인적 모욕의 정도를 넘어서지 않으며, 물질적 손해배상 없이 용인할 수 있어야 한다며 손해배상청구권을 인정하지 않았다. 이 결정에 대한 원고의 항고는 인용되었다.

모든 다른 사람이 일상적으로 겪을 수 있는 차별이 존재한다는 지방법원의 견해에 법적으로 문제가 있음을 고등법원이 적절히 판단하였다. 문지기의 차별적인 행동은 구체적인 경우 피부색이 어두운 남자 청소년만 겨냥하기 때문이다. 손해배상청구권의 만족적 기능은 이러한 일반적 인격권의 중대한 침해 시 위자료의 인정을 요구할 것이다.

손해배상금액으로 법원은 900 유로라는 금액이 적정하다고 보았다. 이 금액은 디스코운영자가 그 날 저녁에 올린 입장료에 해당한다. 이로써 위협적 효과를 달성하고자 하였다. 법원들이 위자료를 산정할 때 기업의 일일 수입을 기준으로 삼을지는 흥미롭게 두고 볼 일이다.

원심판결, 튀빙엔(Tübingen) 주법원 2011. 7. 6.자 판결 (7 O 111/11)

## 브레멘(Bremen) 지방법원지원 2011. 1. 20.자 판결 (25 C 0278/10)

"피부색으로 인한 차별 - 디스코 출입 거부에 따른 위자료(Schmerzensgeld)"

피부색이 어두운 법학과 학생이 문지기가 출입을 거부했다는 이유로 브레멘의 디스코텍을 고소하였다. 증인들은 그가 피부색 때문에 거부당했다는 것을 확인해주었다. 피고는 원고가 그의 피부색으로 인하여 거부된 것이 아니라, 그날 저녁 그의 옷차림이 고급디스코텍의 고객층에 부합하지 않았다는 자신들의 주장을 증명하지 못하였다. 브레멘 지방법원지원은 증거수집의 결론 끝에, 원고가 단지 그의 어두운 피부색으로 인하여 입장이 거부되었다고 판단하였다. 법원은 여기서 일반평등대우법(AGG)에 대한 위반을 보았으며 원고에게 일반평등대우법(AGG) 제19조 제3항에 따라 300 유로의 위자료를 인정하였다.

## 쾰른(Köln) 고등법원 2010. 1. 19.자 판결 (24 U 51/09)

"집을 구하는 과정에서의 아프리카흑인 부부에 대한 차별로 인한 손해배상"

**판결요지:**

"원고들의 일반적 인격권에 대한 침해는, 증인 C가 그들을 "검둥이(Nigger)"로 표현한 것과 그들의 피부색으로 인하여 집의 구경과 임대가 거부되었다는 데에 있다."

집 구경의 거부와 이 집은 "검둥이 … 음 아프리카흑인 혹은 터키인들에게 임대할 수 없다"는 표현을 통해 주택관리인은 인간의 존엄, 그리고 이로써 임차에 관심 있는 아프리카인들의 일반적 인격권을 침해하였다. "검둥이"라는 표현은 오늘날의 이해에 따라 명확히 차별적이고 명예를 훼손한다.

부부의 인간존엄성에 대한 침해는 집의 구경과 경우에 따라 임차도 단순히 그들의 피부색으로 인하여 거부되었다는 데에 있다. 재판부는 교통비에 대한 손해배상 뿐 아니라, 아프라카인들의 인격권에 대한 침해가 특별히 중하였기 때문에 일종의 위자료에 대한 손해배상도 인정하였다. 상고는 허용되지 않았다.

원심판결: 아헨(Aachen) 주법원 2009. 3. 17.자 판결 (8 O - 449/07)

## 하노버(Hannover) 지방법원지원 2008. 11. 21.자 판결 (537 C 9178/08)

"디스코방문 거절 - 틀린 날짜로 인하여 손해배상 불인정"

터키계의 원고는 하노버(Hannover) 지방법원지원에 북유럽적인 외형을 지닌 다른 손님들은 입장을 하는 가운데, 그의 인식 가능한 출신으로 인하여 디스코텍의 출입이 허용되지 않았다는 이유로 300 유로의 손해배상을 청구하였다. 청구권은 디스코텍운영자에 대하여 2개월 이내에 주장하였다. 하지만 그는 날짜에 대한 착오를 일으켰으며, 첫 소송에서 이를 인지하였다. 원고가 권리침해가 있었다고 주장한 날짜에 디스코텍은 닫혀 있었다.

하노버(Hannover) 지방법원지원은 소를 이유 없음으로 기각하였다. 원고는 청구권을 기한 내에 주장하지 않았다. 이로써 권리침해는 틀린 날짜로 기록되었고, 2개월 내에 수정되지도 않았다. 기간의 제한이 있는 청구서(fristgebunden Anspruchsschreiben)는 권리침해자에게 그에 대해 주장된 청구권을 즉각적(zeitnah)으로 검토할 수 있는 것을 가능케 한다. 하지만 그 착오로 인하여 피고는 사건들을 의문 없이 확인하고 청구권을 검토하는 것이 불가능하였다. 상고는 허용되지 않았다.

## 올덴부르크(Oldenburg) 지방법원지원 2008. 7. 23.자 판결 (2 C 2126/07)

"디스코텍 입장의 거부"

사람이 인종적 출신 혹은 성별로 인하여 디스코텍의 입장을 거부당했다면, 일반평등대우법(AGG) 제3조와 제19조 제2항 제3문에 따른 직접적 차별이 성립한다.

올덴부르크(Oldenburg) 지방법원지원은 원고에게 500유로의 손해배상을 인정하였다.

### 나. 성별을 이유로 한 사법상 거래에서의 차별에 관한 판결

#### 기센(Gießen) 지방법원지원 2011. 5. 26.자 판결 (47 C 12/11)

"싱글 포털 - 프리미원 회원자격은 여성들에게만 무료"

싱글 포털에서의 회원권이 남성들과 달리 여성들에게만 무료인 것은, 일단은 성별로 인한 직접적인 불평등대우를 성립시킨다. 기센(Gießen) 지방법원지원 그러나 이것이 일반평등대우법(AGG) 제20조 제2항 제1문, 제2문 제3호에 따라 객관적 사유에 의해 정당화된다고 하였다. 무료 접근을 통하여 여성들의 해당 "싱글 포털"로의 등록이 촉진된다. 이로써 잠재적 파트너의 숫자가 늘어남에 따라 등록된 유료 남성들의 이해에도 부합하게 된다.

데이팅-포털에 유료회원가입을 결정한 한 남성이 소를 제기하였다. 그는 그러나 계약상 합의된 회원자격에 대한 비용을 지불하는 것을 거부하였는데, 여성들은 이를 지급할 필요가 없고 따라서 이 계약이 일반평등대우법(AGG)의 정함에 어긋나기 때문에 민법(BGB) 제134조에 따라 무효라는 것이 그 이유였다.

#### 베를린(Berlin) 지방법원지원, 2011. 2. 24.자 판결 (6 C 544/09)

"남자들이 너무 많다."

한 남성이 클럽운영자에 대하여 소를 제기하였는데, 그의 문지기가 그와 그의 친구들에게 "남자들이 너무 많다"는 이유로 클럽의 출입을 거부하였었다. 베를린(Berlin) 지원은 여기에서 성별을 이유로 한 차별을 보았고 당사자들에게 300 유로의 손해배상금을 인정하였다.

이때 법원은 성별과 관련하여 가능한 다양한 관객층에 대한 클럽운영자의 바람을 불평등대우에 대한 정당화 사유로 명백히 인정하지 않았다.

### 함(Hamm) 고등법원 2011. 1. 12.자 판결 (20 U 102/10, I - 20 U 102/10)

"의료보험 신청 시 난임에 대한 함구"

판결요지:

1. 보험자가 보험수급자가 의료보험계약 신청 시 난임을 밝히지 않았다는 사정을 해약과 해지의 근거로 삼는다면, 여기에는 일반평등대우법(AGG) 제19조 제1항에 따른 민법상 차별금지에 대한 위반이 성립한다.
2. 여기에서 성립하는 성별을 이유로 한 차별로 인하여, 금전을 통한 적절한 손해배상에 대한 청구권이 성립하며, 이때 인격권에 대한 중대한 침해가 요구되지 않는다.
3. 일반평등대우법(AGG) 제21조 제5항 제1문상의 기간은 유효하다. 민법상 차별금지에 대한 위반에 따른 손해배상청구권이 2개월 내에 주장되어야 한다는 것은 유럽연합의 공동체법에 위반하지 않는다.

원심판결: 도르트문트(Dortmund) 주법원 2010. 7. 14.자 판결 (2 O 53/10)

### 하노버(Hannover) 지방법원지원 2008. 8. 26.자 판결 (534 C 5012/08)

"사보험, 임산부에 대한 급부배제"

판결요지:

1. 임신한 여성이 사적 의료보험을 체결하고자 하면, 보험자는 이 임신과 그에 따른 출산에 대한 급부를 배제한다는 것을 계약에 명시할 수 있다.
2. 보험에서 제안된, 급부배제를 포함한 계약은 적정위험의 산출에 관한 승인된 원칙에 근거하며 성별을 이유로 한 차별을 성립시키지 않는다.

### 하겐(Hagen) 지방법원지원 2008. 6. 9.자 판결 (140 C 26/08)

"헬스장의 회원자격 거부"

한 남성에게 이상적인 여성 회원의 비율 부족으로 헬스장 가입이 거부되었다.

하겐(Hagen) 지방법원지원은 이러한 간접사실로 인하여 이 거부가 원고의 성별을 근거로 하며, 따라서 그가 일반평등대우법(AGG) 제1조에 명시된 사유로 차별 받았다는 것이 추정된다고 하였다.

법원은 원고에게 제21조 제2항 제3문에 따라 비재산상의 손해에 대하여 50 유로의 위자료 청구권을 인정하고, 헬스장 운영자에게 당시에 유효한 표준 약관에 따라 원고를 회원으로 받아들이라는 처분을 내렸다.

### 다. 장애를 이유로 한 사법상 거래에서의 차별에 관한 판결

#### 칼스루헤(Karlsruhe) 고등법원 2010. 5. 27.자 판결 (9 U 156/09)

"이미 존재하는 질병으로 인한 사보험 신청에 대한 거절"

판결요지:

1. 장애
   - 1a. 일반평등대우법(AGG)상의 장애가 존재하는지 여부에 대한 문제에 대해서는 사회법전(SGB) 제9권 제2조 제1항 제1문의 사회적-법적 개념을 가져와야 한다. 사람이 여기에서 정의된 상태에 있는지가 결정적이다.
   - 1b. 여기서 이 상태의 원인(근거가 되는 질병)을 구분해야 한다. 질병과 장애는 동일시되어서는 안 된다.
2. 차별
   - 2a. 일반평등대우법(AGG) 제3조 제1항상의 장애에 따른 직접적인 차별은 당사자가 사회법전(SGB) 제9권 제2조 제1항 제1문에 상응하는 상태에 그 행위가 연계된 경우에만 성립한다. 한 질병과 관련되었다는 것만으로는 원칙적으로 부족하다.
   - 2b. 사보험에 대한 결정에 있어서 보험사가 장애의 근거가 되는 질병을 고려한다면, 여기에는 일반평등대우법(AGG) 제3조 제2항상의 장애를 이유로 한 간접적인 차별이 있을 수 있다.

3. 정당화

3a. 사보험에서의 불평등대우에 대해서는 일반평등대우법(AGG) 제20조 제2항 제3문이 일반적 정당화규정에 해당하며, 이 규정은 일반평등대우법(AGG) 제20조 제2항 제1문보다 낮은 정당화 요건을 요구한다.

3b. 일반평등대우법(AGG) 제20조 제2항 제3문은 보험사가 보험체결을 완전히 거부한 경우에도 적용된다.

3c. 통계적 근거가 충분하지 않은 것에 납득 가능한(nachvollziehbar) 이유가 있을 때, 보험사의 결정이, 보험을 적용해야 할 위험과 상호적 관계에 있고, 이성적이고 납득 가능한 다른 이유에 근거하는 경우, 일반평등대우법(AGG) 제20조 제2항 제3문에 따른 정당화사유로 충분하다.

원심판결: 오펜부르크(Offenburg) 주법원, 2009. 11. 13.자 판결 (3 O 82/09)

## 자르브뤼켄(Saarbrücken) 고등법원 2009. 9. 9.자 판결 (5 U 26/09-9)

“악의적 기망(arglistiger Täuschung)으로 인한 보험계약 취소(Anfechtung)는 차별을 성립시키지 않는다.”

원고는 보험수급자의 유족 배우자이며 보험수급자는 생명보험(Lebensversicherung) 체결 당시 질병으로 인한 중장애를 가졌었다. 보험사에 대해서는 질병에 대해 함구하였고 그의 건강상태에 대한 질문에 대해 정직하게 대답하지 않았다. 보험사는 보험수급자가 사망한 이후에 이러한 진술의 부정확함을 알게 되었다. 이에 따라 보험사는 악의적 기만을 이유로 보험계약을 취소하고자 하였으며 원고에게 보험금 지급을 거부하였다.

법원은 악의적 기망을 이유로 보험계약을 취소하는 것이 사망한 보험수급자에 대한 장애로 인한 차별이 아니라고 보았다. 법원은 일반평등대우법의 보호흠결을 방지하기 위해, 계약의 취소는 일반평등대우법(AGG) 제19조 제1항의 민법상 채무관계의 종료로 보아야 한다는 것에서, 일반평등대우법(AGG)의 적용을 설명하였다.

따라서 계약이 최소 된 후에, 그 계약이 처음부터 체결되지 않았고 엄격히 말해서 종료될 수도 없는 것처럼 취급되는 것은 중요하지 않다고 하였다. 구체적 사례에서 계약은 보험수급자의 장애가 아닌, 악의적 기망으로 취소되었다는 것이다. 이로써 보험은 악의적 기망을 행하는 모든 사람들을 동등하게 대우하며, 일반평등대우법(AGG)상의 차별은 성립하지 않는다.

원심판결: 자르브뤼켄(Saarbrücken) 주법원 2008. 12. 22.자 판결 (12 O 244/08)
상고심판결: 연방대법원 2011. 5. 25.자 결정 (IV ZR 191/09), 참조결정(Hinweisbeschluss)

### 라. 연령을 이유로 한 사법상 거래에서의 차별에 관한 판결

#### 하노버(Hannover) 주법원 2013. 1. 23.자 판결 (6 O 115/12)

"호텔예약 - 최소연령기준으로 인한 제한"

판결요지:

"호텔소유주가 그의 가택권(Hausrecht)으로 인하여 원칙적으로 그의 호텔을 일반적인 방문을 위하여 개방하지 않고, 호텔운영의 특정 기준으로 인하여, 이를 특정 인원에게만 개방할 권한이 있다. 호텔운영자가 호텔 소개 책자에서 연령제한을 명시하지 않고, 대중에게 일반적으로 개방한 경우에만 다를 것이다."

#### 헤센(Hessen) 행정재판소 2010. 9. 14.자 판결 (2 A 1337/10)

"열차표의 창구매매의 경우 더 높은 운임가격"

판결요지:

1. 유인(有人) 창구를 통해 판매된 연방 주에서 통용되는 표와 "아름다운 주말표(Schönes Wochenende Ticket)"의 운임가격은 일반 철도법(Allgemeines Eisenbahngesetz) 제12조 제3항 제1문에 따라 이것이 비록 자동판매기 혹은 인터넷을 통해 구입하는 것보다 운임가격이 높더라도 승인을 요하지 않는 운임보수에 해당한다.
2. 유인 판매의 경우 표 가격이 더 높은 것은 고령의 열차손님에 대한 간접적인 차별을 성립시키지 않는다.

원심판결: 프랑크푸르트(Frankfurt) 행정법원 2009. 5. 12.자 판결 (12 K 4006/08)

### 만하임(Mannheim) 지방법원지원 2008. 6. 6.자 판결 (10 C 34/08)

"대중교통에서 학생과 고령자 표의 상이한 운임"

판결요지:

1. 대중교통의 상이한 운임에 대해서는 민사상 권리구제가 가능하다.
2. 일반평등대우법(AGG) 제21조 제5항상의 제척기간은 소 제기를 통해 지킬 수 있다; 이 경우 소장 송달이 결정적이다.
3. 대중교통운영자가 대중교통의 시간대에 따른 효율적 안배와 같은 사회정책적이고 경제정책적 효과를 달성하고자 하는 것이라면, 학생표와 60세 이상 이용객의 상이한 운임은 일반평등대우법(AGG) 제20조 제1항에 따라 객관적으로 정당화된다.

항고심은 사실관계의 본질적 의미와 상급심 판단의 부재로 인하여 허용된다.

## 마. 종교 · 세계관을 이유로 한 사법상 거래에서의 차별에 관한 판결

### 브레멘(Bremen) 주법원 2013. 6. 21.자 판결 (4 S 89/12)

"헬스장에서의 히잡 착용금지"

판결요지:

"건강상 위험을 이유로 헬스장에서 히잡의 착용이 금지될 수 있다."

해당사건에서 헬스장의 운영자가, 훈련 중에 히잡을 착용하였다는 이유로 원고와의 계약을 해지하였다. 원고는 이 해지로 인하여 종교를 이유로 차별받은 것으로 보고 일반평등대우법(AGG)의 위반을 이유로 손해배상을 청구하였다.

전심판결에서와 마찬가지로 원고는 승소하지 못하였다. 훈련 중에 히잡을 벗으라는 피고의 제안은 종교적 배경이 없고, 그보다 헬스장 기구에서의 훈련 시 부상을 예방하기 위한 것이므로 해당 사례에서 차별을 판단 할 수 없었다.

원심판결: 브레멘-블루멘탈(Bremen-Blumenthal) 지방법원지원 2012. 1. 30.자 판결 (42 C 1005/10)

## 뮌헨(München) 지방법원지원 2012. 10. 18.자 판결 (423 C 14869/12)

"주거공간의 임대 - 노동조합에서의 회원여부는 일반평등대우법(AGG)상의 세계관이 아니다"

임차계약에 대한 협의가 중지된 후에 제기된 손해배상청구권에 대해서는, 어떤 사람이 조합원이라는 이유로 그 집을 임대 받지 못하였다는 것은 무관하다. 설사 그렇다 하더라도 일반평등대우법(AGG)에 대한 위반이 있는 것은 아니라고 뮌헨(München) 지원은 판결하였다. 조합원여부는 인생의 부분적 관점(Teilaspekt)에만 해당하며 일반평등대우법(AGG)상의 세계관이 아니라고 하였다.

## 연방대법원 2012. 3. 9.자 판결 (V ZR 115/11)

"일반평등대우법(AGG)는 극우 정당 간부를 호텔의 가택금지로부터 보호하지 않는다."

판결요지:

1. 호텔운영자가 손님에게 숙박을 제공하기로 했다는 계약상 의무를 부담하기 했다면, 가택금지는 특별히 중대한 객관적 사유를 통해 정당화되어야 한다.
2. 호텔운영자가 손님으로 누구를 받아들일지에 대한 결정을 자신에게 유보했다면, 그는 타인에게 그의 공간에서의 체류를 허용할지 여부 그리고 어떤 전제 하에 이를 허용할 것인지에 대한 그의 경영상 결정에 있어서 자유롭다; 가택금지는 이런 경우에 객관적 근거를 통해 정당화 될 필요는 없다.

호텔리어들은 그들의 정치적 신념에 따라 고객을 거부할 수 있다. 이는 연방대법원이 2012. 3. 9.자 판결에서 확인하였다. 법원은 동시에 일반평등대우법(AGG)이 거래(Geschäftsverkehr)에서 세계관을 이유로 한 차별로부터 보호하지 않는다는 것이 기본법(GG)에 대해서도, 유럽연합법에 대해서도 위반되지 않는다는 것을 확인하였다.

독일 국가민주당(NPD)[28] 간부와 그의 부인은 사적인 휴가를 위한 예약확인을 받았다. 이후에 예약한 호텔이 가택출입금지를 선언했다. 국가민주당(NPD) 간부의 정

28) 역자 주 - Nationaldemokratische Partei Deutschlands.

치적 신념이 모든 고객에게 최상의 기분을 제공하고자 하는 호텔의 목적과 부합할 수 없다는 것이 호텔이 밝힌 이유였다.

호텔운영자가 정치적 세계관에 따른 기본법(GG)의 차별금지에 직접적으로 구속되지 않기 때문에 이러한 가택금지의 철회를 구하는 소는 두 개의 전심법원에서 인용되지 못하였다. 일반평등대우법(AGG)는 적용되지 않는다.

연방대법원은 구체적 사례에서 호텔이 예약확인으로 인하여 이미 계약상 구속을 받기 때문에 가택금지를 취소하기는 하였다. 하지만 일반평등대우법(AGG)상의 차별보호의 범위와 민법상 영역에서 "세계관"의 배제는 가장 상위의 독일 민사법원으로부터 확인된 셈이다.

전심판결: 브란덴부르크(Brandenburg) 고등법원 2011. 4. 18.자 판결 (1 U 4/10)

# 제6장

# 독일 일반평등대우법과 차별금지 판결의 시사점

독일 일반평등대우법과 그에 관한 독일 법원의 판결들은 독일이 우리와 비슷한 법체계를 갖고 있다는 점에서 일반법 형식의 차별금지법 제정을 준비하는 우리나라에 주는 시사점이 크다.

우선 독일 일반평등대우법은 차별금지 영역을 '근로자의 보호'에 관한 영역과 '사법상 거래에서의 보호'에 관한 영역으로 나누어 규율한다. 이는 독일이 노동법원과 일반법원이 구분된 사법체계를 갖고 있기 때문이기는 하겠지만, 다른 한편으로 개인 간 합의와는 다른 차원에서 단체협약의 규범력을 인정하고 존중하는 측면도 엿보인다. 단체협약이 적용되는 경우에는 사용자의 고의나 중과실이 인정되는 경우에 한하여 사용자가 배상책임을 부담하도록 규정한 독일 일반평등대우법 제15조 제3항이 그 예이다. 그리고 독일 일반평등대우법은 근로자의 차별로부터의 보호를 원칙적으로 사용자의 의무로 규율하면서도 노동조합이나 특정 직업단체에서 발생할 수 있는 근로자에 대한 차별로부터의 보호에 관한 부분도 적용범위에 함께 포함시켰다. 「국가인권위원회법」 제2조 제3호 가목이나 2007년 12월 정부가 제출했던 「차별금지법안」(이하, "정부 제출 차별금지법안"이라고 한다) 제10조 내지 제15조에는 반영되지 않았던 사항이다.

차별금지 사유와 관련하여, 독일 일반평등대우법은 차별금지에 관한 일반법이지만 차별의 모든 사유를 동일하게 규율하고 있지 않다. 인종, 민족적 출신, 성별, 종교, 세계관, 장애, 연령 또는 성적 정체성이라는 8가지 사유에 한정하여 그에 따른 차별을 금지하고 보호를 위한 특별 규정을 마련하고 있다. 이는 「국가인권위원회법」 제2조 제3호나 정부 제출 차별금지법안 제3조 제1항 제1호의 차별금지 사유에 관한 예시적 규정과 다르다. 더구나 독일 일반평등대우법은 '사법상 거래에서의 보호'에 관한 영역에서는 차별금지 사유에서 '세계관'을 제외하여 세계관을 이유로 한 사법상 채권관계의 성립·이행·종료에 있어서의 차별을 허용하고 있다.

차별금지 유형과 관련하여, 독일 일반평등대우법은 직접차별, 간접차별, 괴롭힘, 성적 괴롭힘, 차별의 지시를 규정하고 있다. 정부 제출 차별금지법안이 직접차별, 간접차별, 괴롭힘, 차별 표시·조장 광고행위를 차별금지 유형으로 정하고 있었던 점과 차이가 있다. 특히 괴롭힘의 경우 정부제출 차별금지법안 제3조 제1항 제3호는 '성별, 인종, 피부색, 출신민족, 장애'로 사유를 한정하고 있었는데, 독일 일반평등대우법 제3조 제3항은 '성별, 인종, 민족적 출신, 장애' 외에 '종교, 세계관, 연령, 성적 정체성'을 이유로 한 괴롭힘도 인정하고 있고, 특히 성적 괴롭힘은 제3조 제4항에서 별도로 규정하고 있다. 다만, 정부제출 차별금지법안은 모든 차별금지 유형에 대하여 진정, 법원의 구제조치, 손해배상, 입증책임의 배분 등의 구제조치에 관한 규정이 동일하게 적용되도록 하고 있었으나, 독일 일반평등대우법은 직접차별, 간접차별에 대해서 '근로자의 보호'에 관한 영역에서는 원칙적으로 손해배상청구권을, '사법상 거래에서의 보호'에 관한 영역에서는 방해배제·중지청구권과 손해배상청구권을 인정하는 한편, '근로자의 보호'에 관한 영역에서 괴롭힘 또는 성적 괴롭힘이 있음에도 사용자가 그 중단을 위해 아무런 조치를 취하지 않거나 명백하게 부적합한 조치를 취한 경우에 그 보호에 필요한 범위 내에서 근로자에게 근로를 중단할 이행거절권도 인정하고 있다.

차별금지 예외와 관련하여, 독일 일반평등대우법은 '근로자의 보호'에 관한 영역과 '사법상 거래에서의 보호'에 관한 영역을 나누어 규율할 뿐만 아니라, 차별금지 사유 사이에도 달리 규율하는 방식을 취하고 있다. 독일 일반평등대우법에 따라 사법상 거래에서는 허용되는 차별적 대우의 폭은 근로자의 보호에 관한 영역 보다 훨씬 넓다. 다만, 인종 또는 민족적 출신을 이유로 한 차별은 독일 일반평등대우법 제8조 제1항에 따라 본질적이고 결정적인 직업자격에 해당하는 경우로 그 목적이 합법적이고 자격 제한이 적절하다면 허용될 수 있으나, 사법상 채권관계의 성립·이행·종료에서는 인종 또는 민족적 출신을 이유로 한 차별은 독일 일반평등대우법 제19조 제1항 및 제2항에 따라 예외 없이 허용되지 않는다. 한편 독일 일반평등대우법은 가족법 및 상속법상 채권관계, 일정한 주택의 임대, 당사자들이나 그 친족들의 특별한 친밀관계 또는 신뢰관계가 이루어지는 사법상 채권관계는 차별금지에 관한 규율 대상에서 제외하였다. 이러한 예외는 잠정적 우대 조치만을 예외로 규정하고 있는 「국가인권위원회법」 제2조 제3호 단서, 직무나 사업 수행의 성질상 불가피한 경우와 잠정적 우대 조치만을 예외로 규정하고 있는 정부 제출 차별금지법안 제3조 제2항에서는 충분히 고려되지 않았던 사항이다.

차별금지의 구제조치와 관련해서도, 독일 일반평등대우법은 일응의 추정으로 증명책임을 완화하는 수준에 그치고 증명책임의 배분에 까지 나아가지 않으며, 방해배제·중지청구권과 손해배상청구권에 대하여 2개월의 제척기간을 두어 특별 구제조치의 남용을 제한하고자 하였다. 진정, 법원의 구제조치, 손해배상, 입증책임의 배분 등의 구제조치에 관한 규정을 두고 있던 정부 제출 차별금지법안에는 이와 같은 단기 제척기간에 관한 규정은 마련되어 있지 않았다.

이상과 같이 독일 일반평등대우법의 여러 특징이 반드시 따라야만 하는 정의 명제는 아니지만, 기존에 우리나라가 일반법 형식의 차별금지법을 제정하면서 충분히 고려하지 못했던 사항들을 입법과 그에 따른 판결을 통해 우리에게 제시해준다는 점에서 그 의미가 있다고 하겠다. 독일이 일반평등대우법의 제정 및 적용을 통해 제시한 이와 같은 고려 사항들을 반추하여 차별 금지와 구제에 보다 효과적이면서 사회적 부담도 완화시키는 합리적인 차별금지 입법이 마련될 수 있기를 기대해 본다.

# 부 록

## 1. 독일 일반평등대우법

— Allgemeines Gleichbehandlungsgesetz (AGG)

## 2. 이사회 지침 2000/43/EC

— Council Directive 2000/43/EC of 29 June 2000 implementing the principle of equal treatment between persons irrespective of racial or ethnic origin

## 3. 이사회 지침 2000/78/EC

— Council Directive 2000/78/EC of 27 November 2000 establishing a general framework for equal treatment in employment and occupation

## 4. 유럽의회 및 이사회 지침 2002/73/EC

— Directive 2002/73/EC of the European Parliament and of the Council of 23 September 2002 amending Council Directive 76/207/EEC on the implementation of the principle of equal treatment for men and women as regards access to employment, vocational training and promotion, and working conditions (Text with EEA relevance)

## 5. 이사회 지침 2004/113/EC

— Council Directive 2004/113/EC of 13 December 2004 implementing the principle of equal treatment between men and women in the access to and supply of goods and services

부 록 1

# 독일 일반평등대우법

— Allgemeines Gleichbehandlungsgesetz (AGG)

# Allgemeines Gleichbehandlungsgesetz (AGG)

Ausfertigungsdatum: 14.08.2006

Vollzitat:

"Allgemeines Gleichbehandlungsgesetz vom 14. August 2006 (BGBl. I S. 1897), das zuletzt durch Artikel 8 des Gesetzes vom 3. April 2013 (BGBl. I S. 610) geändert worden ist"

Stand: Zuletzt geändert durch Art. 8 G v. 3.4.2013 I 610

Das G wurde als Artikel 1 des G v. 14.8.2006 I 1897 vom Bundestag beschlossen. Es ist gem. Art. 4 Satz 1 dieses G am 18.8.2006 in Kraft getreten.

## Abschnitt 1
## Allgemeiner Teil

### § 1 Ziel des Gesetzes

Ziel des Gesetzes ist, Benachteiligungen aus Gründen der Rasse oder wegen der ethnischen Herkunft, des Geschlechts, der Religion oder Weltanschauung, einer Behinderung, des Alters oder der sexuellen Identität zu verhindern oder zu beseitigen.

### § 2 Anwendungsbereich

(1) Benachteiligungen aus einem in § 1 genannten Grund sind nach Maßgabe dieses Gesetzes unzulässig in Bezug auf:

1. die Bedingungen, einschließlich Auswahlkriterien und Einstellungsbedingungen, für den Zugang zu unselbstständiger und selbstständiger Erwerbstätigkeit, unabhängig von Tätigkeitsfeld und beruflicher Position, sowie für den beruflichen Aufstieg,

# 일반평등대우법 (AGG)

연방대통령 서명일 : 2006년 8월 14일

정식인용:

“2013년 4월 3일자 법률(연방법률공보 제1권 610면)의 제8장에 의해 마지막으로 개정된 2006년 8월 14일자 일반평등대우법(연방법률공보 제1권 1,897면)”

상태: 2013년 4월 3일자 법률(연방법률공보 제1권 610면) 제8장에 의해 마지막으로 개정

이 법률은 2006년 8월 14일자 법률의 제1장으로 연방의회에서 의결되었다. 이 법률은 이 법률 제4장 제1문에 따라 2006년 8월 18일에 발효되었다.

## 제1절
## 총 칙

### 제1조 법률의 목적

이 법률은 인종, 민족적 출신, 성별, 종교, 세계관, 장애, 연령 또는 성적 정체성을 이유로 한 차별(Benachteiligungen)을 방지하고 배제하는 것을 목적으로 한다.

### 제2조 적용범위

(1) 다음 각 호와 관련하여 제1조에 언급된 사유로 인한 차별은 다음과 관련해서는 이 법률에 따라 허용되지 않는다:

1. 업무영역 및 직위에 관계없이, 고용(unselbstständige Erwerbstätigkeit) 및 자영(selbstständige Erwerbstätigkeit)에의 접근과 직업상 승진을 위한 선발기준과 채용조건을 포함한 조건,

2. die Beschäftigungs- und Arbeitsbedingungen einschließlich Arbeitsentgelt und Entlassungsbedingungen, insbesondere in individual- und kollektivrechtlichen Vereinbarungen und Maßnahmen bei der Durchführung und Beendigung eines Beschäftigungsverhältnisses sowie beim beruflichen Aufstieg,
3. den Zugang zu allen Formen und allen Ebenen der Berufsberatung, der Berufsbildung einschließlich der Berufsausbildung, der beruflichen Weiterbildung und der Umschulung sowie der praktischen Berufserfahrung,
4. die Mitgliedschaft und Mitwirkung in einer Beschäftigten- oder Arbeitgebervereinigung oder einer Vereinigung, deren Mitglieder einer bestimmten Berufsgruppe angehören, einschließlich der Inanspruchnahme der Leistungen solcher Vereinigungen,
5. den Sozialschutz, einschließlich der sozialen Sicherheit und der Gesundheitsdienste,
6. die sozialen Vergünstigungen,
7. die Bildung,
8. den Zugang zu und die Versorgung mit Gütern und Dienstleistungen, die der Öffentlichkeit zur Verfügung stehen, einschließlich von Wohnraum.

(2) Für Leistungen nach dem Sozialgesetzbuch gelten § 33c des Ersten Buches Sozialgesetzbuch und § 19a des Vierten Buches Sozialgesetzbuch. Für die betriebliche Altersvorsorge gilt das Betriebsrentengesetz.

(3) Die Geltung sonstiger Benachteiligungsverbote oder Gebote der Gleichbehandlung wird durch dieses Gesetz nicht berührt. Dies gilt auch für öffentlich-rechtliche Vorschriften, die dem Schutz bestimmter Personengruppen dienen.

(4) Für Kündigungen gelten ausschließlich die Bestimmungen zum allgemeinen und besonderen Kündigungsschutz.

## § 3 Begriffsbestimmungen

(1) Eine unmittelbare Benachteiligung liegt vor, wenn eine Person wegen eines in § 1 genannten Grundes eine weniger günstige Behandlung erfährt, als eine andere Person in einer vergleichbaren Situation erfährt, erfahren hat oder erfahren würde. Eine unmittelbare Benachteiligung wegen des Geschlechts liegt in Bezug auf § 2 Abs. 1 Nr. 1 bis 4 auch im Falle einer ungünstigeren Behandlung einer Frau wegen Schwangerschaft oder Mutterschaft vor.

2. 임금 및 해고조건을 포함한 고용 및 근로조건, 특히 고용관계의 이행과 종료 및 직업상 승진에 있어서의 개인적 및 단체법적 합의(협약)과 조치,
3. 모든 형식 및 수준의 직업지도(Berufsberatung) 그리고 직업교육(Berufsausbildung), 고등 직업교육(beruflichen Weiterbildung), 재교육을 포함한 직업교육(Berufsbildung) 및 실무경험에의 접근,
4. 근로자단체, 사용자단체 또는 그 회원들이 특정 직업군(群)에 속하는 단체에서의 회원자격과 참여 및 이러한 단체의 급부의 이용,
5. 사회보장과 보건서비스를 포함한 사회적 보호,
6. 사회적 혜택,
7. 교육,
8. 주거를 포함하여 공중(Öffentlichkeit)이 이용할 수 있는 재화 및 용역에의 접근 및 그 공급.

(2) 사회법전에 따른 급부에는 사회법전 제1권 제33조의c 및 사회법전 제4권 제19조의a가 적용된다. 기업에서의 노령연금에는 기업연금법이 적용된다.

(3) 그 밖의 다른 차별금지 또는 평등대우규정의 효력은 이 법률에 의하여 영향을 받지 않는다. 이는 특정한 인적 집단을 보호하기 위한 공법상 규정에도 적용된다.

(4) 해고에는 오로지 일반 및 특별 해고보호에 관한 규정만이 적용된다.

### 제3조 정의

(1) 직접차별은 어떤 사람이 제1조에 언급된 사유로 인하여 비교가능한 상황에 있는 다른 사람이 받았거나 받고 있거나 받았을 것 보다 덜 유리한 대우를 받은 경우에 존재한다. 성별을 이유로 한 직접차별은, 제2조 제1항 제1호 내지 제4호와 관련하여, 임신이나 출산을 이유로 한 여성에 대한 불리한 대우의 경우에도 존재한다.

(2) Eine mittelbare Benachteiligung liegt vor, wenn dem Anschein nach neutrale Vorschriften, Kriterien oder Verfahren Personen wegen eines in § 1 genannten Grundes gegenüber anderen Personen in besonderer Weise benachteiligen können, es sei denn, die betreffenden Vorschriften, Kriterien oder Verfahren sind durch ein rechtmäßiges Ziel sachlich gerechtfertigt und die Mittel sind zur Erreichung dieses Ziels angemessen und erforderlich.

(3) Eine Belästigung ist eine Benachteiligung, wenn unerwünschte Verhaltensweisen, die mit einem in § 1 genannten Grund in Zusammenhang stehen, bezwecken oder bewirken, dass die Würde der betreffenden Person verletzt und ein von Einschüchterungen, Anfeindungen, Erniedrigungen, Entwürdigungen oder Beleidigungen gekennzeichnetes Umfeld geschaffen wird.

(4) Eine sexuelle Belästigung ist eine Benachteiligung in Bezug auf § 2 Abs. 1 Nr. 1 bis 4, wenn ein unerwünschtes, sexuell bestimmtes Verhalten, wozu auch unerwünschte sexuelle Handlungen und Aufforderungen zu diesen, sexuell bestimmte körperliche Berührungen, Bemerkungen sexuellen Inhalts sowie unerwünschtes Zeigen und sichtbares Anbringen von pornographischen Darstellungen gehören, bezweckt oder bewirkt, dass die Würde der betreffenden Person verletzt wird, insbesondere wenn ein von Einschüchterungen, Anfeindungen, Erniedrigungen, Entwürdigungen oder Beleidigungen gekennzeichnetes Umfeld geschaffen wird.

(5) Die Anweisung zur Benachteiligung einer Person aus einem in § 1 genannten Grund gilt als Benachteiligung. Eine solche Anweisung liegt in Bezug auf § 2 Abs. 1 Nr. 1 bis 4 insbesondere vor, wenn jemand eine Person zu einem Verhalten bestimmt, das einen Beschäftigten oder eine Beschäftigte wegen eines in § 1 genannten Grundes benachteiligt oder benachteiligen kann.

### § 4 Unterschiedliche Behandlung wegen mehrerer Gründe

Erfolgt eine unterschiedliche Behandlung wegen mehrerer der in § 1 genannten Gründe, so kann diese unterschiedliche Behandlung nach den § § 8 bis 10 und 20 nur gerechtfertigt werden, wenn sich die Rechtfertigung auf alle diese Gründe erstreckt, derentwegen die unterschiedliche Behandlung erfolgt.

(2) 간접차별은 외관상 중립적인 규정, 기준 또는 절차가 제1조에 언급된 사유로 인하여 사람들을 다른 사람들에 비하여 특정 방식으로 불리하게 할 수 있는 경우에, 관련된 규정, 기준 또는 절차가 합법적인 목적에 의해 객관적으로 정당화되고 수단이 이러한 목적의 달성을 위해 적절하고 필요한 경우가 아니라면, 존재한다.

(3) 괴롭힘은 제1조에 언급된 사유와 관련된 원치 않는 행동방식이 관련된 사람의 존엄성을 침해하고 위협적·적대적·굴욕적·명예훼손적·모욕적 특성의 환경이 조성되는 것을 목적으로 하거나 이를 야기하는 경우에는 차별이다.

(4) 성적 괴롭힘은, 제2조 제1항 제1호 내지 제4호와 관련하여, 원치 않는 성적 행동 및 이에 대한 요구, 일정한 성적인 육체적 접촉, 성적 내용의 발언, 음란표현물의 원치 않는 제시와 눈에 띌 수 있는 비치가 여기에 속하는 원치 않는 일정한 성적 행위가 관련된 사람의 존엄성을 침해하는 것을 목적으로 하거나 이를 야기하는 경우에는, 특히 위협적·적대적·굴욕적·명예훼손적·모욕적 특성의 환경이 조성되는 경우에, 차별이다.

(5) 제1조에 언급된 사유로 어떤 사람을 차별하도록 하는 지시는 차별로 간주된다. 이러한 지시는, 제2조 제1항 제1호 내지 제4호와 관련하여, 특히 누군가가 어떤 사람에게 제1조에 언급된 사유로 인하여 근로자를 차별하는 혹은 차별할 수 있는 행위를 하도록 하게 한 경우에 존재한다.

### 제4조 복수의 사유에 의한 차별적 대우

제1조에 언급된 복수의 사유로 인하여 차별적 대우가 이루어진 경우에, 이러한 차별적 대우는 제8조 내지 제10조 및 제20조에 따른 정당화가 그로 인해 차별적 대우가 이루어진 모든 사유에 적용되는 때에만 정당화될 수 있다.

### § 5 Positive Maßnahmen

Ungeachtet der in den § § 8 bis 10 sowie in § 20 benannten Gründe ist eine unterschiedliche Behandlung auch zulässig, wenn durch geeignete und angemessene Maßnahmen bestehende Nachteile wegen eines in § 1 genannten Grundes verhindert oder ausgeglichen werden sollen.

## Abschnitt 2
## Schutz der Beschäftigten vor Benachteiligung

Unterabschnitt 1
Verbot der Benachteiligung

### § 6 Persönlicher Anwendungsbereich

(1) Beschäftigte im Sinne dieses Gesetzes sind

1. Arbeitnehmerinnen und Arbeitnehmer,
2. die zu ihrer Berufsbildung Beschäftigten,
3. Personen, die wegen ihrer wirtschaftlichen Unselbstständigkeit als arbeitnehmerähnliche Personen anzusehen sind; zu diesen gehören auch die in Heimarbeit Beschäftigten und die ihnen Gleichgestellten.

Als Beschäftigte gelten auch die Bewerberinnen und Bewerber für ein Beschäftigungsverhältnis sowie die Personen, deren Beschäftigungsverhältnis beendet ist.

(2) Arbeitgeber (Arbeitgeber und Arbeitgeberinnen) im Sinne dieses Abschnitts sind natürliche und juristische Personen sowie rechtsfähige Personengesellschaften, die Personen nach Absatz 1 beschäftigen. Werden Beschäftigte einem Dritten zur Arbeitsleistung überlassen, so gilt auch dieser als Arbeitgeber im Sinne dieses Abschnitts. Für die in Heimarbeit Beschäftigten und die ihnen Gleichgestellten tritt an die Stelle des Arbeitgebers der Auftraggeber oder Zwischenmeister.

(3) Soweit es die Bedingungen für den Zugang zur Erwerbstätigkeit sowie den beruflichen Aufstieg betrifft, gelten die Vorschriften dieses Abschnitts für Selbstständige und Organmitglieder, insbesondere Geschäftsführer oder Geschäftsführerinnen und Vorstände, entsprechend.

### 제5조 적극적 조치

제8조 내지 제10조 및 제20조에 언급된 사유에도 불구하고, 적합하고 적절한 조치를 통해 제1조에 언급된 사유로 인한 현재의 불이익이 방지되거나 해소되어야 하는 경우에는, 차별적 대우도 허용된다.

## 제2절
## 근로자의 차별로부터의 보호

제1관
차별의 금지

### 제6조 인적 적용범위

(1) 이 법률의 의미 내에서의 "근로자"는 다음 각 호와 같다.

1. 피고용인,
2. 직업훈련 목적의 근로자,
3. 그 경제적 비독립성으로 인하여 피고용인과 유사한 사람으로 간주할 수 있는 사람; 가내공업 근로자 및 이에 상응하는 사람도 여기에 속한다.

근로관계의 지원자 및 그 근로관계가 종료된 사람도 근로자로 인정된다.

(2) 이 절의 의미 내에서의 "사용자"는 제1항의 사람들을 고용한 자연인과 법인 및 권리능력 있는 사단이다. 근로자가 작업을 위해 제3자에게 위탁된 경우에 이 제3자도 이 절의 의미 내에서의 사용자로 인정된다. 가내공업 근로자 및 이에 상응하는 사람에 대해서는 위임인(Auftraggeber)이나 중개업자(Zwischenmeister)가 사용자를 대신한다.

(3) 근로에의 접근 및 직업상 승진을 위한 조건에 관한 한, 이 절의 규정들은 자영업자 및 기관의 회원, 특히 대표이사 및 이사에 준용된다.

## § 7 Benachteiligungsverbot

(1) Beschäftigte dürfen nicht wegen eines in § 1 genannten Grundes benachteiligt werden; dies gilt auch, wenn die Person, die die Benachteiligung begeht, das Vorliegen eines in § 1 genannten Grundes bei der Benachteiligung nur annimmt.
(2) Bestimmungen in Vereinbarungen, die gegen das Benachteiligungsverbot des Absatzes 1 verstoßen, sind unwirksam.
(3) Eine Benachteiligung nach Absatz 1 durch Arbeitgeber oder Beschäftigte ist eine Verletzung vertraglicher Pflichten.

## § 8 Zulässige unterschiedliche Behandlung wegen beruflicher Anforderungen

(1) Eine unterschiedliche Behandlung wegen eines in § 1 genannten Grundes ist zulässig, wenn dieser Grund wegen der Art der auszuübenden Tätigkeit oder der Bedingungen ihrer Ausübung eine wesentliche und entscheidende berufliche Anforderung darstellt, sofern der Zweck rechtmäßig und die Anforderung angemessen ist.
(2) Die Vereinbarung einer geringeren Vergütung für gleiche oder gleichwertige Arbeit wegen eines in § 1 genannten Grundes wird nicht dadurch gerechtfertigt, dass wegen eines in § 1 genannten Grundes besondere Schutzvorschriften gelten.

## § 9 Zulässige unterschiedliche Behandlung wegen der Religion oder Weltanschauung

(1) Ungeachtet des § 8 ist eine unterschiedliche Behandlung wegen der Religion oder der Weltanschauung bei der Beschäftigung durch Religionsgemeinschaften, die ihnen zugeordneten Einrichtungen ohne Rücksicht auf ihre Rechtsform oder durch Vereinigungen, die sich die gemeinschaftliche Pflege einer Religion oder Weltanschauung zur Aufgabe machen, auch zulässig, wenn eine bestimmte Religion oder Weltanschauung unter Beachtung des Selbstverständnisses der jeweiligen Religionsgemeinschaft oder Vereinigung im Hinblick auf ihr Selbstbestimmungsrecht oder nach der Art der Tätigkeit eine gerechtfertigte berufliche Anforderung darstellt.
(2) Das Verbot unterschiedlicher Behandlung wegen der Religion oder der Weltanschauung berührt nicht das Recht der in Absatz 1 genannten Religionsgemeinschaften, der ihnen zugeordneten Einrichtungen ohne Rücksicht auf ihre Rechtsform oder der Vereinigungen, die sich die gemeinschaftliche Pflege einer Religion oder Weltanschauung zur Aufgabe machen, von ihren Beschäftigten ein loyales und aufrichtiges Verhalten im Sinne ihres jeweiligen Selbstverständnisses verlangen zu können.

### 제7조 차별금지

(1) 근로자는 제1조에 언급된 사유를 이유로 하여 차별받아서는 안 된다. 이는 차별을 행한 사람이 차별을 함에 있어서 제1조에 언급된 사유의 존재를 단지 추측한 경우에도 적용된다.

(2) 제1항의 차별금지에 위반된 합의(협약) 상의 규정은 무효이다.

(3) 사용자 또는 근로자의 제1항에 의한 차별은 계약상 의무 위반이다.

### 제8조 직업자격을 이유로 허용되는 차별적 대우

(1) 제1조에 언급된 사유를 이유로 한 차별적 대우는, 수행되는 활동이나 그 수행 조건의 성격 때문에 이러한 사유가 본질적이고 결정적인 직업자격에 해당하는 경우에, 목적이 합법적이고 자격이 적절하다면 허용된다.

(2) 제1조에 언급된 사유를 이유로 한 동일하거나 동일 가치의 노동에 대한 더 낮은 보수 합의(협약)는 제1조에 언급된 사유를 이유로 한 특별 보호규정이 적용된다는 것으로 정당화되지 않는다.

### 제9조 종교나 세계관을 이유로 허용되는 차별적 대우

(1) 제8조에도 불구하고, 종교나 세계관을 이유로 한 차별적 대우는 또한 종교공동체, 법형식에 관계없이 그에 부속된 기관 또는 종교나 세계관에 대한 공동의 종사(從事)를 사명으로 하는 단체에 의한 고용에 있어서, 특정 종교나 세계관이 자기결정권의 관점에서 각각의 종교공동체나 결사의 자기이해(Selbstverständnis)를 고려하여 혹은 활동의 성격상 '정당화되는 직업자격'에 해당하는 경우에도 허용된다.

(2) 종교나 세계관을 이유로 한 차별적 대우의 금지는 제1항에 언급된 종교공동체, 법형식에 관계없이 그에 부속된 기관 또는 종교나 세계관에 대한 공동의 종사(從事)를 사명으로 하는 단체의 그 각각의 자기이해의 의미 내에서의 충실하고 성실한 행위를 그 근로자에게 요구할 수 있는 권리에 영향을 미치지 않는다.

## § 10 Zulässige unterschiedliche Behandlung wegen des Alters

Ungeachtet des § 8 ist eine unterschiedliche Behandlung wegen des Alters auch zulässig, wenn sie objektiv und angemessen und durch ein legitimes Ziel gerechtfertigt ist. Die Mittel zur Erreichung dieses Ziels müssen angemessen und erforderlich sein. Derartige unterschiedliche Behandlungen können insbesondere Folgendes einschließen:

1. die Festlegung besonderer Bedingungen für den Zugang zur Beschäftigung und zur beruflichen Bildung sowie besonderer Beschäftigungs- und Arbeitsbedingungen, einschließlich der Bedingungen für Entlohnung und Beendigung des Beschäftigungsverhältnisses, um die berufliche Eingliederung von Jugendlichen, älteren Beschäftigten und Personen mit Fürsorgepflichten zu fördern oder ihren Schutz sicherzustellen,
2. die Festlegung von Mindestanforderungen an das Alter, die Berufserfahrung oder das Dienstalter für den Zugang zur Beschäftigung oder für bestimmte mit der Beschäftigung verbundene Vorteile,
3. die Festsetzung eines Höchstalters für die Einstellung auf Grund der spezifischen Ausbildungsanforderungen eines bestimmten Arbeitsplatzes oder auf Grund der Notwendigkeit einer angemessenen Beschäftigungszeit vor dem Eintritt in den Ruhestand,
4. die Festsetzung von Altersgrenzen bei den betrieblichen Systemen der sozialen Sicherheit als Voraussetzung für die Mitgliedschaft oder den Bezug von Altersrente oder von Leistungen bei Invalidität einschließlich der Festsetzung unterschiedlicher Altersgrenzen im Rahmen dieser Systeme für bestimmte Beschäftigte oder Gruppen von Beschäftigten und die Verwendung von Alterskriterien im Rahmen dieser Systeme für versicherungsmathematische Berechnungen,
5. eine Vereinbarung, die die Beendigung des Beschäftigungsverhältnisses ohne Kündigung zu einem Zeitpunkt vorsieht, zu dem der oder die Beschäftigte eine Rente wegen Alters beantragen kann; § 41 des Sechsten Buches Sozialgesetzbuch bleibt unberührt,
6. Differenzierungen von Leistungen in Sozialplänen im Sinne des Betriebsverfassungsgesetzes, wenn die Parteien eine nach Alter oder Betriebszugehörigkeit gestaffelte Abfindungsregelung geschaffen haben, in der die wesentlich vom Alter abhängenden Chancen auf dem Arbeitsmarkt durch eine verhältnismäßig starke Betonung des Lebensalters erkennbar berücksichtigt worden sind, oder Beschäftigte von den Leistungen des Sozialplans ausgeschlossen haben, die wirtschaftlich abgesichert sind, weil sie, gegebenenfalls nach Bezug von Arbeitslosengeld, rentenberechtigt sind.

### 제10조 연령을 이유로 허용되는 차별적 대우

제8조에도 불구하고, 연령을 이유로 한 차별적 대우는 그것이 객관적이고 적절하며 합법적인 목적에 의해 정당화되는 경우에 또한 허용된다. 이 목적의 달성을 위한 수단은 적절하고 필요해야 한다. 이와 같은 차별적 대우는 특히 다음을 포함할 수 있다.

1. 청년, 고령근로자 및 부양의무가 있는 사람의 직업적 편입을 촉진하거나 그들의 보호를 보장하기 위한, 고용 및 직업교육에의 접근을 위한 특별한 조건 그리고 근로관계의 이행과 종료를 포함한 특별한 고용 및 근로조건의 설정,

2. 고용에의 접근을 위하거나 고용에 수반되는 일정한 이익을 위한 연령, 실무경험 혹은 재직연한에 관한 최저요건의 설정,

3. 특수한 교육요건을 이유로 하거나 연금생활 개시 이전의 적절한 근로기간의 필요성을 이유로 한 고용에 관한 최고제한연령의 결정,

4. 기업적 사회보장제도에 있어서, 이 제도의 범위 내에서의 일정한 근로자나 근로자의 집단을 위한 상이한 연령기준의 설정 그리고 이 제도의 범위 내에서의 보험수리적 계산을 위한 연령기준의 사용을 포함한, 노령연금 또는 장해급여의 자격이나 수급을 위한 전제조건으로서의 연령제한의 결정,

5. 근로자가 고령을 이유로 연금을 청구할 수 있는 시점에 해지(Kündigung) 없는 근로관계의 종료를 예정하는 합의; 사회법전 제6권 제41조는 영향을 받지 않는다,

6. 경영조직법의 의미 내에서의 사회적 계획(Sozialplan)에서의 급여의 세분화, 당사자들이 그 안에서 본질적으로 연령에 의존하는 노동시장에서의 기회가 연령에 대한 비례적인 강한 강조를 통해 식별할 수 있도록 고려된 연령이나 근속기간에 따라 등급화 된 보상규정을 마련하거나, 경우에 따라서는 실업급여의 수급 이후에 연금을 받을 자격이 있기 때문에 경제적으로 안정된 근로자를 사회적 계획의 급여에서 배제하는 경우.

Unterabschnitt 2
Organisationspflichten des Arbeitgebers

## § 11 Ausschreibung

Ein Arbeitsplatz darf nicht unter Verstoß gegen § 7 Abs. 1 ausgeschrieben werden.

## § 12 Maßnahmen und Pflichten des Arbeitgebers

(1) Der Arbeitgeber ist verpflichtet, die erforderlichen Maßnahmen zum Schutz vor Benachteiligungen wegen eines in § 1 genannten Grundes zu treffen. Dieser Schutz umfasst auch vorbeugende Maßnahmen.

(2) Der Arbeitgeber soll in geeigneter Art und Weise, insbesondere im Rahmen der beruflichen Aus- und Fortbildung, auf die Unzulässigkeit solcher Benachteiligungen hinweisen und darauf hinwirken, dass diese unterbleiben. Hat der Arbeitgeber seine Beschäftigten in geeigneter Weise zum Zwecke der Verhinderung von Benachteiligung geschult, gilt dies als Erfüllung seiner Pflichten nach Absatz 1.

(3) Verstoßen Beschäftigte gegen das Benachteiligungsverbot des § 7 Abs. 1, so hat der Arbeitgeber die im Einzelfall geeigneten, erforderlichen und angemessenen Maßnahmen zur Unterbindung der Benachteiligung wie Abmahnung, Umsetzung, Versetzung oder Kündigung zu ergreifen.

(4) Werden Beschäftigte bei der Ausübung ihrer Tätigkeit durch Dritte nach § 7 Abs. 1 benachteiligt, so hat der Arbeitgeber die im Einzelfall geeigneten, erforderlichen und angemessenen Maßnahmen zum Schutz der Beschäftigten zu ergreifen.

(5) Dieses Gesetz und § 61b des Arbeitsgerichtsgesetzes sowie Informationen über die für die Behandlung von Beschwerden nach § 13 zuständigen Stellen sind im Betrieb oder in der Dienststelle bekannt zu machen. Die Bekanntmachung kann durch Aushang oder Auslegung an geeigneter Stelle oder den Einsatz der im Betrieb oder der Dienststelle üblichen Informations- und Kommunikationstechnik erfolgen.

## 제2관
## 사용자의 조직상 의무

### 제11조 공고

일자리는 제7조 제1항에 위반하여 공고되어서는 안 된다.

### 제12조 사용자의 조치와 의무

(1) 사용자는 제1조에 언급된 사유를 이유로 한 차별로부터의 보호에 필요한 조치를 취할 의무가 있다. 이러한 보호는 또한 예방적 조치도 포함한다.

(2) 사용자는, 특히 직업적 교육 및 계속교육의 영역에서, 적합한 방식으로 이러한 차별의 불허용성을 적시해야 하고 이를 중단하도록 영향을 끼쳐야 한다. 사용자가 차별방지의 목적에 적합한 방식으로 자신의 근로자를 교육시켰다면, 이는 제1항에 따른 자신의 의무를 이행한 것으로 인정된다.

(3) 근로자가 제7조 제1항의 차별금지를 위반한 경우에, 사용자는, 경고, 전보, 직무전환 또는 해고와 같은, 차별의 중단을 위해 개별 사례에 적합하고 필요하며 적절한 조치를 취해야 한다.

(4) 근로자가 그 업무를 수행함에 있어서 제3자에 의해 제7조 제1항의 차별을 받은 경우에, 사용자는 근로자의 보호를 위해 개별 사례에 적합하고 필요하며 적절한 조치를 취해야 한다.

(5) 이 법률 및 노동법원법 제61조의b 그리고 제13조에 의한 진정의 처리 권한이 있는 직책(부서)에 관한 정보는 기업이나 관청에 공고되어야 한다. 공고는 적합한 장소에의 게시나 전시 또는 기업이나 관청 내의 일상적인 정보·통신기술의 투입으로 이루어질 수 있다.

Unterabschnitt 3
Rechte der Beschäftigten

## § 13 Beschwerderecht

(1) Die Beschäftigten haben das Recht, sich bei den zuständigen Stellen des Betriebs, des Unternehmens oder der Dienststelle zu beschweren, wenn sie sich im Zusammenhang mit ihrem Beschäftigungsverhältnis vom Arbeitgeber, von Vorgesetzten, anderen Beschäftigten oder Dritten wegen eines in § 1 genannten Grundes benachteiligt fühlen. Die Beschwerde ist zu prüfen und das Ergebnis der oder dem beschwerdeführenden Beschäftigten mitzuteilen.
(2) Die Rechte der Arbeitnehmervertretungen bleiben unberührt.

## § 14 Leistungsverweigerungsrecht

Ergreift der Arbeitgeber keine oder offensichtlich ungeeignete Maßnahmen zur Unterbindung einer Belästigung oder sexuellen Belästigung am Arbeitsplatz, sind die betroffenen Beschäftigten berechtigt, ihre Tätigkeit ohne Verlust des Arbeitsentgelts einzustellen, soweit dies zu ihrem Schutz erforderlich ist. § 273 des Bürgerlichen Gesetzbuchs bleibt unberührt.

## § 15 Entschädigung und Schadensersatz

(1) Bei einem Verstoß gegen das Benachteiligungsverbot ist der Arbeitgeber verpflichtet, den hierdurch entstandenen Schaden zu ersetzen. Dies gilt nicht, wenn der Arbeitgeber die Pflichtverletzung nicht zu vertreten hat.
(2) Wegen eines Schadens, der nicht Vermögensschaden ist, kann der oder die Beschäftigte eine angemessene Entschädigung in Geld verlangen. Die Entschädigung darf bei einer Nichteinstellung drei Monatsgehälter nicht übersteigen, wenn der oder die Beschäftigte auch bei benachteiligungsfreier Auswahl nicht eingestellt worden wäre.
(3) Der Arbeitgeber ist bei der Anwendung kollektivrechtlicher Vereinbarungen nur dann zur Entschädigung verpflichtet, wenn er vorsätzlich oder grob fahrlässig handelt.
(4) Ein Anspruch nach Absatz 1 oder 2 muss innerhalb einer Frist von zwei Monaten schriftlich geltend gemacht werden, es sei denn, die Tarifvertragsparteien haben etwas anderes vereinbart. Die Frist beginnt im Falle einer Bewerbung oder eines beruflichen Aufstiegs mit dem Zugang der Ablehnung und in den sonstigen Fällen einer Benachteiligung zu dem Zeitpunkt, in dem der oder die Beschäftigte von der Benachteiligung Kenntnis erlangt.

제3관
근로자의 권리

### 제13조 진정권

(1) 근로자는 그 근로관계와 관련하여 제1조에 언급된 사유를 이유로 사용자, 상사, 다른 근로자나 제3자로부터 차별을 받은 경우에 회사, 기업 혹은 관청의 권한이 있는 직책(부서)에 진정을 제기할 권리를 갖는다. 진정은 조사되어야 하고, 결과는 진정을 제기한 근로자에게 통지되어야 한다.

(2) 근로자대표의 권리는 영향을 받지 않는다.

### 제14조 이행거절권

사용자가 사업장에서의 괴롭힘 또는 성적 괴롭힘의 중단을 위해 아무런 조치를 취하지 않거나 명백하게 부적합한 조치를 취한 경우에, 관련 근로자는 그 보호에 필요한 범위 내에서 임금의 손실 없이 자신의 일을 중단할 권리가 있다. 민법 제273조는 영향을 받지 않는다.

### 제15조 손해배상

(1) 차별금지 위반의 경우에 사용자는 이로 인해 발생한 손해를 배상할 의무를 진다. 사용자가 의무위반에 대한 책임이 없는 경우에는 그러하지 아니하다.

(2) 재산상 손해가 아닌 손해를 위하여, 근로자는 금전으로 적절한 배상을 청구할 수 있다. 근로자가 차별 없는 선발에 의하더라도 고용되지 않았을 경우에, 불채용으로 인한 배상은 3개월 월급을 넘어서는 안 된다.

(3) 단체법적 협약이 적용되는 경우에 사용자는 고의 또는 중대한 과실로 행위한 때에 한하여 배상할 의무를 진다.

(4) 단체협약의 당사자가 달리 합의한 경우를 제외하고, 제1항 또는 제2항에 의한 청구권은 2개월 이내에 서면으로 주장되어야 한다. 그 기간은 채용신청 또는 직업상 승진의 경우에는 거부의 접수 시부터, 그 밖의 차별의 경우에는 근로자가 그 차별을 인식한 시점부터 기산한다.

(5) Im Übrigen bleiben Ansprüche gegen den Arbeitgeber, die sich aus anderen Rechtsvorschriften ergeben, unberührt.
(6) Ein Verstoß des Arbeitgebers gegen das Benachteiligungsverbot des § 7 Abs. 1 begründet keinen Anspruch auf Begründung eines Beschäftigungsverhältnisses, Berufsausbildungsverhältnisses oder einen beruflichen Aufstieg, es sei denn, ein solcher ergibt sich aus einem anderen Rechtsgrund.

### § 16 Maßregelungsverbot

(1) Der Arbeitgeber darf Beschäftigte nicht wegen der Inanspruchnahme von Rechten nach diesem Abschnitt oder wegen der Weigerung, eine gegen diesen Abschnitt verstoßende Anweisung auszuführen, benachteiligen. Gleiches gilt für Personen, die den Beschäftigten hierbei unterstützen oder als Zeuginnen oder Zeugen aussagen.
(2) Die Zurückweisung oder Duldung benachteiligender Verhaltensweisen durch betroffene Beschäftigte darf nicht als Grundlage für eine Entscheidung herangezogen werden, die diese Beschäftigten berührt. Absatz 1 Satz 2 gilt entsprechend.
(3) § 22 gilt entsprechend.

## Unterabschnitt 4
## Ergänzende Vorschriften

### § 17 Soziale Verantwortung der Beteiligten

(1) Tarifvertragsparteien, Arbeitgeber, Beschäftigte und deren Vertretungen sind aufgefordert, im Rahmen ihrer Aufgaben und Handlungsmöglichkeiten an der Verwirklichung des in § 1 genannten Ziels mitzuwirken.
(2) In Betrieben, in denen die Voraussetzungen des § 1 Abs. 1 Satz 1 des Betriebsverfassungsgesetzes vorliegen, können bei einem groben Verstoß des Arbeitgebers gegen Vorschriften aus diesem Abschnitt der Betriebsrat oder eine im Betrieb vertretene Gewerkschaft unter der Voraussetzung des § 23 Abs. 3 Satz 1 des Betriebsverfassungsgesetzes die dort genannten Rechte gerichtlich geltend machen; § 23 Abs. 3 Satz 2 bis 5 des Betriebsverfassungsgesetzes gilt entsprechend. Mit dem Antrag dürfen nicht Ansprüche des Benachteiligten geltend gemacht werden.

(5) 그 밖에, 다른 법률규정에 의한 사용자에 대한 청구권은 영향을 받지 않는다.

(6) 사용자의 제7조 제1항의 차별금지 위반은, 그러한 관계나 승진이 다른 법률적 근거로 생기는 경우를 제외하고, 근로관계·직업교육관계의 성립 또는 직업상 승진에 대한 청구권을 정당화하지는 않는다.

### 제16조 불이익조치의 금지

(1) 사용자는 이 절의 권리의 행사나 이 절에 위반되는 지시의 이행 거부를 이유로 근로자에게 불이익을 주어서는 안 된다. 근로자를 지원하거나 증인으로 진술한 사람들에게도 동일하게 적용된다.

(2) 관련 근로자의 차별적 행동방식에 대한 거절이나 감수는 이러한 근로자에게 영향을 미치는 결정을 위한 근거로 사용되어서는 안 된다. 제1항 제2문은 준용된다.

(3) 제22조는 준용된다.

## 제4관
## 보 칙

### 제17조 관계자의 사회적 책임

(1) 단체협약의 당사자, 사용자, 근로자와 그들의 대표는 그들의 직무와 행위가능성의 범위 내에서 제1조에 언급된 목적의 실현에 협력하도록 요청된다.

(2) 경영조직법 제1조 제1항 제1문의 전제조건에 해당하는 회사에서, 이 절의 규정에 대한 사용자의 중대한 위반이 있는 경우에는 경영협의회 또는 회사 내 대표 노동조합이 경영조직법 제23조 제3항 제1문의 요건에 따라 거기에 언급된 권리를 재판상 주장할 수 있다; 경영조직법 제23조 제3항 제2문 내지 제5문은 준용된다. 그 신청으로 차별받은 사람의 청구가 주장되어서는 안 된다.

## § 18 Mitgliedschaft in Vereinigungen

(1) Die Vorschriften dieses Abschnitts gelten entsprechend für die Mitgliedschaft oder die Mitwirkung in einer

1. Tarifvertragspartei,
2. Vereinigung, deren Mitglieder einer bestimmten Berufsgruppe angehören oder die eine überragende Machtstellung im wirtschaftlichen oder sozialen Bereich innehat, wenn ein grundlegendes Interesse am Erwerb der Mitgliedschaft besteht,

sowie deren jeweiligen Zusammenschlüssen.

(2) Wenn die Ablehnung einen Verstoß gegen das Benachteiligungsverbot des § 7 Abs. 1 darstellt, besteht ein Anspruch auf Mitgliedschaft oder Mitwirkung in den in Absatz 1 genannten Vereinigungen.

### Abschnitt 3
### Schutz vor Benachteiligung im Zivilrechtsverkehr

## § 19 Zivilrechtliches Benachteiligungsverbot

(1) Eine Benachteiligung aus Gründen der Rasse oder wegen der ethnischen Herkunft, wegen des Geschlechts, der Religion, einer Behinderung, des Alters oder der sexuellen Identität bei der Begründung, Durchführung und Beendigung zivilrechtlicher Schuldverhältnisse, die

1. typischerweise ohne Ansehen der Person zu vergleichbaren Bedingungen in einer Vielzahl von Fällen zustande kommen (Massengeschäfte) oder bei denen das Ansehen der Person nach der Art des Schuldverhältnisses eine nachrangige Bedeutung hat und die zu vergleichbaren Bedingungen in einer Vielzahl von Fällen zustande kommen oder
2. eine privatrechtliche Versicherung zum Gegenstand haben,

ist unzulässig.

(2) Eine Benachteiligung aus Gründen der Rasse oder wegen der ethnischen Herkunft ist darüber hinaus auch bei der Begründung, Durchführung und Beendigung sonstiger zivilrechtlicher Schuldverhältnisse im Sinne des § 2 Abs. 1 Nr. 5 bis 8 unzulässig.

### 제18조 단체의 회원자격

(1) 이 절의 규정은 다음의 회원자격 또는 그에 대한 참여에 적용된다.

1. 단체협약 당사자,
2. 그 회원들이 특정 직업군(群)에 속하거나 경제적 혹은 사회적 영역에서 우월적 지위를 보유하고 있는 단체, 회원자격의 획득에 기본적인 이익이 존재하는 경우,

및 이들의 각각의 결합.

(2) 거절이 제7조 제1항의 차별금지에 대한 위반에 해당하는 경우에, 제1항에 언급된 단체의 회원자격이나 그에 대한 참여에 관한 청구권이 존재한다.

## 제3절
## 사법상 거래에서 차별로부터의 보호

### 제19조 사법상 차별금지

(1) 다음 각 호의 사법상 채권관계의 성립, 이행 및 종료에 있어서 인종, 민족적 출신, 성별, 종교, 장애, 연령 또는 성적 정체성을 이유로 한 차별은

1. 전형적으로 사람에 따른 구별 없이 비교가능한 조건으로 다수 이루어지는 경우(대량거래) 또는 채권관계의 종류에 따라 개인의 특성이 부수적인 의미를 갖고 비교가능한 조건으로 다수 이루어지는 것인 경우 또는
2. 사법상 보험을 대상으로 하는 것인 경우에

허용되지 않는다.

(2) 인종 또는 민족적 출신을 이유로 한 차별은 나아가 그 밖에 제2조 제1항 제5호 내지 제8호의 의미 내에서의 사법상 채권관계의 성립, 이행 및 종료에 있어서도 또한 허용되지 않는다.

(3) Bei der Vermietung von Wohnraum ist eine unterschiedliche Behandlung im Hinblick auf die Schaffung und Erhaltung sozial stabiler Bewohnerstrukturen und ausgewogener Siedlungsstrukturen sowie ausgeglichener wirtschaftlicher, sozialer und kultureller Verhältnisse zulässig.

(4) Die Vorschriften dieses Abschnitts finden keine Anwendung auf familien- und erbrechtliche Schuldverhältnisse.

(5) Die Vorschriften dieses Abschnitts finden keine Anwendung auf zivilrechtliche Schuldverhältnisse, bei denen ein besonderes Nähe- oder Vertrauensverhältnis der Parteien oder ihrer Angehörigen begründet wird. Bei Mietverhältnissen kann dies insbesondere der Fall sein, wenn die Parteien oder ihre Angehörigen Wohnraum auf demselben Grundstück nutzen. Die Vermietung von Wohnraum zum nicht nur vorübergehenden Gebrauch ist in der Regel kein Geschäft im Sinne des Absatzes 1 Nr. 1, wenn der Vermieter insgesamt nicht mehr als 50 Wohnungen vermietet.

## § 20 Zulässige unterschiedliche Behandlung

(1) Eine Verletzung des Benachteiligungsverbots ist nicht gegeben, wenn für eine unterschiedliche Behandlung wegen der Religion, einer Behinderung, des Alters, der sexuellen Identität oder des Geschlechts ein sachlicher Grund vorliegt. Das kann insbesondere der Fall sein, wenn die unterschiedliche Behandlung

1. der Vermeidung von Gefahren, der Verhütung von Schäden oder anderen Zwecken vergleichbarer Art dient,
2. dem Bedürfnis nach Schutz der Intimsphäre oder der persönlichen Sicherheit Rechnung trägt,
3. besondere Vorteile gewährt und ein Interesse an der Durchsetzung der Gleichbehandlung fehlt,
4. an die Religion eines Menschen anknüpft und im Hinblick auf die Ausübung der Religionsfreiheit oder auf das Selbstbestimmungsrecht der Religionsgemeinschaften, der ihnen zugeordneten Einrichtungen ohne Rücksicht auf ihre Rechtsform sowie der Vereinigungen, die sich die gemeinschaftliche Pflege einer Religion zur Aufgabe machen, unter Beachtung des jeweiligen Selbstverständnisses gerechtfertigt ist.

(3) 주택의 임대에 있어서 사회적으로 안정적인 거주자구성 및 균형 잡힌 주택단지구성 그리고 평등화된 경제적·사회적 및 문화적 환경의 조성 및 유지를 고려한 차별적 대우는 허용된다.

(4) 이 절의 규정은 가족법 및 상속법상 채권관계에는 적용되지 않는다.

(5) 이 절의 규정은 당사자들이나 그 친족들의 특별한 친밀관계 또는 신뢰관계가 이루어지는 사법상 채권관계에는 적용되지 않는다. 임대차 관계에 있어서, 특히 당사자들이나 그 친족들이 동일한 토지 위의 주거를 이용하는 경우가 이에 해당할 수 있다. 일시적 사용에 국한되지 않는 주거에 관한 임대는, 임대인이 합계 50채 이하의 주거를 임대한 경우에는, 일반적으로 제1항 제1호의 의미 내에서의 거래가 아니다.

### 제20조 허용되는 차별적 대우

(1) 차별금지 위반은 종교, 장애, 연령, 성적 정체성 또는 성별을 이유로 한 차별적 대우에 객관적 이유가 있는 경우에는 존재하지 않는다. 특히 차별적 처우가 다음과 같은 경우가 이에 해당한다.

1. 위험의 방지, 손해의 예방 또는 기타 유사한 성격의 목적에 기여하는 경우
2. 사생활 또는 개인적 안전의 보호에 따른 필요를 고려한 경우
3. 차별적 대우가 특별한 이익을 주고 평등대우의 관철에 따른 이익은 없는 경우
4. 사람들의 종교와 관련된 차별적 대우이고, 종교의 자유의 행사 또는 종교공동체, 법 형식에 관계없이 그에 부속된 기관과 종교에 대한 공동의 종사(從事)를 사명으로 하는 단체의 자기결정권의 관점에서 각각의 자기이해(Selbstverständnis)를 고려하여 정당화되는 경우

(2) Kosten im Zusammenhang mit Schwangerschaft und Mutterschaft dürfen auf keinen Fall zu unterschiedlichen Prämien oder Leistungen führen. Eine unterschiedliche Behandlung wegen der Religion, einer Behinderung, des Alters oder der sexuellen Identität ist im Falle des § 19 Abs. 1 Nr. 2 nur zulässig, wenn diese auf anerkannten Prinzipien risikoadäquater Kalkulation beruht, insbesondere auf einer versicherungsmathematisch ermittelten Risikobewertung unter Heranziehung statistischer Erhebungen.

### § 21 Ansprüche

(1) Der Benachteiligte kann bei einem Verstoß gegen das Benachteiligungsverbot unbeschadet weiterer Ansprüche die Beseitigung der Beeinträchtigung verlangen. Sind weitere Beeinträchtigungen zu besorgen, so kann er auf Unterlassung klagen.
(2) Bei einer Verletzung des Benachteiligungsverbots ist der Benachteiligende verpflichtet, den hierdurch entstandenen Schaden zu ersetzen. Dies gilt nicht, wenn der Benachteiligende die Pflichtverletzung nicht zu vertreten hat. Wegen eines Schadens, der nicht Vermögensschaden ist, kann der Benachteiligte eine angemessene Entschädigung in Geld verlangen.
(3) Ansprüche aus unerlaubter Handlung bleiben unberührt.
(4) Auf eine Vereinbarung, die von dem Benachteiligungsverbot abweicht, kann sich der Benachteiligende nicht berufen.
(5) Ein Anspruch nach den Absätzen 1 und 2 muss innerhalb einer Frist von zwei Monaten geltend gemacht werden. Nach Ablauf der Frist kann der Anspruch nur geltend gemacht werden, wenn der Benachteiligte ohne Verschulden an der Einhaltung der Frist verhindert war.

## Abschnitt 4
## Rechtsschutz

### § 22 Beweislast

Wenn im Streitfall die eine Partei Indizien beweist, die eine Benachteiligung wegen eines in § 1 genannten Grundes vermuten lassen, trägt die andere Partei die Beweislast dafür, dass kein Verstoß gegen die Bestimmungen zum Schutz vor Benachteiligung vorgelegen hat.

(2) 임신 및 출산과 관련된 비용은 어떠한 경우에도 차별적인 보험료나 보험급여로 이어지도록 허용되지 않는다. 종교, 장애, 연령 또는 성적 정체성을 이유로 한 차별적 대우는 제19조 제1항 제2호의 경우에는 적정위험의 산출에 관한 승인된 원칙 특히 통계조사를 고려하여 보험수리적으로 판명된 위험평가에 근거한 경우에만 허용된다.

### 제21조 청구권

(1) 차별을 받은 사람은 차별금지에 대한 위반이 있는 경우에 여타의 청구권과 관계없이 방해의 배제를 청구할 수 있다. 계속적인 침해가 우려되는 경우에, 차별을 받은 사람은 중지를 구하는 소를 제기할 수 있다.

(2) 차별금지 위반의 경우에 차별행위를 한 사람은 그로 인하여 발생한 손해를 배상할 의무를 진다. 차별행위를 한 사람이 의무 위반에 대한 책임이 없는 경우에는 그러하지 아니하다. 재산손해가 아닌 손해를 위하여, 차별을 받은 사람은 금전으로 적절한 배상을 청구할 수 있다.

(3) 불법행위로 인한 청구권은 영향을 받지 않는다.

(4) 차별행위를 한 사람은 차별금지에 반하는 합의를 원용할 수 없다.

(5) 제1항과 제2항에 따른 청구권은 2개월 내에 주장되어야 한다. 그 기간의 경과 이후에는 차별을 받은 사람이 책임 없이 기간의 준수를 방해받은 경우에만 청구권을 행사할 수 있다.

## 제4절
## 법적 보호

### 제22조 증명책임

분쟁에 있어서 일방 당사자가 제1조에 언급된 사유를 이유로 한 차별대우를 추정케 하는 간접사실을 증명한 경우에, 다른 당사자는 차별대우로부터 보호를 위한 규정에 대한 어떠한 위반도 존재하지 않는다는 점에 대하여 증명책임을 부담한다.

### § 23 Unterstützung durch Antidiskriminierungsverbände

(1) Antidiskriminierungsverbände sind Personenzusammenschlüsse, die nicht gewerbsmäßig und nicht nur vorübergehend entsprechend ihrer Satzung die besonderen Interessen von benachteiligten Personen oder Personengruppen nach Maßgabe von § 1 wahrnehmen. Die Befugnisse nach den Absätzen 2 bis 4 stehen ihnen zu, wenn sie mindestens 75 Mitglieder haben oder einen Zusammenschluss aus mindestens sieben Verbänden bilden.
(2) Antidiskriminierungsverbände sind befugt, im Rahmen ihres Satzungszwecks in gerichtlichen Verfahren als Beistände Benachteiligter in der Verhandlung aufzutreten. Im Übrigen bleiben die Vorschriften der Verfahrensordnungen, insbesondere diejenigen, nach denen Beiständen weiterer Vortrag untersagt werden kann, unberührt.
(3) Antidiskriminierungsverbänden ist im Rahmen ihres Satzungszwecks die Besorgung von Rechtsangelegenheiten Benachteiligter gestattet.
(4) Besondere Klagerechte und Vertretungsbefugnisse von Verbänden zu Gunsten von behinderten Menschen bleiben unberührt.

## Abschnitt 5
## Sonderregelungen für öffentlich-rechtliche Dienstverhältnisse

### § 24 Sonderregelung für öffentlich-rechtliche Dienstverhältnisse

Die Vorschriften dieses Gesetzes gelten unter Berücksichtigung ihrer besonderen Rechtsstellung entsprechend für

1. Beamtinnen und Beamte des Bundes, der Länder, der Gemeinden, der Gemeindeverbände sowie der sonstigen der Aufsicht des Bundes oder eines Landes unterstehenden Körperschaften, Anstalten und Stiftungen des öffentlichen Rechts,
2. Richterinnen und Richter des Bundes und der Länder,
3. Zivildienstleistende sowie anerkannte Kriegsdienstverweigerer, soweit ihre Heranziehung zum Zivildienst betroffen ist.

## Abschnitt 6
## Antidiskriminierungsstelle

### § 25 Antidiskriminierungsstelle des Bundes

(1) Beim Bundesministerium für Familie, Senioren, Frauen und Jugend wird unbeschadet der Zuständigkeit der Beauftragten des Deutschen Bundestages oder der Bundesregierung die Stelle des Bundes zum Schutz vor Benachteiligungen wegen eines in § 1 genannten Grundes (Antidiskriminierungsstelle des Bundes) errichtet.

### 第23조 반차별단체에 의한 지원

(1) 반차별단체는, 영업적이거나 일시적이지 않고, 정관에 따라서 제1조에 따른 차별을 받은 사람이나 집단에 대하여 특별한 관심을 기울이는 인적 결합체이다. 제2항 내지 제4항에 의한 권한은 반차별단체가 최소 75명의 회원을 보유하고 있거나 최소 7개 단체의 연합체로 구성된 경우에 반차별단체에게 부여된다.
(2) 반차별단체는 그 정관의 목적 범위 내에서 재판절차에서 차별을 받은 사람의 보조인으로서 재판에 출석할 권한이 있다. 그 밖에 소송법상 규정 특히 보조인에 의한 추가적인 진술이 금지될 수 있는 규정은 영향을 받지 않는다.
(3) 반차별단체는 그 정관의 목적 범위 내에서 차별을 받은 사람의 법률사무의 처리가 허용된다.
(4) 장애인을 위한 단체의 특별제소권 및 대리권은 영향을 받지 않는다.

## 제5절
## 공법상 복무관계에 관한 특례

### 第24조 공법상 복무관계에 관한 특례

이 법률의 규정은 다음 각 호의 자에게 상응하는 그 특별한 법적 지위를 고려하여 적용된다.

1. 연방, 주, 지방자치단체, 지방자치단체연합 그리고 기타 연방이나 주의 감독 하에 있는 공법상의 사단법인, 영조물 및 재단법인의 직원,
2. 연방 및 주의 법관,
3. 대체복무자 그리고 대체복무로의 편입과 관련된 범위 내에서 인정된 병역거부자.

## 제6절
## 반차별국

### 第25조 연방반차별국

(1) 독일 연방의회나 연방정부의 담당관의 권한과 관계없이, 제1조에 언급된 사유를 이유로 한 차별로부터의 보호를 위한 연방 국(局)을 연방가족·고령자·여성·청소년부에 설치한다.

(2) Der Antidiskriminierungsstelle des Bundes ist die für die Erfüllung ihrer Aufgaben notwendige Personal- und Sachausstattung zur Verfügung zu stellen. Sie ist im Einzelplan des Bundesministeriums für Familie, Senioren, Frauen und Jugend in einem eigenen Kapitel auszuweisen.

## § 26 Rechtsstellung der Leitung der Antidiskriminierungsstelle des Bundes

(1) Die Bundesministerin oder der Bundesminister für Familie, Senioren, Frauen und Jugend ernennt auf Vorschlag der Bundesregierung eine Person zur Leitung der Antidiskriminierungsstelle des Bundes. Sie steht nach Maßgabe dieses Gesetzes in einem öffentlich-rechtlichen Amtsverhältnis zum Bund. Sie ist in Ausübung ihres Amtes unabhängig und nur dem Gesetz unterworfen.

(2) Das Amtsverhältnis beginnt mit der Aushändigung der Urkunde über die Ernennung durch die Bundesministerin oder den Bundesminister für Familie, Senioren, Frauen und Jugend.

(3) Das Amtsverhältnis endet außer durch Tod

1. mit dem Zusammentreten eines neuen Bundestages,
2. durch Ablauf der Amtszeit mit Erreichen der Altersgrenze nach § 51 Abs. 1 und 2 des Bundesbeamtengesetzes,
3. mit der Entlassung.

Die Bundesministerin oder der Bundesminister für Familie, Senioren, Frauen und Jugend entlässt die Leiterin oder den Leiter der Antidiskriminierungsstelle des Bundes auf deren Verlangen oder wenn Gründe vorliegen, die bei einer Richterin oder einem Richter auf Lebenszeit die Entlassung aus dem Dienst rechtfertigen. Im Falle der Beendigung des Amtsverhältnisses erhält die Leiterin oder der Leiter der Antidiskriminierungsstelle des Bundes eine von der Bundesministerin oder dem Bundesminister für Familie, Senioren, Frauen und Jugend vollzogene Urkunde. Die Entlassung wird mit der Aushändigung der Urkunde wirksam.

(4) Das Rechtsverhältnis der Leitung der Antidiskriminierungsstelle des Bundes gegenüber dem Bund wird durch Vertrag mit dem Bundesministerium für Familie, Senioren, Frauen und Jugend geregelt. Der Vertrag bedarf der Zustimmung der Bundesregierung.

(2) 연방반차별국에 그 임무를 수행하기 위하여 필요한 직원 및 물품을 배정해야 한다. 이는 연방가족·고령자·여성·청소년부의 개별 예산안 내에 별도의 장(章)으로 명시해야 한다.

## 제26조 연방반차별국장의 법적 지위

(1) 연방가족·고령자·여성·청소년부 장관은 연방정부의 제안을 받아 연방반차별국장을 임명한다. 연방반차별국장은 이 법률에 따라 연방에 대하여 공법상의 공무관계에 있다. 연방반차별국장은 법률에 따라 독립하여 그 직무를 수행한다.

(2) 공무관계는 연방가족·고령자·여성·청소년부 장관의 임명장 교부로 개시된다.

(3) 공무관계는 사망 이외에 다음 각 호에 따라 종료된다.

1. 새로운 연방의회의 소집,
2. 연방공무원법 제41조 제1항에 의한 정년 도달에 따른 재직기간 만료,
3. 면직.

연방가족·고령자·여성·청소년부 장관은 본인의 요청이 있거나 종신법관에 대한 해임사유가 있는 경우에 연방반차별국장을 면직한다. 공무관계가 종료한 경우 반차별국장은 연방가족·고령자·여성·청소년부 장관으로부터 문서를 교부받는다. 면직은 문서의 교부로 발효된다.

(4) 연방반차별국장의 연방에 대한 법적 지위는 연방가족·고령자·여성·청소년부 장관과의 계약에 따라 정해진다. 이 계약은 연방정부의 동의를 필요로 한다.

(5) Wird eine Bundesbeamtin oder ein Bundesbeamter zur Leitung der Antidiskriminierungsstelle des Bundes bestellt, scheidet er oder sie mit Beginn des Amtsverhältnisses aus dem bisherigen Amt aus. Für die Dauer des Amtsverhältnisses ruhen die aus dem Beamtenverhältnis begründeten Rechte und Pflichten mit Ausnahme der Pflicht zur Amtsverschwiegenheit und des Verbots der Annahme von Belohnungen oder Geschenken. Bei unfallverletzten Beamtinnen oder Beamten bleiben die gesetzlichen Ansprüche auf das Heilverfahren und einen Unfallausgleich unberührt.

### § 27 Aufgaben

(1) Wer der Ansicht ist, wegen eines in § 1 genannten Grundes benachteiligt worden zu sein, kann sich an die Antidiskriminierungsstelle des Bundes wenden.

(2) Die Antidiskriminierungsstelle des Bundes unterstützt auf unabhängige Weise Personen, die sich nach Absatz 1 an sie wenden, bei der Durchsetzung ihrer Rechte zum Schutz vor Benachteiligungen. Hierbei kann sie insbesondere

1. über Ansprüche und die Möglichkeiten des rechtlichen Vorgehens im Rahmen gesetzlicher Regelungen zum Schutz vor Benachteiligungen informieren,
2. Beratung durch andere Stellen vermitteln,
3. eine gütliche Beilegung zwischen den Beteiligten anstreben.

Soweit Beauftragte des Deutschen Bundestages oder der Bundesregierung zuständig sind, leitet die Antidiskriminierungsstelle des Bundes die Anliegen der in Absatz 1 genannten Personen mit deren Einverständnis unverzüglich an diese weiter.

(3) Die Antidiskriminierungsstelle des Bundes nimmt auf unabhängige Weise folgende Aufgaben wahr, soweit nicht die Zuständigkeit der Beauftragten der Bundesregierung oder des Deutschen Bundestages berührt ist:

1. Öffentlichkeitsarbeit,
2. Maßnahmen zur Verhinderung von Benachteiligungen aus den in § 1 genannten Gründen,
3. Durchführung wissenschaftlicher Untersuchungen zu diesen Benachteiligungen.

(5) 연방공무원은 연방반차별국장으로 선임된 경우에 당해 공무관계의 개시와 더불어 종전의 직을 사임한다. 연방반차별국장직 수행 중에는 종전 공무관계에 기한 권리와 의무는 비밀준수의무 및 보수 또는 증여의 수령 금지를 제외하고 정지된다. 재해로 인하여 상해를 입은 공무원의 경우에는 치료절차 및 재해보상에 대한 법적 청구권은 영향을 받지 않는다.

## 제27조 임무

(1) 제1조에 언급된 사유를 이유로 차별을 받게 되었다고 생각하는 사람은 연방반차별국에 문의할 수 있다.

(2) 연방반차별국은 차별로부터 보호를 위한 권리를 실행함에 있어 제1항에 따라 연방반차별국에 문의한 사람을 독립적인 방식으로 지원한다. 이러한 경우에 연방반차별국은 특히 다음 각 호를 행할 수 있다.

1. 차별을 받은 사람의 보호를 위한 법률상의 규정의 범위 내에서 청구권 및 법률적 조치의 가능성에 관한 정보를 제공하는 것,
2. 기타 기관에 의한 상담의 중개하는 것,
3. 관련 당사자들 사이의 화해에 노력하는 것.

독일 연방의회나 연방정부의 담당관의 소관에 해당하는 한, 연방반차별국은 제1항에 언급된 사람의 사안을 그의 동의를 얻어 해당 담당관에게 지체없이 이송한다.

(3) 연방반차별국은, 연방정부 또는 독일 연방의회의 담당관의 권한에 영향을 미치지 않는 범위 내에서, 독립적인 방법으로 다음과 같은 임무를 수행한다:

1. 홍보활동,
2. 제1조에 언급된 사유로 인한 차별의 방지를 위한 조치
3. 이러한 차별에 관한 학술적 연구의 실시.

(4) Die Antidiskriminierungsstelle des Bundes und die in ihrem Zuständigkeitsbereich betroffenen Beauftragten der Bundesregierung und des Deutschen Bundestages legen gemeinsam dem Deutschen Bundestag alle vier Jahre Berichte über Benachteiligungen aus den in § 1 genannten Gründen vor und geben Empfehlungen zur Beseitigung und Vermeidung dieser Benachteiligungen. Sie können gemeinsam wissenschaftliche Untersuchungen zu Benachteiligungen durchführen.

(5) Die Antidiskriminierungsstelle des Bundes und die in ihrem Zuständigkeitsbereich betroffenen Beauftragten der Bundesregierung und des Deutschen Bundestages sollen bei Benachteiligungen aus mehreren der in § 1 genannten Gründe zusammenarbeiten.

## § 28 Befugnisse

(1) Die Antidiskriminierungsstelle des Bundes kann in Fällen des § 27 Abs. 2 Satz 2 Nr. 3 Beteiligte um Stellungnahmen ersuchen, soweit die Person, die sich nach § 27 Abs. 1 an sie gewandt hat, hierzu ihr Einverständnis erklärt.

(2) Alle Bundesbehörden und sonstigen öffentlichen Stellen im Bereich des Bundes sind verpflichtet, die Antidiskriminierungsstelle des Bundes bei der Erfüllung ihrer Aufgaben zu unterstützen, insbesondere die erforderlichen Auskünfte zu erteilen. Die Bestimmungen zum Schutz personenbezogener Daten bleiben unberührt.

## § 29 Zusammenarbeit mit Nichtregierungsorganisationen und anderen Einrichtungen

Die Antidiskriminierungsstelle des Bundes soll bei ihrer Tätigkeit Nichtregierungsorganisationen sowie Einrichtungen, die auf europäischer, Bundes-, Landes- oder regionaler Ebene zum Schutz vor Benachteiligungen wegen eines in § 1 genannten Grundes tätig sind, in geeigneter Form einbeziehen.

## § 30 Beirat

(1) Zur Förderung des Dialogs mit gesellschaftlichen Gruppen und Organisationen, die sich den Schutz vor Benachteiligungen wegen eines in § 1 genannten Grundes zum Ziel gesetzt haben, wird der Antidiskriminierungsstelle des Bundes ein Beirat beigeordnet. Der Beirat berät die Antidiskriminierungsstelle des Bundes bei der Vorlage von Berichten und Empfehlungen an den Deutschen Bundestag nach § 27 Abs. 4 und kann hierzu sowie zu wissenschaftlichen Untersuchungen nach § 27 Abs. 3 Nr. 3 eigene Vorschläge unterbreiten.

(4) 연방반차별국과 그 소관 범위 내에서 관련된 연방정부 및 독일 연방의회의 담당관은 제1조에 언급된 사유로 인한 차별에 관한 보고서를 매 4년마다 독일 연방의회에 공동으로 제출하고, 이러한 차별의 배제 및 방지를 위한 권고를 행한다. 이들 기관은 차별에 대한 학술적 조사를 공동으로 실시할 수 있다.

(5) 연방반차별국과 그 소관 범위 내에서 관련된 연방정부 및 독일 연방의회의 담당관은 제1조에 언급된 복수의 사유로 인한 차별의 경우에 협력해야 한다.

### 제28조 권한

(1) 연방반차별국은 제27조 제2항 제2문 제3호의 경우에, 제27조 제1항의 규정에 따라 연방반차별국에 문의한 사람이 이에 대하여 동의를 표명하는 범위 내에서, 관련 당사자들에게 의견을 구할 수 있다.

(2) 모든 연방당국 및 연방 영역 내에 있는 기타 공공기관은 연방반차별국이 그 임무를 수행할 때에 이를 지원하고 특히 필요한 정보를 제공할 의무를 부담한다. 개인정보 보호에 관한 규정은 영향을 받지 않는다.

### 제29조 비정부기구 및 기타 기관과의 협력

연방반차별국은 그 활동을 할 때에 유럽, 연방, 주 또는 지역의 각 수준에서 제1조에 언급된 사유를 이유로 한 차별로부터의 보호를 위해 활동하고 있는 비정부기구 및 기관을 적합한 방식으로 포함시켜야 한다.

### 제30조 자문위원회

(1) 제1조에 언급된 사유를 이유로 한 차별로부터의 보호를 목적으로 하고 있는 사회적 집단 및 조직과의 대화를 촉진하기 위하여 연방반차별국에 자문위원회를 설치한다. 자문위원회는 제27조 제4항에 따른 독일 연방의회에의 보고서 및 권고 제출의 경우에 연방반차별국에 대하여 자문하고, 이에 대하여 또한 제27조 제3항 제3호에 따른 학술적 연구에 대하여 자신의 제안을 제시할 수 있다.

(2) Das Bundesministerium für Familie, Senioren, Frauen und Jugend beruft im Einvernehmen mit der Leitung der Antidiskriminierungsstelle des Bundes sowie den entsprechend zuständigen Beauftragten der Bundesregierung oder des Deutschen Bundestages die Mitglieder dieses Beirats und für jedes Mitglied eine Stellvertretung. In den Beirat sollen Vertreterinnen und Vertreter gesellschaftlicher Gruppen und Organisationen sowie Expertinnen und Experten in Benachteiligungsfragen berufen werden. Die Gesamtzahl der Mitglieder des Beirats soll 16 Personen nicht überschreiten. Der Beirat soll zu gleichen Teilen mit Frauen und Männern besetzt sein.

(3) Der Beirat gibt sich eine Geschäftsordnung, die der Zustimmung des Bundesministeriums für Familie, Senioren, Frauen und Jugend bedarf.

(4) Die Mitglieder des Beirats üben die Tätigkeit nach diesem Gesetz ehrenamtlich aus. Sie haben Anspruch auf Aufwandsentschädigung sowie Reisekostenvergütung, Tagegelder und Übernachtungsgelder. Näheres regelt die Geschäftsordnung.

## Abschnitt 7
## Schlussvorschriften

### § 31 Unabdingbarkeit

Von den Vorschriften dieses Gesetzes kann nicht zu Ungunsten der geschützten Personen abgewichen werden.

### § 32 Schlussbestimmung

Soweit in diesem Gesetz nicht Abweichendes bestimmt ist, gelten die allgemeinen Bestimmungen.

### § 33 Übergangsbestimmungen

(1) Bei Benachteiligungen nach den § § 611a, 611b und 612 Abs. 3 des Bürgerlichen Gesetzbuchs oder sexuellen Belästigungen nach dem Beschäftigtenschutzgesetz ist das vor dem 18. August 2006 maßgebliche Recht anzuwenden.

(2) Bei Benachteiligungen aus Gründen der Rasse oder wegen der ethnischen Herkunft sind die § § 19 bis 21 nicht auf Schuldverhältnisse anzuwenden, die vor dem 18. August 2006 begründet worden sind. Satz 1 gilt nicht für spätere Änderungen von Dauerschuldverhältnissen.

(2) 연방가족·고령자·여성·청소년부는 연방반차별국장 및 당해 관할의 연방정부 또는 독일 연방의회의 담당관과 협의하여 이 자문위원회의 구성원 및 각 구성원의 대리 각 1명을 선임한다. 자문위원회에는 사회적 집단 및 조직의 대표 그리고 차별문제 전문가가 선임되어야 한다. 자문위원회의 위원 총수는 16명을 넘어서는 안 된다. 자문위원회는 남녀에게 동등한 비율로 할당되어야 한다.

(3) 자문위원회는 연방가족·고령자·여성·청소년부의 동의를 얻어 사무규정을 채택한다.

(4) 자문위원회의 위원은 이 법률에 따른 활동을 명예직으로 수행한다. 자문위원회의 위원은 업무상 지출에 대한 보상 및 여비변상, 일당 및 숙박수당에 대한 청구권을 갖는다. 세부적인 내용은 사무규정으로 정한다.

## 제7절
## 종결규정

### 제31조 불이익변경금지

이 법률의 규정은 보호받는 사람에게 불이익하게 변경될 수 없다.

### 제32조 최종규정

이 법률에서 달리 정하지 않는 한, 일반규정을 적용한다.

### 제33조 경과규정

(1) 민법 제611조의a, 제611조의b 및 제612조 제3항에서 정한 차별 또는 근로자보호법에서 정한 성적 괴롭힘에 관하여는 이 법률 시행일(2006년 8월 18일) 이전에는 종전법을 적용한다.

(2) 인종을 이유로 하거나 민족적 출신에 따른 차별의 경우에 제19조 내지 제21조의 규정은 이 법률 시행일 이전에 성립된 채권관계에 적용하지 않는다. 제1문은 계속적 채권관계에 관한 이후의 변경에는 적용하지 않는다.

(3) Bei Benachteiligungen wegen des Geschlechts, der Religion, einer Behinderung, des Alters oder der sexuellen Identität sind die § § 19 bis 21 nicht auf Schuldverhältnisse anzuwenden, die vor dem 1. Dezember 2006 begründet worden sind. Satz 1 gilt nicht für spätere Änderungen von Dauerschuldverhältnissen.

(4) Auf Schuldverhältnisse, die eine privatrechtliche Versicherung zum Gegenstand haben, ist § 19 Abs. 1 nicht anzuwenden, wenn diese vor dem 22. Dezember 2007 begründet worden sind. Satz 1 gilt nicht für spätere Änderungen solcher Schuldverhältnisse.

(5) Bei Versicherungsverhältnissen, die vor dem 21. Dezember 2012 begründet werden, ist eine unterschiedliche Behandlung wegen des Geschlechts im Falle des § 19 Absatz 1 Nummer 2 bei den Prämien oder Leistungen nur zulässig, wenn dessen Berücksichtigung bei einer auf relevanten und genauen versicherungsmathematischen und statistischen Daten beruhenden Risikobewertung ein bestimmender Faktor ist. Kosten im Zusammenhang mit Schwangerschaft und Mutterschaft dürfen auf keinen Fall zu unterschiedlichen Prämien oder Leistungen führen.

(3) 성별, 종교, 장애, 연령 또는 성적 정체성에 따른 차별의 경우에 제19조 내지 제21조의 규정은 2006년 12월 1일 이전에 성립된 채권관계에 적용하지 않는다. 제1문은 계속적 채권관계에 관한 이후의 변경에는 적용하지 않는다.

(4) 사법상의 보험을 대상을 하는 채권관계에 관하여는 당해 채권관계가 2007년 12월 22일 이전에 성립된 경우에 제19조 제1항은 적용하지 않는다. 제1문은 이러한 채권관계의 이후의 변경에는 적용하지 않는다.

(5) 2012년 12월 21일 이전에 성립된 보험관계에 있어서, 성별을 이유로 한 상이한 대우는 제19조 제1항 제2호의 경우에 보험료 및 보험급여에 있어서 관련되고 정확한 보험수리적 및 통계학적 자료에 근거한 위험평가에 의한 고려가 결정적 요소인 경우에만 허용된다. 임신 및 출산과 관련된 비용은 어떠한 경우에도 상이한 보험료나 보험급여로 이어지도록 허용되지 않는다.

부 록 2

# 이사회 지침 2000/43/EC

— Council Directive 2000/43/EC of 29 June 2000 implementing the principle of equal treatment between persons irrespective of racial or ethnic origin

# Council Directive 2000/43/EC

Council Directive 2000/43/EC of 29 June 2000 implementing the principle of equal treatment between persons irrespective of racial or ethnic origin

Official Journal L 180, 19/07/2000 P. 0022 - 0026

Council Directive 2000/43/EC

of 29 June 2000

implementing the principle of equal treatment between persons irrespective of racial or ethnic origin

THE COUNCIL OF THE EUROPEAN UNION,

Having regard to the Treaty establishing the European Community and in particular Article 13 thereof,

Having regard to the proposal from the Commission(1),

Having regard to the opinion of the European Parliament(2),

Having regard to the opinion of the Economic and Social Committee(3),

Having regard to the opinion of the Committee of the Regions(4),

Whereas:

(1) The Treaty on European Union marks a new stage in the process of creating an ever closer union among the peoples of Europe.

(2) In accordance with Article 6 of the Treaty on European Union, the European Union is founded on the principles of liberty, democracy, respect for human rights and fundamental freedoms, and the rule of law, principles which are common to the Member States, and should respect fundamental rights as guaranteed by the European Convention for the protection of Human Rights and Fundamental Freedoms and as they result from the constitutional traditions common to the Member States, as general principles of Community Law.

# 이사회 지침 2000/43/EC

사람들 사이의 인종적 또는 민족적 출신과 관계없는 평등대우의 원칙을 이행하는 2000년 6월 29일자 이사회 지침 2000/43/EC

2000년 7월 19일자 유럽공동체 관보 L 180, 22~26면

이사회 지침 2000/43/EC

2000년 6월 29일자

사람들 사이의 인종적 또는 민족적 출신과 관계없는 평등대우의 원칙을 이행하는

유럽연합의 이사회는,

유럽공동체설립조약, 특히 그 중 제13조를 고려하여,

유럽위원회(the European Commission)의 제안을 고려하여,[1]

유럽의회의 의견을 고려하여,[2]

유럽경제사회위원회(the European Economic and Social Committee, EESC)의 의견을 고려하여,[3]

지역위원회(the Committee of thd Regions, CoR)의 의견을 고려하여,[4]

다음과 같은 사실에 비추어:

(1) 유럽연합조약은 유럽인들 사이에 가장 가까운 연합을 창설하고자 하는 과정에 있어 새로운 국면을 나타낸다.

(2) 유럽연합조약 제6조에 따르면, 유럽연합은, 회원국들에게 공통된 원칙인, 자유, 민주주의, 인권 및 기본적 자유의 존중 그리고 법의 지배의 원칙에 기반하여 수립되었고, '인권 및 기본적 자유의 보호를 위한 유럽협약'에 의해 보장되며 공동체법상 일반원칙으로서 회원국들에 공통된 헌법적 전통으로부터 도출되는 기본적 권리를 존중해야 한다.

(3) The right to equality before the law and protection against discrimination for all persons constitutes a universal right recognised by the Universal Declaration of Human Rights, the United Nations Convention on the Elimination of all forms of Discrimination Against Women, the International Convention on the Elimination of all forms of Racial Discrimination and the United Nations Covenants on Civil and Political Rights and on Economic, Social and Cultural Rights and by the European Convention for the Protection of Human Rights and Fundamental Freedoms, to which all Member States are signatories.

(4) It is important to respect such fundamental rights and freedoms, including the right to freedom of association. It is also important, in the context of the access to and provision of goods and services, to respect the protection of private and family life and transactions carried out in this context.

(5) The European Parliament has adopted a number of Resolutions on the fight against racism in the European Union.

(6) The European Union rejects theories which attempt to determine the existence of separate human races. The use of the term "racial origin" in this Directive does not imply an acceptance of such theories.

(7) The European Council in Tampere, on 15 and 16 October 1999, invited the Commission to come forward as soon as possible with proposals implementing Article 13 of the EC Treaty as regards the fight against racism and xenophobia.

(8) The Employment Guidelines 2000 agreed by the European Council in Helsinki, on 10 and 11 December 1999, stress the need to foster conditions for a socially inclusive labour market by formulating a coherent set of policies aimed at combating discrimination against groups such as ethnic minorities.

(9) Discrimination based on racial or ethnic origin may undermine the achievement of the objectives of the EC Treaty, in particular the attainment of a high level of employment and of social protection, the raising of the standard of living and quality of life, economic and social cohesion and solidarity. It may also undermine the objective of developing the European Union as an area of freedom, security and justice.

(10) The Commission presented a communication on racism, xenophobia and anti-Semitism in December 1995.

(3) 법 앞의 평등 그리고 차별로부터의 보호에 관한 모든 사람의 권리는 '세계인권선언', 유엔 '여성에 대한 모든 형태의 차별 철폐에 관한 협약', '모든 형태의 인종차별의 철폐에 관한 국제협약', 유엔 '시민적 및 정치적 권리에 관한 규약'과 '경제적, 사회적 및 문화적 권리에 관한 규약'에 의하여, 그리고 모든 회원국들이 서명한 '인권 및 기본적 자유의 보호를 위한 유럽협약'에 의하여 인정된 보편적 권리에 속한다.

(4) 결사의 자유에 대한 권리를 포함하는 이러한 기본적 권리 및 자유를 존중하는 것은 중요하다. 또한 재화와 용역에의 접근 및 그 제공 영역에 있어서 사생활 및 가족생활 그리고 이러한 관계에서 이루어지는 거래(transactions)의 보호를 존중하는 것도 중요하다.

(5) 유럽의회는 유럽연합 내 인종주의(racism)에 대한 투쟁에 관하여 다수의 결의를 채택해왔다.

(6) 유럽연합은 분리된 인종의 존재를 정하고자 시도하는 이론들을 거부한다. 이 지침 내에서의 "인종적 출신"이라는 용어의 사용이 그러한 이론의 수용을 의미하는 것은 아니다.

(7) 1999년 10월 15일과 16일에 탐페레(Tapere)에서 유럽이사회(the European Council)는 인종주의(racism) 및 외국인혐오(xenophobia)에 대한 투쟁에 관하여 유럽공동체설립조약 제13조를 이행하는 제안들과 함께 가능하면 신속하게 맡아서 나서기를 유럽위원회(the European Commission)에 제안했다.

(8) 1999년 12월 10일과 11일에 헬싱키에서 유럽이사회(the European Council)에 의하여 합의된 2000년 고용지침은 인종적 소수자와 같은 집단에 대한 차별과 투쟁하는 것을 목표로 하는 일관된 일련의 정책을 수립함으로써 사회적으로 포용적인(inclusive) 노동시장을 위한 조건들을 촉진할 필요성을 강조한다.

(9) 인종적 또는 민족적 출신에 근거한 차별은 유럽공동체설립조약의 목적의 달성, 특히 높은 수준의 고용 및 사회적 보호의 달성, 생활수준 및 삶의 질의 제고, 경제적·사회적 결속과 연대를 잠식할 수 있다. 이는 또한 유럽연합을 자유, 안전 및 정의의 지역으로 발전시키고자 하는 목표를 잠식할 수도 있다.

(10) 유럽위원회(the European Commission)는 1995년 12월에 인종주의(racism), 외국인혐오(xenophobia) 및 반유대주의(anti-Semitism)에 관한 발표문(communication)을 내놓았다.

(11) The Council adopted on 15 July 1996 Joint Action (96/443/JHA) concerning action to combat racism and xenophobia(5) under which the Member States undertake to ensure effective judicial cooperation in respect of offences based on racist or xenophobic behaviour.

(12) To ensure the development of democratic and tolerant societies which allow the participation of all persons irrespective of racial or ethnic origin, specific action in the field of discrimination based on racial or ethnic origin should go beyond access to employed and self-employed activities and cover areas such as education, social protection including social security and healthcare, social advantages and access to and supply of goods and services.

(13) To this end, any direct or indirect discrimination based on racial or ethnic origin as regards the areas covered by this Directive should be prohibited throughout the Community. This prohibition of discrimination should also apply to nationals of third countries, but does not cover differences of treatment based on nationality and is without prejudice to provisions governing the entry and residence of third-country nationals and their access to employment and to occupation.

(14) In implementing the principle of equal treatment irrespective of racial or ethnic origin, the Community should, in accordance with Article 3(2) of the EC Treaty, aim to eliminate inequalities, and to promote equality between men and women, especially since women are often the victims of multiple discrimination.

(15) The appreciation of the facts from which it may be inferred that there has been direct or indirect discrimination is a matter for national judicial or other competent bodies, in accordance with rules of national law or practice. Such rules may provide in particular for indirect discrimination to be established by any means including on the basis of statistical evidence.

(16) It is important to protect all natural persons against discrimination on grounds of racial or ethnic origin. Member States should also provide, where appropriate and in accordance with their national traditions and practice, protection for legal persons where they suffer discrimination on grounds of the racial or ethnic origin of their members.

(17) The prohibition of discrimination should be without prejudice to the maintenance or adoption of measures intended to prevent or compensate for disadvantages suffered by a group of persons of a particular racial or ethnic origin, and such measures may permit organisations of persons of a particular racial or ethnic origin where their main object is the promotion of the special needs of those persons.

(11) 이사회는 1996년 7월 15일에 그에 따라 인종주의적 혹은 외국인혐오적 행위에 기초한 범죄에 관한 효과적인 사법적 공조를 보장할 의무를 회원국들이 부담하는 '인종주의(racism) 및 외국인혐오(xenophobia)와의 투쟁을 위한 행동에 관한 공동행동(Joint Action)'(96/443/JHA)[5)]을 채택했다.

(12) 인종적 또는 민족적 출신에 관계없이 모든 사람의 참여를 허용하는 민주적이고 관용적인 사회의 발전을 보장하기 위하여, 인종적 또는 민족적 출신에 근거한 차별 영역에 있어서의 구체적인 조치는 고용 및 자영(self-employed) 활동에의 접근을 넘어서 교육, 사회보호(사회보장 및 보건 포함), 사회적 혜택(advantages) 그리고 재화·용역에의 접근 및 그 공급과 같은 영역들까지 그 대상으로 해야 한다.

(13) 이러한 목적을 위해, 이 지침에 의해 적용대상이 되는 영역에 관하여 인종적 또는 민족적 출신에 근거한 직접 혹은 간접 차별은 공동체 전체에서 금지되어야 한다. 이러한 차별의 금지는 제3국의 국민들에게도 적용되어야 하지만, 국적에 근거한 상이한 대우까지 적용대상으로 하는 것은 아니며, 제3국 국민들의 입국 및 거주와 그들의 고용 및 직업에 대한 접근에 적용되는 조항들을 침해하는 것은 아니다.

(14) 인종적 또는 민족적 출신에 관계없는 평등대우의 원칙을 이행함에 있어서, 특히 여성은 종종 중복차별의 피해자이므로, 공동체는 유럽공동체설립조약 제3조 제2항에 따라 남녀 간의 불평등을 철폐하고 평등을 증진하는 것을 목표로 해야 한다.

(15) 그로부터 직접 혹은 간접 차별이 있었음을 추단케 할 수 있는 사실들에 대한 평가는 국내 법이나 관행상 규율에 따라 국내의 사법기관 기타 권한이 있는 기관이 정할 문제이다. 그러한 규율은 특히 간접 차별이 통계적 증거에 근거하는 등의 방식들에 의하여 증명될 수 있도록 규정할 수 있다.

(16) 모든 자연인(natural persons)을 인종적 또는 민족적 출신에 근거한 차별로부터 보호하는 것은 중요하다. 회원국들은 또한, 적절한 경우에 그리고 국내 전통과 관행에 따라, 법인이 그 구성원의 인종적 또는 민족적 출신에 근거한 차별을 당하는 경우에 법인에 대하여도 보호를 제공해야 한다.

(17) 차별금지는 특정한 인종적 또는 민족적 출신에 속한 집단이 입은 불이익을 방지하거나 그에 대하여 보상하고자 하는 조치들의 유지나 채택을 저해하지 않아야 하고, 이러한 조치들은 특정한 인종적 또는 민족적 출신에 속한 사람들의 특별한 요구(needs)의 증진이 그 주된 목적인 경우에 이러한 사람들의 단체를 허용할 수 있다.

(18) In very limited circumstances, a difference of treatment may be justified where a characteristic related to racial or ethnic origin constitutes a genuine and determining occupational requirement, when the objective is legitimate and the requirement is proportionate. Such circumstances should be included in the information provided by the Member States to the Commission.

(19) Persons who have been subject to discrimination based on racial and ethnic origin should have adequate means of legal protection. To provide a more effective level of protection, associations or legal entities should also be empowered to engage, as the Member States so determine, either on behalf or in support of any victim, in proceedings, without prejudice to national rules of procedure concerning representation and defence before the courts.

(20) The effective implementation of the principle of equality requires adequate judicial protection against victimisation.

(21) The rules on the burden of proof must be adapted when there is a prima facie case of discrimination and, for the principle of equal treatment to be applied effectively, the burden of proof must shift back to the respondent when evidence of such discrimination is brought.

(22) Member States need not apply the rules on the burden of proof to proceedings in which it is for the court or other competent body to investigate the facts of the case. The procedures thus referred to are those in which the plaintiff is not required to prove the facts, which it is for the court or competent body to investigate.

(23) Member States should promote dialogue between the social partners and with non-governmental organisations to address different forms of discrimination and to combat them.

(24) Protection against discrimination based on racial or ethnic origin would itself be strengthened by the existence of a body or bodies in each Member State, with competence to analyse the problems involved, to study possible solutions and to provide concrete assistance for the victims.

(25) This Directive lays down minimum requirements, thus giving the Member States the option of introducing or maintaining more favourable provisions. The implementation of this Directive should not serve to justify any regression in relation to the situation which already prevails in each Member State.

(26) Member States should provide for effective, proportionate and dissuasive sanctions in case of breaches of the obligations under this Directive.

(18) 매우 제한된 상황 하에서, 인종적 또는 민족적 출신과 관련된 특성이 진정하고 결정적인 직업자격(occupational requirement)에 해당하는 경우에 그 목적이 합법적(legitimate)이고 그 자격이 비례적인 때에는, 상이한 대우(a difference of treatment)가 정당화 될 수 있다. 그러한 상황은 회원국들이 유럽위원회(the European Commission)에 제공하는 정보 내에 포함되어야 한다.

(19) 인종적 및 민족적 출신에 근거한 차별의 대상이 된 사람들은 충분한 법적 보호수단을 보유해야 한다. 보다 효과적인 수준의 보호를 제공하기 위하여, 단체나 법적주체(legal entities)도 법원에서의 대리 및 변호에 관한 국내적 절차 규정을 저해함이 없이 회원국들이 정하는 바에 따라 피해자를 대리하거나 지원하여 절차에 참여할 권한을 부여받아야 한다.

(20) 평등원칙의 효과적 이행은 불이익조치(victimisation)에 대한 충분한 사법적 보호를 필요로 한다.

(21) 차별에 관한 일응의 추정 사건(a prima facie case)이 있는 경우에 증명책임에 관한 규정이 채택되어야 하고, 평등대우의 원칙이 효과적으로 적용될 수 있도록 그러한 차별의 증거가 제시되었을 때에 증명책임은 피고에게 전환되어야 한다.

(22) 회원국들은 그 안에서 사건의 사실을 조사하는 것이 법원이나 기타 권한이 있는 기관의 책임인 절차에 대하여 증명책임에 관한 규정을 적용하지 않아도 된다. 이와 같이 언급된 절차는 그 안에서 원고가 사실을 증명하도록 요구되지 않고 법원이나 권한이 있는 기관이 조사하는 절차이다.

(23) 회원국들은 여러 유형의 차별을 다루고 이와 투쟁하기 위해서 사회적 파트너들(social partners) 사이의 대화 그리고 비정부기구들과의 대화를 증진해야 한다.

(24) 인종적 또는 민족적 출신에 근거한 차별로부터의 보호는 각 회원국 내의 관련된 문제를 분석하고 가능한 해결방안을 연구하며 피해자를 위한 구체적인 지원을 제공할 권한을 지닌 기구 혹은 기구들의 존재에 의하여 스스로 강화될 것이다.

(25) 이 지침은 최소한의 요건을 정하고 있어서, 회원국들은 보다 우호적인 규정들을 도입하거나 유지할 선택권을 부여받는다. 이 지침의 이행이 각 회원국 내에서 이미 이루어지고 있던 상황에 관한 퇴행을 정당화하는데 기여해서는 안 된다.

(26) 회원국들은 이 지침에 따른 의무 위반의 경우에 효과적이고 비례적이면서 억제적인(dissuasive) 제재를 규정해야 한다.

(27) The Member States may entrust management and labour, at their joint request, with the implementation of this Directive as regards provisions falling within the scope of collective agreements, provided that the Member States take all the necessary steps to ensure that they can at all times guarantee the results imposed by this Directive.

(28) In accordance with the principles of subsidiarity and proportionality as set out in Article 5 of the EC Treaty, the objective of this Directive, namely ensuring a common high level of protection against discrimination in all the Member States, cannot be sufficiently achieved by the Member States and can therefore, by reason of the scale and impact of the proposed action, be better achieved by the Community. This Directive does not go beyond what is necessary in order to achieve those objectives,

HAS ADOPTED THIS DIRECTIVE:

## CHAPTER I
## GENERAL PROVISIONS

### Article 1 Purpose

The purpose of this Directive is to lay down a framework for combating discrimination on the grounds of racial or ethnic origin, with a view to putting into effect in the Member States the principle of equal treatment.

### Article 2 Concept of discrimination

1. For the purposes of this Directive, the principle of equal treatment shall mean that there shall be no direct or indirect discrimination based on racial or ethnic origin.
2. For the purposes of paragraph 1:

   (a) direct discrimination shall be taken to occur where one person is treated less favourably than another is, has been or would be treated in a comparable situation on grounds of racial or ethnic origin;

   (b) indirect discrimination shall be taken to occur where an apparently neutral provision, criterion or practice would put persons of a racial or ethnic origin at a particular disadvantage compared with other persons, unless that provision, criterion or practice is objectively justified by a legitimate aim and the means of achieving that aim are appropriate and necessary.

(27) 회원국들은 경영진과 근로자가 공동으로 요청할 때에 단체협약의 범위에 속하는 규정들에 관하여는, 경영진과 근로자가 항상 이 지침에 의해 부과된 결과를 보장할 수 있도록 확보하기 위해 회원국들이 모든 필요한 조치를 취할 것을 전제로 하여, 이 지침의 이행을 그들에게 위탁할 수 있다.

(28) 유럽공동체설립조약 제5조에 규정된 보충성(subsidiarity) 및 비례의 원칙에 따라, 이 지침의 목적 즉 모든 회원국들 내에서 차별에 대하여 공통적으로 높은 수준의 보호를 보장하는 것은 회원국들에 의해서는 충분히 달성될 수 없고, 따라서 제안된 조치의 규모 및 영향력 때문에 공동체에 의해 보다 잘 달성될 수 있다. 이 지침은 이러한 목적들을 달성하기 위하여 필요한 범위를 넘어서지 않는다.

이 지침을 채택하였다.

## 제1장
## 총 칙

### 제1조 목적

이 지침의 목적은 회원국들 내에 평등대우의 원칙을 실행하기 위하여 인종적 또는 민족적 출신에 근거한 차별과의 투쟁을 위한 체제를 마련하는 것이다.

### 제2조 차별의 개념

1. 이 지침의 목적을 위하여, 평등대우의 원칙은 인종적 또는 민족적 출신에 근거한 어떠한 직접 혹은 간접 차별도 없는 것을 의미한다.
2. 제1항의 목적을 위하여:

(a) 직접 차별은 인종적 또는 민족적 출신에 근거하여 한 사람이 비교가능한(comparable) 상황에서 다른 사람이 대우받거나 받았거나 받았을 것 보다 덜 유리하게(less favourably) 대우받은 경우에 발생하는 것으로 이해된다;

(b) 간접 차별은 외관상 중립적인 규정, 기준 또는 관행이 어떤 인종적 또는 민족적 출신에 속한 사람들을 다른 사람들과 비교하여 특정한 불이익에 처하게 하는 경우에, 그러한 규정, 기준 또는 관행이 합법적인 목적에 의해 객관적으로 정당화되고 그 목적을 달성하기 위한 수단이 적절하고 필요한 경우가 아닌 한, 발생하는 것으로 이해된다.

3. Harassment shall be deemed to be discrimination within the meaning of paragraph 1, when an unwanted conduct related to racial or ethnic origin takes place with the purpose or effect of violating the dignity of a person and of creating an intimidating, hostile, degrading, humiliating or offensive environment. In this context, the concept of harassment may be defined in accordance with the national laws and practice of the Member States.
4. An instruction to discriminate against persons on grounds of racial or ethnic origin shall be deemed to be discrimination within the meaning of paragraph 1.

## Article 3 Scope

1. Within the limits of the powers conferred upon the Community, this Directive shall apply to all persons, as regards both the public and private sectors, including public bodies, in relation to:
   (a) conditions for access to employment, to self-employment and to occupation, including selection criteria and recruitment conditions, whatever the branch of activity and at all levels of the professional hierarchy, including promotion;
   (b) access to all types and to all levels of vocational guidance, vocational training, advanced vocational training and retraining, including practical work experience;
   (c) employment and working conditions, including dismissals and pay;
   (d) membership of and involvement in an organisation of workers or employers, or any organisation whose members carry on a particular profession, including the benefits provided for by such organisations;
   (e) social protection, including social security and healthcare;
   (f) social advantages;
   (g) education;
   (h) access to and supply of goods and services which are available to the public, including housing.

2. This Directive does not cover difference of treatment based on nationality and is without prejudice to provisions and conditions relating to the entry into and residence of third-country nationals and stateless persons on the territory of Member States, and to any treatment which arises from the legal status of the third-country nationals and stateless persons concerned.

3. 괴롭힘은 인종적 또는 민족적 출신과 관련된 원치 않는(unwanted) 행위가 어떤 사람의 존엄성을 침해하고 위협적·적대적·모욕적·굴욕적 혹은 공격적 환경을 조성할 목적으로 또는 그러한 결과를 초래하여 이루어진 때에 제1항의 의미 내에서의 차별로 간주된다. 이러한 맥락에서, 괴롭힘의 개념은 회원국들의 국내법 및 관행에 의하여 정의될 수 있다.
4. 인종적 또는 민족적 출신에 근거하여 사람들을 차별하도록 하는 지시(instruction)는 제1항의 의미 내에서의 차별로 간주된다.

## 제3조 범위

1. 공동체에게 부여된 권한의 범위 내에서, 이 지침은 공공기관을 포함한 공적 및 사적 영역 모두에 관하여 다음 사항과 관련하여 모든 사람들에게 적용된다:
   (a) 업무 분야와 관계없이 그리고 모든 수준의 직급에 있어서, 승진을 포함한 선발기준과 채용조건 등의 고용, 자영(self-employment) 및 직업(occupation)에의 접근을 위한 조건들;
   (b) 실무 경험을 포함한 모든 종류 및 수준의 직업안내(vocational guidance), 직업훈련, 고등 직업훈련 및 재교육에의 접근;
   (c) 해고 및 임금을 포함한 고용 및 근로조건;
   (d) 근로자단체나 사용자단체 또는 그 구성원들이 특정한 직업을 수행하는 단체의 회원자격과 그에 대한 참여(그러한 단체에 의해 제공되는 이익을 포함);
   (e) 사회보장 및 의료보장을 비롯한 사회적 보호(social protection);
   (f) 사회적 혜택(social advantages);
   (g) 교육;
   (h) 주거를 포함하여 공중이 이용 가능한(available to the public) 재화·용역에의 접근 및 그 공급.
2. 이 지침은 국적에 근거한 상이한 대우(difference of treatment)까지 적용대상으로 하는 것은 아니며, 회원국 영역에서의 제3국 국민들과 무국적자들의 입국 및 거주 그리고 관련된 제3국 국민들과 무국적자들의 법적 지위로부터 야기된 대우에 관한 조항 및 조건을 침해하지 않는다.

### Article 4 Genuine and determining occupational requirements

Notwithstanding Article 2(1) and (2), Member States may provide that a difference of treatment which is based on a characteristic related to racial or ethnic origin shall not constitute discrimination where, by reason of the nature of the particular occupational activities concerned or of the context in which they are carried out, such a characteristic constitutes a genuine and determining occupational requirement, provided that the objective is legitimate and the requirement is proportionate.

### Article 5 Positive action

With a view to ensuring full equality in practice, the principle of equal treatment shall not prevent any Member State from maintaining or adopting specific measures to prevent or compensate for disadvantages linked to racial or ethnic origin.

### Article 6 Minimum requirements

1. Member States may introduce or maintain provisions which are more favourable to the protection of the principle of equal treatment than those laid down in this Directive.
2. The implementation of this Directive shall under no circumstances constitute grounds for a reduction in the level of protection against discrimination already afforded by Member States in the fields covered by this Directive.

## CHAPTER II
## REMEDIES AND ENFORCEMENT

### Article 7 Defence of rights

1. Member States shall ensure that judicial and/or administrative procedures, including where they deem it appropriate conciliation procedures, for the enforcement of obligations under this Directive are available to all persons who consider themselves wronged by failure to apply the principle of equal treatment to them, even after the relationship in which the discrimination is alleged to have occurred has ended.

### 제4조 진정하고 결정적인 직업자격

제2조 제1항 및 제2항에도 불구하고, 회원국들은 관련된 특정 직업활동 또는 그 활동이 수행되는 영역의 성격 때문에 인종적 또는 민족적 출신과 관련된 특성이 진정하고 결정적인 직업자격(genuine and determining occupational requirement)에 해당하는 경우에, 목적이 합법적이고 자격이 비례적임을 전제로, 그러한 인종적 또는 민족적 출신과 관련된 특성에 근거한 상이한 대우가 차별에 해당하지 않는다고 규정할 수 있다.

### 제5조 적극적 조치

완전한 평등을 실질적으로 보장하기 위하여, 평등대우의 원칙은 회원국이 인종적 또는 민족적 출신과 관련된 불이익을 방지하거나 그에 대하여 보상하기 위한 특별한 조치를 유지하거나 채택하는 것을 금지하지 않는다.

### 제6조 최소한의 요건

1. 회원국들은 이 지침에 마련된 규정들보다 평등대우의 원칙의 보호에 더 유리한 규정들을 도입하거나 유지할 수 있다.
2. 이 지침의 이행은 어떠한 상황에서도 이 지침에 의하여 적용대상이 되는 영역에서 회원국들에 의하여 이미 제공된 차별에 대한 보호 수준의 축소를 위한 근거가 되지는 않는다.

## 제2장<br>구제조치 및 집행

### 제7조 권리의 옹호

1. 회원국들은 평등대우의 원칙이 자신들에게 적용되지 않아 자신들이 부당한 대우를 받았다고 생각하는 모든 사람들이, 차별이 발생했다고 주장되는 관계가 종료된 이후에라도, 이 지침에 따른 의무의 집행을 위한 사법적 및/또는 행정적 절차(적절하다고 생각하는 경우에 조정 절차를 포함)를 이용할 수 있도록 보장한다.

2. Member States shall ensure that associations, organisations or other legal entities, which have, in accordance with the criteria laid down by their national law, a legitimate interest in ensuring that the provisions of this Directive are complied with, may engage, either on behalf or in support of the complainant, with his or her approval, in any judicial and/or administrative procedure provided for the enforcement of obligations under this Directive.
3. Paragraphs 1 and 2 are without prejudice to national rules relating to time limits for bringing actions as regards the principle of equality of treatment.

## Article 8 Burden of proof

1. Member States shall take such measures as are necessary, in accordance with their national judicial systems, to ensure that, when persons who consider themselves wronged because the principle of equal treatment has not been applied to them establish, before a court or other competent authority, facts from which it may be presumed that there has been direct or indirect discrimination, it shall be for the respondent to prove that there has been no breach of the principle of equal treatment.
2. Paragraph 1 shall not prevent Member States from introducing rules of evidence which are more favourable to plaintiffs.
3. Paragraph 1 shall not apply to criminal procedures.
4. Paragraphs 1, 2 and 3 shall also apply to any proceedings brought in accordance with Article 7(2).
5. Member States need not apply paragraph 1 to proceedings in which it is for the court or competent body to investigate the facts of the case.

## Article 9 Victimisation

Member States shall introduce into their national legal systems such measures as are necessary to protect individuals from any adverse treatment or adverse consequence as a reaction to a complaint or to proceedings aimed at enforcing compliance with the principle of equal treatment.

2. 회원국들은 그 국내법에 의하여 마련된 기준에 따라 이 지침의 규정들이 준수되도록 보장함에 있어서 정당한 이해관계(legitimate interest)를 갖는 단체, 조직 또는 기타 법적 주체(legal entities)가, 원고(그 또는 그녀)의 동의를 얻어, 원고를 대리하거나 지원함으로써 이 지침에 따른 의무의 집행을 위해 제공된 사법적 및/또는 행정적 절차에 관여할 수 있도록 보장한다.
3. 제1항 및 제2항은 평등대우의 원칙에 관하여 소 제기를 위한 기한에 관한 국내 규정을 침해하지 않는다.

## 제8조 증명책임

1. 회원국들은, 평등대우의 원칙이 자신들에게 적용되지 않았기 때문에 자신들이 부당한 대우를 받았다고 생각하는 사람들이 법원 기타 권한이 있는 기관 앞에서 그로부터 직접 혹은 간접 차별이 있었음이 추정될 수 있는 사실을 증명하는 경우에는, 평등대우의 원칙 위반이 없었음을 증명하는 것이 피고의 책임이 되도록 보장하기 위하여 그 국내 사법제도에 따라 필요한 조치를 취한다.
2. 제1항은 회원국들이 원고에게 더 유리한 증거규정을 도입하는 것을 금지하지 않는다.
3. 제1항은 형사절차에는 적용되지 않는다.
4. 제1항, 제2항 및 제3항은 또한 제7조 제2항에 따라 제기된 절차에도 적용된다.
5. 회원국들은 사건의 사실을 조사하는 것이 법원이나 권한이 있는 기관의 책임인 절차에는 제1항을 적용하지 않아도 된다.

## 제9조 불이익조치

회원국들은 평등대우의 원칙의 준수를 집행하기 위한 목적의 진정(complaint)이나 소송(proceedings)에 대한 반작용으로서의 불리한 대우나 불리한 결과로부터 개인을 보호하기 위해 필요한 조치를 그 국내적 법체계 내에 도입한다.

### Article 10 Dissemination of information

Member States shall take care that the provisions adopted pursuant to this Directive, together with the relevant provisions already in force, are brought to the attention of the persons concerned by all appropriate means throughout their territory.

### Article 11 Social dialogue

1. Member States shall, in accordance with national traditions and practice, take adequate measures to promote the social dialogue between the two sides of industry with a view to fostering equal treatment, including through the monitoring of workplace practices, collective agreements, codes of conduct, research or exchange of experiences and good practices.
2. Where consistent with national traditions and practice, Member States shall encourage the two sides of the industry without prejudice to their autonomy to conclude, at the appropriate level, agreements laying down anti–discrimination rules in the fields referred to in Article 3 which fall within the scope of collective bargaining. These agreements shall respect the minimum requirements laid down by this Directive and the relevant national implementing measures.

### Article 12 Dialogue with non-governmental organisations

Member States shall encourage dialogue with appropriate non–governmental organisations which have, in accordance with their national law and practice, a legitimate interest in contributing to the fight against discrimination on grounds of racial and ethnic origin with a view to promoting the principle of equal treatment.

## CHAPTER III
## BODIES FOR THE PROMOTION OF EQUAL TREATMENT

### Article 13

1. Member States shall designate a body or bodies for the promotion of equal treatment of all persons without discrimination on the grounds of racial or ethnic origin. These bodies may form part of agencies charged at national level with the defence of human rights or the safeguard of individuals' rights.

### 제10조 정보의 배포

회원국들은 이미 발효된 관련 규정들과 함께 이 지침에 따라 채택된 규정들이 그 영토 전역에 걸쳐 모든 적절한 조치에 의하여 관련된 사람들의 관심을 환기할 수 있도록 주의를 기울인다.

### 제11조 사회적 대화

1. 회원국들은, 국내 전통과 관행에 따라, 평등대우를 촉진하기 위하여, 사업장 관행의 감독(monitoring), 단체협약, 복무규정(codes of conduct), 경험과 모범사례에 관한 연구나 교류를 통하는 경우를 포함하여 산업의 두 당사자들 사이의 사회적 대화(Social dialogue)를 증진하기 위해 적절한 조치를 취한다.
2. 국내 전통과 관행에 일치하는 경우에, 회원국들은 그 자율성을 침해하지 않고 적절한 수준에서 산업의 두 당사자들에게 단체교섭의 범위 내에 있는 제3조에서 언급된 영역에 차별금지 규정을 마련하는 협약을 체결하도록 장려한다. 이러한 협약은 이 지침에 마련된 최소한의 요건 그리고 관련된 국내적 이행조치를 존중한다.

### 제12조 비정부기구와의 대화

회원국들은 그 국내 법 및 관행에 따라 평등대우의 원칙을 증진하기 위해 인종적 및 민족적 출신에 근거한 차별에 대한 투쟁에 기여하는데 정당한 이해관계(legitimate interest)를 갖는 적절한 비정부기구와의 대화를 촉진한다.

## 제3장
## 평등대우의 증진을 위한 기구

### 제13조

1. 회원국들은 인종적 또는 민족적 출신에 근거한 차별이 없는 모든 사람의 평등대우의 증진을 위한 기구 혹은 기구들을 지정한다. 이러한 기구들은 국내적 수준에서 인권의 옹호나 개인의 권리의 보호를 담당하는 기관들의 일부를 구성할 수 있다.

2. Member States shall ensure that the competences of these bodies include:

- without prejudice to the right of victims and of associations, organisations or other legal entities referred to in Article 7(2), providing independent assistance to victims of discrimination in pursuing their complaints about discrimination,
- conducting independent surveys concerning discrimination,
- publishing independent reports and making recommendations on any issue relating to such discrimination.

## CHAPTER IV
## FINAL PROVISIONS

### Article 14 Compliance

Member States shall take the necessary measures to ensure that:

(a) any laws, regulations and administrative provisions contrary to the principle of equal treatment are abolished;

(b) any provisions contrary to the principle of equal treatment which are included in individual or collective contracts or agreements, internal rules of undertakings, rules governing profit-making or non-profit-making associations, and rules governing the independent professions and workers' and employers' organisations, are or may be declared, null and void or are amended.

### Article 15 Sanctions

Member States shall lay down the rules on sanctions applicable to infringements of the national provisions adopted pursuant to this Directive and shall take all measures necessary to ensure that they are applied. The sanctions, which may comprise the payment of compensation to the victim, must be effective, proportionate and dissuasive. The Member States shall notify those provisions to the Commission by 19 July 2003 at the latest and shall notify it without delay of any subsequent amendment affecting them.

2. 회원국들은 이러한 기구들의 권한에 다음 사항이 포함되도록 보장한다:
   - 피해자 그리고 제7조 제2항에서 언급된 단체, 조직 또는 기타 법적 주체(legal entities)의 권리를 침해하지 않으면서, 차별에 관한 진정(complaints)을 제기함에 있어 차별의 피해자에 대하여 독립적인 지원을 제공하는 것,
   - 차별에 관한 독립적 조사를 실시하는 것,
   - 독립적 보고서를 발간하는 것 그리고 이러한 차별과 관련된 문제에 관하여 권고하는 것.

## 제4장
## 최종규정

### 제14조 준수

회원국들은 다음 사항을 보장하기 위해 필요한 조치를 취한다:

(a) 평등대우의 원칙에 반하는 법률, 규정(regulations) 및 행정규정(administrative provisions)은 폐지된다;

(b) 개별적 혹은 단체적 계약이나 협약, 업무에 관한 내부규정, 영리 혹은 비영리 단체를 규율하는 규정, 독립적인 전문직들과 근로자단체 및 사용자단체를 규율하는 규정에 포함된 평등대우의 원칙에 반하는 조항들은 무효(null and void)로 선언되거나 선언될 수 있거나 또는 개정된다.

### 제15조 제재

회원국들은 이 지침에 따라 채택된 국내 규정의 위반에 적용될 수 있는 제재에 관한 규정들을 마련하고, 그 규정들이 적용되도록 보장하기 위해 필요한 모든 조치를 취한다. 피해자에 대한 보상(배상)금(compensation)의 지불을 포함할 수 있는 제재는 효과적이고, 비례적이며, 억제적(dissuasive)이어야 한다. 회원국들은 이러한 규정들을 늦어도 2003년 7월 19일까지 유럽위원회(the European Commission)에 통보하고, 그에 영향을 미치는 후속적인 개정에 관하여 지체 없이 유럽위원회에 통보한다.

## Article 16 Implementation

Member States shall adopt the laws, regulations and administrative provisions necessary to comply with this Directive by 19 July 2003 or may entrust management and labour, at their joint request, with the implementation of this Directive as regards provisions falling within the scope of collective agreements. In such cases, Member States shall ensure that by 19 July 2003, management and labour introduce the necessary measures by agreement, Member States being required to take any necessary measures to enable them at any time to be in a position to guarantee the results imposed by this Directive. They shall forthwith inform the Commission thereof.

When Member States adopt these measures, they shall contain a reference to this Directive or be accompanied by such a reference on the occasion of their official publication. The methods of making such a reference shall be laid down by the Member States.

## Article 17 Report

1. Member States shall communicate to the Commission by 19 July 2005, and every five years thereafter, all the information necessary for the Commission to draw up a report to the European Parliament and the Council on the application of this Directive.
2. The Commission's report shall take into account, as appropriate, the views of the European Monitoring Centre on Racism and Xenophobia, as well as the viewpoints of the social partners and relevant non-governmental organisations. In accordance with the principle of gender mainstreaming, this report shall, inter alia, provide an assessment of the impact of the measures taken on women and men. In the light of the information received, this report shall include, if necessary, proposals to revise and update this Directive.

## Article 18 Entry into force

This Directive shall enter into force on the day of its publication in the Official Journal of the European Communities.

## 제16조 이행

회원국들은 2003년 7월 19일까지 이 지침을 준수하기 위해 필요한 법률, 규정(regulations) 및 행정규정(administrative provisions)을 채택하거나, 경영진과 근로자가 공동으로 요청할 때에 단체협약의 범위에 속하는 규정들에 관하여 이 지침의 이행을 경영진 및 근로자에게 위탁할 수 있다. 이러한 경우에, 2003년 7월 19일 까지 회원국들은 필요한 조치를 취하도록 요구받는 회원국들이 언제라도 경영진 및 근로자가 이 지침에 의하여 부과된 결과를 보증할 위치에 있도록 하는 것을 가능케 하는데 필요한 조치를 경영진 및 근로자가 협약에 의하여 도입하도록 보장한다. 회원국들은 즉시 그에 관하여 유럽위원회(the European Commission)에 통지한다.

회원국들이 이러한 조치를 취한 경우에, 이러한 조치는 이 지침에 대한 언급(reference)을 포함하거나 그 공식적인 공표의 경우에 그와 같은 언급을 동반한다. 이와 같은 언급을 하는 방식은 회원국들에 의하여 정해진다.

## 제17조 보고

1. 회원국들은 2005년 7월 19일까지 그리고 그 이후 매 5년 마다 유럽위원회(the European Commission)가 유럽의회 및 이사회에 대하여 이 지침의 적용에 관한 보고서를 작성하기 위해 필요한 모든 정보를 유럽위원회에 전달한다.
2. 유럽위원회의 보고서는 사회적 파트너들(social partners)과 관련 비정부기구의 관점뿐만 아니라 ‘유럽 인종주의 및 외국인혐오 모니터링 센터(EUMC)’의 견해를 적절히 고려한다. 성주류화(gender mainstreaming)의 원칙에 따라서, 이 보고서는 특히 채택된 조치의 여성 및 남성에 대한 영향 평가를 제공한다. 받은 정보를 고려하여, 이 보고서는 필요한 경우에 이 지침을 개정하고 갱신하기 위한 제안을 포함한다.

## 제18조 발효

이 지침은 유럽공동체 관보에 공표된 날에 발효된다.

## Article 19 Addressees

This Directive is addressed to the Member States.
Done at Luxembourg, 29 June 2000.

For the Council
The President M. Arcanjo

(1) Not yet published in the Official Journal.
(2) Opinion delivered on 18.5.2000 (not yet published in the Official Journal).
(3) Opinion delivered on 12.4.2000 (not yet published in the Official Journal).
(4) Opinion delivered on 31.5.2000 (not yet published in the Official Journal).
(5) OJ L 185, 24.7.1996, p. 5.

### 제19조 수신

이 지침은 회원국들에게 전달된다.
2000년 6월 29일에 룩셈부르크에서 채택되었다.

이사회를 위하여
의장 M. Arcanjo

(1) 아직 유럽공동체 관보에 공표되지 않았다.
(2) 2000년 5월 18일에 전달된 의견(아직 유럽공동체 관보에 공표되지 않았다).
(3) 2000년 12월 4일에 전달된 의견(아직 유럽공동체 관보에 공표되지 않았다).
(4) 2000년 5월 31일에 전달된 의견(아직 유럽공동체 관보에 공표되지 않았다).
(5) 1996년 7월 24일자 유럽공동체 관보 L 185, 5면.

# 부록 3

# 이사회 지침 2000/78/EC

— Council Directive 2000/78/EC of 27 November 2000 establishing a general framework for equal treatment in employment and occupation

# Council Directive 2000/78/EC

Council Directive 2000/78/EC of 27 November 2000 establishing a general framework for equal treatment in employment and occupation

Official Journal L 303, 02/12/2000 P. 0016 – 0022

Council Directive 2000/78/EC

of 27 November 2000

establishing a general framework for equal treatment in employment and occupation
THE COUNCIL OF THE EUROPEAN UNION,
Having regard to the Treaty establishing the European Community, and in particular Article 13 thereof,
Having regard to the proposal from the Commission(1),
Having regard to the Opinion of the European Parliament(2),
Having regard to the Opinion of the Economic and Social Committee(3),
Having regard to the Opinion of the Committee of the Regions(4),
Whereas:

(1) In accordance with Article 6 of the Treaty on European Union, the European Union is founded on the principles of liberty, democracy, respect for human rights and fundamental freedoms, and the rule of law, principles which are common to all Member States and it respects fundamental rights, as guaranteed by the European Convention for the Protection of Human Rights and Fundamental Freedoms and as they result from the constitutional traditions common to the Member States, as general principles of Community law.

(2) The principle of equal treatment between women and men is well established by an important body of Community law, in particular in Council Directive 76/207/EEC of 9 February 1976 on the implementation of the principle of equal treatment for men and women as regards access to employment, vocational training and promotion, and working conditions(5).

# 이사회 지침 2000/78/EC

고용 및 직업에 있어서 평등대우를 위한 일반 체계를 수립하는 2000년 11월 27일자 이사회 지침 2000/78/EC

2000년 12월 2일자 유럽공동체 관보 L 303, 16~22면

이사회 지침 2000/78/EC

2000년 11월 27일자

고용 및 직업에 있어서 평등대우를 위한 일반 체계를 수립하는

유럽연합의 이사회는,

유럽공동체설립조약, 특히 그 중 제13조를 고려하여,

유럽위원회(the European Commission)의 제안을 고려하여,[1)]

유럽의회의 의견을 고려하여,[2)]

유럽경제사회위원회(the European Economic and Social Committee, EESC)의 의견을 고려하여,[3)]

지역위원회(the Committee of the Regions, CoR)의 의견을 고려하여,[4)]

다음과 같은 사실에 비추어:

(1) 유럽연합조약 제6조에 따르면, 유럽연합은, 모든 회원국들에게 공통된 원칙인, 자유, 민주주의, 인권 및 기본적 자유의 존중 그리고 법의 지배의 원칙에 기반하여 수립되었고, '인권 및 기본적 자유의 보호를 위한 유럽협약'에 의해 보장되며 공동체법상 일반원칙으로서 회원국들에게 공통된 헌법적 전통으로부터 도출되는 기본적 권리를 존중한다.

(2) 여성과 남성 간의 평등대우의 원칙은 공동체법상 중요한 부분으로, 특히 고용, 직업훈련 및 승진 그리고 근로조건에 대한 접근과 관련된 남녀의 평등대우의 원칙의 이행에 관한 1976년 2월 9일자 이사회 지침 76/207/EEC 내에서 잘 확립된다.[5)]

(3) In implementing the principle of equal treatment, the Community should, in accordance with Article 3(2) of the EC Treaty, aim to eliminate inequalities, and to promote equality between men and women, especially since women are often the victims of multiple discrimination.

(4) The right of all persons to equality before the law and protection against discrimination constitutes a universal right recognised by the Universal Declaration of Human Rights, the United Nations Convention on the Elimination of All Forms of Discrimination against Women, United Nations Covenants on Civil and Political Rights and on Economic, Social and Cultural Rights and by the European Convention for the Protection of Human Rights and Fundamental Freedoms, to which all Member States are signatories. Convention No 111 of the International Labour Organisation (ILO) prohibits discrimination in the field of employment and occupation.

(5) It is important to respect such fundamental rights and freedoms. This Directive does not prejudice freedom of association, including the right to establish unions with others and to join unions to defend one's interests.

(6) The Community Charter of the Fundamental Social Rights of Workers recognises the importance of combating every form of discrimination, including the need to take appropriate action for the social and economic integration of elderly and disabled people.

(7) The EC Treaty includes among its objectives the promotion of coordination between employment policies of the Member States. To this end, a new employment chapter was incorporated in the EC Treaty as a means of developing a coordinated European strategy for employment to promote a skilled, trained and adaptable workforce.

(8) The Employment Guidelines for 2000 agreed by the European Council at Helsinki on 10 and 11 December 1999 stress the need to foster a labour market favourable to social integration by formulating a coherent set of policies aimed at combating discrimination against groups such as persons with disability. They also emphasise the need to pay particular attention to supporting older workers, in order to increase their participation in the labour force.

(9) Employment and occupation are key elements in guaranteeing equal opportunities for all and contribute strongly to the full participation of citizens in economic, cultural and social life and to realising their potential.

(3) 평등대우의 원칙을 이행함에 있어서, 특히 여성은 종종 중복차별의 피해자이므로, 공동체는 유럽공동체설립조약 제3조 제2항에 따라 남녀 간의 불평등을 철폐하고 평등을 증진하는 것을 목표로 해야 한다.

(4) 법 앞의 평등 그리고 차별로부터의 보호에 관한 모든 사람의 권리는 '세계인권선언', 유엔 '여성에 대한 모든 형태의 차별 철폐에 관한 협약', 유엔 '시민적 및 정치적 권리에 관한 규약'과 '경제적, 사회적 및 문화적 권리에 관한 규약'에 의하여, 그리고 모든 회원국들이 서명한 '인권 및 기본적 자유의 보호를 위한 유럽협약'에 의하여 인정된 보편적 권리에 속한다. 국제노동기구(ILO) 협약 제111호는 고용 및 직업 영역에서의 차별을 금지한다.

(5) 이러한 기본적 권리와 자유를 존중하는 것은 중요하다. 이 지침은 자신의 이익을 옹호하기 위해 다른 사람들과 단체를 설립하고 단체에 가입할 권리를 포함한 결사의 자유를 침해하지 않는다.

(6) '근로자의 기본적 사회권에 관한 공동체 헌장'은 고령자와 장애인의 사회적·경제적 통합을 위하여 적절한 조치를 취할 필요성을 포함하여 모든 형태의 차별과의 투쟁의 중요성을 인정한다.

(7) 유럽공동체설립조약은 그 목표 중 하나로 회원국들의 고용정책 간의 조정의 증진을 포함한다. 이를 위해서, 숙련되고 훈련받은 그리고 적응력이 뛰어난(adaptable) 노동력을 촉진하기 위한 통합된 유럽고용전략을 발전시키는 수단으로 새로운 고용에 관한 장(chapter)이 유럽공동체설립조약 내에 포함되었다.

(8) 1999년 12월 10일과 11일에 헬싱키에서 유럽이사회(the European Council)에 의하여 승인된 2000년 고용지침은 장애인과 같은 집단에 대한 차별과의 투쟁을 목표로 하는 긴밀한 일련의 정책들을 입안함으로써 사회적 통합에 우호적인 노동시장을 육성할 필요성을 강조한다. 이 지침은 또한 고령 근로자들의 노동 참여를 확대할 수 있도록 이들에 대한 지원에 특별한 주의를 기울일 필요성도 강조한다.

(9) 고용과 직업은 모든 사람에게 평등한 기회를 보장함에 있어 중요한 요소이고, 시민들의 경제적, 문화적 및 사회적 삶에의 완전한 참여 그리고 그들의 잠재 능력의 실현에 강하게 기여한다.

(10) On 29 June 2000 the Council adopted Directive 2000/43/EC(6) implementing the principle of equal treatment between persons irrespective of racial or ethnic origin. That Directive already provides protection against such discrimination in the field of employment and occupation.

(11) Discrimination based on religion or belief, disability, age or sexual orientation may undermine the achievement of the objectives of the EC Treaty, in particular the attainment of a high level of employment and social protection, raising the standard of living and the quality of life, economic and social cohesion and solidarity, and the free movement of persons.

(12) To this end, any direct or indirect discrimination based on religion or belief, disability, age or sexual orientation as regards the areas covered by this Directive should be prohibited throughout the Community. This prohibition of discrimination should also apply to nationals of third countries but does not cover differences of treatment based on nationality and is without prejudice to provisions governing the entry and residence of third-country nationals and their access to employment and occupation.

(13) This Directive does not apply to social security and social protection schemes whose benefits are not treated as income within the meaning given to that term for the purpose of applying Article 141 of the EC Treaty, nor to any kind of payment by the State aimed at providing access to employment or maintaining employment.

(14) This Directive shall be without prejudice to national provisions laying down retirement ages.

(15) The appreciation of the facts from which it may be inferred that there has been direct or indirect discrimination is a matter for national judicial or other competent bodies, in accordance with rules of national law or practice. Such rules may provide, in particular, for indirect discrimination to be established by any means including on the basis of statistical evidence.

(16) The provision of measures to accommodate the needs of disabled people at the workplace plays an important role in combating discrimination on grounds of disability.

(17) This Directive does not require the recruitment, promotion, maintenance in employment or training of an individual who is not competent, capable and available to perform the essential functions of the post concerned or to undergo the relevant training, without prejudice to the obligation to provide reasonable accommodation for people with disabilities.

(10) 2000년 6월 29일에 이사회는 '사람들 사이의 인종적 또는 민족적 출신과 관계없는 평등대우의 원칙을 이행하는 지침 2000/43/EC'[6)]를 채택했다. 이 지침은 이미 고용 및 직업의 영역에서 그와 같은 차별에 대한 보호를 규정하고 있다.

(11) 종교나 신념, 장애, 연령 또는 성적 지향에 근거한 차별은 유럽공동체설립조약의 목표 달성, 특히 높은 수준의 고용과 사회적 보호, 삶의 수준과 질의 제고, 경제적 및 사회적 결합과 연대 그리고 사람들의 자유로운 이동의 달성을 저해할 수 있다.

(12) 이러한 목적을 위해, 이 지침에 의해 적용대상이 되는 영역에 관하여 종교나 신념, 장애, 연령 또는 성적 지향에 근거한 직접 혹은 간접 차별은 공동체 전체에서 금지되어야 한다. 이러한 차별의 금지는 제3국의 국민들에게도 적용되어야 하지만, 국적에 근거한 상이한 대우까지 적용대상으로 하는 것은 아니며, 제3국 국민들의 입국 및 거주와 그들의 고용 및 직업에 대한 접근에 적용되는 조항들을 침해하는 것은 아니다.

(13) 이 지침은 그 급여가 유럽공동체설립조약 제141조의 적용을 위한 용어의 의미 내에서의 소득(income)으로 취급되지 않는 사회보장 및 사회적 보호(social protection) 계획에는 적용되지 않고 또한 고용에의 접근 제공이나 고용유지(maintaining employment)를 위한 국가의 금전지급(payment)에도 적용되지 않는다.

(14) 이 지침은 퇴직 연령을 정한 국내 규정들을 침해하지 않는다.

(15) 그로부터 직접 혹은 간접 차별이 있었음을 추단케 할 수 있는 사실들에 대한 평가는 국내 법이나 관행상 규율에 따라 국내의 사법기관 기타 권한이 있는 기관이 정할 문제이다. 그러한 규율은 특히 간접 차별이 통계적 증거에 근거하는 등의 방식들에 의하여 증명될 수 있도록 규정할 수 있다.

(16) 사업장에서 장애인의 필요에 편의를 제공하는 조치들의 제공은 장애에 근거한 차별과 투쟁함에 있어 중요한 역할을 한다.

(17) 이 지침은, 장애인을 위해 합리적인 편의를 제공할 의무를 침해하지는 않으면서, 관련된 직의 필수적인 업무를 수행하거나 관련된 훈련을 받는데 있어 자격과 능력이 없고 할 수 없는 개인의 채용, 승진, 고용 유지(maintenance in employment) 또는 훈련을 요구하는 것은 아니다.

(18) This Directive does not require, in particular, the armed forces and the police, prison or emergency services to recruit or maintain in employment persons who do not have the required capacity to carry out the range of functions that they may be called upon to perform with regard to the legitimate objective of preserving the operational capacity of those services.

(19) Moreover, in order that the Member States may continue to safeguard the combat effectiveness of their armed forces, they may choose not to apply the provisions of this Directive concerning disability and age to all or part of their armed forces. The Member States which make that choice must define the scope of that derogation.

(20) Appropriate measures should be provided, i.e. effective and practical measures to adapt the workplace to the disability, for example adapting premises and equipment, patterns of working time, the distribution of tasks or the provision of training or integration resources.

(21) To determine whether the measures in question give rise to a disproportionate burden, account should be taken in particular of the financial and other costs entailed, the scale and financial resources of the organisation or undertaking and the possibility of obtaining public funding or any other assistance.

(22) This Directive is without prejudice to national laws on marital status and the benefits dependent thereon.

(23) In very limited circumstances, a difference of treatment may be justified where a characteristic related to religion or belief, disability, age or sexual orientation constitutes a genuine and determining occupational requirement, when the objective is legitimate and the requirement is proportionate. Such circumstances should be included in the information provided by the Member States to the Commission.

(24) The European Union in its Declaration No 11 on the status of churches and non-confessional organisations, annexed to the Final Act of the Amsterdam Treaty, has explicitly recognised that it respects and does not prejudice the status under national law of churches and religious associations or communities in the Member States and that it equally respects the status of philosophical and non-confessional organisations. With this in view, Member States may maintain or lay down specific provisions on genuine, legitimate and justified occupational requirements which might be required for carrying out an occupational activity.

(18) 이 지침은 특히 군대와 경찰, 교도소 또는 긴급구조서비스에 대하여 그러한 서비스의 기능적 능력을 유지하기 위한 정당한 목적과 관련하여 수행하도록 요구될 수 있는 범위의 기능들을 수행할 필수 능력을 갖추지 못한 사람들을 채용하거나 그 고용을 유지하도록 요구하는 것은 아니다.

(19) 또한, 회원국들이 그 군대의 전투 효율성을 지속적으로 보호할 수 있도록 하기 위해, 회원국들은 그 군대의 전부 또는 일부에 대하여 장애 및 연령과 관련하여 이 지침의 규정들을 적용하지 않는 것으로 선택할 수 있다. 이러한 선택을 한 회원국들은 그 적용제한(derogation)의 범위를 정의해야 한다.

(20) 적절한 조치 즉, 예를 들어 부동산(premises)과 설비(equipment), 근로시간의 유형, 업무의 배정 또는 훈련이나 통합수단의 제공을 변경하는 것과 같이, 사업장을 장애에 적합하게 변경하는 효과적이고 실질적인 조치가 제공되어야 한다.

(21) 문제된 조치가 불균형적인(disproportionate) 부담을 야기하는지 여부를 결정하기 위해서는, 특히 수반되는 재정적 및 기타의 비용, 조직이나 사업의 규모 및 재정적 자원 그리고 공적 자금이나 기타 원조를 얻을 가능성에 관한 평가가 이루어져야 한다.

(22) 이 지침은 결혼 여부 그리고 그에 따른 급부(benefits)에 관한 국내법을 침해하지 않는다.

(23) 매우 제한된 상황 하에서, 종교나 신념, 장애, 연령 또는 성적 지향과 관련된 특성이 진정하고 결정적인 직업자격(occupational requirement)에 해당하는 경우에 그 목적이 합법적(legitimate)이고 그 자격이 비례적인 때에는, 상이한 대우(a difference of treatment)가 정당화될 수 있다. 그러한 상황은 회원국들이 유럽위원회(the European Commission)에 제공하는 정보 내에 포함되어야 한다.

(24) 암스테르담 조약의 최종 의정서(Final Act)에 부속된 그 '교회 및 비신앙적(non-confessional) 단체의 지위에 관한 선언 제11호'에서, 유럽연합은 회원국들 내에서의 교회 및 종교적 단체·공동체의 국내법에 따른 지위를 존중하고 침해하지 않을 것이며 철학적 및 비신앙적 단체의 지위를 동등하게 존중할 것임을 명확하게 인정했다. 이를 고려하여, 회원국들은 직업활동을 수행함에 있어 요구되어도 좋은 진정하고 합법적이며 정당화되는 직업자격에 관한 구체적인 규정을 유지하거나 마련할 수 있다.

(25) The prohibition of age discrimination is an essential part of meeting the aims set out in the Employment Guidelines and encouraging diversity in the workforce. However, differences in treatment in connection with age may be justified under certain circumstances and therefore require specific provisions which may vary in accordance with the situation in Member States. It is therefore essential to distinguish between differences in treatment which are justified, in particular by legitimate employment policy, labour market and vocational training objectives, and discrimination which must be prohibited.

(26) The prohibition of discrimination should be without prejudice to the maintenance or adoption of measures intended to prevent or compensate for disadvantages suffered by a group of persons of a particular religion or belief, disability, age or sexual orientation, and such measures may permit organisations of persons of a particular religion or belief, disability, age or sexual orientation where their main object is the promotion of the special needs of those persons.

(27) In its Recommendation 86/379/EEC of 24 July 1986 on the employment of disabled people in the Community(7), the Council established a guideline framework setting out examples of positive action to promote the employment and training of disabled people, and in its Resolution of 17 June 1999 on equal employment opportunities for people with disabilities(8), affirmed the importance of giving specific attention inter alia to recruitment, retention, training and lifelong learning with regard to disabled persons.

(28) This Directive lays down minimum requirements, thus giving the Member States the option of introducing or maintaining more favourable provisions. The implementation of this Directive should not serve to justify any regression in relation to the situation which already prevails in each Member State.

(29) Persons who have been subject to discrimination based on religion or belief, disability, age or sexual orientation should have adequate means of legal protection. To provide a more effective level of protection, associations or legal entities should also be empowered to engage in proceedings, as the Member States so determine, either on behalf or in support of any victim, without prejudice to national rules of procedure concerning representation and defence before the courts.

(30) The effective implementation of the principle of equality requires adequate judicial protection against victimisation.

(25) 연령차별의 금지는 고용지침에서 발표한 목표를 달성하고 사업장 내의 다양성을 촉진함에 있어 필수적인 부분이다. 그렇지만, 연령과 관련된 상이한 대우는 일정한 상황 하에서 정당화될 수 있고 따라서 회원국들에서의 상황에 따라 변경될 수 있는 구체적인 규정이 요구된다. 그러므로 정당화될 수 있는 상이한 대우(특히 정당한 고용정책, 노동시장 및 직업훈련 목적에 의한)와 금지되어야 하는 차별을 구별하는 것이 가장 중요하다.

(26) 차별금지는 특정한 종교나 신념, 장애, 연령 또는 성적 지향을 지닌 집단이 입은 불이익을 방지하거나 그에 대하여 보상하고자 하는 조치들의 유지나 채택을 저해하지 않아야 하고, 이러한 조치들은 특정한 종교나 신념, 장애, 연령 또는 성적 지향을 지닌 사람들의 특별한 요구(needs)의 증진이 그 주된 목적인 경우에 이러한 사람들의 단체를 허용할 수 있다.

(27) 그 '공동체 내에서의 장애인인의 고용에 관한 1986년 7월 24일자 권고 86/379/EEC'[7)]에서 이사회는 장애인의 고용 및 훈련을 증진하기 위한 적극적 조치의 사례들을 제시한 지침 체계를 확립했고, 그 '장애인을 위한 평등한 고용 기회에 관한 1999년 6월 17일자 결의'[8)]에서 특히 장애인에 관한 채용, 근속(retention), 훈련 및 평생학습에 대하여 구체적인 관심을 두는 것의 중요성을 확인했다.

(28) 이 지침은 최소한의 조건을 정하고 있어서, 회원국들은 보다 우호적인 규정을 도입하거나 유지할 선택권을 부여받는다. 이 지침의 이행이 각 회원국 내에서 이미 이루어지고 있던 상황에 관한 퇴행을 정당화하는데 기여해서는 안 된다.

(29) 종교나 신념, 장애, 연령 또는 성적 지향에 근거한 차별의 대상이 된 사람들은 충분한 법적 보호수단을 보유해야 한다. 보다 효과적인 수준의 보호를 제공하기 위하여, 단체나 법적주체(legal entities)도 법원에서의 대리 및 변호에 관한 국내적 절차 규정을 저해함이 없이 회원국들이 정하는 바에 따라 피해자를 대리하거나 지원하여 절차에 참여할 권한을 부여받아야 한다.

(30) 평등원칙의 효과적 이행은 불이익조치(victimisation)에 대한 충분한 사법적 보호를 필요로 한다.

(31) The rules on the burden of proof must be adapted when there is a prima facie case of discrimination and, for the principle of equal treatment to be applied effectively, the burden of proof must shift back to the respondent when evidence of such discrimination is brought. However, it is not for the respondent to prove that the plaintiff adheres to a particular religion or belief, has a particular disability, is of a particular age or has a particular sexual orientation.

(32) Member States need not apply the rules on the burden of proof to proceedings in which it is for the court or other competent body to investigate the facts of the case. The procedures thus referred to are those in which the plaintiff is not required to prove the facts, which it is for the court or competent body to investigate.

(33) Member States should promote dialogue between the social partners and, within the framework of national practice, with non-governmental organisations to address different forms of discrimination at the workplace and to combat them.

(34) The need to promote peace and reconciliation between the major communities in Northern Ireland necessitates the incorporation of particular provisions into this Directive.

(35) Member States should provide for effective, proportionate and dissuasive sanctions in case of breaches of the obligations under this Directive.

(36) Member States may entrust the social partners, at their joint request, with the implementation of this Directive, as regards the provisions concerning collective agreements, provided they take any necessary steps to ensure that they are at all times able to guarantee the results required by this Directive.

(37) In accordance with the principle of subsidiarity set out in Article 5 of the EC Treaty, the objective of this Directive, namely the creation within the Community of a level playing-field as regards equality in employment and occupation, cannot be sufficiently achieved by the Member States and can therefore, by reason of the scale and impact of the action, be better achieved at Community level. In accordance with the principle of proportionality, as set out in that Article, this Directive does not go beyond what is necessary in order to achieve that objective,

HAS ADOPTED THIS DIRECTIVE:

(31) 차별에 관한 일응의 추정 사건(a prima facie case)이 있는 경우에 증명책임에 관한 규정이 채택되어야 하고, 평등대우의 원칙이 효과적으로 적용될 수 있도록 그러한 차별의 증거가 제시되었을 때에 증명책임은 원고에게 전환되어야 한다. 그렇지만, 원고가 특정 종교를 따른다거나, 특정 장애를 지니고 있다거나, 특정 연령이라거나, 특정 성적 지향을 갖고 있다는 점을 증명하는 것은 피고의 책임이 아니다.

(32) 회원국들은 그 안에서 사건의 사실을 조사하는 것이 법원이나 기타 권한이 있는 기관의 책임인 절차에 대하여 증명책임에 관한 규정을 적용하지 않아도 된다. 이와 같이 언급된 절차는 그 안에서 원고가 사실을 증명하도록 요구되지 않고 법원이나 권한이 있는 기관이 조사하는 절차이다.

(33) 회원국들은 사업장에서의 여러 유형의 차별을 다루고 이와 투쟁하기 위해서 사회적 파트너들(social partners) 사이의 대화 그리고 국내적 관행의 체계 내에서 비정부기구들과의 대화를 증진해야 한다.

(34) 북아일랜드 내 주요 공동체들 사이에 평화와 화해를 증진할 필요성은 특정 규정들의 이 지침으로의 통합을 필요로 한다.

(35) 회원국들은 이 지침에 따른 의무 위반의 경우에 효과적이고 비례적이면서 억제적인(dissuasive) 제재를 규정해야 한다.

(36) 회원국들은 사회적 파트너들이 공동으로 요청할 때에 단체협약과 관련된 규정들에 관하여는, 그들이 항상 이 지침에 의해 요구된 결과를 보장할 수 있도록 확보하기 위해 그들이 필요한 조치를 취할 것을 전제로 하여, 이 지침의 이행을 그들에게 위탁할 수 있다.

(37) 유럽공동체설립조약 제5조에 규정된 보충성(subsidiarity) 및 비례의 원칙에 따라, 이 지침의 목적 즉 공동체 내에서 고용 및 직업에서의 평등과 관련된 공평한 경쟁의 장(a level playing-field) 창설은 회원국들에 의해서는 충분히 달성될 수 없고, 따라서 조치의 규모 및 영향력 때문에 공동체 수준에서 보다 잘 달성될 수 있다. 비례의 원칙에 따라, 해당 조항에서 제시된 것처럼, 이 지침은 이러한 목적들을 달성하기 위하여 필요한 범위를 넘어서지 않는다.

이 지침을 채택하였다.

## CHAPTER I
## GENERAL PROVISIONS

### Article 1 Purpose

The purpose of this Directive is to lay down a general framework for combating discrimination on the grounds of religion or belief, disability, age or sexual orientation as regards employment and occupation, with a view to putting into effect in the Member States the principle of equal treatment.

### Article 2 Concept of discrimination

1. For the purposes of this Directive, the "principle of equal treatment" shall mean that there shall be no direct or indirect discrimination whatsoever on any of the grounds referred to in Article 1.
2. For the purposes of paragraph 1:
   (a) direct discrimination shall be taken to occur where one person is treated less favourably than another is, has been or would be treated in a comparable situation, on any of the grounds referred to in Article 1;
   (b) indirect discrimination shall be taken to occur where an apparently neutral provision, criterion or practice would put persons having a particular religion or belief, a particular disability, a particular age, or a particular sexual orientation at a particular disadvantage compared with other persons unless:
      (i) that provision, criterion or practice is objectively justified by a legitimate aim and the means of achieving that aim are appropriate and necessary, or
      (ii) as regards persons with a particular disability, the employer or any person or organisation to whom this Directive applies, is obliged, under national legislation, to take appropriate measures in line with the principles contained in Article 5 in order to eliminate disadvantages entailed by such provision, criterion or practice.
3. Harassment shall be deemed to be a form of discrimination within the meaning of paragraph 1, when unwanted conduct related to any of the grounds referred to in Article 1 takes place with the purpose or effect of violating the dignity of a person and of creating an intimidating, hostile, degrading, humiliating or offensive environment. In this context, the concept of harassment may be defined in accordance with the national laws and practice of the Member States.

# 제1장
# 총 칙

## 제1조 목적

이 지침의 목적은 회원국들 내에 평등대우의 원칙을 실행하기 위하여 고용 및 직업과 관련된 종교나 신념, 장애, 연령, 또는 성적 지향에 근거한 차별과의 투쟁을 위한 일반 체계를 마련하는 것이다.

## 제2조 차별의 개념

1. 이 지침의 목적을 위하여, "평등대우의 원칙"은 제1조에 언급된 이유 중 어느 것에 의한 어떠한 직접 혹은 간접 차별도 없는 것을 의미한다.
2. 제1항의 목적을 위하여:
   (a) 직접 차별은 제1항에 언급된 이유 중 어느 것에 의하여 한 사람이 비교가능한(comparable) 상황에서 다른 사람이 대우받거나 받았거나 받았을 것 보다 덜 유리하게(less favourably) 대우받은 경우에 발생하는 것으로 이해된다;
   (b) 간접차별은, 다음과 같은 경우가 아닌 한, 외관상 중립적인 규정, 기준 또는 관행이 특정 종교 기타 신념, 특정 장애, 특정 연령 또는 특정 성적 지향을 지닌 사람들을 다른 사람들과 비교하여 특정한 불이익에 처하게 하는 경우에 발생하는 것으로 이해된다:
      (i) 그러한 규정, 기준 또는 관행이 합법적인(legitimate) 목적에 의해 객관적으로 정당화되고 그 목적을 달성하기 위한 수단이 적절하고 필요한 경우, 또는
      (ii) 특정 장애를 지닌 사람들과 관련하여, 이 지침의 적용을 받는 고용주 기타 사람이나 단체가 국내 법률에 따라 그러한 규정, 기준 또는 관행에 수반되는 불이익을 철폐하기 위하여 제5조에 포함된 원칙에 따른 적절한 조치를 위할 의무가 있는 경우.
3. 괴롭힘은 제1항에 언급된 이유 중 어느 것과 관련된 원치 않는(unwanted) 행위가 어떤 사람의 존엄성을 침해하고 위협적·적대적·모욕적·굴욕적 혹은 공격적인 환경을 조성할 목적으로 또는 그러한 결과를 초해하여 이루어진 때에 제1항의 의미 내에서의 차별 유형으로 간주된다. 이러한 맥락에서, 괴롭힘의 개념은 회원국들의 국내법 및 관행에 의하여 정의될 수 있다.

4. An instruction to discriminate against persons on any of the grounds referred to in Article 1 shall be deemed to be discrimination within the meaning of paragraph 1.
5. This Directive shall be without prejudice to measures laid down by national law which, in a democratic society, are necessary for public security, for the maintenance of public order and the prevention of criminal offences, for the protection of health and for the protection of the rights and freedoms of others.

## Article 3 Scope

1. Within the limits of the areas of competence conferred on the Community, this Directive shall apply to all persons, as regards both the public and private sectors, including public bodies, in relation to:
   (a) conditions for access to employment, to self-employment or to occupation, including selection criteria and recruitment conditions, whatever the branch of activity and at all levels of the professional hierarchy, including promotion;
   (b) access to all types and to all levels of vocational guidance, vocational training, advanced vocational training and retraining, including practical work experience;
   (c) employment and working conditions, including dismissals and pay;
   (d) membership of, and involvement in, an organisation of workers or employers, or any organisation whose members carry on a particular profession, including the benefits provided for by such organisations.
2. This Directive does not cover differences of treatment based on nationality and is without prejudice to provisions and conditions relating to the entry into and residence of third-country nationals and stateless persons in the territory of Member States, and to any treatment which arises from the legal status of the third-country nationals and stateless persons concerned.
3. This Directive does not apply to payments of any kind made by state schemes or similar, including state social security or social protection schemes.
4. Member States may provide that this Directive, in so far as it relates to discrimination on the grounds of disability and age, shall not apply to the armed forces.

4. 제1항에 언급된 이유 중 어느 것에 의하여 사람들을 차별하도록 하는 지시(instruction)는 제1항의 의미 내에서의 차별로 간주된다.
5. 이 지침은 민주 사회 내에서의 공공의 안전, 공공질서의 유지 및 범죄의 예방, 건강의 보호 그리고 다른 사람들의 권리 및 자유의 보호를 위하여 필요한 국내법으로 마련된 조치를 침해하지 않는다.

### 제3조 범위

1. 공동체에게 부여된 권한의 범위 내에서, 이 지침은 공공기관을 포함한 공적 및 사적 영역 모두에 관하여 다음 사항과 관련하여 모든 사람들에게 적용된다:
   (a) 업무 분야와 관계없이 그리고 모든 수준의 직급에 있어서, 승진을 포함한 선발기준과 채용조건 등의 고용, 자영(self-employment) 및 직업(occupation)에의 접근을 위한 조건들;
   (b) 실무 경험을 포함한 모든 종류 및 수준의 직업안내(vocational guidance), 직업훈련, 고등 직업훈련 및 재교육에의 접근;
   (c) 해고 및 임금을 포함한 고용 및 근로조건;
   (d) 근로자단체나 사용자단체 또는 그 구성원들이 특정한 직업을 수행하는 단체의 회원자격과 그에 대한 참여(그러한 단체에 의해 제공되는 이익을 포함).
2. 이 지침은 국적에 근거한 상이한 대우(differences of treatment)까지 적용대상으로 하는 것은 아니며, 회원국 영역에서의 제3국 국민들과 무국적자들의 입국 및 거주 그리고 관련된 제3국 국민들과 무국적자들의 법적 지위로부터 야기된 대우에 관한 조항 및 조건을 침해하지 않는다.
3. 이 지침은 국가적 사회보장 또는 사회적 보호(social protection) 계획을 포함한 국가적 계획 기타 이와 유사한 것에 의해 이루어지는 유형의 금전지급(payments)에 대하여는 적용되지 않는다.
4. 회원국들은, 장애 및 연령에 근거한 차별과 관련된 범위 내에서, 이 지침이 군대에 대하여 적용되지 않는 것으로 규정할 수 있다.

## Article 4 Occupational requirements

1. Notwithstanding Article 2(1) and (2), Member States may provide that a difference of treatment which is based on a characteristic related to any of the grounds referred to in Article 1 shall not constitute discrimination where, by reason of the nature of the particular occupational activities concerned or of the context in which they are carried out, such a characteristic constitutes a genuine and determining occupational requirement, provided that the objective is legitimate and the requirement is proportionate.
2. Member States may maintain national legislation in force at the date of adoption of this Directive or provide for future legislation incorporating national practices existing at the date of adoption of this Directive pursuant to which, in the case of occupational activities within churches and other public or private organisations the ethos of which is based on religion or belief, a difference of treatment based on a person's religion or belief shall not constitute discrimination where, by reason of the nature of these activities or of the context in which they are carried out, a person's religion or belief constitute a genuine, legitimate and justified occupational requirement, having regard to the organisation's ethos. This difference of treatment shall be implemented taking account of Member States' constitutional provisions and principles, as well as the general principles of Community law, and should not justify discrimination on another ground.

Provided that its provisions are otherwise complied with, this Directive shall thus not prejudice the right of churches and other public or private organisations, the ethos of which is based on religion or belief, acting in conformity with national constitutions and laws, to require individuals working for them to act in good faith and with loyalty to the organisation's ethos.

## Article 5 Reasonable accommodation for disabled persons

In order to guarantee compliance with the principle of equal treatment in relation to persons with disabilities, reasonable accommodation shall be provided. This means that employers shall take appropriate measures, where needed in a particular case, to enable a person with a disability to have access to, participate in, or advance in employment, or to undergo training, unless such measures would impose a disproportionate burden on the employer. This burden shall not be disproportionate when it is sufficiently remedied by measures existing within the framework of the disability policy of the Member State concerned.

## 제4조 직업자격

1. 제2조 제1항 및 제2항에도 불구하고, 회원국들은 관련된 특정 직업활동 또는 그 활동이 수행되는 영역의 성격 때문에 제1항에 언급된 이유 중 어느 것과 관련된 특성이 진정하고 결정적인 직업자격(genuine and determining occupational requirement)에 해당하는 경우에, 목적이 합법적이고 자격이 비례적임을 전제로, 그러한 특성에 근거한 상이한 대우(difference of treatment)가 차별에 해당하지 않는다고 규정할 수 있다.
2. 회원국들은, 교회 및 기타 그 기풍(ethos)이 종교나 신념을 기반으로 한 공·사 단체 내에서의 직업 활동 사례에 있어서는, 이러한 활동 또는 그 활동이 수행되는 영역의 성격 때문에, 어떤 사람의 종교나 신념이 단체의 기풍을 고려하여 진정하고 합법적이면서 정당한 직업자격에 해당하는 경우에는 어떤 사람의 종교나 신념에 근거한 상이한 대우가 차별에 해당하지 않는다는 점에 따라서, 이 지침의 채택일에 발효 중인 국내 법률을 유지하거나 미래를 위해 이 지침의 채택일에 존재하는 국내 관행을 통합한 법률을 제정할 수 있다. 이 상이한 대우는 공동체법상 일반원칙뿐만 아니라 회원국들의 헌법상 조항과 원칙을 고려하여 실행되고, 또 다른 이유에 의한 차별을 정당화해서는 안 된다.

그 규정들이 준수되지 않는 것을 전제로, 이 지침은 앞서 말한 바와 같이 국내 헌법과 법률에 따라 활동하는 교회 및 기타 그 기풍이 종교나 신념을 기반으로 한 공·사 단체가 그들을 위해 일하는 개인들에게 단체의 기풍에 성실하고 충심으로 행동하도록 요구할 권리를 침해하지 않는다.

## 제5조 장애인을 위한 합리적인 편의

장애인에 관한 평등대우의 원칙의 준수를 보장하기 위하여, 합리적인 편의가 제공된다. 이는 그러한 조치가 고용주에게 불균형적인(disproportionate) 부담을 부과하지 않는 한, 특정 사건에서 필요한 경우에, 고용주가 장애인이 고용에 접근하거나 참여하거나 승진하거나 훈련을 받을 수 있게 하는 적절한 조치를 취한다는 것을 의미한다. 이러한 부담은 관련된 회원국의 장애정책 체계 내에 존재하는 조치에 의하여 충분히 보상되는 경우에는 불균형적인 것이 아니다.

### Article 6 Justification of differences of treatment on grounds of age

1. Notwithstanding Article 2(2), Member States may provide that differences of treatment on grounds of age shall not constitute discrimination, if, within the context of national law, they are objectively and reasonably justified by a legitimate aim, including legitimate employment policy, labour market and vocational training objectives, and if the means of achieving that aim are appropriate and necessary.

Such differences of treatment may include, among others:

(a) the setting of special conditions on access to employment and vocational training, employment and occupation, including dismissal and remuneration conditions, for young people, older workers and persons with caring responsibilities in order to promote their vocational integration or ensure their protection;
(b) the fixing of minimum conditions of age, professional experience or seniority in service for access to employment or to certain advantages linked to employment;
(c) the fixing of a maximum age for recruitment which is based on the training requirements of the post in question or the need for a reasonable period of employment before retirement.

2. Notwithstanding Article 2(2), Member States may provide that the fixing for occupational social security schemes of ages for admission or entitlement to retirement or invalidity benefits, including the fixing under those schemes of different ages for employees or groups or categories of employees, and the use, in the context of such schemes, of age criteria in actuarial calculations, does not constitute discrimination on the grounds of age, provided this does not result in discrimination on the grounds of sex.

### Article 7 Positive action

1. With a view to ensuring full equality in practice, the principle of equal treatment shall not prevent any Member State from maintaining or adopting specific measures to prevent or compensate for disadvantages linked to any of the grounds referred to in Article 1.

## 제6조 연령에 근거한 상이한 대우의 정당화

1. 제2조 제2항에도 불구하고, 회원국들은, 국내법 내에서 연령에 근거한 상이한 대우가 정당한 고용정책, 노동시장 및 직업훈련 목적을 포함한 합법적인 목적에 의하여 객관적이고 합리적으로 정당화되고 그러한 목적을 달성하기 위한 수단이 적절하고 필요하다면, 연령에 근거한 상이한 대우가 차별에 해당하지 않는다고 규정할 수 있다.

이러한 상이한 대우는 특히 다음을 포함할 수 있다:

(a) 청년, 고령근로자 및 부양의무자의 직업적 통합을 증진하거나 보호를 보장하기 위해서 고용 및 직업훈련에의 접근 그리고 해고 및 보수 조건을 포함한 고용과 직업에 관하여 그들을 위한 특별한 조건의 설정;

(b) 고용이나 고용과 연계된 일정한 이익에의 접근을 위한 서비스에 있어서 최소한의 연령, 직업적 경험이나 연공(seniority)에 관한 조건의 결정

(C) 당해 직위의 훈련요건이나 퇴직 전 합리적 고용기간의 필요성에 근거한 채용을 위한 최고 연령의 결정

2. 제2조 제2항에도 불구하고, 회원국들은 직업적 사회보장계획을 위해, 그러한 계획상 근로자 또는 근로자 집단이나 범주에 상이한 연령을 결정하는 것을 포함하여, 퇴직급여나 질병급여에 대한 승인이나 권한부여를 위한 연령의 결정 그리고 그러한 계획 내에서의 보험통계적 계산에 있어서 연령기준 사용이, 성별에 근거한 차별로 귀결되지 않는 한, 연령에 근거한 차별에 해당하지 않는다고 규정할 수 있다.

## 제7조 적극적 조치

1. 완전한 평등을 실질적으로 보장하기 위하여, 평등대우의 원칙은 회원국들이 제1항에 언급된 이유 중 어느 것과 관련된 불이익을 방지하거나 그에 대하여 보상하기 위한 특별한 조치를 유지하거나 채택하는 것을 금지하지 않는다.

2. With regard to disabled persons, the principle of equal treatment shall be without prejudice to the right of Member States to maintain or adopt provisions on the protection of health and safety at work or to measures aimed at creating or maintaining provisions or facilities for safeguarding or promoting their integration into the working environment.

### Article 8 Minimum requirements

1. Member States may introduce or maintain provisions which are more favourable to the protection of the principle of equal treatment than those laid down in this Directive.
2. The implementation of this Directive shall under no circumstances constitute grounds for a reduction in the level of protection against discrimination already afforded by Member States in the fields covered by this Directive.

## CHAPTER II
## REMEDIES AND ENFORCEMENT

### Article 9 Defence of rights

1. Member States shall ensure that judicial and/or administrative procedures, including where they deem it appropriate conciliation procedures, for the enforcement of obligations under this Directive are available to all persons who consider themselves wronged by failure to apply the principle of equal treatment to them, even after the relationship in which the discrimination is alleged to have occurred has ended.
2. Member States shall ensure that associations, organisations or other legal entities which have, in accordance with the criteria laid down by their national law, a legitimate interest in ensuring that the provisions of this Directive are complied with, may engage, either on behalf or in support of the complainant, with his or her approval, in any judicial and/or administrative procedure provided for the enforcement of obligations under this Directive.
3. Paragraphs 1 and 2 are without prejudice to national rules relating to time limits for bringing actions as regards the principle of equality of treatment.

2. 장애인과 관련하여, 평등대우의 원칙은 직장에서의 건강과 안전 보호에 관한 규정을 유지하거나 채택할 회원국들의 권리 또는 안전을 위한 규정·시설을 고안하거나 유지하는 것 혹은 장애인의 근로환경 내로의 통합을 증진하는 것을 목표로 한 조치를 침해하지 않는다.

### 제8조 최소한의 요건

1. 회원국들은 이 지침에 마련된 규정들보다 평등대우의 원칙의 보호에 더 유리한 규정들을 도입하거나 유지할 수 있다.

2. 이 지침의 이행은 어떠한 상황에서도 이 지침에 의하여 적용대상이 되는 영역에서 회원국들에 의하여 이미 제공된 차별에 대한 보호 수준의 축소를 위한 근거가 되지는 않는다.

## 제2장
## 구제조치 및 집행

### 제9조 권리의 옹호

1. 회원국들은 평등대우의 원칙이 자신들에게 적용되지 않아 자신들이 부당한 대우를 받았다고 생각하는 모든 사람들이, 차별이 발생했다고 주장되는 관계가 종료된 이후에라도, 이 지침에 따른 의무의 집행을 위한 사법적 및/또는 행정적 절차(적절하다고 생각되는 경우에 조정 절차를 포함)를 이용할 수 있도록 보장한다.

2. 회원국들은 그 국내법에 의하여 마련된 기준에 따라 이 지침의 규정들이 준수되도록 보장함에 있어서 정당한 이해관계(legitimate interest)를 갖는 단체, 조직 또는 기타 법적 주체(legal entities)가, 원고(그 또는 그녀)의 동의를 얻어, 원고를 대리하거나 지원함으로써 이 지침에 따른 의무의 집행을 위해 제공된 사법적 및/또는 행정적 절차에 관여할 수 있도록 보장한다.

3. 제1항 및 제2항은 평등대우의 원칙에 관하여 소 제기를 위한 기한에 관한 국내 규정을 침해하지 않는다.

## Article 10 Burden of proof

1. Member States shall take such measures as are necessary, in accordance with their national judicial systems, to ensure that, when persons who consider themselves wronged because the principle of equal treatment has not been applied to them establish, before a court or other competent authority, facts from which it may be presumed that there has been direct or indirect discrimination, it shall be for the respondent to prove that there has been no breach of the principle of equal treatment.
2. Paragraph 1 shall not prevent Member States from introducing rules of evidence which are more favourable to plaintiffs.
3. Paragraph 1 shall not apply to criminal procedures.
4. Paragraphs 1, 2 and 3 shall also apply to any legal proceedings commenced in accordance with Article 9(2).
5. Member States need not apply paragraph 1 to proceedings in which it is for the court or competent body to investigate the facts of the case.

## Article 11 Victimisation

Member States shall introduce into their national legal systems such measures as are necessary to protect employees against dismissal or other adverse treatment by the employer as a reaction to a complaint within the undertaking or to any legal proceedings aimed at enforcing compliance with the principle of equal treatment.

## Article 12 Dissemination of information

Member States shall take care that the provisions adopted pursuant to this Directive, together with the relevant provisions already in force in this field, are brought to the attention of the persons concerned by all appropriate means, for example at the workplace, throughout their territory.

## Article 13 Social dialogue

1. Member States shall, in accordance with their national traditions and practice, take adequate measures to promote dialogue between the social partners with a view to fostering equal treatment, including through the monitoring of workplace practices, collective agreements, codes of conduct and through research or exchange of experiences and good practices.

### 제10조 증명책임

1. 회원국들은, 평등대우의 원칙이 자신들에게 적용되지 않았기 때문에 자신들이 부당한 대우를 받았다고 생각하는 사람들이 법원 기타 권한이 있는 기관 앞에서 그로부터 직접 혹은 간접 차별이 있었음이 추정될 수 있는 사실을 증명하는 경우에는, 평등대우의 원칙 위반이 없었음을 증명하는 것이 피고의 책임이 되도록 보장하기 위하여 그 국내 사법제도에 따라 필요한 조치를 취한다.
2. 제1항은 회원국들이 원고에게 더 유리한 증거규정을 도입하는 것을 금지하지 않는다.
3. 제1항은 형사절차에는 적용되지 않는다.
4. 제1항, 제2항 및 제3항은 또한 제9조 제2항에 따라 제기된 법적 소송절차에도 적용된다.
5. 회원국들은 사건의 사실을 조사하는 것이 법원이나 권한이 있는 기관의 책임인 절차에는 제1항을 적용하지 않아도 된다.

### 제11조 불이익조치

회원국들은 평등대우의 원칙의 준수를 집행하기 위한 목적의 사업 내 진정(complaint within the undertaking)이나 법적 소송절차(legal proceedings)에 대한 반작용으로서의 고용주에 의한 해고 기타 불리한 대우로부터 근로자를 보호하기 위해 필요한 조치를 그 국내적 법체계 내에 도입한다.

### 제12조 정보의 배포

회원국들은 이미 이 영역에서 발효된 관련 규정들과 함께 이 지침에 따라 채택된 규정들이 그 영토 전역에 걸쳐 예를 들어 사업장에서 모든 적절한 조치에 의하여 관련된 사람들의 관심을 환기할 수 있도록 주의를 기울인다.

### 제13조 사회적 대화

1. 회원국들은, 국내 전통과 관행에 따라, 사업장 관행, 단체협약 및 복무규정(codes of conduct)의 감독(monitoring)을 통하는 경우 그리고 경험과 모범사례에 관한 연구나 교류를 통하는 경우를 포함하여 평등대우를 촉진하기 위해서 사회적 파트너들(social partners) 사이의 대화를 증진하기 위한 적절한 조치를 취한다.

2. Where consistent with their national traditions and practice, Member States shall encourage the social partners, without prejudice to their autonomy, to conclude at the appropriate level agreements laying down anti-discrimination rules in the fields referred to in Article 3 which fall within the scope of collective bargaining. These agreements shall respect the minimum requirements laid down by this Directive and by the relevant national implementing measures.

### Article 14 Dialogue with non-governmental organisations

Member States shall encourage dialogue with appropriate non-governmental organisations which have, in accordance with their national law and practice, a legitimate interest in contributing to the fight against discrimination on any of the grounds referred to in Article 1 with a view to promoting the principle of equal treatment.

## CHAPTER III
## PARTICULAR PROVISIONS

### Article 15 Northern Ireland

1. In order to tackle the under-representation of one of the major religious communities in the police service of Northern Ireland, differences in treatment regarding recruitment into that service, including its support staff, shall not constitute discrimination insofar as those differences in treatment are expressly authorised by national legislation.
2. In order to maintain a balance of opportunity in employment for teachers in Northern Ireland while furthering the reconciliation of historical divisions between the major religious communities there, the provisions on religion or belief in this Directive shall not apply to the recruitment of teachers in schools in Northern Ireland in so far as this is expressly authorised by national legislation.

## CHAPTER IV
## FINAL PROVISIONS

### Article 16 Compliance

Member States shall take the necessary measures to ensure that:

2. 국내 전통과 관행에 일치하는 경우에, 회원국들은 사회적 파트너들(social partners)에게, 그 자율성을 침해하지 않으면서, 단체교섭의 범위 내에 있는 제3조에 언급된 영역에 차별금지 규정을 마련하는 협약을 적절한 수준에서 체결하도록 장려한다. 이러한 협약은 이 지침에 의해 마련된 최소한의 요건들과 관련된 국내적 이행조치를 존중한다.

### 제14조 비정부기구와의 대화

회원국들은 그 국내 법 및 관행에 따라 평등대우의 원칙을 증진하기 위해 제1조에 언급된 이유 중 어느 것에 의한 차별에 대한 투쟁에 기여하는데 정당한 이해관계(legitimate interest)를 갖는 적절한 비정부기구와의 대화를 촉진한다.

## 제3장
## 특별규정

### 제15조 북아일랜드

1. 북아일랜드의 경찰서비스 내에서 주요 종교공동체들 중 하나의 낮은 대표성(under-representation)을 다루기 위해서, 그 지원 인력을 포함하여 해당 서비스로의 채용과 관련된 상이한 대우(difference in treatment)는 그러한 상이한 대우가 국내 법률에 의하여 명확하게 승인된 범위 내에서 차별에 해당하지 않는다.

2. 그 주요 종교공동체들 사이의 역사적 분열의 화해를 촉진하는 동시에 북아일랜드 내에서의 교사를 위한 고용 기회의 균형을 유지하기 위해서, 이 지침의 종교나 신념에 관한 규정들은 북아일랜드 내 학교에서의 교사의 채용에는 적용되지 않는다.

## 제4장
## 최종규정

### 제16조 준수

회원국들은 다음 사항을 보장하기 위해 필요한 조치를 취한다:

(a) any laws, regulations and administrative provisions contrary to the principle of equal treatment are abolished;
(b) any provisions contrary to the principle of equal treatment which are included in contracts or collective agreements, internal rules of undertakings or rules governing the independent occupations and professions and workers' and employers' organisations are, or may be, declared null and void or are amended.

### Article 17 Sanctions

Member States shall lay down the rules on sanctions applicable to infringements of the national provisions adopted pursuant to this Directive and shall take all measures necessary to ensure that they are applied. The sanctions, which may comprise the payment of compensation to the victim, must be effective, proportionate and dissuasive. Member States shall notify those provisions to the Commission by 2 December 2003 at the latest and shall notify it without delay of any subsequent amendment affecting them.

### Article 18 Implementation

Member States shall adopt the laws, regulations and administrative provisions necessary to comply with this Directive by 2 December 2003 at the latest or may entrust the social partners, at their joint request, with the implementation of this Directive as regards provisions concerning collective agreements. In such cases, Member States shall ensure that, no later than 2 December 2003, the social partners introduce the necessary measures by agreement, the Member States concerned being required to take any necessary measures to enable them at any time to be in a position to guarantee the results imposed by this Directive. They shall forthwith inform the Commission thereof.

In order to take account of particular conditions, Member States may, if necessary, have an additional period of 3 years from 2 December 2003, that is to say a total of 6 years, to implement the provisions of this Directive on age and disability discrimination. In that event they shall inform the Commission forthwith. Any Member State which chooses to use this additional period shall report annually to the Commission on the steps it is taking to tackle age and disability discrimination and on the progress it is making towards implementation. The Commission shall report annually to the Council.

(a) 평등대우의 원칙에 반하는 법률, 규정(regulations) 및 행정규정(administrative provisions)은 폐지된다;

(b) 계약이나 단체협약, 업무에 관한 내부규정, 독립적인 직업 및 전문직 그리고 근로자 단체 및 사용자단체를 규율하는 규정에 포함된 평등대우의 원칙에 반하는 조항들은 무효(null and void)로 선언되거나 선언될 수 있거나 또는 개정된다.

### 제17조 제재

회원국들은 이 지침에 따라 채택된 국내 규정의 위반에 적용될 수 있는 제재에 관한 규정들을 마련하고, 그 규정들이 적용되도록 보장하기 위해 필요한 모든 조치를 취한다. 피해자에 대한 보상(배상)금(compensation)의 지불을 포함할 수 있는 제재는 효과적이고, 비례적이며, 억제적(dissuasive)이어야 한다. 회원국들은 이러한 규정들을 늦어도 2003년 12월 2일까지 유럽위원회(the European Commission)에 통보하고, 그에 영향을 미치는 후속적인 개정에 관하여 지체 없이 유럽위원회에 통보한다.

### 제18조 이행

회원국들은 늦어도 2003년 12월 2일까지 이 지침을 준수하기 위해 필요한 법률, 규정(regulations) 및 행정규정(administrative provisions)을 채택하거나, 사회적 파트너들이 공동으로 요청할 때에 단체협약과 관련된 규정들에 관하여 이 지침의 이행을 사회적 파트너들에게 위탁할 수 있다. 이러한 경우에, 늦어도 2003년 12월 3일까지 회원국들은 필요한 조치를 취하도록 요구받는 관련 회원국들이 언제라도 사회적 파트너들이 이 지침에 의하여 부과된 결과를 보증할 위치에 있도록 하는 것을 가능케 하는데 필요한 조치를 사회적 파트너들이 협약에 의하여 도입하도록 보장한다. 회원국들은 즉시 그에 관하여 유럽위원회(the European Commission)에 통지한다.

특별한 상황을 고려하기 위해서, 회원국들은 필요한 경우에 연령 및 장애 차별에 관한 이 지침의 규정의 이행을 위하여 2003년 12월 2일부터 3년의 추가 기간 즉 총 6년을 보유할 수 있다. 그러한 경우에 회원국들은 지체 없이 유럽위원회(the European Commission)에 통보한다. 이 추가 기간을 이용하기로 선택한 회원국은 연령 및 장애 차별을 다루기 위해 취하고 있는 조치들 그리고 이행을 위해 이루어진 진전에 관하여 매년 유럽위원회에 보고한다. 유럽위원회는 매년 이사회에 보고한다.

When Member States adopt these measures, they shall contain a reference to this Directive or be accompanied by such reference on the occasion of their official publication. The methods of making such reference shall be laid down by Member States.

### Article 19 Report

1. Member States shall communicate to the Commission, by 2 December 2005 at the latest and every five years thereafter, all the information necessary for the Commission to draw up a report to the European Parliament and the Council on the application of this Directive.
2. The Commission's report shall take into account, as appropriate, the viewpoints of the social partners and relevant non-governmental organisations. In accordance with the principle of gender mainstreaming, this report shall, inter alia, provide an assessment of the impact of the measures taken on women and men. In the light of the information received, this report shall include, if necessary, proposals to revise and update this Directive.

### Article 20 Entry into force

This Directive shall enter into force on the day of its publication in the Official Journal of the European Communities.

### Article 21 Addressees

This Directive is addressed to the Member States.
Done at Brussels, 27 November 2000.

For the Council
The President É. Guigou

(1) OJ C 177 E, 27.6.2000, p. 42.
(2) Opinion delivered on 12 October 2000 (not yet published in the Official Journal).
(3) OJ C 204, 18.7.2000, p. 82.

회원국들이 이러한 조치를 취한 경우에, 이러한 조치는 이 지침에 대한 언급(reference)을 포함하거나 그 공식적인 공표의 경우에 그와 같은 언급을 동반한다. 이와 같은 언급을 하는 방식은 회원국들에 의하여 정해진다.

### 제19조 보고

1. 회원국들은 늦어도 2005년 12월 2일까지 그리고 그 이후 매 5년 마다 유럽위원회(the European Commission)가 유럽의회 및 이사회에 대하여 이 지침의 적용에 관한 보고서를 작성하기 위해 필요한 모든 정보를 유럽위원회에 전달한다.
2. 유럽위원회의 보고서는 사회적 파트너들(social parters)과 관련 비정부기구의 관점을 적절히 고려한다. 성주류화(gender mainstreaming)의 원칙에 따라서, 이 보고서는 특히 채택된 조치의 여성 및 남성에 대한 영향 평가를 제공한다. 받은 정보를 고려하여, 이 보고서는 필요한 경우에 이 지침을 개정하고 갱신하기 위한 제안을 포함한다.

### 제20조 발효

이 지침은 유럽공동체 관보에 공표된 날에 발효된다.

### 제21조 수신

이 지침은 회원국들에게 전달된다.
2000년 11월 27일 브뤼셀에서 채택되었다.

이사회를 위하여
의장 É. Guigou

(1) 2000년 6월 27일자 유럽공동체 관보 C 177 E, 42면.
(2) 2000년 10월 12일에 전달된 의견(아직 유럽공동체 관보에 공표되지 않았다).
(3) 2000년 7월 18일자 유럽공동체 관보 C 204, 82면.

(4) OJ C 226, 8.8.2000, p. 1.
(5) OJ L 39, 14.2.1976, p. 40.
(6) OJ L 180, 19.7.2000, p. 22.
(7) OJ L 225, 12.8.1986, p. 43.
(8) OJ C 186, 2.7.1999, p. 3.

(4) 2000년 8월 8일자 유럽공동체 관보 C 226, 1면.

(5) 1976년 2월 14일자 유럽공동체 관보 L 39, 40면.

(6) 2000년 7월 19일자 유럽공동체 관보 L 180, 22면.

(7) 1986년 8월 12일자 유럽공동체 관보 L 225, 43면.

(8) 1999년 7월 2일자 유럽공동체 관보 C 186, 3면.

부 록 4

# 유럽의회 및 이사회 지침 2002/73/EC

— Directive 2002/73/EC of the European Parliament and of the Council of 23 September 2002 amending Council Directive 76/207/EEC on the implementation of the principle of equal treatment for men and women as regards access to employment, vocational training and promotion, and working conditions (Text with EEA relevance)

# Directive 2002/73/EC of the European Parliament and of the Council

Directive 2002/73/EC of the European Parliament and of the Council of 23 September 2002 amending Council Directive 76/207/EEC on the implementation of the principle of equal treatment for men and women as regards access to employment, vocational training and promotion, and working conditions (Text with EEA relevance)

Official Journal L 269, 05/10/2002 P. 0015 - 0020

Directive 2002/73/EC of the European Parliament and of the Council

of 23 September 2002

amending Council Directive 76/207/EEC on the implementation of the principle of equal treatment for men and women as regards access to employment, vocational training and promotion, and working conditions (Text with EEA relevance)
THE EUROPEAN PARLIAMENT AND THE COUNCIL OF THE EUROPEAN UNION,
Having regard to the Treaty establishing the European Community and, in particular, Article 141(3) thereof,
Having regard to the proposal from the Commission(1),
Having regard to the Opinion of the Economic and Social Committee(2),
Acting in accordance with the procedure laid down in Article 251 of the Treaty(3), in the light of the joint text approved by the Conciliation Committee on 19 April 2002,
Whereas:

(1) In accordance with Article 6 of the Treaty on European Union, the European Union is founded on the principles of liberty, democracy, respect for human rights and fundamental freedoms, and the rule of law, principles which are common to the Member States, and shall respect fundamental rights as guaranteed by the European Convention for the Protection of Human Rights and Fundamental Freedoms and as they result from the constitutional traditions common to the Member States, as general principles of Community law.

# 유럽의회 및 이사회의 지침 2002/73/EC

고용, 직업훈련 및 승진에 대한 접근 그리고 근로조건에 관한 남녀의 평등대우의 원칙의 이행에 관한 이사회 지침 76/207/EEC를 수정하는 2002년 9월 23일자 유럽의회 및 이사회의 지침 2002/73/EC

2002년 10월 5일자 유럽공동체 관보 L 269, 15면~20면

유럽의회 및 이사회의 지침 2002/73/EC

2002년 9월 23일자

고용, 직업훈련 및 승진에 대한 접근 그리고 근로조건에 관한 남녀의 평등대우의 원칙의 이행에 관한 이사회 지침 76/207/EEC를 수정하는 (유럽경제지역(European Economic Area) 관련 문구)

유럽연합의 의회 및 이사회는,

유럽공동체설립조약, 특히 그 중 제141조 제3항을 고려하여,

유럽위원회(the European Commission)의 제안을 고려하여,[1)]

유럽경제사회위원회(EESC)의 의견을 고려하여,[2)]

2002년 4월 19일에 조정위원회에 의해 승인된 공통문서(joint text)를 고려하면서, 유럽공동체설립조약 제251조에서 정한 절차에 따라 행동하여,[3)]

다음과 같은 사실에 비추어:

(1) 유럽연합조약 제6조에 따르면, 유럽연합은, 모든 회원국들에게 공통된 원칙인, 자유, 민주주의 인권 및 기본적 자유의 존중 그리고 법의 지배의 원칙에 기반하여 수립되었고, '인권 및 기본적 자유의 보호를 위한 유럽협약'에 의해 보장되며 공동체법상 일반원칙으로서 회원국들에게 공통된 헌법적 전통으로부터 도출되는 기본적 권리를 존중한다.

(2) The right to equality before the law and protection against discrimination for all persons constitutes a universal right recognised by the Universal Declaration of Human Rights, the United Nations Convention on the Elimination of all forms of Discrimination Against Women, the International Convention on the Elimination of all Forms of Racial Discrimination and the United Nations Covenants on Civil and Political Rights and on Economic, Social and Cultural Rights and by the Convention for the Protection of Human Rights and Fundamental Freedoms, to which all Member States are signatories.

(3) This Directive respects the fundamental rights and observes the principles recognised in particular by the Charter of Fundamental Rights of the European Union.

(4) Equality between women and men is a fundamental principle, under Article 2 and Article 3(2) of the EC Treaty and the case-law of the Court of Justice. These Treaty provisions proclaim equality between women and men as a "task" and an "aim" of the Community and impose a positive obligation to "promote" it in all its activities.

(5) Article 141 of the Treaty, and in particular paragraph 3, addresses specifically equal opportunities and equal treatment of men and women in matters of employment and occupation.

(6) Council Directive 76/207/EEC(4) does not define the concepts of direct or indirect discrimination. On the basis of Article 13 of the Treaty, the Council has adopted Directive 2000/43/EC of 29 June 2000 implementing the principle of equal treatment between persons irrespective of racial or ethnic origin(5) and Directive 2000/78/EC of 27 November 2000 establishing a general framework for equal treatment in employment and occupation(6) which define direct and indirect discrimination. Thus it is appropriate to insert definitions consistent with these Directives in respect of sex.

(7) This Directive does not prejudice freedom of association, including the right to establish unions with others and to join unions to defend one's interests. Measures within the meaning of Article 141(4) of the Treaty may include membership or the continuation of the activity of organisations or unions whose main objective is the promotion, in practice, of the principle of equal treatment between women and men.

(8) Harassment related to the sex of a person and sexual harassment are contrary to the principle of equal treatment between women and men; it is therefore appropriate to define such concepts and to prohibit such forms of discrimination. To this end it must be emphasised that these forms of discrimination occur not only in the workplace, but also in the context of access to employment and vocational training, during employment and occupation.

(2) 법 앞의 평등 그리고 차별로부터의 보호에 관한 모든 사람의 권리는 '세계인권선언', 유엔 '여성에 대한 모든 형태의 차별 철폐에 관한 협약', '모든 형태의 인종차별의 철폐에 관한 국제협약', 유엔 '시민적 및 정치적 권리에 관한 규약'과 '경제적, 사회적 및 문화적 권리에 관한 규약'에 의하여, 그리고 모든 회원국들이 서명한 '인권 및 기본적 자유의 보호를 위한 유럽협약'에 의하여 인정된 보편적 권리에 속한다.

(3) 이 지침은 특히 기본적 권리를 존중하고 특히 '유럽연합의 기본권헌장'에 의하여 승인된 원칙들을 준수한다.

(4) 남녀 간의 평등은 유럽공동체설립조약 제3조 및 제3조 제2항 그리고 사법재판소의 판례법에 따른 기본원칙이다. 이러한 유럽공동체설립조약의 조항들은 남녀 간의 평등을 공동체의 '과제'이자 '목표'로 선언하고, 공동체의 모든 활동에 있어서 이를 '증진'할 적극적 의무를 부과한다.

(5) 유럽공동체설립조약 제141조 특히 제3항은 특별히 고용 및 직업의 문제에 있어서의 남녀의 평등기회 및 평등대우를 다룬다.

(6) 이사회 지침 76/207/EEC[4]는 직접 혹은 간접 차별의 개념을 정의하지 않는다. 유럽공동체설립조약 제13조에 근거하여, 이사회는 직접 혹은 간접 차별을 정의한 지침들, '사람들 사이의 인종적 또는 민족적 출신과 관계없는 평등대우의 원칙을 이행하는 2000년 7월 29일자 지침 2000/43/EC'[5] 그리고 '고용 및 직업에 있어서 평등대우를 위한 일반 체계를 수립하는 2000년 11월 27일자 지침 2000/78/EC'[6]를 채택했다. 따라서 성별에 대하여 이러한 지침들과 일치되는 정의를 삽입하는 것이 바람직하다.

(7) 이 지침은 한 사람의 이익을 옹호하기 위해 다른 사람들과 단체를 설립하고 단체들에 가입할 권리를 포함한 결사의 자유를 침해하지 않는다. 유럽공동체설립조약 제141조 제4항의 의미 내에서의 조치는 그 주된 목적이 남녀 간의 평등대우의 원칙의 실질적인 증진인 조직이나 단체의 회원자격 혹은 활동의 지속을 포함할 수 있다.

(8) 어떤 사람의 성별과 관련된 괴롭힘과 성적 괴롭힘은 남녀 간의 평등대우의 원칙에 반한다. 따라서 그러한 개념을 정의하고 그러한 유형의 차별을 금지하는 것이 적절하다. 이를 위하여, 이러한 유형의 차별이, 고용 및 재직 중에, 사업장 내에서 뿐만 아니라 고용 및 직업훈련에 대한 접근의 영역에서도 발생한다는 점이 중요시되어야 한다.

(9) In this context, employers and those responsible for vocational training should be encouraged to take measures to combat all forms of sexual discrimination and, in particular, to take preventive measures against harassment and sexual harassment in the workplace, in accordance with national legislation and practice.

(10) The appreciation of the facts from which it may be inferred that there has been direct or indirect discrimination is a matter for national judicial or other competent bodies, in accordance with rules of national law or practice. Such rules may provide in particular for indirect discrimination to be established by any means including on the basis of statistical evidence. According to the case-law of the Court of Justice(7), discrimination involves the application of different rules to a comparable situation or the application of the same rule to different situations.

(11) The occupational activities that Member States may exclude from the scope of Directive 76/207/EEC should be restricted to those which necessitate the employment of a person of one sex by reason of the nature of the particular occupational activities concerned, provided that the objective sought is legitimate, and subject to the principle of proportionality as laid down by the case-law of the Court of Justice(8).

(12) The Court of Justice has consistently recognised the legitimacy, in terms of the principle of equal treatment, of protecting a woman's biological condition during and after pregnancy. It has moreover consistently ruled that any unfavourable treatment of women related to pregnancy or maternity constitutes direct sex discrimination. This Directive is therefore without prejudice to Council Directive 92/85/EEC of 19 October 1992 on the introduction of measures to encourage improvements in the safety and health at work of pregnant workers and workers who have recently given birth or are breastfeeding(9) (tenth individual Directive within the meaning of Article 16(1) of Directive 89/391/EEC), which aims to ensure the protection of the physical and mental state of women who are pregnant, women who have recently given birth or women who are breastfeeding. The preamble to Directive 92/85/EEC provides that the protection of the safety and health of pregnant workers, workers who have recently given birth or workers who are breastfeeding should not involve treating women who are on the labour market unfavourably nor work to the detriment of Directives concerning equal treatment for men and women. The Court of Justice has recognised the protection of employment rights of women, in particular their right to return to the same or an equivalent job, with no less favourable working conditions, as well as to benefit from any improvement in working conditions to which they would be entitled during their absence.

(9) 이와 관련하여, 고용주들 그리고 직업훈련에 책임이 있는 사람들은, 모든 유형의 성적 차별과 투쟁하기 위한 조치를 채택하도록, 특히 사업장 내 괴롭힘과 성적 괴롭힘에 대한 예방적 조치를 채택하도록 국내 법 및 관행에 따라 장려되어야 한다.

(10) 그로부터 직접 혹은 간접 차별이 있었음을 추단케 할 수 있는 사실들에 대한 평가는 국내 법이나 관행상 규율에 따라 국내의 사법기관 기타 권한이 있는 기관이 정할 문제이다. 그러한 규율은 특히 간접 차별이 통계적 증거에 근거하는 등의 방식에 의하여 증명될 수 있도록 규정할 수 있다. 사법재판소의 판례법[7]에 따라, 차별은 비교가능한(comparable) 상황에 대한 상이한 규율의 적용 또는 상이한 상황에 대한 동일한 규율의 적용을 포함한다.

(11) 회원국들이 지침 76/207/EEC의 적용범위에서 제외할 수 있는 직업 활동은, 추구하는 목적이 합법적이고 사법재판소의 판례법에 의하여 정해진 바에 따른 비례의 원칙[8]의 대상이 됨을 전제로 하여, 관련된 특정 직업 활동의 성격 때문에 한 성별에 속하는 사람의 고용을 필요로 하는 것에 제한되어야 한다.

(12) 사법재판소는 평등대우의 원칙과 관련하여 임신 중 및 임신 후의 여성의 생물학적 조건을 보호하는 것의 합법성(legitimacy)을 지속적으로 인정해왔다. 나아가 사법재판소는 임신이나 출산과 관련된 여성에 대한 불리한 대우는 직접 성차별에 해당한다고 지속적으로 판결해왔다. 이 지침은 따라서 임신한 여성이나 최근에 출산한 여성 또는 모유수유 중인 여성의 신체적 및 정신적 상태의 보호를 보장하는 것을 목적으로 한 '임신한 근로자들과 최근에 출산했거나 모유수유 중인 근로자들의 직장에서의 안전과 건강의 개선을 장려하기 위한 조치의 도입에 관한 1992년 10월 19일자 이사회 지침 92/85/EEC'[9](지침 89/391/EEC 제16조 제1항의 의미 내에서의 10번째 개별 지침)를 침해하지 않는다. 지침 92/85/EEC의 전문은 임신한 근로자들이나 최근에 출산한 근로자들 또는 모유수유 중인 근로자들의 안전과 건강은 노동시장에 있는 여성을 불리하게 대우하는 것을 포함해서는 안 될 뿐만 아니라 남녀의 평등대우에 관한 지침들을 훼손하도록 작용해서도 안 된다고 규정하고 있다. 사법재판소는 여성의 근로의 권리, 특히 불리하지 않은(no less favourable) 근로조건으로 동일하거나 동등한 직위로 복귀하고 그 부재 중에 그에게 부여되었을 근로조건의 개선으로부터 이익을 받을 권리의 보호를 인정해왔다.

(13) In the Resolution of the Council and of the Ministers for Employment and Social Policy meeting within the Council of 29 June 2000 on the balanced participation of women and men in family and working life(10), Member States were encouraged to consider examining the scope for their respective legal systems to grant working men an individual and untransferable right to paternity leave, while maintaining their rights relating to employment. In this context, it is important to stress that it is for the Member States to determine whether or not to grant such a right and also to determine any conditions, other than dismissal and return to work, which are outside the scope of this Directive.

(14) Member States may, under Article 141(4) of the Treaty, maintain or adopt measures providing for specific advantages, in order to make it easier for the under-represented sex to pursue a vocational activity or to prevent or compensate for disadvantages in professional careers. Given the current situation, and bearing in mind Declaration No 28 to the Amsterdam Treaty, Members States should, in the first instance, aim at improving the situation of women in working life.

(15) The prohibition of discrimination should be without prejudice to the maintenance or adoption of measures intended to prevent or compensate for disadvantages suffered by a group of persons of one sex. Such measures permit organisations of persons of one sex where their main object is the promotion of the special needs of those persons and the promotion of equality between women and men.

(16) The principle of equal pay for men and women is already firmly established by Article 141 of the Treaty and Council Directive 75/117/EEC of 10 February 1975 on the approximation of the laws of the Member States relating to the application of the principle of equal pay for men and women(11) and is consistently upheld by the case-law of the Court of Justice; the principle constitutes an essential and indispensable part of the acquis communautaire concerning sex discrimination.

(17) The Court of Justice has ruled that, having regard to the fundamental nature of the right to effective judicial protection, employees enjoy such protection even after the employment relationship has ended(12). An employee defending or giving evidence on behalf of a person protected under this Directive should be entitled to the same protection.

(13) 2000년 6월 29일에 이사회 내에서 회합한 가정과 근로생활에 있어서 남녀의 균형잡힌 참여에 관한 이사회와 고용및사회정책 장관들의 결의[10]에서, 회원국들은 회원국들의 관련 법제도가 근로하는 남성들에게, 고용과 관련된 그들의 권리들을 유지하면서, 남성 육아휴직(paternity leave)에 대한 개인적이고 양도불가능한 권리를 인정하는 범위를 심사하는 것을 고려하도록 장려되었다. 이와 관련하여, 이러한 권리를 인정할 것인지 여부를 결정하는 것 그리고 또 이 지침의 범위 밖에 있는 해고와 복직 이외의 조건들을 결정하는 것은 회원국들의 소관임을 강조하는 것이 중요하다.

(14) 회원국들은, 유럽공동체설립조약 제141조 제4항에 따라, 대표성이 약한 성별이 직업활동을 구하는 것을 용이하게 하거나 전문직 경력에 있어서의 불이익을 방지하거나 그에 대하여 보상하기 위하여 일정한 이익을 제공하는 조치를 유지하거나 채택할 수 있다. 현재의 상황을 전제로 암스테르담 조약에 대한 선언 제28호를 유념하여, 회원국들은 우선 근로생활에 있어서 여성의 상황을 개선하는데 목표를 두어야 한다.

(15) 차별의 금지는 한 성별에 속하는 사람들의 집단이 받은 불이익을 방지하거나 그에 대하여 보상하고자 하는 조치의 유지나 채택을 저해하지 않아야 한다. 이러한 조치는 그 주된 목적이 한 성별에 속하는 사람들의 특별한 요구의 증진 그리고 남녀간의 평등의 증진인 경우에 한 성별의 사람들의 조직을 허용한다.

(16) 남녀의 동일임금(equal pay)의 원칙은 유럽공동체설립조약 제141조 및 '남녀의 동일임금의 원칙의 적용과 관련된 회원국들의 법률의 접근에 관한 1975년 2월 10일자 이사회 지침 75/117/EEC'[11]에 의하여 이미 확고하게 확립되어 있고, 사법재판소에 의하여 지속적으로 지지되고 있다; 당해 원칙은 성차별에 관한 축적된 공동체법규(acquis communautaire)의 필수적이고 불가결한 부분에 해당한다.

(17) 사법재판소는, 효과적인 법적 보호에 대한 권리의 근본적 성격을 고려하여, 근로관계가 종료된 후에도 근로자들이 그러한 보호를 향유한다고 판결해왔다.[12] 이 지침에 따라 보호되는 사람을 대리하여 변호하거나 증거를 제시하는 근로자는 동일한 보호를 부여받아야 한다.

(18) The Court of Justice has ruled that, in order to be effective, the principle of equal treatment implies that, whenever it is breached, the compensation awarded to the employee discriminated against must be adequate in relation to the damage sustained. It has furthermore specified that fixing a prior upper limit may preclude effective compensation and that excluding an award of interest to compensate for the loss sustained is not allowed(13).

(19) According to the case-law of the Court of Justice, national rules relating to time limits for bringing actions are admissible provided that they are not less favourable than time limits for similar actions of a domestic nature and that they do not render the exercise of rights conferred by the Community law impossible in practice.

(20) Persons who have been subject to discrimination based on sex should have adequate means of legal protection. To provide a more effective level of protection, associations, organisations and other legal entities should also be empowered to engage in proceedings, as the Member States so determine, either on behalf or in support of any victim, without prejudice to national rules of procedure concerning representation and defence before the courts.

(21) Member States should promote dialogue between the social partners and, within the framework of national practice, with non-governmental organisations to address different forms of discrimination based on sex in the workplace and to combat them.

(22) Member States should provide for effective, proportionate and dissuasive sanctions in case of breaches of the obligations under Directive 76/207/EEC.

(23) In accordance with the principle of subsidiarity as set out in Article 5 of the Treaty, the objectives of the proposed action cannot be sufficiently achieved by the Member States and can therefore be better achieved by the Community. In accordance with the principle of proportionality, as set out in that Article, this Directive does not go beyond what is necessary for that purpose.

(24) Directive 76/207/EEC should therefore be amended accordingly,

HAVE ADOPTED THIS DIRECTIVE:

## Article 1

Directive 76/207/EEC is hereby amended as follows:

(18) 사법재판소는, 효과적으로 운용되도록, 평등대우의 원칙은 위반될 때에는 언제나 차별받은 근로자에게 부여되는 보상이 받은 손해와 비교하여 충분해야 한다는 의미를 포함한다고 판결해왔다. 나아가 기존의 최대한도에 관한 결정(prior upper limit)은 효과적인 보상을 배제할 수 있고 입은 손실을 보상할 이익판정액(award of interest)을 배제하는 것은 허용되지 않는다고 구체화했다.[13)]

(19) 사법재판소의 판례법에 따라, 소 제기를 위한 기한과 관련된 국내 규정들은, 국내적 성격의 유사한 소송 보다 불리하지 않고(not less favourable) 공동체법에 의해 부여된 권리들의 실행을 사실상 불가능하게 하지 않는 한, 허용된다.

(20) 성별에 근거한 차별의 대상이 된 사람들은 충분한 법적 보호 수단을 보유해야 한다. 보다 효과적인 보호 수준을 제공하기 위하여, 단체, 조직 및 기타 법적 주체(legal entities)도 또한 법원에서의 대리 및 변호에 관한 국내적 절차 규정을 저해함이 없이 회원국들이 정하는 바에 따라 피해자를 대리하거나 지원하여 절차에 참여할 권한을 부여받아야 한다.

(21) 사업장에서의 성별에 기반한 다양한 유형의 차별을 다루고 이와 투쟁하기 위하여, 회원국들은, 국내 관행의 체계 내에서, 사회적 파트너들(social partners) 및 비정부 기구들과의 대화를 증진해야 한다.

(22) 회원국들은 지침 76/207/EEC에 따른 의무 위반의 경우에 효과적이고, 비례적이며, 억제적인(dissuasive) 제재를 규정해야 한다.

(23) 유럽공동체설립조약 제5조에 규정된 보충성(subsidiarity)의 원칙에 따라, 제안된 조치의 목적들은 회원국들에 의하여 충분히 달성될 수 없고 따라서 공동체 수준에서 보다 잘 달성될 수 있다. 해당 조문에 규정된 비례의 원칙에 따라, 이 지침은 이러한 목적을 달성하기 위하여 필요한 범위를 넘어서지 않는다.

(24) 지침 76/207/EEC는 따라서 이에 따라 수정되어야 한다.

이 지침을 채택하였다:

### 제1조

지침 76/207/EEC는 이 지침에 의하여 다음과 같이 수정된다.

(1) in Article 1, the following paragraph shall be inserted: "1a. Member States shall actively take into account the objective of equality between men and women when formulating and implementing laws, regulations, administrative provisions, policies and activities in the areas referred to in paragraph 1.";

(2) Article 2 shall be replaced by the following: "Article 2

1. For the purposes of the following provisions, the principle of equal treatment shall mean that there shall be no discrimination whatsoever on grounds of sex either directly or indirectly by reference in particular to marital or family status.
2. For the purposes of this Directive, the following definitions shall apply:
   - direct discrimination: where one person is treated less favourably on grounds of sex than another is, has been or would be treated in a comparable situation,
   - indirect discrimination: where an apparently neutral provision, criterion or practice would put persons of one sex at a particular disadvantage compared with persons of the other sex, unless that provision, criterion or practice is objectively justified by a legitimate aim, and the means of achieving that aim are appropriate and necessary,
   - harassment: where an unwanted conduct related to the sex of a person occurs with the purpose or effect of violating the dignity of a person, and of creating an intimidating, hostile, degrading, humiliating or offensive environment,
   - sexual harassment: where any form of unwanted verbal, non-verbal or physical conduct of a sexual nature occurs, with the purpose or effect of violating the dignity of a person, in particular when creating an intimidating, hostile, degrading, humiliating or offensive environment.
3. Harassment and sexual harassment within the meaning of this Directive shall be deemed to be discrimination on the grounds of sex and therefore prohibited.

   A person's rejection of, or submission to, such conduct may not be used as a basis for a decision affecting that person.
4. An instruction to discriminate against persons on grounds of sex shall be deemed to be discrimination within the meaning of this Directive.
5. Member States shall encourage, in accordance with national law, collective agreements or practice, employers and those responsible for access to vocational training to take measures to prevent all forms of discrimination on grounds of sex, in particular harassment and sexual harassment at the workplace.

(1) 제1조에 다음과 같은 항을 삽입한다: "1a. 회원국들은 제1항에 언급된 영역에서의 법률, 규정(regulations), 행정규정(administrative provisons), 정책 및 활동을 마련하고 이행함에 있어서 남녀 간의 평등의 목적을 적극적으로 고려한다.";

(2) 제2조은 다음에 의해 대체된다: "제2조

1. 이하의 규정들을 위하여, 평등대우의 원칙은 직접적이거나 간접적으로 특히 결혼여부(marital status)나 가족상황(family status)과 관련하여 성별을 이유로 한 어떠한 차별도 없는 것을 의미한다.
2. 이 지침을 위하여, 다음과 같은 정의를 적용한다:
   - 직접 차별: 성별에 근거하여 한 사람이 비교가능한(comparable) 상황에서 다른 사람이 대우받거나 받았거나 받았을 것보다 덜 유리하게(less facourably) 대우받은 경우,
   - 간접 차별: 외관상 중립적인 규정, 기준 또는 관행이, 합법적인(legitimate) 목적에 의해 객관적으로 정당화되고 그 목적을 달성하기 위한 수단이 적절하고 필요한 경우가 아닌 한, 그러한 규정, 기준 또는 관행이 한 성별에 속하는 사람들을 다른 성별에 속하는 사람들과 비교하여 특정한 불이익에 처하게 하는 경우,
   - 괴롭힘: 어떤 사람의 성별과 관련된 원치 않는(unwanted) 행위가 어떤 사람의 존엄성을 침해하고 위협적·적대적·모욕적·굴욕적 혹은 공격적인 환경을 조성할 목적으로 또는 그러한 결과를 초래하여 이루어진 경우,
   - 성적 괴롭힘: 성적 성격(sexual nature)의 원치 않는(unwanted) 언어적, 비언어적 또는 신체적 행위 유형이 어떤 사람의 존엄성을 침해할 목적으로 또는 그러한 결과를 초래하여 이루어진 경우, 특히 위협적·적대적·모욕적·굴욕적 혹은 공격적인 환경을 조성한 경우.
3. 이 지침의 의미 내에서의 괴롭힘과 성적 괴롭힘은 성별을 이유로 한 차별로 간주되고 따라서 금지된다.

   어떤 사람의 그러한 행위에 대한 거절이나 굴복은 그 사람에게 영향을 미치는 결정의 기초로 사용될 수 없다.
4. 성별을 이유로 사람들을 차별하도록 하는 지시(instruction)는 이 지침의 의미 내에서의 차별로 간주된다.
5. 회원국들은, 국내법, 단체협약 또는 관행에 따라, 고용주들 그리고 직업훈련에 대한 접근에 책임이 있는 사람들에게 성별을 이유로 한 모든 유형의 차별 특히 사업장에서의 괴롭힘 및 성적 괴롭힘을 방지하기 위한 조치를 취하도록 장려한다.

6. Member States may provide, as regards access to employment including the training leading thereto, that a difference of treatment which is based on a characteristic related to sex shall not constitute discrimination where, by reason of the nature of the particular occupational activities concerned or of the context in which they are carried out, such a characteristic constitutes a genuine and determining occupational requirement, provided that the objective is legitimate and the requirement is proportionate.
7. This Directive shall be without prejudice to provisions concerning the protection of women, particularly as regards pregnancy and maternity.
   A woman on maternity leave shall be entitled, after the end of her period of maternity leave, to return to her job or to an equivalent post on terms and conditions which are no less favourable to her and to benefit from any improvement in working conditions to which she would be entitled during her absence.
   Less favourable treatment of a woman related to pregnancy or maternity leave within the meaning of Directive 92/85/EEC shall constitute discrimination within the meaning of this Directive.
   This Directive shall also be without prejudice to the provisions of Council Directive 96/34/EC of 3 June 1996 on the framework agreement on parental leave concluded by UNICE, CEEP and the ETUC(14) and of Council Directive 92/85/EEC of 19 October 1992 on the introduction of measures to encourage improvements in the safety and health at work of pregnant workers and workers who have recently given birth or are breastfeeding (tenth individual Directive within the meaning of Article 16(1) of Directive 89/391/EEC)(15). It is also without prejudice to the right of Member States to recognise distinct rights to paternity and/or adoption leave. Those Member States which recognise such rights shall take the necessary measures to protect working men and women against dismissal due to exercising those rights and ensure that, at the end of such leave, they shall be entitled to return to their jobs or to equivalent posts on terms and conditions which are no less favourable to them, and to benefit from any improvement in working conditions to which they would have been entitled during their absence.
8. Member States may maintain or adopt measures within the meaning of Article 141(4) of the Treaty with a view to ensuring full equality in practice between men and women.";

6. 회원국들은, 그에 따라 이루어지는 훈련을 포함한 고용에의 접근에 관하여, 관련된 특정 직업활동 또는 그 활동이 수행되는 영역의 성격 때문에 그러한 특성이 진정하고 결정적인 직업자격(genuine and determining occupational requirement)에 해당하는 경우에, 그 목적이 합법적이고 자격이 비례적임을 전제로, 성별과 관련된 특성에 근거한 상이한 대우(difference of treatment)가 차별에 해당하지 않는다고 규정할 수 있다.

7. 이 지침은 여성 특히 임신 및 출산과 관련된 보호에 관한 규정들을 침해하지 않는다.

   출산휴가 중인 여성은 그녀의 출산휴가 기간이 종료된 후에 그녀에게 불리하지 않은 기간 및 조건으로 그녀의 직무나 이에 상응하는 직위로 복귀하며 그 부재 중에 그녀에게 부여되었을 근로조건의 개선으로부터 이익을 받을 권리를 부여받는다.

   지침 92/85/EEC의 의미 내에서의 임신휴가나 출산휴가와 관련된 여성에 대한 덜 유리한(less favourable) 대우는 이 지침의 의미 내에서의 차별에 해당한다.

   이 지침은 또 'UNICE(유럽산업및고용주연합, Union of Industrial and Employers' Confederations of Europe), CEEP(유럽공공서비스부문고용주및기업센터, European Centre of Employers and Enterprises providing Public Services) 및 ETUC(유럽노동조합연합, European Trade Union Confederation)에 의해 체결된 육아휴직에 대한 기본협정에 관한 1996년 6월 3일자 이사회 지침 96/34/EC'[14] 그리고 '임신한 근로자들과 최근에 출산했거나 모유수유 중인 근로자들의 직장에서의 안전과 건강의 개선을 장려하기 위한 조치의 도입에 관한 1992년 10월 19일자 이사회 지침 92/85/EEC'[15]를 침해하지 않는다. 또한 회원국들의 육아휴직(paternity leave) 및 입양휴직(adoption leave)에 대하여 독특한 권리를 인정할 권리도 침해하지 않는다. 그러한 권리를 인정하는 회원국들은 근로하는 남녀를 그러한 권리의 실행을 이유로 한 해고로부터 보호하기 위한 필요한 조치를 취하며, 그러한 휴직이 종료된 때에 그들이 그들에게 불리하지 않은 기간 및 조건으로 그 직무나 그에 상응하는 직위로 복귀하고 그 부재 중에 그들에게 부여되었을 근로조건의 개선으로부터 이익을 받을 권리를 부여받도록 보장한다.

8. 회원국들은 남녀 간의 완전한 평등을 실질적으로 보장하기 위하여 유럽공동체설립조약 제 141조 제4항의 의미 내에서의 조치를 유지하거나 채택할 수 있다.";

(3) Article 3 shall be replaced by the following: "Article 3

1. Application of the principle of equal treatment means that there shall be no direct or indirect discrimination on the grounds of sex in the public or private sectors, including public bodies, in relation to:
   (a) conditions for access to employment, to self-employment or to occupation, including selection criteria and recruitment conditions, whatever the branch of activity and at all levels of the professional hierarchy, including promotion;
   (b) access to all types and to all levels of vocational guidance, vocational training, advanced vocational training and retraining, including practical work experience;
   (c) employment and working conditions, including dismissals, as well as pay as provided for in Directive 75/117/EEC;
   (d) membership of, and involvement in, an organisation of workers or employers, or any organisation whose members carry on a particular profession, including the benefits provided for by such organisations.
2. To that end, Member States shall take the necessary measures to ensure that:
   (a) any laws, regulations and administrative provisions contrary to the principle of equal treatment are abolished;
   (b) any provisions contrary to the principle of equal treatment which are included in contracts or collective agreements, internal rules of undertakings or rules governing the independent occupations and professions and workers' and employers' organisations shall be, or may be declared, null and void or are amended.";

(4) Articles 4 and 5 shall be deleted;

(5) Article 6 shall be replaced by the following: "Article 6

1. Member States shall ensure that judicial and/or administrative procedures, including where they deem it appropriate conciliation procedures, for the enforcement of obligations under this Directive are available to all persons who consider themselves wronged by failure to apply the principle of equal treatment to them, even after the relationship in which the discrimination is alleged to have occurred has ended.

(3) 제3조은 다음에 의하여 대체된다: "제3조

1. 평등대우의 원칙의 적용은 공공기관을 포함한 공적 또는 사적 영역에서 다음과 관련하여 성별을 이유로 한 어떠한 직접 혹은 간접 차별도 존재하지 않는 것을 의미한다:

(a) 업무 분야와 관계없이 그리고 모든 수준의 직급에 있어서, 승진을 포함한 선발기준과 채용조건 등의 고용, 자영(self-employment) 혹은 직업(occupation)에의 접근을 위한 조건들;

(b) 실무 경험을 포함한 모든 종류 및 수준의 직업안내(vocational guidance), 직업훈련, 고등 직업훈련 및 재교육에의 접근;

(c) 지침 75/117/EEC에 규정된 바에 따른 임금(pay)뿐만 아니라 해고를 포함한 고용 및 근로조건;

(d) 근로자단체나 사용자단체 또는 그 구성원들이 특정한 직업을 수행하는 단체의 회원자격과 그에 대한 참여(그러한 단체에 의해 제공되는 이익을 포함).

2. 이를 위하여, 회원국들은 다음 사항을 보장하기 위해 필요한 조치를 취한다:

(a) 평등대우의 원칙에 반하는 법률, 규정(regulations) 및 행정규정(administrative provisions)은 폐지된다;

(b) 계약이나 단체협약, 업무에 관한 내부규정, 독립적인 직업 및 전문직 그리고 근로자단체 및 사용자단체를 규율하는 규정에 있는 평등대우의 원칙에 반하는 조항들은 무효(null and void)로 선언되거나 선언될 수 있거나 개정된다";

(4) 제4조 및 제5조는 삭제된다.

(5) 제6조는 다음에 의하여 대체된다: "제6조

1. 회원국들은 평등대우의 원칙이 자신들에게 적용되지 않아 자신들이 부당한 대우를 받았다고 생각하는 모든 사람들이, 그 안에서 차별이 발생했다고 주장되는 관계가 종료된 이후에라도, 이 지침에 따른 의무의 집행을 위한, 적절하다고 생각되는 경우에 조정 절차를 포함한, 사법적 및/또는 행정적 절차를 이용할 수 있도록 보장한다.

2. Member States shall introduce into their national legal systems such measures as are necessary to ensure real and effective compensation or reparation as the Member States so determine for the loss and damage sustained by a person injured as a result of discrimination contrary to Article 3, in a way which is dissuasive and proportionate to the damage suffered; such compensation or reparation may not be restricted by the fixing of a prior upper limit, except in cases where the employer can prove that the only damage suffered by an applicant as a result of discrimination within the meaning of this Directive is the refusal to take his/her job application into consideration.
3. Member States shall ensure that associations, organisations or other legal entities which have, in accordance with the criteria laid down by their national law, a legitimate interest in ensuring that the provisions of this Directive are complied with, may engage, either on behalf or in support of the complainants, with his or her approval, in any judicial and/or administrative procedure provided for the enforcement of obligations under this Directive.
4. Paragraphs 1 and 3 are without prejudice to national rules relating to time limits for bringing actions as regards the principle of equal treatment.";

(6) Article 7 shall be replaced by the following: "Article 7

Member States shall introduce into their national legal systems such measures as are necessary to protect employees, including those who are employees' representatives provided for by national laws and/or practices, against dismissal or other adverse treatment by the employer as a reaction to a complaint within the undertaking or to any legal proceedings aimed at enforcing compliance with the principle of equal treatment.";

(7) the following Articles shall be inserted: "Article 8a

1. Member States shall designate and make the necessary arrangements for a body or bodies for the promotion, analysis, monitoring and support of equal treatment of all persons without discrimination on the grounds of sex. These bodies may form part of agencies charged at national level with the defence of human rights or the safeguard of individuals' rights.
2. Member States shall ensure that the competences of these bodies include:

2. 회원국들은 제3조에 반하는 차별의 결과로 피해를 입은(injured) 사람이 받은 손실 및 손해에 관하여 회원국들이 정하는 바에 따라 입은 손해에 대한 억제적이고(dissuasive) 비례적인 방식으로 진정하고 효과적인 보상이나 배상을 보장하기 위하여 필요한 조치를 그 국내 법제도 내에 도입한다; 이러한 보상이나 배상은, 고용주가 이 지침의 의미 내에서의 차별의 결과로 지원자(applicant)가 입은 유일한 손해가 그/그녀의 구직신청에 대한 심사 거절이었다고 증명할 수 있는 경우를 제외하고는, 최대한도(prior upper limit)에 관한 결정에 의해 제한될 수 없다.
3. 회원국들은 그 국내법에 의하여 마련된 기준에 따라 이 지침의 규정들이 준수되도록 보장함에 있어서 정당한 이해관계(legitimate interest)를 갖는 단체, 조직 또는 기타 법적 주체(legal entities)가, 원고(그 또는 그녀)의 동의를 얻어, 원고를 대리하거나 지원함으로써 이 지침에 따른 의무의 집행의 위해 제공된 사법적 및/또는 행정적 절차에 관여할 수 있도록 보장한다.
4. 제1항 및 제2항은 평등대우의 원칙에 관하여 소 제기를 위한 기간에 관한 국내 규정을 침해하지 않는다.";

(6) 제7조는 다음에 의하여 대체된다: "제7조

회원국들은 평등대우의 원칙의 준수를 집행하기 위한 목적의 사업 내 진정(complaint within the undertaking)이나 법적 소송절차(legal proceedings)에 대한 반작용으로서의 고용주에 의한 해고 기타 불리한 대우로부터 근로자들(국내 법 및/또는 관행에 의해 정해진 근로자 대표들을 포함)을 보호하기 위해 필요한 조치를 그 국내적 법체계 내에 도입한다.";

(7) 다음의 규정들이 삽입된다: "제8조의a

1. 회원국들은 모든 사람들의 성별을 이유로 한 차별이 없는 평등대우의 증진, 분석, 감시(monitoring) 및 지원을 위한 기구 또는 기구들을 지정하고 필요한 준비를 한다. 이러한 기구들은 국내적 수준에서 인권의 옹호나 개인의 권리의 보호를 담당하는 기관들의 일부를 구성할 수 있다.
2. 회원국들은 이러한 기구들의 권한에 다음 사항이 포함되도록 보장한다:

(a) without prejudice to the right of victims and of associations, organisations or other legal entities referred to in Article 6(3), providing independent assistance to victims of discrimination in pursuing their complaints about discrimination;
(b) conducting independent surveys concerning discrimination;
(c) publishing independent reports and making recommendations on any issue relating to such discrimination.

## Article 8b

1. Member States shall, in accordance with national traditions and practice, take adequate measures to promote social dialogue between the social partners with a view to fostering equal treatment, including through the monitoring of workplace practices, collective agreements, codes of conduct, research or exchange of experiences and good practices.
2. Where consistent with national traditions and practice, Member States shall encourage the social partners, without prejudice to their autonomy, to promote equality between women and men and to conclude, at the appropriate level, agreements laying down anti-discrimination rules in the fields referred to in Article 1 which fall within the scope of collective bargaining. These agreements shall respect the minimum requirements laid down by this Directive and the relevant national implementing measures.
3. Member States shall, in accordance with national law, collective agreements or practice, encourage employers to promote equal treatment for men and women in the workplace in a planned and systematic way.
4. To this end, employers should be encouraged to provide at appropriate regular intervals employees and/or their representatives with appropriate information on equal treatment for men and women in the undertaking.

Such information may include statistics on proportions of men and women at different levels of the organisation and possible measures to improve the situation in cooperation with employees' representatives.

## Article 8c

Member States shall encourage dialogue with appropriate non-governmental organisations which have, in accordance with their national law and practice, a legitimate interest in contributing to the fight against discrimination on grounds of sex with a view to promoting the principle of equal treatment.

(a) 피해자 그리고 제6조 제3항에 언급된 단체, 조직 또는 기타 법적 주체(legal entities)의 권리를 침해하지 않으면서, 차별에 관한 진정(complaints)을 제기함에 있어 차별의 피해자에 대하여 독립적인 지원을 제공하는 것;

(b) 차별에 관한 독립적 조사를 실시하는 것;

(c) 독립적 보고서를 발간하는 것 그리고 이러한 차별과 관련된 문제에 관하여 권고하는 것.

### 제8조의b

1. 회원국들은, 국내 전통과 관행에 따라, 사업장 관행, 단체협약 및 복무규정(codes of conduct)의 감독(monitoring)을 통하는 경우 그리고 경험과 모범사례에 관한 연구나 교류를 통하는 경우를 포함하여 평등대우를 촉진하기 위해서 사회적 파트너들(social partners) 사이의 사회적 대화를 증진하기 위한 적절한 조치를 취한다.
2. 국내 전통과 관행에 일치하는 경우에, 회원국들은 사회적 파트너들(social partners)에게, 그 자율성을 침해하지 않으면서, 남녀 간의 평등을 증진하도록 그리고 단체교섭의 범위 내에 있는 제1조에 언급된 영역에 차별금지 규정을 마련하는 협약을 적절한 수준에서 체결하도록 장려한다. 이러한 협약은 이 지침에 의해 마련된 최소한의 요건들과 관련된 국내적 이행조치를 존중한다.
3. 회원국들은, 국내법, 단체협약 또는 관행에 따라, 고용주들에게 계획되고 체계적인 방식으로 사업장 내에서의 남녀의 평등대우를 증진하도록 장려한다.
4. 이를 위하여, 고용주들은 적절한 일정 간격으로 근로자들 및/또는 그 대표들에게 사업 내에서의 남녀의 평등대우에 관한 적절한 정보를 제공하도록 장려된다.

이러한 정보는 조직의 여러 직급에 있는 남녀의 비율에 관한 통계 그리고 근로자 대표들과 협력하여 상황을 개선하기 위한 가능한 조치를 포함할 수 있다.

### 제8조의c

회원국들은 그 국내 법 및 관행에 따라 평등대우의 원칙을 증진하기 위해 성별을 이유로 한 차별에 대한 투쟁에 기여하는데 정당한 이해관계(legitimate interest)를 갖는 적절한 비정부기구와의 대화를 촉진한다.

### Article 8d

Member States shall lay down the rules on sanctions applicable to infringements of the national provisions adopted pursuant to this Directive, and shall take all measures necessary to ensure that they are applied.

The sanctions, which may comprise the payment of compensation to the victim, must be effective, proportionate and dissuasive. The Member States shall notify those provisions to the Commission by 5 October 2005 at the latest and shall notify it without delay of any subsequent amendment affecting them.

### Article 8e

1. Member States may introduce or maintain provisions which are more favourable to the protection of the principle of equal treatment than those laid down in this Directive.
2. The implementation of this Directive shall under no circumstances constitute grounds for a reduction in the level of protection against discrimination already afforded by Member States in the fields covered by this Directive."

### Article 2

1. Member States shall bring into force the laws, regulations and administrative provisions necessary to comply with this Directive by 5 October 2005 at the latest or shall ensure, by that date at the latest, that management and labour introduce the requisite provisions by way of agreement. Member States shall take all necessary steps to enable them at all times to guarantee the results imposed by this Directive. They shall immediately inform the Commission thereof.
   When Member States adopt those measures, they shall contain a reference to this Directive or be accompanied by such reference on the occasion of their official publication. Member States shall determine how such reference is to be made.
2. The Member States shall communicate to the Commission, within three years of the entry into force of this Directive, all the information necessary for the Commission to draw up a report to the European Parliament and the Council on the application of this Directive.

### 제8조의d

회원국들은 이 지침에 따라 채택된 국내 규정의 위반에 적용될 수 있는 제재에 관한 규정들을 마련하고, 그 규정들이 적용되도록 보장하기 위해 필요한 모든 조치를 취한다.

피해자에 대한 보상(배상)금(compensation)의 지불을 포함할 수 있는 제재는 효과적이고, 비례적이며, 억제적(dissuasive)이어야 한다. 회원국들은 이러한 규정들을 늦어도 2005년 10월 5일까지 유럽위원회(the European Commission)에 통보하고, 그에 영향을 미치는 후속적인 개정에 관하여 지체 없이 유럽위원회에 통보한다.

### 제8조의e

1. 회원국들은 이 지침에 마련된 규정들보다 평등대우의 원칙의 보호에 더 유리한 규정들을 도입하거나 유지할 수 있다.
2. 이 지침의 이행은 어떠한 상황에서도 이 지침에 의하여 적용대상이 되는 영역에서 회원국들에 의하여 이미 제공된 차별에 대한 보호 수준의 축소를 위한 근거가 되지는 않는다.

### 제2조

1. 회원국들은 늦어도 2005년 10월 5일까지 이 지침을 준수하기 위해 필요한 법률, 규정(regulations) 및 행정규정(administrative provisions)을 발효시키거나, 늦어도 그 날까지 경영자와 노동자가 협약(agreement)의 방식으로 필요한 규정을 도입하도록 보장한다. 회원국들은 이 지침에 의해 부과된 결과를 항상 보장할 수 있도록 필요한 모든 조치를 취한다. 회원국들은 이에 관하여 유럽위원회(the European Commission)에 즉시 통보한다.
   회원국들이 이러한 조치를 채택한 경우에, 이러한 조치는 이 지침에 대한 언급(reference)을 포함하거나 그 공식적인 공표의 경우에 그와 같은 언급을 동반한다. 이와 같은 언급을 하는 방식은 회원국들에 의하여 정해진다.
2. 회원국들은 이 지침이 발효된 3년 이내에 유럽위원회(the European Commission)가 유럽의회 및 이사회에 대하여 이 지침의 적용에 관한 보고서를 작성하기 위해 필요한 모든 정보를 유럽위원회에 전달한다.

3. Without prejudice to paragraph 2, Member States shall communicate to the Commission, every four years, the texts of laws, regulations and administrative provisions of any measures adopted pursuant to Article 141(4) of the Treaty, as well as reports on these measures and their implementation. On the basis of that information, the Commission will adopt and publish every four years a report establishing a comparative assessment of any measures in the light of Declaration No 28 annexed to the Final Act of the Treaty of Amsterdam.

### Article 3

This Directive shall enter into force on the day of its publication in the Official Journal of the European Communities.

### Article 4

This Directive is addressed to the Member States.
Done at Brussels, 23 September 2002.

For the European Parliament
The President P. Cox

For the Council
The President M. Fischer Boel

(1) OJ C 337 E, 28.11.2000, p. 204 and OJ C 270 E, 25.9.2001, p. 9.
(2) OJ C 123, 25.4.2001, p. 81.
(3) Opinion of the European Parliament of 31 May 2001 (OJ C 47, 21.2.2002, p. 19), Council Common Position of 23 July 2001 (OJ C 307, 31.10.2001, p. 5) and Decision of the European Parliament of 24 October 2001 (OJ C 112 E, 9.5.2002, p. 14). Decision of the European Parliament of 12 June 2002 and Council Decision of 13 June 2002.
(4) OJ L 39, 14.2.1976, p. 40.
(5) OJ L 180, 19.7.2000, p. 22.
(6) OJ L 303, 2.12.2000, p. 16.

3. 제2항을 침해하지 아니하고, 회원국들은 매 4년 마다 유럽공동체설립조약 제141조 제4항에 따라 채택한 조치인 법률, 규정(regulations) 및 행정규정(administratve provisions) 문서와 이러한 조치 및 그 이행에 관한 보고서를 유럽위원회(the European Commission)에 전달한다. 그 정보에 기초하여, 유럽위원회는 매 4년 마다 암스테르담 조약의 최종의정서(Final Act of the Treaty of Amsterdam)에 첨부된 선언 제28호에 비추어 조치에 관한 비교평가를 확립하는 보고서를 채택하고 발간한다.

### 제3조

이 지침은 유럽공동체 관보에 공표된 날에 발효된다.

### 제4조

이 지침은 회원국들에게 전달된다.
2002년 9월 23일에 브뤼셀에서 채택되었다.

유럽의회를 위하여
의장 P. Cox

이사회를 위하여
의장 M. Fischer Boel

(1) 2000년 11월 28일자 유럽공동체 관보 C 337 E, 204면 및 2001년 9월 25일자 유럽공동체 관보 C 270 E, 9면.
(2) 2001년 4월 25일자 유럽공동체 관보 C 123, 81면.
(3) 2001년 5월 31일자 유럽의회의 의견(2002년 2월 21일자 유럽공동체 관보 C 47, 19면), 2001년 7월 23일자 이사회의 공통 입장(2001년 10월 31일자 유럽공동체 관보 C 307, 5면) 및 2001년 10월 24일자 유럽의회의 결정(2002년 5월 9일자 유럽공동체 관보 C 112 E, 14면). 2002년 6월 12일 유럽의회의 결정 및 2002년 6월 13일자 이사회의 결정.
(4) 1976년 2월 14일자 유럽공동체 관보 L 39, 40면.
(5) 2000년 7월 19일자 유럽공동체 관보 L 180, 22면.
(6) 2000년 12월 2일자 유럽공동체 관보 L 303, 16면.

(7) Case C-394/96 Brown, [1998] ECR I-4185, Case C-342/93 Gillespie, [1996] ECR I-475.

(8) Case C-222/84 Johnston, [1986] ECR 1651, Case C-273/97 Sirdar [1999] ECR I-7403 and Case C-285/98 Kreil [2000] ECR I-69.

(9) OJ L 348, 28.11.1992, p. 1.

(10) OJ C 218, 31.7.2000, p. 5.

(11) OJ L 45, 19.2.1975, p. 19.

(12) Case C-185/97 Coote [1998] ECR I-5199.

(13) Case C-180/95, Draehmpaehl, [1997] ECR I-2195, Case C-271/91, Marshall [1993] ECR I-4367.

(14) OJ L 145, 19.6.1996, p. 4.

(15) OJ L 348, 28.11.1992, p. 1.

(7) 사건 C-394/96 Brown, (1998 유럽연합 사법재판소 판례집 I-4185), 사건 C-342/93 Gillespie, (1996 유럽연합 사법재판소 판례집 I-475).

(8) 사건 C-222/84 Johnston, (1986 유럽연합 사법재판소 판례집 1651), 사건 C-273/97 Sirdar (1999 유럽연합 사법재판소 판례집 I-7403) 및 사건 C-285/98 Kreil, (2000 유럽연합 사법재판소 판례집 I-69).

(9) 1992년 11월 28일자 유럽공동체 관보 L 348, 1면.

(10) 2000년 7월 31일자 유럽공동체 관보 C 218, 5면.

(11) 1975년 2월 19일자 유럽공동체 관보 L 45, 19면.

(12) 사건 C-185/97 Coote (1998 유럽연합 사법재판소 판례집 I-5199).

(13) 사건 C-180/95, Draehmpaehl, (1997 유럽연합 사법재판소 판례집 I-2195), 사건 C-271/91, Marshall (1993 유럽연합 사법재판소 판례집 I-4367).

(14) 1996년 6월 19일자 유럽공동체 관보 L 145, 4면.

(15) 1992년 11월 28일자 유럽공동체 관보 L 348, 1면.

부 록 5

# 이사회 지침 2004/113/EC

— Council Directive 2004/113/EC of 13 December 2004 implementing the principle of equal treatment between men and women in the access to and supply of goods and services

# COUNCIL DIRECTIVE 2004/113/EC

Council Directive 2004/113/EC of 13 December 2004 implementing the principle of equal treatment between men and women in the access to and supply of goods and services

Official Journal L 373, 21/12/2004 P. 0037 - 0043

Council Directive 2004/113/EC

of 13 December 2004

implementing the principle of equal treatment between men and women in the access to and supply of goods and services
THE COUNCIL OF THE EUROPEAN UNION,
Having regard to the Treaty establishing the European Community and in particular Article 13(1) thereof,
Having regard to the proposal from the Commission,
Having regard to the Opinion of the European Parliament (1),
Having regard to the Opinion of the European Economic and Social Committee (2),
Having regard to the opinion of the Committee of the Regions (3),
Whereas:

(1) In accordance with Article 6 of the Treaty on European Union, the Union is founded on the principles of liberty, democracy, respect for human rights and fundamental freedoms and the rule of law, principles which are common to the Member States, and respects fundamental rights as guaranteed by the European Convention for the Protection of Human Rights and Fundamental Freedoms and as they result from the constitutional traditions common to the Member States as general principles of Community law.

# 이사회 지침 2004/113/EC

재화와 용역에의 접근 및 그 공급에 있어서의 남녀 간의 평등대우의 원칙을 이행하는 2004년 12월 12일자 이사회 지침 2004/113/EC

2004년 12월 21일자 유럽공동체 관보 L 373, 37~43면

이사회 지침 2004/113/EC

2004년 12월 13일자

재화와 용역에의 접근 및 그 공급에 있어서의 남녀 간의 평등대우의 원칙을 이행하는 유럽연합의 이사회는,
유럽공동체설립조약, 특히 그 중 제13조를 고려하여,
유럽위원회(the European Commission)의 제안을 고려하여
유럽의회의 의견을 고려하여,[1)]
유럽경제사회위원회(EESC)의 의견을 고려하여,[2)]
지역위원회(CoR)의 의견을 고려하여,[3)]
다음과 같은 사실에 비추어:

(1) 유럽연합조약 제6조에 따라, 유럽연합은, 회원국들에게 공통된 원칙인 자유, 민주주의, 인권 및 기본적 자유의 존중 그리고 법의 지배의 원칙에 기반하여 수립되고, '인권 및 기본적 자유의 보호를 위한 유럽협약'에 의해 보장되며 공동체법상 일반원칙으로서 회원국들에게 공통된 헌법적 전통으로부터 도출되는 기본적 권리를 존중한다.

(2) The right to equality before the law and protection against discrimination for all persons constitutes a universal right recognised by the Universal Declaration of Human Rights, the United Nations Convention on the Elimination of all forms of Discrimination Against Women, the International Convention on the Elimination of all forms of Racial Discrimination and the United Nations Covenants on Civil and Political Rights and on Economic, Social and Cultural Rights and by the European Convention for the Protection of Human Rights and Fundamental Freedoms, to which all Member States are signatories.

(3) While prohibiting discrimination, it is important to respect other fundamental rights and freedoms, including the protection of private and family life and transactions carried out in that context and the freedom of religion.

(4) Equality between men and women is a fundamental principle of the European Union. Articles 21 and 23 of the Charter of Fundamental Rights of the European Union prohibit any discrimination on grounds of sex and require equality between men and women to be ensured in all areas.

(5) Article 2 of the Treaty establishing the European Community provides that promoting such equality is one of the Community's essential tasks. Similarly, Article 3(2) of the Treaty requires the Community to aim to eliminate inequalities and to promote equality between men and women in all its activities.

(6) The Commission announced its intention of proposing a directive on sex discrimination outside of the labour market in its Communication on the Social Policy Agenda. Such a proposal is fully consistent with Council Decision 2001/51/EC of 20 December 2000 establishing a Programme relating to the Community framework strategy on gender equality (2001–2005) (4) covering all Community policies and aimed at promoting equality for men and women by adjusting these policies and implementing practical measures to improve the situation of men and women in society.

(7) At its meeting in Nice of 7 and 9 December 2000, the European Council called on the Commission to reinforce equality-related rights by adopting a proposal for a directive on promoting gender equality in areas other than employment and professional life.

(8) The Community has adopted a range of legal instruments to prevent and combat sex discrimination in the labour market. These instruments have demonstrated the value of legislation in the fight against discrimination.

(2) 법 앞의 평등 그리고 차별로부터의 보호에 관한 모든 사람의 권리는 '세계인권선언', 유엔 '여성에 대한 모든 형태의 차별 철폐에 관한 협약', '모든 형태의 인종차별의 철폐에 관한 국제협약', 유엔 '시민적 및 정치적 권리에 관한 규약'과 '경제적, 사회적 및 문화적 권리에 관한 규약'에 의하여, 그리고 모든 회원국들이 서명한 '인권 및 기본적 자유의 보호를 위한 유럽협약'에 의하여 인정된 보편적 권리에 속한다.

(3) 차별을 금지하는 동시에, 사생활 및 가족생활과 그 영역 내에서 이루어지는 거래(transactions)의 보호 그리고 종교의 자유를 포함한 다른 기본적 권리 및 자유를 존중하는 것이 중요하다.

(4) 남녀 간의 평등은 유럽연합의 기본원칙이다. 유럽연합의 기본권헌장 제21조 및 제23조는 성별에 근거한 차별을 금지하고 모든 영역에 있어서 남녀 간의 평등이 보장되도록 요구한다.

(5) 유럽공동체설립조약 제2조는 그러한 평등을 증진하는 것이 공동체의 필수적인 과제들 중 하나라고 규정한다. 유사하게, 당해 조약 제3조 제2항은 공동체에게 그 모든 활동에서 남녀 간의 불평등을 철폐하는 것을 목표로 삼고 평등을 증진하도록 요구한다.

(6) 유럽위원회(the European Commission)은 그 사회적 정책 의제에 관한 발표문(Communication on the Social Policy Agenda)에서 노동시장 이외에서의 성차별에 관한 지침을 제안할 의사를 공표했다. 그러한 제안은 모든 공동체의 정책에 적용되며 이러한 정책들의 조정에 의하여 남녀의 평등을 증진하고 사회 내에서의 남녀의 상황을 개선하는 실질적 조치를 이행하는 것을 목표로 하는 '2001년부터 2005년까지의 성평등에 관한 공동체 체계 전략(Community framework strategy)과 관련된 프로그램을 수립하는 2000년 12월 20일자 이사회 결정 2001/51/EC'[4]에 충실히 부합한다.

(7) 2000년 12월 7일과 9일 니스에서의 회의에서, 유럽이사회(the European Council)는 유럽위원회(the European Commission)에 대하여 고용 및 전문직 생활 이외의 영역에 있어서의 성평등(gender equality) 증진에 관한 지침을 위한 제안을 채택함으로써 평등과 관련된 권리를 강화하도록 요청했다.

(8) 공동체는 노동시장에서의 성차별을 금지하고 이와 투쟁하기 위해 다양한 법률문서(legal instruments)를 채택해 왔다. 이러한 문서들은 차별과의 투쟁에서 있어서 입법의 가치를 증명해 왔다.

(9) Discrimination based on sex, including harassment and sexual harassment, also takes place in areas outside of the labour market. Such discrimination can be equally damaging, acting as a barrier to the full and successful integration of men and women into economic and social life.

(10) Problems are particularly apparent in the area of the access to and supply of goods and services. Discrimination based on sex, should therefore be prevented and eliminated in this area. As in the case of Council Directive 2000/43/EC of 29 June 2000 implementing the principle of equal treatment between persons irrespective of racial and ethnic origin (5), this objective can be better achieved by means of Community legislation.

(11) Such legislation should prohibit discrimination based on sex in the access to and supply of goods and services. Goods should be taken to be those within the meaning of the provisions of the Treaty establishing the European Community relating to the free movement of goods. Services should be taken to be those within the meaning of Article 50 of that Treaty.

(12) To prevent discrimination based on sex, this Directive should apply to both direct discrimination and indirect discrimination. Direct discrimination occurs only when one person is treated less favourably, on grounds of sex, than another person in a comparable situation. Accordingly, for example, differences between men and women in the provision of healthcare services, which result from the physical differences between men and women, do not relate to comparable situations and therefore, do not constitute discrimination.

(13) The prohibition of discrimination should apply to persons providing goods and services, which are available to the public and which are offered outside the area of private and family life and the transactions carried out in this context. It should not apply to the content of media or advertising nor to public or private education.

(14) All individuals enjoy the freedom to contract, including the freedom to choose a contractual partner for a transaction. An individual who provides goods or services may have a number of subjective reasons for his or her choice of contractual partner. As long as the choice of partner is not based on that person's sex, this Directive should not prejudice the individual's freedom to choose a contractual partner.

(9) 괴롭힘과 성적 괴롭힘을 포함한 차별에 근거한 차별은 또한 노동시장 이외의 영역에서도 발생한다. 이러한 차별은 마찬가지로 남성과 여성의 경제적 및 사회적 삶으로의 완전하고 성공적인 통합을 훼손하며 장애물(barrier)로 작용한다.

(10) 재화와 용역에의 접근 및 그 공급 영역에서 특히 문제들이 명백하다. 따라서 성별에 근거한 차별은 이러한 영역에서도 금지되고 철폐되어야 한다. '사람들 사이의 인종적 및 민족적 출신과 관계없는 평등대우의 원칙을 이행하는 2000년 6월 29일자 이사회 지침 2000/43/EC'[5)]의 사례에서와 같이, 이러한 목적은 공동체 입법의 수단에 의하여 보다 잘 달성될 수 있다.

(11) 이러한 입법은 재화와 용역에의 접근 및 그 공급에 있어서 성별에 근거한 차별을 금지해야 한다. 재화는 유럽공동체설립조약상 재화의 자유로운 이동과 관련된 규정들의 의미 내에서의 재화가 되도록 채택되어야 한다. 서비스는 해당 조약 제50조의 의미 내에서의 서비스가 되도록 채택되어야 한다.

(12) 성별에 근거한 차별을 금지하기 위하여, 이 지침은 직접차별과 간접차별 모두에 적용되어야 한다. 직접차별은 한 사람이 성별을 이유로 비교가능한(comparable) 상황에서 다른 사람보다 덜 유리하게(less favourably) 대우될 때에만 발생한다. 그러므로 예를 들어 남녀 간의 육체적 차이로부터 야기된 보건서비스의 제공에 있어서의 남녀 간의 차이는 비교가능한 상황과 관계가 없고 따라서 차별에 해당하지 않는다.

(13) 차별의 금지는 일반 대중(the public)이 이용할 수 있는 그리고 사생활 및 가족생활과 그 영역 내에서 이루어지는 거래(transactions) 이외의 범위에서 제공되는 재화와 용역을 공급하는 사람에게 적용되어야 한다. 언론매체(media)나 광고의 내용은 물론 공적·사적 교육에 대하여도 적용되지 않는다.

(14) 모든 개인들은 거래를 위한 계약 상대방을 선택할 자유를 포함한 계약의 자유를 향유한다. 재화나 서비스를 제공하는 개인은 그(또는 그녀)의 계약 상대방 선택을 위한 여러 주관적인 이유들을 가질 수 있다. 상대방 선택이 그 상대방의 성별에 근거한 것이 아닌 한, 이 지침은 계약 상대방을 선택할 개인의 자유를 침해해서는 안된다.

(15) There are already a number of existing legal instruments for the implementation of the principle of equal treatment between men and women in matters of employment and occupation. Therefore, this Directive should not apply in this field. The same reasoning applies to matters of self-employment insofar as they are covered by existing legal instruments. The Directive should apply only to insurance and pensions which are private, voluntary and separate from the employment relationship.

(16) Differences in treatment may be accepted only if they are justified by a legitimate aim. A legitimate aim may, for example, be the protection of victims of sex-related violence (in cases such as the establishment of single-sex shelters), reasons of privacy and decency (in cases such as the provision of accommodation by a person in a part of that person's home), the promotion of gender equality or of the interests of men or women (for example single-sex voluntary bodies), the freedom of association (in cases of membership of single-sex private clubs), and the organisation of sporting activities (for example single-sex sports events). Any limitation should nevertheless be appropriate and necessary in accordance with the criteria derived from case law of the Court of Justice of the European Communities.

(17) The principle of equal treatment in the access to goods and services does not require that facilities should always be provided to men and women on a shared basis, as long as they are not provided more favourably to members of one sex.

(18) The use of actuarial factors related to sex is widespread in the provision of insurance and other related financial services. In order to ensure equal treatment between men and women, the use of sex as an actuarial factor should not result in differences in individuals' premiums and benefits. To avoid a sudden readjustment of the market, the implementation of this rule should apply only to new contracts concluded after the date of transposition of this Directive.

(19) Certain categories of risks may vary between the sexes. In some cases, sex is one but not necessarily the only determining factor in the assessment of risks insured. For contracts insuring those types of risks, Member States may decide to permit exemptions from the rule of unisex premiums and benefits, as long as they can ensure that underlying actuarial and statistical data on which the calculations are based, are reliable, regularly up-dated and available to the public. Exemptions are allowed only

(15) 고용 및 직업 문제에 있어서 남녀 간의 평등대우의 원칙의 이행을 위한 기존의 법률문서(legal instruments)가 이미 다수 존재하고 있다. 따라서 이 지침은 이러한 영역에는 적용되지 않아야 한다. 동일한 논리가 기존의 법률문서의 적용대상이 되는 범위 내에서 자영업(self-employment)의 문제에도 적용된다. 이 지침은 사적이고 자발적이면서 고용관계와는 별개인 보험과 연금에만 적용되어야 한다.

(16) 상이한 대우(differences in treatment)는 합법적인(legitimate) 목적에 의하여 정당화될 때에만 인정될 수 있다. 합법적인 목적으로는, 예를 들어, 성폭력(sex-related violence) 피해자의 보호(일방의 성만을 위한(single-sex) 보호시설의 설립과 같은 사례에서), 사생활 및 품위(decency)의 이유(어떤 사람의 집의 일부에서 그 사람에 의한 편의 제공과 같은 사례에서), 성평등이나 남성 또는 여성의 이익의 증진(예를 들어 일방의 성만을 위한 자발적 기구), 결사의 자유(일반의 성만을 위한 사적 클럽의 회원자격 사례에서), 그리고 스포츠 활동 조직(예를 들어 일방의 성만을 위한 스포츠 경기)이 있을 수 있다. 그럼에도 불구하고, 제한은 유럽공동체 사법재판소의 판례로부터 도출된 기준에 따라 적절하고 필요한 것이어야 한다.

(17) 재화와 용역에의 접근에 있어서의 평등대우의 원칙은, 일방 성의 구성원에게 더 유리하게 제공되는 것이 아닌 한, 시설(facilities)이 항상 공유 기반으로(on a shared basis) 남녀에게 제공되어야 한다는 것을 요구하지는 않는다.

(18) 성별과 관련된 보험통계적 요소의 사용은 보험 및 기타 금융 서비스의 제공에 있어서 보편적이다. 남녀 간의 평등대우를 보장하기 위하여, 보험통계적 요소로서의 성별의 사용이 개인들의 보험료(premiums)나 보험급여(benefits)에 있어서의 차이로 귀결되어서는 안 된다. 시장의 갑작스러운 재조정을 피하기 위하여, 이러한 규정의 이행은 이 지침의 치환(transposition, 이행조치를 통한 국내발효)일 후 체결된 새로운 계약에만 적용되어야 한다.

(19) 불확실한 위험의 영역들은 성별 간에 다양할 수 있다. 일부 사례에서, 성별은 보험대상 위험의 평가에 있어서 하나의 요소이지만 반드시 결정적인 유일한 요소인 것은 아니다. 이러한 유형의 위험에 대한 보험계약을 위해, 회원국들은, 계산의 기초가 된 기본적인 보험통계적 및 통계적 자료(underlying actuarial and statistical data)가 신뢰할만하고 정기적으로 갱신되며 일반대중이 이용가능하다는 것을 보증할 수

where national legislation has not already applied the unisex rule. Five years after transposition of this Directive, Member States should re-examine the justification for these exemptions, taking into account the most recent actuarial and statistical data and a report by the Commission three years after the date of transposition of this Directive.

(20) Less favourable treatment of women for reasons of pregnancy and maternity should be considered a form of direct discrimination based on sex and therefore prohibited in insurance and related financial services. Costs related to risks of pregnancy and maternity should therefore not be attributed to the members of one sex only.

(21) Persons who have been subject to discrimination based on sex should have adequate means of legal protection. To provide a more effective level of protection, associations, organisations and other legal entities should also be empowered to engage in proceedings, as the Member States so determine, either on behalf or in support of any victim, without prejudice to national rules of procedure concerning representation and defence before the courts.

(22) The rules on the burden of proof should be adapted when there is a prima facie case of discrimination and for the principle of equal treatment to be applied effectively, the burden of proof should shift back to the defendant when evidence of such discrimination is brought.

(23) The effective implementation of the principle of equal treatment requires adequate judicial protection against victimisation.

(24) With a view to promoting the principle of equal treatment, Member States should encourage dialogue with relevant stakeholders, which have, in accordance with national law and practice, a legitimate interest in contributing to the fight against discrimination on grounds of sex in the area of access to and supply of goods and services.

(25) Protection against discrimination based on sex should itself be strengthened by the existence of a body or bodies in each Member State, with competence to analyse the problems involved, to study possible solutions and to provide concrete assistance for the victims. The body or bodies may be the same as those with responsibility at national level for the defence of human rights or the safeguarding of individuals' rights, or the implementation of the principle of equal treatment.

있는 범위 내에서, 남녀 공통의 보험료(premiums) 및 보험급여(benifits) 규정의 면제를 허용하도록 결정할 수 있다. 이 지침의 치환(transposition, 이행조치를 통한 국내발효)으로부터 5년 후에, 회원국들은 가장 최신의 보험통계적 및 통계적 자료와 이 지침의 치환일로부터 3년 후의 유럽위원회(the European Commission)의 보고서를 고려하여 이러한 면제의 정당성을 재심사해야 한다.

(20) 임신 및 출산(maternity)을 이유로 한 여성에 대한 덜 유리한(less favourable) 대우는 성별에 근거한 직접 차별의 한 유형으로 간주되어야 하고, 따라서 보험 및 관련 금융 서비스에서 금지되어야 한다. 그러므로 임신 및 출산의 위험과 관련된 비용은 한 성별의 구성원들만의 탓으로 돌려서는 안 된다.

(21) 성별에 근거한 차별의 대상이 된 사람들은 충분한 법적 보호수단을 보호해야 한다. 보다 효과적인 수준의 보호를 제공하기 위하여, 단체, 조직이나 기타 법적 주체(legal entities)도 법원에서의 대리 및 변호에 관한 국내적 절차 규정을 저해함이 없이 회원국들이 정하는 바에 따라 피해자를 대리하거나 지원하여 절차에 참여할 권한을 부여받아야 한다.

(22) 차별에 관한 일응의 추정 사건(a prima facie case)이 있는 경우에 증명책임에 관한 규정이 채택되어야 하고, 평등대웅의 원칙이 효과적으로 적용될 수 있도록 그러한 차별의 증거가 제시되었을 때에 증명책임은 피고에게 전환되어야 한다.

(23) 평등대우의 원칙의 효과적 이행은 불이익조치(victimisation)에 대한 충분한 사법적 보호를 필요로 한다.

(24) 평등대우의 원칙의 증진을 위하여, 회원국들은 관련 국내 법 및 관행에 따라 재화와 용역에의 접근 및 그 공급 영역에 있어서의 성별을 이유로 한 차별에 대한 투쟁에 기여하는데 정당한 이해관계(legitimate interest)를 갖는 이해관계자들(stakeholders)과의 대화를 증진해야 한다.

(25) 성별에 근거한 차별로부터의 보호는 각 회원국 내의 관련된 문제를 분석하고 가능한 해결방안을 연구하며 피해자들을 위한 구체적인 지원을 제공할 권한을 지닌 기구 혹은 기구들의 존재에 의하여 스스로 강화되어야 한다. 그 기구 혹은 기구들은 국내적 수준에서 인권의 옹호나 개인적 권리의 보호 또는 평등대우의 원칙의 이행에 책임이 있는 기구 혹은 기구들과 동일할 수 있다.

(26) This Directive lays down minimum requirements, thus giving the Member States the option of introducing or maintaining more favourable provisions. The implementation of this Directive should not serve to justify any regression in relation to the situation, which already prevails in each Member State.

(27) Member States should provide for effective, proportionate and dissuasive penalties in cases of breaches of the obligations under this Directive.

(28) Since the objectives of this Directive, namely to ensure a common high level of protection against discrimination in all the Member States, cannot be sufficiently achieved by the Member States and can, therefore, by reason of the scale and effects of the action, be better achieved at Community level, the Community may adopt measures, in accordance with the principle of subsidiarity as set out in Article 5 of the Treaty. In accordance with the principle of proportionality, as set out in that Article, this Directive does not go beyond what is necessary in order to achieve those objectives.

(29) In accordance with paragraph 34 of the interinstitutional agreement on better law-making (6), Member States are encouraged to draw up, for themselves and in the interest of the Community, their own tables, which will, as far as possible, illustrate the correlation between the Directive and the transposition measures and to make them public,

HAS ADOPTED THIS DIRECTIVE:

## CHAPTER I
## GENERAL PROVISIONS

### Article 1 Purpose

The purpose of this Directive is to lay down a framework for combating discrimination based on sex in access to and supply of goods and services, with a view to putting into effect in the Member States the principle of equal treatment between men and women.

### Article 2 Definitions

For the purposes of this Directive, the following definitions shall apply:

(a) direct discrimination: where one person is treated less favourably, on grounds of sex, than another is, has been or would be treated in a comparable situation;

(26) 이 지침은 최소한의 요건을 정하고 있어서, 회원국들은 보다 우호적인 규정들을 도입하거나 유지할 선택권을 부여받는다. 이 지침의 이행이 각 회원국 내에서 이미 이루어지고 있던 상황에 관한 퇴행을 정당화하는데 기여해서는 안 된다.

(27) 회원국들은 이 지침에 따른 위무 위반의 경우에 효과적이고 비례적이면서 억제적인(dissuasive) 제재를 규정해야 한다.

(28) 이 지침의 목적들 즉 모든 회원국들 내에서의 차별에 대한 공통적으로 높은 수준의 보호를 보장하는 것은 회원국들에 의해서는 충분히 달성될 수 없고 따라서 그 조치의 규모 및 영향력 때문에 공동체 수준에서 보다 잘 달성될 수 있으므로, 공동체는 유럽공동체설립조약 제5조에 규정된 보충성(subsidiarity)의 원칙에 따라 조치를 채택할 수 있다. 해당 조문에 규정된 비례의 원칙에 따라, 이 지침은 이러한 목적들을 달성하기 위하여 필요한 범위를 넘어서지 않는다.

(29) '더 나은 입법에 관한 기관간 협약'(the interinstitutional agreement on better law-making)[6] 34항에 따라서, 회원국들은 자신 및 공동체를 위해, 가능한 범위 내에서, 지침과 치환(transposition, 이행조치를 통한 국내발효) 조치 사이의 상관관계를 설명할 스스로의 표를 작성하고 이를 공표하도록 장려된다.

이 지침을 채택하였다.

## 제1장
## 총 칙

### 제1조 목적

이 지침의 목적은 회원국들 내에 남녀 간의 평등대우의 원칙을 실행하기 위하여 재화와 용역에의 접근 및 그 공급에 있어서의 성별에 근거한 차별과의 투쟁을 위한 일반 체계를 마련하는 것이다.

### 제2조 정의

이 지침의 목적을 위하여, 다음과 같은 정의가 적용된다.

(a) 직접 차별: 한 사람이 성별을 이유로 비교가능한(comparable) 상황에서 다른 사람이 대우받거나 받았거나 받았을 것보다 덜 유리하게(less favourably) 대우받은 경우;

(b) indirect discrimination: where an apparently neutral provision, criterion or practice would put persons of one sex at a particular disadvantage compared with persons of the other sex, unless that provision, criterion or practice is objectively justified by a legitimate aim and the means of achieving that aim are appropriate and necessary;
(c) harassment: where an unwanted conduct related to the sex of a person occurs with the purpose or effect of violating the dignity of a person and of creating an intimidating, hostile, degrading, humiliating or offensive environment;
(d) sexual harassment: where any form of unwanted physical, verbal, non-verbal or physical conduct of a sexual nature occurs, with the purpose or effect of violating the dignity of a person, in particular when creating an intimidating, hostile, degrading, humiliating or offensive environment.

## Article 3 Scope

1. Within the limits of the powers conferred upon the Community, this Directive shall apply to all persons who provide goods and services, which are available to the public irrespective of the person concerned as regards both the public and private sectors, including public bodies, and which are offered outside the area of private and family life and the transactions carried out in this context.
2. This Directive does not prejudice the individual's freedom to choose a contractual partner as long as an individual's choice of contractual partner is not based on that person's sex.
3. This Directive shall not apply to the content of media and advertising nor to education.
4. This Directive shall not apply to matters of employment and occupation. This Directive shall not apply to matters of self-employment, insofar as these matters are covered by other Community legislative acts.

## Article 4 Principle of equal treatment

1. For the purposes of this Directive, the principle of equal treatment between men and women shall mean that
   (a) there shall be no direct discrimination based on sex, including less favourable treatment of women for reasons of pregnancy and maternity;
   (b) there shall be no indirect discrimination based on sex.

(b) 간접 차별: 외관상 중립적인 규정, 기준 또는 관행이 합법적인 목적에 의해 객관적으로 정당화되고 그 목적을 달성하기 위한 수단이 적절하고 필요한 경우가 아닌 한, 그러한 규정, 기준 또는 관행이 한 성별의 사람들을 다른 성별의 사람들과 비교하여 특정한 불이익에 처하게 하는 경우;

(c) 괴롭힘: 어떤 사람의 성별과 관련된 원치 않는(unwanted) 행위가 어떤 사람의 존엄성을 침해하고 위협적·적대적·모욕적·굴욕적 혹은 공격적인 환경을 조성할 목적으로 또는 그러한 결과를 초래하여 이루어진 경우;

(d) 성적 괴롭힘: 성적 성격(sexual nature)의 원치 않는(unwanted) 물리적, 언어적, 비언어적 또는 신체적 행위 유형이 어떤 사람의 존엄성을 침해할 목적으로 또는 그러한 결과를 초래하여 이루어진 경우, 특히 위협적·적대적·모욕적·굴욕적 혹은 공격적 환경을 조성한 경우.

## 제3조 범위

1. 공동체에 부여된 권한의 범위 내에서, 이 지침은 공공기관을 포함한 공적 및 사적 영역 모두에 관하여 관련된 사람과 관계없이 공중(公衆)이 이용할 수 있는(available to the public) 그리고 사생활 및 가족생활의 영역 밖에서 제공되는 재화 및 용역을 공급하는 모든 사람들과 이러한 범위 내에서 이루어지는 거래에 적용된다.
2. 이 지침은, 어떤 개인의 계약 상대방 선택이 그 사람의 성별에 근거한 것이 아닌 한, 계약 상대방을 선택할 개인의 자유를 침해하지 않는다.
3. 이 지침은 언론매체 및 광고의 내용은 물론 교육에도 적용되지 않는다.
4. 이 지침은 고용 및 직업 문제에 적용되지 않는다. 이 지침은, 자영업(self-employment) 문제가 다른 공동체 입법에 의한 적용대상이 되는 범위 내에서, 자영업 문제에 적용되지 않는다.

## 제4조 평등대우의 원칙

1. 이 지침의 목적을 위하여, 남녀 간의 평등대우의 원칙은 다음과 같은 내용을 의미한다.

(a) 임신 및 출산을 이유로 한 여성에 대한 덜 유리한 대우를 포함하여 성별에 근거한 어떠한 직접 차별도 존재하지 않는다.

(b) 성별에 근거한 어떠한 간접 차별도 존재하지 않는다.

2. This Directive shall be without prejudice to more favourable provisions concerning the protection of women as regards pregnancy and maternity.
3. Harassment and sexual harassment within the meaning of this Directive shall be deemed to be discrimination on the grounds of sex and therefore prohibited. A person's rejection of, or submission to, such conduct may not be used as a basis for a decision affecting that person.
4. Instruction to direct or indirect discrimination on the grounds of sex shall be deemed to be discrimination within the meaning of this Directive.
5. This Directive shall not preclude differences in treatment, if the provision of the goods and services exclusively or primarily to members of one sex is justified by a legitimate aim and the means of achieving that aim are appropriate and necessary.

### Article 5 Actuarial factors

1. Member States shall ensure that in all new contracts concluded after 21 December 2007 at the latest, the use of sex as a factor in the calculation of premiums and benefits for the purposes of insurance and related financial services shall not result in differences in individuals' premiums and benefits.
2. Notwithstanding paragraph 1, Member States may decide before 21 December 2007 to permit proportionate differences in individuals' premiums and benefits where the use of sex is a determining factor in the assessment of risk based on relevant and accurate actuarial and statistical data. The Member States concerned shall inform the Commission and ensure that accurate data relevant to the use of sex as a determining actuarial factor are compiled, published and regularly updated. These Member States shall review their decision five years after 21 December 2007, taking into account the Commission report referred to in Article 16, and shall forward the results of this review to the Commission.
3. In any event, costs related to pregnancy and maternity shall not result in differences in individuals' premiums and benefits.

Member States may defer implementation of the measures necessary to comply with this paragraph until two years after 21 December 2007 at the latest. In that case the Member States concerned shall immediately inform the Commission.

2. 이 지침은 임신 및 출산에 관하여 여성의 보호와 관련된 더 유리한 규정을 침해하지 않는다.
3. 이 지침의 의미 내에서의 괴롭힘 및 성적 괴롭힘은 성별을 이유로 한 차별로 간주되고 따라서 금지된다. 어떤 사람의 그러한 행위에 대한 거절이나 굴복은 그 사람에게 영향을 미치는 결정의 기초로 사용될 수 없다.
4. 성별을 이유로 한 직접 혹은 간접 차별에 대한 지시(instruction)는 이 지침의 의미 내에서의 차별로 간주된다.
5. 이 지침은, 한 성별의 구성원에 대한 배타적이거나 우선적인 재화와 용역의 제공이 합법적인 목적에 의해 정당화되며 그 목적을 달성하기 위한 수단이 적절하고 필요하다면, 상이한 대우(differences in treatment)를 배제하지 않는다.

### 제5조 보험통계적 요소

1. 회원국들은 늦어도 2007년 12월 21일 이후에 체결된 모든 계약에 있어서는 보험 및 관련 금융 서비스를 위한 보험금(premiums)과 보험급여(benifits)의 계산 요소로서의 성별의 사용이 개인들의 보험금 및 보험급여에 있어서의 차이로 귀결되지 않도록 보장한다.
2. 제1항에도 불구하고, 회원국들은 2007년 12월 21일 전에 성별의 사용이 관련이 있고 정확한 보험통계적 및 통계적 자료에 기초한 위험 평가에 있어서 결정적 요소인 경우에 개인들의 보험료 및 보험급여에 비례적인 차이(proportionate differences)를 허용하도록 결정할 수 있다. 관련 회원국들은 유럽위원회(the European Commission)에 통지하고 결정적인 보험통계적 요소로서의 성별의 사용과 관련된 정확한 자료가 기준에 따르고 공표되며 정기적으로 갱신되도록 보장한다. 이러한 회원국들은 제16조에 언급된 유럽위원회의 보고서를 고려하여 2007년 12월 21일부터 5년 후에 그 결정을 재검토하고, 유럽위원회에 이 재검토의 결과를 전달한다.
3. 어떠한 경우에도, 임신 및 출산(maternity)과 관련된 비용은 개인의 보험금 및 보험급여에 있어서의 차이로 귀결되지 않는다.

회원국들은 늦어도 2007년 12월 21일 이후 2년까지 본 항을 준수하는데 필요한 조치의 이행을 유예할 수 있다. 이러한 경우에 관련 회원국들은 지체 없이 유럽위원회에 통지한다.

### Article 6 Positive action

With a view to ensuring full equality in practice between men and women, the principle of equal treatment shall not prevent any Member State from maintaining or adopting specific measures to prevent or compensate for disadvantages linked to sex.

### Article 7 Minimum requirements

1. Member States may introduce or maintain provisions which are more favourable to the protection of the principle of equal treatment between men and women than those laid down in this Directive.
2. The implementation of this Directive shall in no circumstances constitute grounds for a reduction in the level of protection against discrimination already afforded by Member States in the fields covered by this Directive.

## CHAPTER II
## REMEDIES AND ENFORCEMENT

### Article 8 Defence of rights

1. Member States shall ensure that judicial and/or administrative procedures, including where they deem it appropriate conciliation procedures, for the enforcement of the obligations under this Directive are available to all persons who consider themselves wronged by failure to apply the principle of equal treatment to them, even after the relationship in which the discrimination is alleged to have occurred has ended.
2. Member States shall introduce into their national legal systems such measures as are necessary to ensure real and effective compensation or reparation, as the Member States so determine, for the loss and damage sustained by a person injured as a result of discrimination within the meaning of this Directive, in a way which is dissuasive and proportionate to the damage suffered. The fixing of a prior upper limit shall not restrict such compensation or reparation.
3. Member States shall ensure that associations, organisations or other legal entities, which have, in accordance with the criteria laid down by their national law, a legitimate interest in ensuring that the provisions of this Directive are complied with, may engage, on behalf or in support of the complainant, with his or her approval, in any judicial and/or administrative procedure provided for the enforcement of obligations under this Directive.

### 제6조 적극적 조치

남녀 간의 완전한 평등을 실질적으로 보장하기 위하여, 평등대우의 원칙은 회원국이 성별과 관련된 불이익을 방지하거나 그에 대하여 보상하기 위한 특별한 조치를 유지하거나 채택하는 것을 금지하지 않는다.

### 제7조 최소한의 요건

1. 회원국들은 이 지침에 마련된 규정들보다 남녀 간의 평등대우의 원칙의 보호에 더 유리한 규정들을 도입하거나 유지할 수 있다.
2. 이 지침의 이행은 어떠한 상황에서도 이 지침에 의하여 적용대상이 되는 영역에서 회원국들에 의하여 이미 제공된 차별에 대한 보호 수준의 축소를 위한 근거가 되지는 않는다.

## 제2장
## 구제조치 및 집행

### 제8조 권리의 옹호

1. 회원국들은 평등대우의 원칙이 자신들에게 적용되지 않아 자신들이 부당한 대우를 받았다고 생각하는 모든 사람들이, 차별이 발생했다고 주장되는 관계가 종료된 이후에라도, 이 지침에 따른 의무의 집행을 위한 사법적 및/또는 행정적 절차(적절하다고 생각하는 경우에 조정 절차를 포함)를 이용할 수 있도록 보장한다.
2. 회원국들은 이 지침의 의미 내에서의 차별의 결과로 피해를 입은(injured) 사람이 받은 손실 및 손해에 관하여 회원국들이 정하는 바에 따라 입은 손해에 대하여 억제적이고 비례적인 방식으로 진정하고 효과적인 보상이나 배상을 보장하기 위하여 필요한 조치를 그 국내 법제도 내에 도입한다. 기존의 최대한도(prior upper limit)에 관한 결정은 이러한 보상이나 배상을 제한하지 않는다.
3. 회원국들은 그 국내법에 의하여 마련된 기준에 따라 이 지침의 규정들이 준수되도록 보장함에 있어서 정당한 이해관계(legitimate interest)를 갖는 단체, 조직 또는 기타 법적 주체(legal entities)가, 원고(그 또는 그녀)의 동의를 얻어, 원고를 대리하거나 지원함으로써 이 지침에 따른 의무의 집행을 위해 제공된 사법적 및/또는 행정적 절차에 관여할 수 있도록 보장한다.

4. Paragraphs 1 and 3 shall be without prejudice to national rules on time limits for bringing actions relating to the principle of equal treatment.

### Article 9 Burden of proof

1. Member States shall take such measures as are necessary, in accordance with their national judicial systems, to ensure that, when persons who consider themselves wronged because the principle of equal treatment has not been applied to them establish, before a court or other competent authority, facts from which it may be presumed that there has been direct or indirect discrimination, it shall be for the respondent to prove that there has been no breach of the principle of equal treatment.
2. Paragraph 1 shall not prevent Member States from introducing rules of evidence, which are more favourable to plaintiffs.
3. Paragraph 1 shall not apply to criminal procedures.
4. Paragraphs 1, 2 and 3 shall also apply to any proceedings brought in accordance with Article 8(3).
5. Member States need not apply paragraph 1 to proceedings in which it is for the court or other competent authority to investigate the facts of the case.

### Article 10 Victimisation

Member States shall introduce into their national legal systems such measures as are necessary to protect persons from any adverse treatment or adverse consequence as a reaction to a complaint or to legal proceedings aimed at enforcing compliance with the principle of equal treatment.

### Article 11 Dialogue with relevant stakeholders

With a view to promoting the principle of equal treatment, Member States shall encourage dialogue with relevant stakeholders which have, in accordance with national law and practice, a legitimate interest in contributing to the fight against discrimination on grounds of sex in the area of access to and supply of goods and services.

4. 제1항 및 제3항은 평등대우의 원칙에 관하여 소 제기를 위한 기한에 관한 국내 규정을 침해하지 않는다.

### 제9조 증명책임

1. 회원국들은, 평등대우의 원칙이 자신들에게 적용되지 않았기 때문에 자신들이 부당한 대우를 받았다고 생각하는 사람들이 법원이나 기타 권한이 있는 기관 앞에서 그로부터 직접 혹은 간접 차별이 있었음이 추정될 수 있는 사실을 증명하는 경우에는, 평등대우의 원칙의 위반이 없었음을 증명하는 것이 피고의 책임이 되도록 보장하기 위하여 그 국내 사법제도에 따라 필요한 조치를 취한다.
2. 제1항은 회원국들이 원고에게 더 유리한 증거규정을 도입하는 것을 금지하지 않는다.
3. 제1항은 형사절차에는 적용되지 않는다.
4. 제1항, 제2항 및 제3항은 또한 제8조 제3항에 따라 제기된 절차에도 적용된다.
5. 회원국들은 사건의 사실을 조사하는 것이 법원이나 기타 권한이 있는 기관의 책임인 절차에는 제1항을 적용하지 않아도 된다.

### 제10조 불이익조치

회원국들은 평등대우의 원칙의 준수를 집행하기 위한 목적의 진정(complaint)이나 법적 소송절차(legal proceedings)에 대한 반작용으로서의 불리한 대우나 불리한 결과로부터 개인을 보호하기 위해 필요한 조치를 그 국내적 법체계 내에 도입한다.

### 제11조 관련 이해관계자들과의 대화

평등대우의 원칙을 증진하기 위하여, 회원국들은 국내 법 및 관행에 따라 재화와 용역에의 접근 및 그 공급 역역에 있어서의 성별을 이유로 한 차별에 대한 투쟁에 기여하는데 정당한 이해관계(legitimate interest)를 갖는 관련 이해관계자들과의 대화를 증진한다.

## CHAPTER III
## BODIES FOR THE PROMOTION OF EQUAL TREATMENT

### Article 12

1. Member States shall designate and make the necessary arrangements for a body or bodies for the promotion, analysis, monitoring and support of equal treatment of all persons without discrimination on the grounds of sex. These bodies may form part of agencies charged at national level with the defence of human rights or the safeguard of individuals' rights, or the implementation of the principle of equal treatment.
2. Member States shall ensure that the competencies of the bodies referred to in paragraph 1 include:
   (a) without prejudice to the rights of victims and of associations, organisations or other legal entities referred to in Article 8(3), providing independent assistance to victims of discrimination in pursuing their complaints about discrimination;
   (b) conducting independent surveys concerning discrimination;
   (c) publishing independent reports and making recommendations on any issue relating to such discrimination.

## CHAPTER IV
## FINAL PROVISIONS

### Article 13 Compliance

Member States shall take the necessary measures to ensure that the principle of equal treatment is respected in relation to the access to and supply of goods and services within the scope of this Directive, and in particular that:

(a) any laws, regulations and administrative provisions contrary to the principle of equal treatment are abolished;
(b) any contractual provisions, internal rules of undertakings, and rules governing profit-making or non-profit-making associations contrary to the principle of equal treatment are, or may be, declared null and void or are amended.

## 제3장
## 평등대우의 증진을 위한 기구

### 제12조

1. 회원국들은 모든 사람의 성별을 이유로 한 차별이 없는 평등대우의 증진, 분석, 감시(monitoring) 및 지원을 위한 기구 또는 기구들을 지정하고 필요한 준비를 한다. 이러한 기구들은 국내적 수준에서 인권의 옹호나 개인의 권리의 보호 또는 평등대우의 원칙의 이행을 담당하는 기관들의 일부를 구성할 수 있다.
2. 회원국들은 제1항에 언급된 기구의 권한에 다음 사항이 포함되도록 보장한다:
   (a) 피해자 그리고 제8조 제3항에 언급된 단체, 조직 또는 기타 법적 주체(legal entities)의 권리를 침해하지 않으면서, 차별에 관한 진정(complaints)을 제기함에 있어 차별의 피해자에 대하여 독립적인 지원을 제공하는 것;
   (b) 차별에 관한 독립적 조사를 실시하는 것;
   (c) 독립적 보고서를 발간하는 것 그리고 이러한 차별과 관련된 문제에 관하여 권고하는 것.

## 제4장
## 최종규정

### 제13조 준수

회원국들은 이 지침의 범위 내에서 재화와 용역에의 접근 및 그 공급과 관련하여 평등대우의 원칙이 존중되도록 보장하고 특히 다음 사항을 보장하기 위해 필요한 조치를 취한다.

(a) 평등대우의 원칙에 반하는 법률, 규정(regulations) 및 행정규정(administrative provisions)은 폐지된다;

(b) 평등대우의 원칙에 반하는 계약 조항, 업무에 관한 내부규정, 영리 혹은 비영리 단체를 규율하는 규정은 무효(null and void)로 선언되거나 선언될 수 있거나 또는 개정된다.

### Article 14 Penalties

Member States shall lay down the rules on penalties applicable to infringements of the national provisions adopted pursuant to this Directive and shall take all measures necessary to ensure that they are applied. The penalties, which may comprise the payment of compensation to the victim, shall be effective, proportionate and dissuasive. Member States shall notify those provisions to the Commission by 21 December 2007 at the latest and shall notify it without delay of any subsequent amendment affecting them.

### Article 15 Dissemination of information

Member States shall take care that the provisions adopted pursuant to this Directive, together with the relevant provisions already in force, are brought to the attention of the persons concerned by all appropriate means throughout their territory.

### Article 16 Reports

1. Member States shall communicate all available information concerning the application of this Directive to the Commission, by 21 December 2009. and every five years thereafter.
   The Commission shall draw up a summary report, which shall include a review of the current practices of Member States in relation to Article 5 with regard to the use of sex as a factor in the calculation of premiums and benefits. It shall submit this report to the European Parliament and to the Council no later 21 December 2010. Where appropriate, the Commission shall accompany its report with proposals to modify the Directive.
2. The Commission's report shall take into account the viewpoints of relevant stakeholders.

### Article 17 Transposition

1. Member States shall bring into force the laws, regulations and administrative provisions necessary to comply with this Directive by 21 December 2007 at the latest. They shall forthwith communicate to the Commission the text of those provisions.

### 제14조 벌칙

회원국들은 이 지침에 따라 채택된 국내 규정의 위반에 적용될 수 있는 벌칙(penalties)에 관한 규정들을 마련하고, 그 규정들이 적용되도록 보장하기 위해 필요한 모든 조치를 취한다. 피해자에 대한 보상(배상)금(compensation)의 지불을 포함할 수 있는 벌칙은 효과적이고, 비례적이며, 억제적(dissuasive)이어야 한다. 회원국들은 이러한 규정들을 늦어도 2007년 12월 21일까지 유럽위원회(the European Commission)에 통보하고, 그에 영향을 미치는 후속적인 개정에 관하여 지체 없이 유럽위원회에 통보한다.

### 제15조 정보의 배포

회원국들은 이미 발효된 관련 규정들과 함께 이 지침에 따라 채택된 규정들이 그 영토 전역에 걸쳐 모든 적절한 조치에 의하여 관련된 사람들의 관심을 환기할 수 있도록 주의를 기울인다.

### 제16조 보고

1. 회원국들은 2009년 12월 21일까지 그리고 그 이후 매 5년 마다 유럽위원회(the European Commission)에 대하여 이 지침의 적용에 관한 모든 유용한 정보를 전달한다.
   유럽위원회는 보험금 및 보험급여의 계산에 있어서의 요소로 성별의 사용에 관한 제5조와 관련된 회원국들의 현재의 관행의 재검토를 포함한 요약 보고서를 작성한다. 유럽위원회는 이 보고서를 늦어도 2010년 12월 12일까지 유럽의회와 이사회에 제출한다. 적절한 경우에, 유럽위원회는 그 보고서에 지침을 수정하기 위한 제안을 첨부한다.
2. 유럽위원회의 보고서는 관련 이해관계자들(stakeholders)의 관점을 고려한다.

### 제17조 치환(이행조치를 통한 국내발효)

1. 회원국들은 늦어도 2007년 12월 21일까지 이 지침을 준수하기 위해 필요한 법률, 규정(regulations) 및 행정규정(administrative provisions)을 발효시켜야 한다. 회원국들은 이러한 규정들의 문구를 유럽위원회(the European Commission)에 지체 없이 전달한다.

When Member States adopt these measures, they shall contain a reference to this Directive or be accompanied by such a reference on the occasion of their official publication. The methods of making such publication of reference shall be laid down by the Member States.

2. Member States shall communicate to the Commission the text of the main provisions of national law which they adopt in the field covered by this Directive.

### Article 18 Entry into force

This Directive shall enter into force on the day of its publication in the Official Journal of the European Union.

### Article 19 Addressees

This Directive is addressed to the Member States.
Done at Brussels, 13 December 2004.

For the Council
The President B. R. BOT

(1) Opinion delivered on 30 March 2004 (not yet published in the Official Journal).
(2) OJ C 241, 28.9.2004, p. 44.
(3) OJ C 121, 30.4.2004, p. 27.
(4) OJ L 17, 19.1.2001, p. 22.
(5) OJ L 180, 19.7.2000, p. 22.
(6) OJ C 321, 31.12.2003, p. 1.

회원국들이 이러한 조치를 채택한 경우에, 이러한 조치는 이 지침에 대한 언급 (reference)을 포함하거나 그 공식적인 공표의 경우에 그와 같은 언급을 동반한다. 이와 같은 언급을 하는 방식은 회원국들에 의하여 정해진다.

2. 회원국들은 이 지침이 적용되는 영역에서 채택한 국내법의 주요 규정들의 문구를 유럽위원회에 전달한다.

### 제18조 발효

이 지침은 유럽공동체 관보에 공표된 날에 발효된다.

### 제19조 수신

이 지침은 회원국들에게 전달된다.
2004년 12월 13일 브뤼셀에서 채택되었다.

이사회를 위하여
의장 B. R. BOT

(1) 2004년 3월 30일에 전달된 의견(아직 유럽공동체 관보에 공표되지 않았다).
(2) 2004년 9월 28일자 유럽공동체 관보 C 241, 44면.
(3) 2004년 4월 30일자 유럽공동체 관보 C 121, 27면.
(4) 2001년 1월 19일자 유럽공동체 관보, L 17, 22면.
(5) 2000년 7월 19일자 유럽공동체 관보, L 180, 22면.
(6) 2003년 12월 31일자 유럽공동체 관보, C 321, 1면.

**저자약력** ___**홍관표**

전남대학교 법과대학 사법학과 졸업
제40회 사법시험 합격
제30기 사법연수원 수료
대한법률구조공단 광주지부 목포출장소 공익법무관
대한법률구조공단 광주지부 공익법무관
서울고등검찰청 송무부 공익법무관
희망법률사무소 변호사
국가인권위원회 인권정책국 인권정책과 사무관
법무부 인권국 인권정책과 서기관
전라남도 인권보장 및 증진위원회 위원
현 전남대학교 법학전문대학원 조교수

___**차원일**

연세대학교 법과대학 법학과 졸업
연세대학교 대학원 법학석사
독일 Universität zu Köln 법학박사
현 헌법재판소 헌법연구원

독일의 일반평등대우법(AGG)과
차별금지 판결

**인쇄 |** 2016년 2월 22일
**발행 |** 2016년 2월 26일

**저자 |** 홍관표 · 차원일
**발행인 |** 지병문
**발행처 |** 전남대학교출판부

**등록 |** 1981. 5. 21. 제53호
**주소 |** 61186 광주광역시 북구 용봉로 77
**전화 |** (062) 530-0571~2 마케팅 530-0573
**팩스 |** (062) 530-0579
**홈페이지 |** http://www.cnup.co.kr
**이메일 |** cnup0571@hanmail.net

값 23,000원

ISBN 978-89-6849-295-2 (93360)

이 도서의 국립중앙도서관 출판예정도서목록(CIP)은
서지정보유통지원시스템 홈페이지(http://seoji.nl.go.kr)와
국가자료공동목록시스템(http://www.nl.go.kr/kolisnet)에서 이용하실 수 있습니다.
(CIP제어번호: CIP2016010406)